Die Umsetzung der EU-Mediationsrichtlinie 2008/52/EG in Italien – Mit der Mediation aus der Krise?

Inaugural-Dissertation zur Erlangung der Doktorwürde
der Rechtswissenschaftlichen Fakultät der Christian-Albrechts-Universität zu Kiel

Vorgelegt von Maria von Gyldenfeldt aus Kiel

Erstberichterstatter: Prof. Dr. Rudolf Meyer-Pritzl

Zweitberichterstatter: Prof. Dr. Dr. h.c. Alexander Trunk

Tag der mündlichen Prüfung: 12.02.2018

Die Umsetzung der EU-Mediationsrichtlinie 2008/52/EG in Italien

Europäische Hochschulschriften

European University Studies

Publications Universitaires Européennes

Reihe II **Rechtswissenschaft**

Series II Law

Série II Droit

Band/ Volume **6027**

Maria von Gyldenfeldt

Die Umsetzung der EU-Mediationsrichtlinie 2008/52/EG in Italien

Mit der Mediation aus der Krise?

PETER LANG

Bibliografische Information der Deutschen Nationalbibliothek
Die Deutsche Nationalbibliothek verzeichnet diese Publikation in der Deutschen Nationalbibliografie; detaillierte bibliografische Daten sind im Internet über http://dnb.d-nb.de abrufbar.

Zugl.: Kiel, Univ., Diss., 2018

D8
ISSN 0531-7312
ISBN 978-3-631-76306-3 (Print)
E-ISBN 978-3-631-76303-2 (E-PDF)
E-ISBN 978-3-631-76304-9 (EPUB)
E-ISBN 978-3-631-76305-6 (MOBI)
DOI 10.3726/b14455

Peter Lang – Berlin · Bern · Bruxelles · New York · Oxford · Warszawa · Wien

Diese Publikation wurde begutachtet.

www.peterlang.com

Meiner Mutter

„La conciliazione delle parti è un'idea
che ha molte attrattive,
ma conviene di non esagerarla, e molto più ancora di non forzarla:
allora perde ogni pregio e si corre il pericolo di riuscire ad un fine opposto.
Quando lo sperimento della conciliazione si volle rendere obbligatorio,
come preliminare necessario del giudizio,
non corrispose alle aspettative
e degenerò in una vana formalità."[1]

Giuseppe Pisanelli (1812–1879)

---

1 „Die Schlichtung der Parteien ist eine Idee, die viele Vorteile birgt, aber es ist besser, sie nicht zu überspannen und sie vor allem nicht zu erzwingen: sie verliert so jeden Vorzug und man läuft Gefahr, ein gegenteiliges Ergebnis zu erzielen. Wenn der Versuch der Schlichtung obligatorisch im Sinne einer Prozessvoraussetzung ausgestaltet werden soll, korrespondiert dies nicht mit den Erwartungen und sie verkommt zu einer reinen Formalität."

Vorwort

Diese Arbeit wurde im April 2017 abgeschlossen und im Sommersemester 2017 von der Christian-Albrechts-Universität zu Kiel als Dissertation angenommen.

Den Personen, die mich während der Erstellung dieser Arbeit in ganz unterschiedlicher Weise begleitet und mir mit Aufmunterung und hilfreicher Kritik zur Seite gestanden haben, möchte ich an dieser Stelle ganz herzlich danken.

Mein besonderer Dank gilt zunächst meinem Doktorvater Prof. Dr. Rudolf Meyer-Pritzl, der mich in meinem Vorhaben stets unterstütze und mir jederzeit mit konstruktiven Anmerkungen zur Seite stand. Mein Dank gilt ferner Prof. Dr. Dr. h.c. Alexander Trunk für die zügige Erstellung des Zweitgutachtens. Zudem danke ich Dr. Felix Steffek für den kollegialen Austausch am Max-Planck-Institut für ausländisches und internationales Privatrecht in Hamburg, wo ich diese Arbeit schreiben durfte. Ich danke auch Prof. Elena D'Alessandro und Prof. Dr. Ulla Gläßer für ihre wertvollen Tipps und ihre Unterstützung.

Katharina bin ich dankbar für ihre journalistischen Impulse, Heino für seine erfahrenen Hinweise. Ihre beider Korrekturen waren mir eine große Hilfe.

Einen wichtigen Stellenwert nehmen auch meine Großeltern ein, die mich auf meinem Lebensweg in herzlicher Fürsorge stets unterstützen und daher auch zu der Erstellung dieser Arbeit beigetragen haben.

Mein besonderer Dank gilt Max, der mir in jeder Phase dieser Arbeit in liebevoller Unterstützung, mit Geduld und Humor zur Seite stand. Seine motivierenden Worte und konstruktiven Anmerkungen beim Korrekturlesen und in der Vorbereitung auf mein Rigorosum waren mir eine sehr große Hilfe.

Gewidmet ist diese Arbeit meiner Mutter. Sie ist mir immer ein wertvoller und wichtiger Ratgeber und vermittelt mir stets Herz, Kraft und Mut, die es braucht, um die eigenen Ziele verwirklichen zu können. Auch ihr gilt mein besonderer Dank.

Inhaltsverzeichnis

Literaturverzeichnis

Alpa, Guido / Zeno-Zencovich, Vincenzo, Italian private law, Abingdon u.a. 2007.

Bäumerich, Maik, Güterichter und Mediatoren im Wettbewerb, Berlin 2015.

Barkai, John, Cultural Differences, in: Abramson, Harold I. (Hrsg.), Mediation Representation, 3. Auflage, New York 2013, S. 503–532.

Bartolini, Francesco, Commento al codice di procedura civile, 2. Auflage, Piacenza 2006.

Baumbach, Adolf u.a., Zivilprozessordnung, Kommentar, 74. Auflage, München 2016.

Berning, Detlev, Konflikte als Chance für Veränderung, in: Berning, Detlev (Hrsg.), Mediation und Konfliktkultur, Wiesbaden 2017, S. 3–23.

Bianchi, Ennio, Agevolazioni fiscali e costi della mediazione, in: Falco, Gianluca / Spina, Giulio (Hrsg.), La nuova mediazione, Mailand 2014, S. 645–666.

Bove, Mauro, Luci ed ombre nella legge-quadro sulla mediazione (d.lgs. n. 28 del 2010), in: ders. Hrsg., La mediazione per la composizione delle controversie civili e commerciali, Padua 2011, S. 1–30.

Bruni, Alessandro, La mediazione conviene, Santarcangelo di Romagna 2011.

Bruni, Alessandro, The Use and Practice of Mediation in Italy, in: Diedrich, Frank (Hrsg.), The Status Quo of Mediation in Europe and Overseas, Hamburg 2014, S. 179–230.

Bumke, Christian, Rechtsetzung in der Europäischen Gemeinschaft, in: Schuppert, Gunnar (Hrsg.) u.a., Europawissenschaft, Baden-Baden 2005, S. 643–702.

Bunge, Jürgen, Zivilprozess und Zwangsvollstreckung in Frankreich und Italien, Berlin 2008.

Burchardt, Jessica / Johnston, Lewis, Aus- und Fortbildung, in: Haft, Fritjof / von Schlieffen, Katharina (Hrsg.), Handbuch Mediation, 3. Auflage, München 2016, S. 1225–1240.

Buzio, Mario, La figura del mediatore, in: Cenni, Maria Luisa / Fabiani, Ernesto / Leo, Mauro (Hrsg.), Manuale della mediazione civile e commerciale, Neapel, Rom 2012, S. 71–107.

Calamandrei, Piero, Einleitende Bemerkungen zum Studium des Entwurfs der italienischen Zivilprozessordnung, Rabels Zeitschrift für ausländisches und internationales Privatrecht, Band 2, 1928, S. 56–68.

Caponi, Remo, Die wachsende Bedeutung alternativer Streitbeilegungsverfahren in Italien, in: Stein, Ursula (Hrsg.), Wege der Rechtskultur in Europa, Dresden 2010, S. 45–58.

Carl, Eberhard, Vom richterlichen Mediator zum Güterichter, Zeitschrift für Konfliktmanagement 2012, S. 16–20.

Carnelutti, Francesco, Lezioni di Diritto Processuale Civile, Band 1, Introduzione, Padua 1926.

Carnelutti, Francesco, Lezioni di Diritto Processuale Civile, Band 2, La funzione del processo civile di cognizione, parte prima, Padua 1926.

Constantinesco, Léontin-Jean, Rechtsvergleichung, Band III, Die rechtsvergleichende Wissenschaft, Köln, Berlin, Bonn, München 1983.

Covata, Claudia, Obblighi del mediatore, in: Bove, Mauro (Hrsg.), La mediazione per la composizione delle controversie civili e commerciali, Padova 2011, S. 379–380.

Crocitto, Mariantonietta, Mediazione disposta dal Giudice, in: Falco, Gianluca / Spina, Giulio (Hrsg.), La nuova mediazione, Mailand 2014, S. 355–367.

Cuomo Ulloa, Francesca (Hrsg.), La nuova mediazione, Bologna 2013.

De Luca, Alessandra, Mediation in Italy: Feature and Trends, in: Esplugues, Carlos / Marquis Louis (Hrsg.), New Developments in Civil and Commercial Mediation, Cham, Heidelberg, u.a. 2015, S. 345–366.

De Palo, Giuseppe, Cross-Border Commercial Mediation: How legislation affects mediation use, abrufbar unter: www.europarl.europa.eu/comparl/juri/hearings/20071004/depalo5_en.pdf.

De Palo, Giuseppe / Cominelli, Luigi, Mediation in Italy: Waiting for the Big Bang?, in: Alexander, Nadja Marie (Hrsg.), Global Trends in Mediation, Alphen aan den Rijn 2006, S. 259–277.

De Palo, Giuseppe / Keller, Lauren, Mediation in Italy: Alternative Dispute Resolution for All, in: Hopt, Klaus J. / Steffek, Felix (Hrsg.), Mediation – Principles and Regulation in Comparative Perspectives, Oxford 2013, S. 667–696.

De Palo, Giuseppe / Oleson, Ashley E., Regulation of Dispute Resolution in Italy: The Bumps in the Road to successful ADR, in: Steffek, Felix / Unberath, Hannes (Hrsg.), Regulating Dispute Resolution, Oxford, Portland, Oregon 2013, S. 239–267.

Depping, André / Platter, Kathrin, Auf dem Weg zu einer anderen Streitkultur? – Die neuen Mediationsgesetze in Italien und Deutschland, in: Jayme, Erik u.a. (Hrsg.), Jahrbuch für Italienisches Recht, Band 24, Wirtschaftsrecht, Schadensrecht, Familienrecht, Heidelberg u.a. 2012, S. 85–115.

De Ventura, Mario, Iter procedimentale, in: Falco, Gianluca / Spina, Giulio (Hrsg.), La nuova mediazione, Mailand 2014, S. 405–465.

De Luca, Alessandra, Mediation in Italy: Feature and Trends, in: *Esplugues, Carlos / Marquis Louis* (Hrsg.), New Developments in Civil and Commercial Mediation, Cham, Heidelberg u.a. 2015, S. 345–365.

Di Rocco, Maurizio, Organismi presso i consigli degli ordini professionali e presso le camere di commercio, in: Bove, Mauro (Hrsg.), La mediazione per la composizione delle controversie civili e commerciali, Padua 2011, S. 367–372.

Düll, Rudolf, Der Gütegedanke im römischen Zivilprozessrecht, München 1931.

Ewert, Thomas, Grenzüberschreitende Mediation in Zivil- und Handelssachen, Jena 2012.

Fabiani, Ernesto, La mediazione finalizzata alla conciliazione delle controversie civili e commerciali di cui al d.lgs. n. 28/2010 nell'ambito degli strumenti alternativi alla giurisdizione dello stato, in: Cenni, Maria Luisa / Fabiani, Ernesto / Leo, Mauro (Hrsg.), Manuale della mediazione civile e commerciale, Neapel Rom 2012, S. 1–68.

Filipelli, Michele, Verbale di conciliazione: tematiche sostanziali e procedimentali, in: Falco, Gianluca / Spina, Giulio (Hrsg.), La nuova mediazione, Mailand 2014, S. 585–614.

Fischer, Rudolf, Mediation – Historie, Struktur, Möglichkeiten, Grenzen, in: Brocker, Lars u.a. (Hrsg.), Recht und soziale Gerechtigkeit, Festschrift für Heinz Georg Bamberger zum 70. Geburtstag, München 2017, S. 53–70.

Fritz, Roland / Pielsticker, Dietrich (Hrsg.), Mediationsgesetz, Köln 2013.

Gasbarrini, Elisabetta, Esecutività dell'accordo, in: Cenni, Maria Luisa / Fabiani, Ernesto / Leo, Mauro (Hrsg.), Manuale della mediazione civile e commerciale, Neapel, Rom 2012, S. 347–387.

Gläßer, Ulla, Auf dem Weg zu einem europäischen Verfahrensverständnis? – Ein vergleichender Blick auf die Umsetzung der EU-Mediationsrichtlinie in Deutschland und Italien, in: Witzleb, Normann u.a. (Hrsg.), Festschrift für Dieter Martiny zum 70. Geburtstag, Tübingen 2014, S. 735–760.

Giordano, Andrea, Organismi di mediazione e mediatori, in: Falco, Gianluca / Spina, Giulio (Hrsg.), La nuova mediazione, Mailand 2014, S. 667–684.

Giordano, Alessandro / Mastroiacovo, Valeria, Le indennità, in: in: Cenni, Maria Luisa / Fabiani, Ernesto / Leo, Mauro (Hrsg.), Manuale della mediazione civile e commerciale, Neapel, Rom 2012, S. 197–211.

Göcken, Stephan, Mediationsgesetz – Anwaltschaft begrüßt „zertifizierten Mediator", NJW-aktuell 52/2011, S. 16–17.

Greger, Reinhard, Justiz und Mediation – Entwicklungslinien nach Abschluss der Modellprojekte, Neue Juristische Wochenschrift 2007, S. 3258–3262.

Greger, Reinhard, Mediation und Justiz, in: Greger, Reinhard / Unberath, Hannes (Hrsg.), Die Zukunft der Mediation in Deutschland, München 2008, S. 89–97.

Greger, Reinhard, Der „zertifizierte Mediator" – Heilsbringer oder Schreckgespenst?, Zeitschrift für Konfliktmanagement 2012, S. 36–39.

Greger, Reinhard, Mediation und gerichtliches Verfahren, in: Trenczek, Thomas / Berning, Detlev / Lenz, Christina (Hrsg.), Mediation und Konfliktmanagement, Baden-Baden 2013, S. 477–486.

Greger, Reinhard / Unberath, Hannes / Steffek, Felix, Recht der alternativen Konfliktlösung, Kommentar, 2. Auflage, München 2016.

Greger, Reinhard / Weber, Harriet, Das neue Güterichterverfahren. Arbeitshilfe für Richter, Rechtsanwälte und Gerichtsverwaltung, Beilage zu Monatsschrift für Deutsches Recht 2012, Heft 18.

Haft, Fritjof, Mediation – Palaver oder neue Streitkultur, in: Geimer, Reinhold (Hrsg.), Wege zur Globalisierung des Rechts, München 1999, S. 255–268.

Hager, Günter, Konflikt und Konsens, Tübingen 2001.

Haltern, Ulrich, Europarecht, Dogmatik im Kontext, Tübingen 2005.

Hartmann, Christoph, Sicherung der Vertraulichkeit, in: Haft, Fritjof / von Schlieffen, Katharina (Hrsg.), Handbuch Mediation, 3. Auflage, München 2016, S. 611–634.

Hehn, Marcus, Entwicklung und Stand der Mediation – ein historischer Überblick, in: Haft, Fritjof / von Schlieffen, Katharina (Hrsg.), Handbuch Mediation, 3. Auflage, München 2016, S. 77–97.

Henssler, Martin / Deckenbrock, Christian, Das neue Mediationsgesetz: Mediation ist und bleibt Anwaltssache!, Der Betrieb 2012, S. 159–167.

Herzog, Catharina / Hennig, Jonas, Mediation – Aufbruch in eine neue Streitkultur, JURA 2011, Band 33, Heft 7, S. 929–936.

Hess, Burkhard, Europäisches Zivilprozessrecht, Heidelberg 2010.

Hess, Burkhard, Europäische Perspektiven der Mediation in Zivilsachen, in: Dethloff, Nina u.a. (Hrsg.), Freiwilligkeit, Zwang und Gerechtigkeit im Kontext der Mediation, Frankfurt am Main 2013, S. 25–44.

Hess, Burkhard, Rechtsgrundlagen der Mediation, in: Haft, Fritjof / von Schlieffen, Katharina (Hrsg.), Handbuch Mediation, 2. Auflage, München 2008, S. 1053–1086.

Hess, Burkhard / Pelzer, Nils, Mediation in Germany: Finding the Right Balance between Regulation and Self-Regulation, in: Esplugues, Carlos / Marquis

Louis (Hrsg.), New Developments in Civil and Commercial Mediation, Cham, Heidelberg u.a. 2015, S. 291–312.

Hopt, Klaus J., Mediation – Eine Einführung, Rabels Zeitschrift für ausländisches und internationales Privatrecht, Band 74, 2010, S. 723–730.

Hopt, Klaus J. / Steffek, Felix (Hrsg.), Mediation, Tübingen 2008.

Horndasch, Klaus-Peter / Viefhues, Wolfram, FamFG – Kommentar zum Familienverfahrensrecht, 3. Auflage, Köln 2014.

Horstmeier, Gerrit, Das neue Mediationsgesetz, München 2013.

Imposimato, Francesca, Mediazione civile in generale: disciplina e ratio, in: Falco, Gianluca / Spina, Giulio (Hrsg.), La nuova mediazione, Mailand 2014, S. 133–171.

Jänicke, Steffen, Wirtschaftsmediation in Deutschland und Frankreich, Hagen 2014.

Kindler, Peter, Einführung in das italienische Recht, 2. Auflage, München 2008.

Kirchhoff, Lars / Kraus, Anne Isabel, Mediation in internationalen Konflikten und Friedensprozessen, in: Trenczek, Thomas / Berning, Detlev / Lenz, Christina (Hrsg.), Mediation und Konfliktmanagement, Baden-Baden 2013, S. 620–626.

Koch, Harald, Mediation im internationalen Streit, in: Bachmann, Birgit u.a. (Hrsg.), Grenzüberschreitungen – Beiträge zum internationalen Verfahrensrecht und zur Schiedsgerichtsbarkeit, Festschrift für Peter Schlosser zum 70. Geburtstag, Tübingen 2005, S. 399–413.

König, Sabine, Germany, in: De Palo, Giuseppe / Trever, Mary (Hrsg.), EU Mediation, Oxford 2012, S. 131–147.

Kracht, Stefan, Rolle und Aufgaben des Mediators – Prinzipien der Mediation, in: Haft, Fritjof/ von Schlieffen, Katharina (Hrsg.), Handbuch Mediation, 3. Auflage, München 2016, S. 301–327.

Kriegel-Schmidt, Katharina, Interkulturelle Mediation – Neue Wege zur Mediation in und außerhalb interkultureller Kontexte –, in: Fischer, Christian / Unberath, Hannes (Hrsg.), Grundlagen und Methoden der Mediation, München 2014, S. 125–141.

Krüger, Wolfgang / Rauscher, Thomas, Münchener Kommentar zur Zivilprozessordnung, 4. Auflage, München 2013.

Leutner, Gert / Hacker, Maximilian, Zu Unrecht verschmäht: Der vollstreckbare Anwaltsvergleich, Neue Juristische Wochenschrift 2012, S. 1318–1323.

Linhart, Karin, Internationales Einheitsrecht und einheitliche Auslegung, Studien zum ausländischen und internationalen Privatrecht, Band 147, Tübingen 2005.

Lörcher, Gino / Lörcher, Torsten, Durchsetzbarkeit von Mediationsergebnissen, in: Haft, Fritjof / von Schlieffen, Katharina (Hrsg.), Handbuch Mediation, 3. Auflage, München 2016, S. 649–663.

Lotti, Mario / Di Rito, Domenico, Mediazione facoltativa, in: Falco, Gianluca / Spina, Giulio (Hrsg.), La nuova mediazione, Mailand 2014, S. 377–404.

Lupoi, Michele Angelo, Facing the Crisis: New Italian Provisions to keep Disputes out of the courtroom (or take them out of it), Zeitschrift für Zivilprozess International, Band 19, 2014, S. 95–108.

Lupoi, Michel Angelo, Civil Procedure in Italy, Alphen aan den Rijn 2014.

Mähler, Hans-Georg / Mähler, Gisela, Familienmediation, in: Haft, Fritjof / von Schlieffen, Katharina (Hrsg.), Handbuch Mediation, 3. Auflage, München 2016, S. 667–706.

Mankowski, Peter, Rechtskultur, Tübingen 2016.

Marinari, Marcello, Italy, in: De Palo / Trevor, Mary (Hrsg.), EU Mediation, Oxford 2012, S. 187–203.

Marucci, Cristiana, Disciplina applicabile e forma degli atti, in: Bove, Mauro (Hrsg.), La mediazione per la composizione delle controversie civili e commerciali, Padova 2011, S. 103–113.

Marucci, Cristiana, Risorse, regime tributario e indennità, in: Bove, Mauro (Hrsg.), La mediazione per la composizione delle controversie civili e commerciali, Padua 2011, S. 350–362.

Marucci, Cristiana, Credito d'imposta, in: Bove, Mauro (Hrsg.), La mediazione per la composizione delle controversie civili e commerciali, Padua 2011, S. 374–377.

Mayer, Franz C., Europa als Rechtswissenschaft, in: Schuppert, Gunnar (Hrsg.) u.a., Europawissenschaft, Baden-Baden 2005, S. 429–487.

Minelli, Gabriele, Controversie oggetto di mediazione, in: Bove, Mauro (Hrsg.), La mediazione per la composizione delle controversie civili e commerciali, Padua 2011, S. 83–101.

Minelli, Gabriele, Accesso alla mediazione, in: Bove, Mauro (Hrsg.), La mediazione per la composizione delle controversie civili e commerciali, Padua 2011, S. 115–135.

Minelli, Gabriele, Durata, in: Bove, Mauro (Hrsg.), La mediazione per la composizione delle controversie civili e commerciali, Padua 2011, S. 207–210.

Minelli, Gabriele, Effetti sulla ragionevole durata del processo, in: Bove, Mauro (Hrsg.), La mediazione per la composizione delle controversie civili e commerciali, Padua 2011, S. 211–212.

Minelli, Gabriele, Efficacia esecutiva ed esecuzione, in: Bove, Mauro (Hrsg.), La mediazione per la composizione delle controversie civili e commerciali, Padua 2011, S. 289–301.

Minelli, Gabriele / Santi, Angelo, Organismi di mediazione e registro. Elenco dei formatori, in: Bove, Mauro (Hrsg.), La mediazione per la composizione delle controversie civili e commerciali, Padua 2011, S. 337–347.

Montada, Leo / Kals, Elisabeth, Mediation. Psychologische Grundlagen und Perspektiven, 3. Auflage, Weinheim 2013.

Morano Cinque, Elena, Mediazione e Transazione quali Strumenti di Risoluzione privata delle Controversie: due Istituti civilistici a confronto, in: Falco, Gianluca / Spina, Giulio (Hrsg.), La nuova mediazione, Mailand 2014, S. 61–132.

Nascosi, Alessandro, Il tentativo obbligatorio di conciliazione stragiudiziale nelle controversie di lavoro, Mailand 2007.

Patti, Salvatore (Hrsg.), Italienisches Zivilgesetzbuch, München Mailand 2012.

Perner, Stefan, EU-Richtlinien und Privatrecht, Wien 2012.

Piekenbrock, Andreas, Der italienische Zivilprozess im europäischen Umfeld, Berlin 1998.

Plassmann, Michael, Bekenntnis der Justiz: Abschied von der Gerichtsmediation, Anwaltsblatt 2012, S. 151–152.

Plenteda, Raffaele, Le nuove responsabilità, in: Falco, Gianluca / Spina, Giulio (Hrsg.), La nuova mediazione, Mailand 2014, S. 685–716.

Probst, Martin, Gerichtliche Mediation in der ordentlichen Gerichtsbarkeit – Entwicklung und Perspektiven, Juristische Rundschau 2008, S. 364–369.

Probst, Martin, Mediation, Recht und Justiz – Gegeneinander, Nebeneinander, Miteinander?, in: Martinek, Michael / Rawert, Peter / Weitemeyer, Birgit (Hrsg.), Festschrift für Dieter Reuter zum 70. Geburtstag, Berlin u.a. 2010, S. 1309–1322.

Prütting, Hanns, Mediation und weitere Verfahren der konsensualer Streitbeilegung – Regelungsbedarf im Verfahrens- und Berufsrecht?, Juristen Zeitung 2008, S. 847–852.

Prütting, Hanns, Das neue Mediationsgesetz: Konsensuale Streitbeilegung mit Überraschungen, Anwaltsblatt 2012, S. 204–208.

Prütting, Hanns / Helms, Tobias, Gesetz über das Verfahren in Familiensachen und in den Angelegenheiten der freiwilligen Gerichtsbarkeit mit Gesetz über Gerichtskosten in Familiensachen, Kommentar, 3. Auflage, Köln 2014.

Queirolo, Ilaria / Carpaneto, Laura / Dominelli, Stefano, Italy, in: Esplugues, Carlos / Iglesias, José Luis / Palao, Guillermo (Hrsg.), Civil and Commercial Mediation in Europe, Band 1, Cambridge Antwerpen Portland 2013, S. 251–282.

Queirolo, Ilaria / Gambino, Chiara, Italy, in: Esplugues, Carlos (Hrsg.), Civil and Commercial Mediation in Europe, Band 2, Cambridge Antwerpen Portland 2014, S. 221–251.

Reijerkerk, Linda / Lenz, Christina, Mediation in Europa unter besonderer Berücksichtigung der Niederlande, in: Trenczek, Thomas / Berning, Detlev / Lenz, Christina (Hrsg.), Mediation und Konfliktmanagement, Baden-Baden 2013, S. 627–633.

Riviezzo, Ciro, La giurisprudenza del giudice di pace: civile, penale, sanzioni amministrative, Mailand 2008.

Roth, Herbert, Freiwilligkeit und Zwang in der Mediation, in: Dethloff, Nina u.a. (Hrsg.), Freiwilligkeit, Zwang und Gerechtigkeit im Kontext der Mediation, Frankfurt am Main 2013, S. 109–116.

Rüssel, Ulrike, Mediation im übrigen Europa, in: Haft, Fritjof / von Schlieffen, Katharina (Hrsg.), Handbuch Mediation, 2. Auflage, München 2008, S. 1271–1296.

Russo, Letizia, Requisiti per la costituzione di un Organismo, in: Cenni, Maria Luisa / Fabiani, Ernesto / Leo, Mauro (Hrsg.), Manuale della mediazione civile e commerciale, Neapel Rom 2012, S. 458–460.

Rützel, Stefan / Wegen, Gerhard / Wilske, Stephan, Commercial Dispute Resolution in Germany, 2. Auflage, München 2016.

Santi, Angelo, Definizioni, in: Bove, Mauro (Hrsg.), La mediazione per la composizione delle controversie civili e commerciali, Padua 2011, S. 33–81.

Santi, Angelo, Procedimento, in: Bove, Mauro (Hrsg.), La mediazione per la composizione delle controversie civili e commerciali, Padua 2011, S. 213–250.

Santi, Angelo, Dovere di riservatezza, in: Bove, Mauro (Hrsg.), La mediazione per la composizione delle controversie civili e commerciali, Padova 2011, S. 251–260.

Santi, Angelo, Conciliazione, in: Bove, Mauro (Hrsg.), La mediazione per la composizione delle controversie civili e commerciali, Padua 2011, S. 271–287.

Santi, Angelo, Spese processuali, in: Bove, Mauro (Hrsg.), La mediazione per la composizione delle controversie civili e commerciali, Padua 2011, S. 303–309.

Schüßler, Rudolf, Mediation, Diskurs, Dissens – aus philosophischer Perspektive, in: Fischer, Christian / Unberath, Hannes (Hrsg.), Grundlagen und Methoden der Mediation, München 2014, S. 65–79.

Schwartze, Andreas, Zivilrechtspflege, in: Grundmann, Stefan / Zaccaria, Alessio (Hrsg.), Einführung in das italienische Recht, Frankfurt am Main 2007, S. 489–524.

Serbu, Daniel Elias, Das deutsche Mediationsgesetz im europäischen Kontext, Frankfurt am Main 2016.

Silvestri, Elisabetta, Italy: Civil Procedure in Crisis, in: van Rhee, Cornelis H. / Yulin, Fu, Civil Litigation in China and Europe, Dordrecht, Heidelberg, New York, London 2013, S. 235–255.

Singer, Jane, The EU Mediation Atlas: Practice and Regulation, London 2004.

Spina, Giulio, Singole Mediazioni civili obbligatorie, in: Falco, Gianluca / Spina, Giulio (Hrsg.), La nuova mediazione, Mailand 2014, S. 235–253.

Steffek, Felix, Rechtsfragen der Mediation und des Güterichterverfahrens – Rechtsanwendung und Regulierung im Spiegel von Rechtsvergleich und Rechtstatsachen, Zeitschrift für Europäisches Privatrecht 2013, S. 528–564.

Steffek, Felix, Rechtsvergleichende Erfahrungen für die Regelung der Mediation, Rabels Zeitschrift für ausländisches und internationales Privatrecht, Band 74, 2010, S. 841–881.

Stein, Ursula (Hrsg.), Die wachsende Bedeutung alternativer Streitbeilegungsverfahren in Deutschland, in: ders. (Hrsg.), Wege der Rechtskultur in Europa, Dresden 2010, S. 59–80.

Strempel, Dieter, Römisches Streitrecht versus germanisches Friedensrecht, Rechtssoziologische Anmerkungen am Beispiel der Mediation, in: Graul, Eva / Wolf, Gerhard (Hrsg.), Gedächtnisschrift für Dieter Reuter, Berlin 2002 S. 347–354.

Thomas, Heinz / Putzo, Hans, Zivilprozessordnung, Kommentar, 36. Auflage, München 2015.

Trenczek, Thomas, Aufgaben, Funktion und Kompetenzen von Mediatoren, in: Trenczek, Thomas / Berning, Detlev / Lenz, Christina (Hrsg.), Mediation und Konfliktmanagement, Baden-Baden 2013, S. 179–189.

Trenczek, Thomas / Berning, Detlev / Lenz, Christina (Hrsg.), Mediation in Deutschland, Österreich und der Schweiz – Entwicklung, Stand und Standards, in: dies. (Hrsg.), Mediation und Konfliktmanagement, Baden-Baden 2013, S. 52–66.

Trenczek, Thomas, Recht und Mediation, in: Trenczek, Thomas / Berning, Detlev / Lenz, Christina (Hrsg.), Mediation und Konfliktmanagement, Baden-Baden 2013, S. 440–450.

Trossen, Arthur (Hrsg.), Mediation (un)geregelt, Altenkirchen 2014.

Tsikrikas, Dimitrios, Verfahrensrechtliche und kollisionsrechtliche Fragen der Mediation, Zeitschrift für Zivilprozess International, Band 19, 2014, S. 281–297.

Unberath, Hannes, Auf dem Weg zu einer differenzierten Streitkultur – Neue gesetzliche Rahmenbedingungen für alternative Konfliktlösung, Juristen Zeitung, 2010, S. 975–981.

Unberath, Hannes, Internationale Mediation – Die Bestimmung des maßgeblichen Rechts, in: Kronke, Herbert u.a. (Hrsg.), Grenzen überwinden – Prinzipien bewahren, Festschrift für Bernd von Hoffmann, Bielefeld 2011, S. 500–512.

Unberath, Hannes, Eckpunkte der rechtlichen Gestaltung des Mediationsverfahrens, Zeitschrift für Konfliktmanagement, 2012, S. 12–16.

Vaccà, Cesare / Martello, Maria (Hrsg.), La mediazione delle controversie, Milanofiori Assago 2010.

Varano, Vincenzo, Machinery of Justice, in: Lena, Jeffrey / Mattei, Ugo (Hrsg.), Introduction of Italian Law, S. 99–124.

Vasapollo, Valeria, Mediazione obbligatoria, in: Falco, Gianluca / Spina, Giulio (Hrsg.), La nuova mediazione, Mailand 2014, S. 185–233.

Vicari, Marcella, Das Informationsrecht und das Recht auf Privatsphäre in Italien, Baden-Baden 2007.

Wagner, Gerhard, Grundstrukturen eines deutschen Mediationsgesetzes, Rabels Zeitschrift für ausländisches und internationales Privatrecht, Band 74, 2010, S. 794–840.

Wagner, Gerhard, Das Mediationsgesetz – Ende gut, alles gut?, Zeitschrift für Konfliktmanagement 2012, S. 110–115.

Wagner, Gerhard / Eidenmüller, Horst, Begriff und Formen der Mediation, in ders. (Hrsg.), Mediationsrecht, Köln 2015, S. 1–45.

Watkins, Daniel, A nudge to mediate: How adjustments in choice architecture can lead to better dispute resolution decisions, in: American Journal of Mediation, New York 2010.

Weber, Harriet, Methoden des „neuen" Güterichters – Erkenntnisse aus der Praxis einer Güterichterin, in: Fischer, Christian / Unberath, Hannes (Hrsg.), Grundlagen und Methoden der Mediation, München 2014, S. 143–150.

Wendenburg, Felix, Der Schutz der schwächeren Partei in der Mediation, Tübingen 2013.

Wentzel, Cathrin, Internationale Mediation, Berlin 2016.

Wieczorek, Bernhard / Schütze, Rolf, Zivilprozessordnung und Nebengesetze, Kommentar, 4. Auflage, Berlin Boston 2013.

Zöller, Richard, Zivilprozessordnung, Kommentar, 31. Auflage, Köln 2016.

Zweigert, Konrad / Kötz, Hein, Einführung in die Rechtsvergleichung, 3. Auflage, Tübingen 1996.

A. Einleitung

Mit der Mediation aus der Krise? Diese Frage ist in Italien auch neun Jahre nach Beginn der Umsetzung der EU-Mediationsrichtlinie 2008/52/EG des Europäischen Parlaments und des Rates über bestimmte Aspekte der Mediation in Zivil- und Handelssachen vom 21. Mai 2008, die am 10. Juni 2008 in Kraft trat, noch nicht abschließend geklärt. Fest steht aber, dass sich diese Leitfrage wie ein roter Faden durch den gesamten Implementierungsprozess der Richtlinie zieht. Eine ganz maßgebliche Rolle spielt dabei die zivile Gerichtsbarkeit, die sich in Italien in einer desolaten Situation befindet. Ob die Mediation in der Lage ist, das Justizsystem aus dieser Krise zu befreien, ist Gegenstand der folgenden Untersuchung.

Neu ist das Instrument der Mediation keineswegs, auch nicht in Italien.[2] Es wäre daher falsch, sie als ein Novum unserer Zeit im Rahmen der alternativen Streitbeilegung anzusehen und zu behandeln, da dabei zumeist vergessen wird, dass sich die Menschheit schon seit jeher der Kulturtechnik[3] des „*mediare*", also der Vermittlung zwischen mehreren Parteien, bediente. Als Ursprung der Mediation, wie sie uns heute bekannt ist, hat sich dennoch eher das anglo-amerikanische Recht etabliert, wo die Mediation seit längerer Zeit ihren festen Platz unter den praktizierten Streitbeilegungsinstrumenten hat.[4] Sollte am Anfang der Fokus auf der „Überwindung von Mängeln des staatlichen Gerichtsverfahrens" gelegen haben,[5] so wurden im Laufe der Zeit die gesetzlichen Grundlagen geschaffen, die den Weg für eine echte Alternative der Konfliktlösung ebnen sollten, die sich fortwährend weiterentwickelte und mehr und mehr Einzug in die heutigen (europäischen) Rechtsordnungen hielt.

I. Einführung zur EU-Mediationsrichtlinie 2008/52/EG[6]

Im Zuge der Globalisierung musste es dann zwingend als zunehmend wichtig erachtet werden, nicht nur landesinterne Streitigkeiten auf alternative Weise lösen, sondern auch im Falle von grenzüberschreitenden Konflikten eine Variante der

2 *Bruni* in: The Status Quo of Mediation in Europe and Overseas, S. 180.

3 Zitiert nach *Stein* in: Wege der Rechtskultur in Europa, S. 70.

4 *Ewert*, Grenzüberschreitende Mediation in Zivil- und Handelssachen, S. 23; siehe hierzu auch Tsikrikas, ZZPInt Bd. 19. (2014), S. 281; *Prütting*, JZ 2008, 847 ff.

5 *Haft* in: Wege zur Globalisierung des Rechts, S. 262; vgl. auch *Tsikrikas*, ZZPInt Bd. 19 (2014), S. 281.

6 Nachfolgend „Mediationsrichtlinie" genannt.

Streitbeilegung präsentieren zu können, die den freiwilligen Charakter im Rahmen einer Konfliktlösung mehr in den Vordergrund stellt.

Die Mediationsrichtlinie, die der europäische Gesetzgeber auf der Grundlage des Artikels 65 EGV (heute Artikel 81 AEUV) erlassen hat, der sich inhaltlich der justiziellen Zusammenarbeit in Zivilsachen widmet, stellt in der Mediationslandschaft die erste verpflichtende Maßnahme der europäischen Institutionen dar.[7] Diesem Rechtsakt ging der Versuch der EU-Kommission voraus, auch landesinterne Mediationsverfahren in die Mediationsrichtlinie einzubeziehen, der sich allerdings aufgrund des Widerstands des Europäischen Rates nicht durchsetzen ließ.[8] Damit verblieb es bei der Rechtsetzungskompetenz auf Streitigkeiten mit grenzüberschreitendem Charakter.[9]

Eine gewisse Beschränkung besteht auch im Hinblick auf den Umfang der Mediationsrichtlinie,[10] die in ihren 14 Artikeln nur wenige wirklich verbindliche Vorgaben enthält. Dies wiederum scheint sich insofern mit ihrem Titel zu decken, als nur „*bestimmte* Aspekte der Mediation geregelt" werden sollen.[11] In diesem Zusammenhang bemerkenswert sind allerdings ihre 30 Erwägungsgründe, die den im Vergleich eher restriktiv und schlicht anmutenden Artikeln der Mediationsrichtlinie vorangestellt sind und nicht zuletzt bei etwaigen Auslegungsproblemen eine wichtige Stütze sein können.[12] Zudem gestaltet dieses Ungleichgewicht den Text der Mediationsrichtlinie im Ergebnis transparenter.[13]

Als Harmonisierungsmaßnahme sollte die Mediationsrichtlinie in erster Linie dazu dienen, mediationsrechtliche Aspekte im Hinblick auf grenzüberschreitende Streitigkeiten zwischen den einzelnen Mitgliedstaaten der Europäischen Union einzuführen und zu regeln.[14] Grund- und Leitgedanke war dabei die Schaffung eines verbesserten Zugangs zum Recht, welcher zudem ein reibungsloseres Funktionieren des Binnenmarktes mit sich bringen sollte.[15] Die Mediation sollte eine kostengünstige und rasche außergerichtliche Streitbeilegungsalternative

---

7 *Hess* in: Freiwilligkeit, Zwang und Gerechtigkeit im Kontext der Mediation, S. 31.

8 Vgl. *Hess*, Europäisches Zivilprozessrecht, S. 597, 602.

9 *Hess*, Europäisches Zivilprozessrecht, S. 34; vgl. auch *Tsikrikas*, ZZPInt Bd. 19 (2014), S. 284.

10 So auch *Hess* in: Freiwilligkeit, Zwang und Gerechtigkeit im Kontext der Mediation, S. 31.

11 *Ewert*, Grenzüberschreitende Mediation in Zivil- und Handelssachen, S. 59.

12 *Ewert*, Grenzüberschreitende Mediation in Zivil- und Handelssachen, S. 59.

13 *Hopt*, RabelsZ Bd. 74 (2010), S. 728.

14 Art. 1 Abs. 2 der Mediationsrichtlinie.

15 Erwägungsgründe Nr. 1, 3, 5 der Mediationsrichtlinie.

darstellen, die auf die Bedürfnisse der Parteien zugeschnitten ist.[16] Entsprechend der Intention des europäischen Gesetzgebers soll dies nun durch einen „einheitlichen Rahmen sichergestellt werden", der nicht nur eine gewisse „Rechtssicherheit mit sich bringt, sondern auch „das Verhältnis zwischen Mediations- und Gerichtsverfahren zumindest in den wichtigsten Punkten regelt".[17]

Schließlich stellt die Mediationsrichtlinie auf den freiwilligen Charakter einer Mediation ab und zielt damit gleichzeitig auf die Wahrung einer wohlwollenderen und zukunftsfähigeren Beziehung zwischen den involvierten Parteien nach Beendigung des Verfahrens.[18] Gerade in grenzüberschreitenden Fällen sei dies nach Auffassung des europäischen Gesetzgebers ein noch essentiellerer Faktor.[19] So versteht dieser die Mediation als *„ein strukturiertes Verfahren, in dem – unabhängig von seiner Bezeichnung – zwei oder mehr Streitparteien mit Hilfe eines Mediators auf freiwilliger Basis selbst versuchen, eine Vereinbarung über die Beilegung ihrer Streitigkeiten zu erzielen. Die Mediation kann dabei von den Parteien eingeleitet oder von einem Gericht vorgeschlagen oder angeordnet werden, oder nach dem Recht eines Staates vorgeschrieben sein."*[20]

Die Mediation soll dabei keinesfalls als geringwertigere Variante zu Gerichtsverfahren angesehen, sondern vielmehr als gleichgestellte Alternative zum regulären Zivilprozess und zu den vielen weiteren Formen der alternativen Streitbeilegungsmechanismen betrachtet werden.[21] Wichtig ist in diesem Zusammenhang nach Ansicht der europäischen Institutionen zudem, dass nicht nur ein für beide Parteien zufriedenstellendes Ergebnis auf der Grundlage eines Mediationsverfahrens erzielt wird, sondern dass dies darüber hinaus auch in den meisten Fällen vollstreckt werden kann.[22] Gerade das Fehlen dieses Aspekts würde auch die gewünschte Gleichstellung neben einem regulären Gerichtsverfahren vermissen lassen und keinen ergebnisorientierten Anreiz für die Parteien darstellen.

Erklärtes Ziel der Richtlinie ist schließlich, den Zugang zur alternativen Streitbeilegung zu erleichtern und die gütliche Beilegung von Streitigkeiten zu fördern, indem zur Nutzung der Mediation angehalten und für ein ausgewogenes

---

16 Erwägungsgrund Nr. 6 der Mediationsrichtlinie.

17 *Ewert*, Grenzüberschreitende Mediation in Zivil- und Handelssachen, S. 22.

18 Erwägungsgrund Nr. 6 der Mediationsrichtlinie.

19 Erwägungsgrund Nr. 6 der Mediationsrichtlinie.

20 Art. 3 lit. a der Mediationsrichtlinie.

21 Erwägungsgrund Nr. 19 der Mediationsrichtlinie.

22 Erwägungsgrund Nr. 19 der Mediationsrichtlinie.

Verhältnis zwischen Mediation und Gerichtsverfahren gesorgt wird.[23] Festzustellen ist bereits in diesem Zusammenhang, dass auch der europäische Gesetzgeber eher von einem bisher vorherrschenden Ungleichgewicht zwischen Mediations- und Gerichtsverfahren auszugehen scheint.[24] Dies mag nicht zuletzt darauf zurückzuführen sein, dass die Mediation als alternative Streitbeilegungsmethode bisher keine große Berücksichtigung im europäischen Zivilverfahrensrecht gefunden hat.[25]

Auch wenn durch die Mediationsrichtlinie keine ausdrückliche Regelung über die Einbeziehung nationaler Streitigkeiten erfolgte, nutzten viele Mitgliedstaaten die eröffnete Möglichkeit, die Mediationsvorschriften auch auf interne Streitigkeiten anzuwenden[26] und die Regularien überschießend für Auseinandersetzungen innerhalb der eigenen Rechtsordnung zu übernehmen. Diese Handhabe war auch in Italien zu beobachten: Als einer der ersten Mitgliedstaaten nahm das Land noch vor Ablauf der von den europäischen Institutionen gesetzten Frist des 21. Mai 2011 die Mediationsrichtlinie zum Anlass, die zu implementierenden Regularien nicht nur auf grenzüberschreitende Streitigkeiten, sondern auch im Falle landesinterner Auseinandersetzungen Anwendung finden zu lassen.

Einen einheitlichen Rechtsrahmen hat der europäische Gesetzgeber den Mitgliedstaaten im Ergebnis nicht an die Hand gegeben, sondern sich lediglich auf die Ausgestaltung der Schnittstellen zwischen Mediation und Zivilprozess fokussiert[27] und dabei nur auf Aspekte abgestellt, die bei der Durchführung eines Mediationsverfahrens eine zentrale Rolle spielen.[28] Den Mitgliedstaaten wurde demnach kein allgemeines Mediationsverfahren aufoktroyiert;[29] vielmehr überließ ihnen der europäische Gesetzgeber die konkrete Ausarbeitung und Interpretation. Fest steht aber, dass der Erlass der Mediationsrichtlinie nicht nur in Italien zu einem grundsätzlichen Überdenken der eigenen Mediationslandschaft führte.[30]

---

23 Art. 1 der Mediationsrichtlinie.

24 *Ewert*, Grenzüberschreitende Mediation in Zivil- und Handelssachen, S. 60.

25 *Ewert*, Grenzüberschreitende Mediation in Zivil- und Handelssachen, S. 22 f.

26 Erwägungsgrund Nr. 8 der Mediationsrichtlinie.

27 *Hess*, Europäisches Zivilprozessrecht, S. 597.

28 *Tsikrikas*, ZZPInt Bd. 19 (2014), S. 284.

29 *Hess*, Europäisches Zivilprozessrecht, S. 602.

30 *Hess* in: Freiwilligkeit, Zwang und Gerechtigkeit im Kontext der Mediation, S. 32.

II. Untersuchungsgegenstand

Die Implementierung der Mediationsrichtlinie in Europa ist bereits Gegenstand zahlreicher Untersuchungen gewesen. Was bisher allerdings fehlt, sind Veröffentlichungen, die dem deutschen Leser einen umfassenden Einblick in die italienische Umsetzung und die damit verbundenen Auswirkungen gewähren. Nicht zuletzt aus der daraus resultierenden Möglichkeit einer vergleichenden Analyse von deutschem und italienischem Mediationsgesetz gewinnt die Darstellung der italienischen Umsetzung ihre Attraktivität.

Mit der Realisierung des Mediationsgesetzes hat der italienische Gesetzgeber zahlreiche, unterschiedlich ausgestaltete Maßnahmen ergriffen, die im Rahmen dieser Arbeit unter Berücksichtigung der landesspezifischen Eigenarten Italiens in den Fokus genommen werden. Auch wenn die Mediation in Italien kein völlig neues Instrument der Streitbeilegung ist, wurden durch die Umsetzung der Mediationsrichtlinie doch neue Dimensionen geschaffen. Neu und deswegen hervorzuheben sind neben einer ersten flächendeckenden Regelung zur Mediation auch die Stringenz und Durchsetzungskraft, die sich – insofern konsequenter Weise – auf alle Bereiche dieses Verfahrens und seine Beteiligten ausgewirkt haben. Beispielhaft seien hier die Mediatoren, ihre Aus- und Fortbildung, die Mediationsstellen aber auch die Vollstreckbarkeit der Mediationsvereinbarung genannt. Im Gegenzug hat der italienische Gesetzgeber, insbesondere für die Mediationssuchenden selbst, zahlreiche Anreize geschaffen.

Die Untersuchung widmet sich zunächst der Entwicklung der Mediationslandschaft Italiens vor Umsetzung der Mediationsrichtlinie, gefolgt vom konkreten Gesetzgebungsverfahren sowie den Neuerungen der italienischen Rechtsordnung, die durch die Umsetzung ausgelöst wurden. Rechtsvergleichende Aspekte zwischen Italien und Deutschland werden dabei in einem eigenen Abschnitt dieser Arbeit berücksichtigt. Die Erkenntnisse, die aus diesem Ländervergleich gezogen werden können, führen im besten Falle nicht nur zu einer Selbstreflektion der eigenen Umsetzung, sondern können auch neue Impulse für deren Verbesserung setzen.

Die vorliegende Untersuchung soll sich dabei nicht nur auf rein juristische Aspekte beschränken, sondern sich auch mit der Frage beschäftigen, ob durch die Art und Weise der italienischen Umsetzung nur ein effizientes Entlastungswerkzeug der italienischen Justiz geschaffen wurde oder ob die Mediation in Italien mehr bewirkt hat, nämlich den Anstoß zur Verbesserung der bisherigen Streitkultur und damit das Land in der eigenen justiziellen Krisenbewältigung ein ganzes Stück weitergebracht hat. Die italienische Rechtskultur nimmt bei der Klärung dieser Fragestellung eine nicht unerhebliche Rolle ein.

Grundlegende Voraussetzung für einen solchen Wandel wäre zunächst, dass sich die Akteure – möglicherweise auch mit Hilfe der anfänglich intendierten Instrumentalisierung der Mediation – der Stärken dieses Streitbeilegungsinstrumentes bewusst werden und diese in der Praxis positiv nutzen können. Gleichzeitig wirft dies die Frage auf, ob das intendierte Gleichgewicht zwischen Mediation und Gerichtsverfahren durch die Umsetzung der Richtlinie noch gewährleistet werden kann. Dies spielt nicht nur im Zusammenhang mit der Entlastung des eigenen Justizsystems eine Rolle, sondern auch im Hinblick auf die vorhandene Streitkultur. Berücksichtigt werden soll bei der Untersuchung nicht nur die tatsächliche Umsetzung der Mediationsrichtlinie, sondern auch die dahinterstehende Intention des italienischen Gesetzgebers.

Den Abschluss findet diese Arbeit sodann in einem Ausblick, wie sich das Institut der Mediation in Italien weiterentwickeln wird und sich auch auf längere Sicht als tatsächlich gleichgestellte Alternative der Streitbeilegung etablieren kann.

B. Die Entwicklung der Mediation in Italien

I. Die Ausgangssituation vor Umsetzung der Mediationsrichtlinie

Zum besseren Verständnis der gesetzgeberischen Neuerungen auf dem Gebiet der Mediation sollen in einem ersten Schritt die Entwicklung der Mediation in Italien und die dortige Situation vor Umsetzung der Mediationsrichtlinie in den Blick genommen werden. Letztere stellt nicht nur die Grundlage für die aktuelle Implementierung dieses Streitbeilegungsinstruments in das italienische Rechtssystem dar, sondern wird auch darüber Aufschluss geben können, warum der italienische Gesetzgeber eine so stringente und engmaschige Form der Umsetzung gewählt hat.

1. Die Vorläufer der Mediation

Nicht erst mit der Umsetzung der Mediationsrichtlinie hielten Einigungs- beziehungsweise Schlichtungsansätze ihren Einzug in die italienische Rechtsordnung. Erste Bestrebungen einer gütlichen Einigung lassen sich schon mehr als 2000 Jahre zurückverfolgen, sodass die heutigen Regelungen das Ergebnis eines fortlaufenden Prozesses sind.

a) Der Konsensgedanke im Römischen Recht

Das Streben nach der Durchsetzung des eigenen Rechts ist in Italien nicht neu, sondern führt bis ins Römische Recht zurück.[31] Gleiches gilt für die ersten Ansätze einer gütlichen Einigung und den dieser Einigung zugrundeliegenden

---

31 *Depping/Platter* in: Jahrbuch für italienisches Recht, Band 24, 2012, S. 91; zum traditionellen Verständnis des Zugangs zum Recht siehe auch *De Luca* in: New Developments in Civil and Commercial Mediation, S. 345 f. sowie *Santi* in: La mediazione per la composizione delle controversie civili e commerciali, S. 35; im Original: „*Sebbene, poi, non siano mancate, nella storia degli ordinamenti antichi, forme di risoluzione dei contenziosi demandate a soggetti privati, talvolta con modalità marcatamente mirate a sottrarre la controversia alla sfera di influenza pubblica, la giurisdizione statuale ha continuato a svolgere il ruolo principale ed esclusivo garante della legalità e della tutela delle situazioni giuridiche soggettive dei privati. Tale assetto si è tramandato fino ai giorni nostri, ove la giurisdizione costituisce una delle funzioni principali dello stato moderno, volta ad assicurare l'osservanza delle norme di diritto approvate dal potere legislativo, con la opportuna specificazione che l'oggetto della tutela giurisdizionale definita ‚civile' è il*

Konsensgedanken.[32] So heißt es auf der ersten Tafel des Zwölftafelgesetzes *„rem ubi pacunt, orato"*.[33] Dies sollte den Parteien die Möglichkeit eröffnen, ihre streitige Angelegenheit gütlich beizulegen. Konnte eine einvernehmliche Einigung erzielt werden, oblag es dem Prätor, den zwischen den Parteien geschlossenen Vergleich für rechtskräftig zu erklären. Schließlich galt es im alten Rom als „Ehrenpflicht [...], dem Vorschlag des Gegners wohlwollend gegenüber zu treten".[34]

b) Die Schlichtungsansätze seit Beginn des 19. Jahrhunderts

Kodifizierte Schlichtungsansätze, die inhaltlich an die heutigen Regelungen zu alternativen Streitbeilegungsverfahren erinnern, lassen sich in Italien zu Beginn des 19. Jahrhunderts wiederfinden.

aa) Der Schlichtungsrichter – Il Conciliatore

So sah bereits das Dekret Nr. 727 vom 29. Mai 1817 über die Rechtsordnung des Königreichs beider Sizilien die Einführung eines *Conciliatore* in jeder Gemeinde vor und ersetzte damit den Friedensrichter, der zuvor nach französischem Vorbild im Königreich Neapel per Gesetz Nr. 149 vom 20. Mai 1808 von Joseph Bonaparte, dem Bruder des Kaisers Napoleon, eingeführt wurde.[35]

Damit kann der *Giudice conciliatore* durchaus als Ausläufer einer französischen Idee gewertet werden, nämlich jener des Friedensrichters (*„juge de paix"*). Dieser wurde per Dekret im Sommer 1790 in die französische Rechtsordnung und damit auch in die Landschaft der alternativen Streitbeilegung integriert.[36] So oblag es dem französischen Friedensrichter, in einem obligatorischen, dem eigentlichen Gerichtsverfahren vorgelagerten Güteverfahren eine einvernehmliche Lösung zwischen den Parteien zu erzielen.[37]

---

diritto soggettivo, quale posizione desumibile, in termini generali, dalle norme sostanziali di diritto privato."

32 *Pielsticker* in: Mediationsgesetz, S. 17, Rn. 9; vgl. hierzu ausführlich auch *Düll*, Der Gütegedanke im römischen Zivilprozessrecht, S. 124 ff.

33 *Düll*, Der Gütegedanke im römischen Zivilprozessrecht, S. 125.

34 *Düll*, Der Gütegedanke im römischen Zivilprozessrecht, S. 129.

35 *Riviezzo*, La giurisprudenza del giudice di pace: civile, penale, sanzioni amministrative, S. 100; im Original: *„In Italia, fu Giuseppe Bonaparte ad installare nel Regno di Napoli la medesima figura, successivamente rimossa nel 1817 quando Ferdinando di Borbone restaurando il Regno delle due Sicilie soppresse tutti i corpi giudiziari francesi introdotti al seguito delle truppe napoleoniche nel 1808 [...]."*

36 *Jänicke*, Wirtschaftsmediation in Deutschland und Frankreich, S. 78.

37 *Jänicke*, Wirtschaftsmediation in Deutschland und Frankreich, S. 78.

In den Zuständigkeitsbereich des Schlichters fielen nach der italienischen Fassung Streitigkeiten von geringerer Bedeutung. Seine Entscheidungen fällte er oftmals innerhalb weniger Tage, da sie nicht an ein bestimmtes Prozedere gebunden waren. Ein Rechtsmittel gegen die Entscheidungen des Schlichters war nicht gegeben. Das Verfahren vor dem Schlichter gewann seine Attraktivität also durch die nicht vorhandenen Formvorschriften sowie durch das schlanke Verfahren. Dadurch brachte es insbesondere gegenüber gerichtlichen Prozessen einen erheblichen Vorteil mit sich.

Um für das gesamte Königreich Italien eine einheitliche Regelung zu schaffen, erfolgte per Dekret Nr. 2626 vom 6. Dezember 1865 die Aufnahme der Figur des „*Conciliatore*" in die erste, vom damaligen Justizminister Giuseppe Pisanelli[38] verfasste Zivilprozessordnung des italienischen Königreichs, dem Codice di Procedura civile del Regno d'Italia, die am 25. Juni 1865 erlassen wurde, am 1. Januar des Folgejahres in Kraft trat[39] und stark dem napoleonischen Einfluss unterlag.[40] Das Dekret sah vor, dass in jeder Gemeinde ein Schlichtungsrichter einzusetzen sei, durch dessen Einführung der soziale Frieden im Land gestärkt werden sollte. Zudem sollte eine effektive und kostengünstige Justiz geschaffen werden, die ein zügiges Verfahren versprach.[41]

Inhaltlich widmete sich der Codice di Procedura civile del Regno d'Italia vom 25. Juni 1865 bereits in den ersten sieben Artikeln ihrer Vorbemerkungen der „*conciliazione*", also der Schlichtung. So hieß es:

> *„I conciliatori, quando ne siano richiesti, devono adoperarsi per comporre le controversie. La conciliazione può aver luogo quando le parti abbiano la capacità di disporre degli oggetti su cui cade la controversia […]. La richiesta per la conciliazione è fatta anche verbalmente al conciliatore del comune in cui una delle parti si vuole chiamare in conciliazione ha residenza, domicilio o dimora, ovvero si trova la cosa controversa. Gli avvisi alle parti per le conciliazioni sono scritti dal conciliatore, che indica in essi l'oggetto e il giorno per la comparizione. […]*

---

38 Giuseppe Pisanelli war in den Regierungen Farini und Minghetti I vom 08.12.1862 - 28.09.1864 „*Ministro di Grazia e di Giustizia del Regno d'Italia*".

39 Zur vorherigen Zersplitterung des Landes im Hinblick auf die geltenden Zivilprozessordnungen s. *Piekenbrock*, Der italienische Zivilprozess im europäischen Umfeld, S. 42 ff.

40 *Calamandrei*, RabelsZ Bd. 2 (1928), S. 57.

41 *Nascosi*, Il tentativo obbligatorio di conciliazione stragiudiziale nelle controversie lavoro, S. 18; im Original: „*La pace sociale, la necessità di una giustizia rapida, effettiva e a basso costo furono dunque i motivi che spinsero il legislatore della seconda metà dell'ottocento ad istituire in ogni comune un giudice conciliatore*".

Le parti possono rappresentarsi nelle conciliazioni da persona munita di mandato speciale per quest'oggetto, e autentico. Se alcuna di esse non comparisca nel giorno e nell'ora stabiliti, non si ammettono altre richieste per la conciliazione, salvo che siano fatte da tutte le parti. Quando le parti siansi conciliate, si forma processo verbale che contenga la convinzione. Il processo verbale è sottoscritto dalle parti, dal conciliatore, e dal cancelliere.

[...] Quando l'oggetto della conciliazione non ecceda il valore di 30 lire, il processo verbale di conciliazione è esecutivo, contro le parti intervenute, al quale effetto il conciliatore può autorizzarne la spedizione delle copie nella forma stabilita per le sentenze. Se l'oggetto della conciliazione ecceda il valore di 30 lire, o il valore sia determinato, l'atto di conciliazione ha soltanto la forza di scrittura privata riconosciuta in giudizio."

Danach sollten sich die Schlichtungsrichter auf Antrag darum bemühen, die Streitigkeiten zwischen den Parteien beizulegen. Dabei konnte eine Schlichtung stattfinden, wenn die Streitigkeiten disponible Rechtsgüter der Parteien betrafen. Hierbei wird es sich also um eigentumsrechtliche Konflikte gehandelt haben, die sich beispielweise in kauf- oder nachbarschaftsrechtlichen Angelegenheiten abgespielt haben können oder aber immobilienrechtliche Fragen betrafen. Der Antrag auf Durchführung des Schlichtungsverfahrens konnte gegenüber dem Schlichtungsrichter der Gemeinde, in dem die beantragende Partei ihren Wohnsitz oder Aufenthaltsort hatte oder sich der Streitgegenstand befand, auch mündlich vorgenommen werden. Die Schlichtungshinweise an die Parteien erfolgten schriftlich und enthielten Gegenstand und Ladung. Zudem konnten sich die Parteien in den Schlichtungsverfahren von Personen, die im Besitz einer für das Verfahren speziellen und beglaubigten Vollmacht waren, vertreten lassen. Sollte eine Partei dem Schlichtungsverfahren fernbleiben, wurden keine anderen Anträge zur Durchführung eines solchen Verfahrens mehr zugelassen – mit Ausnahme solcher Anträge, die von beiden Parteien gestellt wurden.

Konnte eine erfolgreiche Schlichtung zwischen den Parteien erfolgen, wurde ein entsprechendes Protokoll erstellt, welches die zwischen den Parteien getroffene Vereinbarung enthielt. Unterschrieben wurde dieses Protokoll von den Parteien, dem Schlichter sowie dem Urkundsbeamten. Sofern der Gegenstandswert des Verfahrens den Wert von 30 Lire nicht überstieg[42], war das Protokoll zwischen den Parteien des Verfahrens vollstreckbar, sodass der Schlichter die Versendung einer Ausfertigung in der für Urteile vorgeschriebenen Form autorisieren konnte. Sollte der Gegenstandswert die 30 Lire aber überschritten haben oder nicht bezifferbar gewesen sein, so hatte die Schlichtungsurkunde lediglich die Kraft eines vor Gericht anerkannten privatschriftlichen Dokuments.

42 Mit Gesetz Nr. 261 vom 16. Juni 1892 und Nr. 1287 vom 15. November 1922 wurde die Streitwertgrenze auf 100 bzw. 400 Lire angehoben.

Diese Regelung kann als der logische Umkehrschluss zu den im Dekret Nr. 2626 erfolgten Regelungen hinsichtlich der sachlichen Zuständigkeit des Schlichtungsrichters bis zu einem Streitwert von damals 30 Lire gesehen werden. Im Falle darüber hinausgehender Gegenstandswerte musste die Unterstützung des ordentlichen Gerichts in Anspruch genommen werden. Zurückgegriffen wurde dann auf Artikel 363 des Codice di Procedura civile del Regno d'Italia, wonach privatschriftliche Urkunden auf Antrag einer Partei – mit und ohne Sicherheitsleistung – für vorläufig vollstreckbar erklärt werden. Auf diese Weise konnte sichergestellt werden, dass die Parteien auch im Falle höherer oder nicht bestimmbarer Streitwerte die Möglichkeit hatten, ihre erzielten Vergleiche zu vollstrecken.

Auch wenn dem Schlichtungsrichter damals also nur begrenzte Zuständigkeiten zugesprochen wurden und eine gerichtsexterne Streitbeilegung noch nicht geregelt wurde, so lassen sich doch durchaus Ansätze erkennen, die als Vorläufer der alternativen Streitbeilegung erachtet werden können. Deutlich wird dies insbesondere durch die Figur eines unparteiischen Dritten, der als Streitschlichter fungierte sowie durch die Protokollierung der zwischen den Parteien getroffenen Vereinbarung, die nicht zuletzt dem Ziel der Vollstreckbarkeit dienen sollte. Diese Punkte lassen sich heutzutage als Grundpfeiler der alternativen Konfliktbeilegung benennen und finden sich schließlich in den Regularien der Mediationsrichtlinie wieder.

Die Ziele, die seinerzeit mit der Einführung des „*Conciliatore*" intendiert waren, bestätigten sich. Daher kam dem Schlichtungsrichter, der eher die Rolle eines normalen Bürgers als eines Berufsrichters einnahm, auch eine entsprechend hohe Bedeutung zu. So konnte er erfolgreich dafür sorgen, dass die Streitgeneigtheit zwischen den Parteien abnahm, was im Ergebnis dazu führte, dass die Zahl der einfachen und wirtschaftlich weniger bedeutenden Streitigkeiten entscheidend minimiert werden konnte.[43]

---

43 *Fabiani* in: Manuale della mediazione civile e commerciale, S. 26: im Original: „*Il codice del 1865 aveva attribuito particolare importanza alla conciliazione stragiudiziale, quale strumento preventivo al processo ed assolutamente facoltativo per le parti, per un verso dedicando alla sua regolamentazione il primo capo del codice di rito civile e, per altro verso, attribuendo grosso rilievo alla figura del giudice conciliatore – più cittadino che giudice, reclutato con metodo diverso da quello richiesto per i giudici di carriera e capillarmente distribuito sul territorio – che nel periodo compreso tra la fine del secolo XIX ed i primi decenni del secolo XX, attraverso una formidabile azione di filtro della litigiosità, riusciva a smaltire, peraltro non solo in via conciliativa, gran parte del contenzioso civile più semplice e di minor rilevanza economica.*"

Neben den Regelungen zum Schlichtungsrichter hielt der Schlichtungsgedanke auch Einzug in die ordentliche Gerichtsbarkeit. So hieß es auch bei den die Verfahren vor den Amtsgerichten betreffenden Regelungen in Artikel 417 des Codice di Procedura civile del Regno d'Italia: *„Il pretore […] sentite le parti in persona nelle loro ragioni ed eccezioni ulteriori, deve procurare di conciliarle. Se la conciliazione abbia luogo, ne fa con processo verbale sottoscritto anche dalle parti.*" Der Amtsrichter sollte also, nachdem er die Parteien mit ihren Begründungen und Einwänden gehört hatte, eine Schlichtung herbeiführen. Sofern eine solche erfolgreich durchgeführt werden konnte, wurde ein entsprechendes Protokoll erstellt, welches auch von den Parteien zu unterzeichnen war. Bei dieser Form der Streitbeilegung lassen sich damit durchaus Parallelen zu der in unserer Rechtsordnung verankerten zivilprozessrechtlichen Güteverhandlung ziehen.

Schließlich folgte mit dem Gesetz Nr. 261 vom 16. Juni 1892 in jeder Gemeinde die Einführung eines sogenannten *„l'Ufficio di conciliazione"*, also einer Schlichtungsstelle, die alle Kompetenzen des Schlichtungsrichters übernahm und in der italienischen Rechtsordnung bis heute in den einzelnen Regionen Italiens existiert.

bb) Zivilrechtliche Reformen

Bedingt durch die Annexion der damals österreichischen Provinzen Südtirol, Trentin und Istrien wurde in Italien die Idee nach einer Erneuerung der Zivilprozessordnung nach österreichischem Vorbild laut.[44]

Federführend war Giuseppe Chiovenda[45], der als Vorsitzender einer Untergruppe der *Commissione della dopo guerra*[46] die italienische Zivilprozessordnung in Anlehnung an die Vorgaben des österreichischen Nachbarn von Grund auf erneuern wollte.[47] Als dann im Jahre 1922 Benito Mussolini zum Ministerpräsidenten Italiens gewählt wurde, wurde die intendierte Reform der Zivilprozessordnung

---

44 *Piekenbrock,* Der italienische Zivilprozess im europäischen Umfeld, S. 49.

45 Giuseppe Chiovenda (1872–1937) war ein italienischer Jurist und Professor an der Universität Rom. Zudem lehrte er an den Universitäten von Parma, Bologna und Neapel. Er prägte die Reform des italienischen Zivilprozessrechtes und führte die Unterscheidung zwischen der Zulässigkeit und der Begründetheit einer Klage ein.

46 Im Jahr 1918 wurde in Italien die *Commissione del dopo guerra* gegründet, die die Probleme beim Übergang von einem Kriegs- in einen Friedensstaat untersuchen sollte. Ihr gehörten verschiedene Gruppen an, eine von ihnen beschäftigte sich unter dem Vorsitz von Giuseppe Chiovenda mit der Reform des Zivilprozesses.

47 *Piekenbrock,* Der italienische Zivilprozess im europäischen Umfeld, S. 50; vgl. auch *Calamandrei,* RabelsZ Bd. 2 (1928), S. 57.

zwar beibehalten; allerdings wurde Chiovendas Gedanke entgegen getreten und von einer Anlehnung an die österreichische Zivilprozessordnung vorerst Abstand genommen, weil die grundlegende Erneuerung des gewachsenen Systems nicht mehr im Fokus stand. Vielmehr lag der faschistischen Bewegung die Idee zugrunde, ideologisch an die Zeit des Imperium Romanum anzuknüpfen, verbunden mit einer eher ablehnenden Haltung gegenüber dem deutschsprachigen Kulturkreis.[48]

Als das Gesetz Nr. 2814 vom 30. Dezember 1923 der Regierung unter anderem die Ermächtigung zur Reform des Zivilgesetzbuches sowie zur Veröffentlichung einer neuen Zivilprozessordnung gab, wurde die Ausarbeitung eines neuen Codice di Procedura civile einer speziell für die Reform des Zivilprozessrechts vom Justizminister Aldo Oviglio[49] zusammen-gerufenen Unterkommission übertragen. Bei dieser standen sich Lodovico Mortara[50] als Präsident und Verfechter der Beibehaltung des italienisch-französischen Ansatzes und Giuseppe Chiovenda als Vizepräsident und Befürworter der österreichischen Regelungen gegenüber, dessen Grundgedanke der klassische und individualistische Begriff des Klageanspruchs („*azione*") war.[51] Einer der größten Unterschiede zwischen diesen beiden Vorstellungen war die Implementierung des Grundsatzes der Mündlichkeit in den Zivilprozess nach österreichischem Vorbild.[52]

Da die tatsächliche Ausgestaltung des Entwurfes letztlich einem Inneren Ausschuss übertragen wurde, an dem Chiovenda nicht beteiligt war, erfolgten die Ausarbeitungen federführend durch Francesco Carnelutti[53]. Sein prozessuales Denken basierte in erster Linie auf dem Begriff des Rechtsstreits („*lite*"), dessen grundlegendes Element der Interessenkonflikt zweier Parteien sei[54]

---

48 *Piekenbrock,* Der italienische Zivilprozess im europäischen Umfeld, S. 50.

49 Aldo Oviglio (1873–1942) war italienischer Jurist und Politiker, insbesondere Justizminister unter Mussolini In der Zeit vom 30. Oktober 1922 bis 5. Januar 1925.

50 Lodovico Mortara (1855–1937) war Anwalt, Dozent für italienisches Verfassungsrecht und Justizminister unter Francesco Saverio Nitti (1919–1920). Von 1903 bis 1923 war er Mitglied des *Corte di Cassazione*, von 1915 bis 1923 dessen Präsident.

51 *Piekenbrock,* Der italienische Zivilprozess im europäischen Umfeld, S. 51; *Calamandrei,* RabelsZ Bd. 2 (1928), S. 59 ff.

52 *Calamandrei,* RabelsZ Bd. 2 (1928), S. 60 f.

53 Francesco Carnelutti (1879–1965) war ein italienischer Anwalt und Jurist. Er lehrte an den Universitäten von Mailand, Catania, Padova und Rom. Im Jahr 1924 gründete er die „*Rivista di diritto processuale civile*", die Zeitschrift für die Zivilprozessordnung, die er gemeinsam mit Giuseppe Chiovenda und Piero Calamandrei als Hauptredakteur leitete.

54 *Carnelutti,* Lezioni di Diritto Processuale Civile, Band 1, S. 130; im Original: „*L'elemento sostanziale della lite consiste nel conflitto di interessi.*"

und an dessen gerechter Beilegung das Gemeinwesen ein öffentliches Interesse habe.[55] Damit bewegte sich Carnelutti weg von Chiovendas Begriff der *azione*,[56] der in erster Linie auf der Geltendmachung des Anspruchs eines Einzelnen im Prozess beruhte und weniger den Streit der Parteien an sich im Fokus hatte.

Inmitten dieser Reformbestrebungen fand im Jahr 1931 eine erste Kodifizierung des Mediationsgedankens im Rahmen der gesetzgeberischen Maßnahmen zur öffentlichen Sicherheit statt.[57] So hieß es in Artikel 1 Absatz 2 des Königlichen Dekrets Nr. 773 vom 18. Juni 1931 („Testo unico delle Leggi di Pubblica Sicurezza", abgekürzt TULPS): „[L'Autorità di Pubblica Sicurezza] *per mezzo dei suoi ufficiali, ed a richiesta delle parti, provvede alla bonaria composizione dei dissidi privati*"[58]. Demnach sollte sich die Behörde für die öffentliche Sicherheit[59] mittels ihrer Beamten[60] auf Antrag der Parteien darum kümmern, private Unstimmigkeiten gütlich beizulegen. Bis heute folgt dem Antrag die Einbestellung der Parteien in die Behörde, um eine Schlichtung nebst entsprechendem Protokoll zu erzielen. Mit der ersten Kodifizierung wurde also als eine Art

55 *Carnelutti*, Lezioni di Diritto Processuale Civile, Band 2, S. 94; im Original: „*La composizione del conflitto che sodisfa la opinione pubblica è la composizione giusta.*"; vgl. auch *Piekenbrock*, Der italienische Zivilprozess im europäischen Umfeld, S. 51; *Calamandrei*, RabelsZ Bd. 2 (1928), S. 64 f.

56 *Carnelutti*, Lezioni di Diritto Processuale Civile, Band 1, S. 131; im Original: „[...] *Tenendo conto di questo elemento formale, ella nozione di lite o controversia al conflitto di interessi (che ne sostituisce la sentenza) si sovrappone il conflitto tra due applicazioni della norma, e perciò tra due opinioni o tra due modi di condotta dei soggetti del rapporto (che ne costituisce la forma.*"; vgl. auch *Calamandrei*, RabelsZ Bd. 2 (1928), S. 64 f.; *Piekenbrock*, Der italienische Zivilprozess im europäischen Umfeld, S. 51.

57 *De Palo/Keller* in: Mediation-Principles and regulation in comparative perspectives, S. 669.

58 Diese Regelung besteht nach wie vor.

59 Bei der *l'Autorità di Sicurezza* handelt es sich um eine in der italienischen Rechtsordnung verankerte Behörde, die die öffentliche Ordnung und Sicherheit gewährleisten soll. Ihre Aufgabe ist es, den sozialen Frieden zu garantieren, indem sie Gefahren abwehren und verhindern soll. Die dahinter stehenden Aufgaben sind vielfältig. Sie leistet z.B. erste Hilfe bei öffentlichen oder privaten Unfällen, regt erkennungsdienstliche Maßnahmen verdächtiger Personen an, erhält Mitteilungen vom Arbeitgeber bei Arbeitsunfällen oder bei Funden von Kulturgütern.

60 Als Beamte kommen hierfür insbesondere diejenigen der staatlichen Polizei, der Carabinieri, der oberen Polizeiinspektion und der Polizeimeisterei, die die Befugnis haben, die Behörde für öffentliche Sicherheit zu unterstützen, in Betracht oder aber der Bürgermeister der Gemeinden, die nicht über eine eigene Behörde für öffentliche Sicherheit verfügen.

außergerichtliche Mediation geschaffen, und zwar losgelöst von den Mitteln der ordentlichen Gerichtsbarkeit. Umfasst waren damit alle Streitigkeiten, die im Zusammenhang der Gefährdung oder Beeinträchtigung der öffentlichen Sicherheit standen.

Nachdem die Reform der italienischen Zivilprozessordnung daraufhin zunächst im Sande verlaufen war, keimte sie einige Jahre später durch den Justizminister Pietro de Francisi[61] wieder auf, der den Auftrag zur Ausarbeitung eines entsprechenden Entwurfes gab.[62] Der daraus resultierende Vorschlag wurde der zuständigen parlamentarischen Kommission dann im Oktober 1939 vorgelegt, der schließlich als Codice di Procedura civile per Dekret Nr. 1443 vom 28. Oktober 1940 verabschiedet und am 21. April 1942 in Kraft trat.[63] Der Aufbau der neuen italienischen Zivilprozessordnung erinnerte an die Deutschlands und Österreichs[64] und griff damit Chiovendas Idee im Ergebnis wieder auf.

Auch der Codice civile, der mit Dekret Nr. 262 vom 16. März 1942 verabschiedet wurde und – ebenso wie die italienische Zivilprozessordnung – am 21. April 1942 in Kraft trat, war das Ergebnis von Reformbestrebungen aus der Zeit nach dem Ersten Weltkrieg, die ihren Ursprung in den gesellschaftlichen Veränderungen hatten.[65] Während die ersten Entwürfe, die in den Jahren 1930 bis 1936 vorgelegt worden waren, noch stark dem französischen Vorbild, dem französischen Code civil, glich, entstand 1939 die Idee, den Inhalt des italienischen Codice civile erheblich auszuweiten.[66] Neben den bereits entworfenen vier Büchern, die sich inhaltlich zunächst dem Personen- und Familienrecht, dem Erb- und Sachenrecht sowie dem Recht der Verbindlichkeiten widmeten, sah die Erweiterung des italienischen Zivilgesetzbuches nunmehr die Regelung aller persönlichen und beruflichen Lebensbeziehungen vor.[67] Zwar war die französische Prägung durchaus noch erkennbar, allerdings sah der Codice civile auch eine Reihe neuer Regelungen vor, die mit dem französischen Vorbild brachen.[68]

---

61 Pietro De Francisci (1883–1971) war italienischer Jurist, Akademiker und Politiker, insbesondere Justizminister unter Mussolini in der Zeit vom 20. Juli 1932 bis 24. Januar 1935.

62 *Piekenbrock*, Der italienische Zivilprozess im europäischen Umfeld, S. 52.

63 *Piekenbrock*, Der italienische Zivilprozess im europäischen Umfeld, S. 52 f.

64 *Piekenbrock*, Der italienische Zivilprozess im europäischen Umfeld, S. 53.

65 *Zweigert/Kötz*, Einführung in die Rechtsvergleichung, S. 103.

66 *Zweigert/Kötz*, Einführung in die Rechtsvergleichung, S. 103.

67 *Zweigert/Kötz*, Einführung in die Rechtsvergleichung, S. 103 f.

68 Siehe hierzu ausführlich zu den einzelnen Rechtsgebieten *Zweigert/Kötz*, Einführung in die Rechtsvergleichung, S. 104 f.

Geleitet wurde die Reform des italienischen Zivilgesetzbuches dabei in erster Linie von dem Wunsch, ein in Teilen veraltetes Regelwerk zu modernisieren und den Bedürfnissen einer veränderten Wirtschaft des 20. Jahrhunderts gerecht zu werden.[69]

So liefert auch der Codice civile selbst einen weiteren Beleg für den Umstand, dass die alternative Streitbeilegung in Italien lange Zeit nicht im öffentlichen Bewusstsein verankert war. Dieser enthielt zwar die Begrifflichkeit der „*Mediazione*", die allerdings mit einer anderen Bedeutung belegt war. In Artikel 1754 des Codice civile heißt es nach wie vor:

> *„È mediatore colui che mette in relazione due o più parti per la conclusione di un affare, senza essere legato ad alcuna di esse da rapporti di collaborazione, di dipendenza o di rappresentanza."*

Dieser Artikel widmet sich allerdings nicht einem alternativen Streitbeilegungsverfahren, sondern dem Makler, der als Person definiert wird, der zwei oder mehrere Parteien zum Zwecke des Abschlusses eines Geschäfts in Verbindung bringt, ohne mit einer von ihnen aufgrund einer bestehenden Zusammenarbeit, Abhängigkeit oder der Vertretung verbunden zu sein.

Doch selbst wenn die Mediation als alternative Streitbeilegungsalternative damals keine explizite Erwähnung gefunden hat, lässt sich auch bei der im Codice civile geregelten „*Mediazione*" der Grundsatz der Vermittlung erkennen, der bei unserem heutigen Mediationsbegriff eine unabdingbare Rolle spielt. Vergleicht man beide Rechtsinstitute, lassen sich durchaus gewisse Parallelen ziehen. So knüpft die Maklertätigkeit ebenfalls an die Vermittlung zwischen zwei oder mehr Personen durch einen neutralen Dritten an, der mit den Parteien gemeinsam eine Einigung erzielen soll. Selbst wenn es sich hierbei um eine rechtsgeschäftliche Einigung handelt, die in erster Linie auf den Austausch von Rechtsgütern gerichtet ist, spielt das Element der Vermittlung zwischen den Parteien eine entscheidende Rolle. Unterschiedlich ist allerdings der Antrieb, aus dem heraus Makler und Mediator tätig werden: Während der Makler bei seiner Tätigkeit in erster Linie eigene wirtschaftliche Interessen verfolgt, spielen die Interessen des Mediators bei der Vermittlung zwischen den Parteien keine Rolle. Seine Tätigkeit ist darauf gerichtet, zwischen den Mediationssuchenden eine einvernehmliche Lösung zu finden, die ausschließlich in deren Interesse liegt. Was aber bleibt, ist der gemeinsame Nenner des „mediare".

---

69 *Alpa/Zeno-Zencovich,* Italian Private Law, S. 2.

cc) Die Schlichtung als gerichtsinternes Verfahren

Mit Einführung der Zivilprozessordnung im Jahr 1942 folgte dann auch die Aufnahme der Schlichtung als gerichtsinternes Verfahren.[70] Die Reformierung der Zivilprozessordnung und der ihr zugrundeliegende Leitgedanke des prozessualen Denkens hatte allerdings auch Auswirkungen auf den Aufbau des Gesetzbuches einschließlich der damit einhergehenden Priorisierung innerhalb der Streitbeilegungsverfahren. Denn während das Schlichtungsverfahren im Codice di Procedura civile del Regno d'Italia vom 25. Juni 1865 noch in den ersten Artikeln zu finden war, hieß es nun unter Artikel 1: „*La giurisdizione civile [...] è esercitata dai giudici ordinari secondo le norme del presente codice.*" Die zivile Gerichtsbarkeit sollte also von den ordentlichen Richtern gemäß den Regelungen des vorliegenden Gesetzbuches vorgenommen werden.

Erst in Artikel 185 des Codice di Procedura civile folgten dann die Regelungen zum „*Tentativo di conciliazione*", dem Schlichtungsversuch. Hierin hieß es:

> „*Se la natura della causa lo consente, il giudice istruttore, nella prima udienza, deve cercare di conciliare le parti, disponendo, quando occorre, la loro comparizione personale.*[71] *Il tentativo di conciliazione può essere rinnovato in qualunque momento dell'istruzione. Quando le parti si sono conciliate, si forma processo verbale della convenzione conclusa. Il processo verbale costituisce titolo esecutivo.*"

Hiernach sollte der Ermittlungsrichter[72] des Zivilprozesses, der mit der Sachverhaltsaufklärung befasst war, versuchen, eine Schlichtung zwischen den Parteien herbeizuführen und dabei das persönliche Erscheinen, sofern dies erforderlich war, anzuordnen. Dabei sollte der Schlichtungsversuch in jedem Stadium des Ermittlungsverfahrens wiederholt werden können. Sofern eine gütliche Einigung zwischen den Parteien zustande gekommen war, wurde ein Protokoll der getroffenen Vereinbarung erstellt. Solch ein Schlichtungsversuch sollte indes nur dann stattfinden, wenn die Streitigkeit für eine gütliche Beilegung geeignet war.

---

70 *De Palo/Keller* in: Mediation-Principles and regulation in comparative perspectives, S. 669.

71 Mit Artikel 89 des Gesetzes Nr. 353 vom 26. November 1990 wurde dieser erste Satz wie folgt ersetzt: „*Il giudice istruttore, in caso di richiesta congiunta delle parti, fissa la comparizione delle medesime al fine di interrogarle liberamente e di provocarne la coniciliazione.*" Die Parteien werden also nur dann vom Ermittlungsrichter geladen, um eine freie Befragung und bestenfalls eine Schlichtung herbeizuführen, wenn beide Parteien dies beantragt haben.

72 Der Ermittlungsrichter ist nicht nur Berichterstatter in einem aus drei Richtern bestehenden Kollegium, sondern führt den Rechtsstreit bei einer Einzelrichterentscheidung auch eigenständig zur Entscheidungsreife, vgl. Art. 175 des Codice di Procedura civile.

Dies konnte jedenfalls in den Fällen angenommen werden, in denen zum einen disponible Rechtsgüter der Parteien Gegenstand des Verfahrens waren und zum anderen eine Entscheidung durch das Gericht nicht zwingend notwendig war.

Eine weitere Regelung erfolgte im zweiten Abschnitt des zweiten Buches der italienischen Zivilprozessordnung betreffend die Verfahren vor den Schlichtungsrichtern. So hieß es in dem damaligen Artikel 320:

> *„Se la costituzione avviene in cancelleria [...], il conciliatore può convocare le parti e, qualora si presentino, cerca di conciliarle. Se la conciliazione riesce, se ne redige processo verbale a norma dell'articolo 185, ultimo comma."*

Demnach konnte der Schlichtungsrichter die Parteien nach Klageerhebung zusammenrufen und im Falle ihres Erscheinens versuchen, eine Schlichtung herbeizuführen. Gelang ihm dies, erhielten die Parteien ein entsprechendes Schlichtungsprotokoll gemäß den Vorschriften des Artikels 185 des Codice di Procedura civile.

Die Aufteilung zwischen Ermittlungs- und Schlichtungsrichter resultierte dabei aus den unterschiedlichen Kompetenzen, die das Gesetz den einzelnen Institutionen zusprach. Artikel 7 des damaligen Codice di Procedura civile sah diesbezüglich vor:

> *„Il conciliatore è competente per le cause relative a beni mobili di valore non superiore a lire mille (ora: diecimila), quando dalla legge non sono attribuite alla competenza di altro giudice. Il conciliatore è altresì competente per le cause di sfratto per finita locazione e, in generale, per tutte le cause relative a contratti di locazione di beni immobili, il valore delle quali non eccede lire duemila (ora: diecimila)."*

Die Kompetenz des Schlichtungsrichters betraf demnach Streitigkeiten über bewegliche Sachen mit einem Streitwert von nicht mehr als anfänglich 1.000 und später[73] 10.000 Lire, und zwar sofern nicht einem anderen Richter von Gesetzes wegen die entsprechende Kompetenz zugeteilt wurde. Zudem oblagen dem Schlichtungsrichter die Zwangsräumungen bei beendetem Mietverhältnis und generell alle mietvertraglichen Streitigkeiten über bewegliche Sachen bis zu einem Streitwert von anfänglich 2.000 und später[74] 10.000 Lire.

---

73 Mit dem Gesetz Nr. 273 vom 12. Mai 1949 erfolgte die Erhöhung des Zuständigkeitsstreitwertes für den Schlichtungsrichter auf 10.000 Lire.

74 Mit dem Gesetz Nr. 273 vom 12. Mai 1949 erfolgte die Erhöhung des Zuständigkeitsstreitwertes für den Schlichtungsrichter auf 10.000 Lire.

dd) Weitere Entwicklungen

In den 1960er Jahren wurde die Mediation dann zunächst in arbeitsrechtlichen Auseinandersetzungen genutzt.[75] 1982 führte der italienische Gesetzgeber mit dem Artikel 46 des Gesetzes Nr. 203 im Rahmen landwirtschaftsrechtlicher Streitigkeiten einen obligatorischen Schlichtungsversuch ein,[76] allerdings mit einem weitaus weniger strengen Ansatz als im Rahmen der Umsetzung der heutigen Mediationsrichtlinie.

Hinzu kam die Institution des Friedensrichters, des sogenannten „*Giudice di pace*", der durch das Gesetz Nr. 374 vom 21. November 1991 den bis dahin zuständigen „*Giudice conciliatore*" ablöste.[77] Die Tätigkeit des Friedensrichters galt dabei in erster Linie der Entlastung der Richterschaft[78] und sollte der Beschleunigung von Bagatellverfahren dienen.[79] Die Rolle des „*Giudice di pace*" wurde abgeleitet von der Rolle und dem Leitbild eines Gemeindeältesten.[80] So sollten die Friedensrichter nach der Vorstellung des italienischen Gesetzgebers hervorgehobene Eigenschaften und Kenntnisse aufweisen, die mit der Idee des Altersweisen in Verbindung gebracht wurden, wie beispielsweise ihre Lebenserfahrung und ihre Unabhängigkeit gegenüber Dritten.[81] Sie nahmen dabei allerdings eher die Rolle eines Berufsrichters ein als die eines Schlichters.[82]

Neben den Streitigkeiten mit einem Streitwert bis 5.000 EUR[83] obliegt dem Friedensrichter außerhalb des streitigen Gerichtsverfahrens bis heute der freiwillige Schlichtungsversuch, die sogenannte „*conciliazione in sede non contenziosa*".[84]

Ein obligatorischer Schlichtungsversuch wurde zudem im Falle von Zulieferverträgen, den sogenannten „*contratti di subfornitura*", gemäß Artikel 10 des Gesetzes Nr. 192 vom 18. Juni 1992 vorgeschrieben.

---

75 *De Palo/Keller* in: Mediation Principles and Regulation in Comparative Perspective, S. 669.

76 *Depping/Platter* in: Jahrbuch für italienisches Recht, Band 24, 2012, S. 91.

77 *Bunge*, Zivilprozess und Zwangsvollstreckung in Frankreich und Italien, S. 138.

78 Gemäß Art. 3 Abs. 1 legge 374/1991 wurden den Berufsrichtern 4.700 ehrenamtliche Richter an die Seite gestellt.

79 *Bunge*, Zivilprozess und Zwangsvollstreckung in Frankreich und Italien, S. 197.

80 *Piekenbrock*, Der italienische Zivilprozess im europäischen Umfeld, S. 81.

81 Art. 5 Abs. 3 legge 374/1991.

82 *Caponi* in: Wege der Rechtskultur in Europa, S. 49.

83 Art. 7 Abs. 1 Codice di Procedura civile.

84 Art. 322 Codice di Procedura civile.

c) *Die Mediation seit den frühen 1990er Jahren*

In Italien stellte es sich seither als schwierig dar, nachhaltige Reformen in das Justizsystem zu integrieren. Erfolgte überhaupt einmal ein solcher Versuch, ging dieser stets mit erheblichen Problemen einher.[85] Daraus resultierte auch, dass in Italien bis zu den frühen 1990er Jahren keine Streitbeilegungsverfahren existierten, die für die seinerzeit schon bestehende desolate Lage des italienischen Justizsystems eine echte Lösung bereithielten beziehungsweise eine umfassende Alternative darstellen konnten.[86]

Mit dem steigenden Interesse Europas an der Mediation in den 1990er Jahren unternahm dann aber auch der italienische Gesetzgeber in dieser Zeit erste echte Versuche der Implementierung alternativer Streitbeilegungsmethoden.[87] So sah das Gesetz Nr. 580 aus dem Jahr 1993 die Möglichkeit für die Handelskammern vor, Schlichtungskommissionen zur Beilegung von Streitigkeiten zwischen Unternehmern untereinander sowie zwischen Unternehmen und Verbrauchern einzurichten.[88] In den Jahren 1995 und 1997 schlossen sich die Gesetze Nr. 481/95 und Nr. 249/97 an, die die Mediation im Bereich der öffentlichen Versorgung sowie der Telekommunikationsbranche einführten.[89]

Mit den Gesetzen Nr. 192/98 und Nr. 281/98 folgten zwei weitere Implementierungen der Mediation, und zwar bei den örtlichen Handelskammern. Eine Neuerung bestand darin, dass diese Konfliktbeilegungsmethode nun auch im Falle von Streitigkeiten aus Subunternehmerverträgen möglich war; die zweite erlaubte es Verbraucherverbänden, in bestimmten Fällen eine freiwillige Mediation anzustreben, um gegenüber Unternehmen geltend gemachte Ansprüche auf gütlichem Wege zu regeln. Insbesondere diesen beiden Neuerungen verdankten

---

85 *Morano Cinque* in: La nuova mediazione, S. 13; im Original: „*In Italia, com' è noto, è sempre stato assai difficoltoso apportare riforme incisive al sistema giudiziario e, quando li è fatto, è stato sempre tra mille polemiche.*"

86 *Morano Cinque* in: La nuova mediazione, S. 13; im Original: „*tant'è che, sino ai primi anni '90, nel nostro paese, se si esclude l'arbitrato, non esistevano alternative che offrissero una soluzione complementare al giudizio ordinario*".

87 *Depping/Platter* in: Jahrbuch für Italienisches Recht, Band 24, 2012, S. 92.

88 *Bove* in: Mediazione per la composizione delle controversie civili e commerciali, S. 6; im Original: „*[...] a partire dalla legge n. 580 del 1993, il cui art. 2 prevedeva la possibilità per le Camere di commercio di istituire commissioni conciliative per la risoluzione di controversie tra imprenditori, nonché tra imprenditori e consumatori.*"

89 *Singer* in: The EU mediation atlas, S. 82.

die Handelskammern ihre gestärkte Position als eine Art „Schlüsselanbieter" für Mediationsverfahren.[90]

Es folgte der obligatorische Schlichtungsversuch im Bereich des Arbeitsrechts, der mit dem Legislativdekret Nr. 80 vom 31. März 1998 eingeführt wurde.[91] Das Gesetz beinhaltete sowohl die Durchführung einer gewerkschaftlichen Schlichtung gemäß Artikel 411 des Codice di Procedura civile als auch eine solche, die vor den Schlichtungskommissionen der jeweils zuständigen Arbeitsämter der einzelnen Provinzen gemäß Artikel 410 Codice di Procedura civile durchgeführt werden konnte.[92] Ebenfalls im Jahr 1998 wurde in Rom das sogenannte ADR-Center gegründet, welches sich mit der Zeit auf dem Gebiet der Schiedsverfahren und Mediation behaupten und etablieren konnte. Zudem wurde es als Italiens erste Mediationsstelle vom Justizministerium zugelassen.[93] Im Jahre 2003 hielt die Mediation mit dem Legislativdekret Nr. 5/2003 dann auch Einzug in gesellschafts-, finanz- und vermittlungsrechtliche Bereiche.[94]

Zudem schlossen sich an einigen Gerichten Italiens Richterschaft, Rechtsanwaltskammern, Schiedsgerichte und Handelskammern zusammen, um die delegierte Schlichtung oder Mediation im Codice di Procedura civile zu etablieren und zu fördern. Hierbei konnte der für das anhängige Verfahren zuständige Richter den Parteien dazu raten, ihre Streitigkeit bei einer außergerichtlichen Schlichtungsstelle beizulegen. Ohne Zustimmung der Parteien war dies allerdings (noch) nicht möglich. Ein bekanntes Projekt ist das sogenannte „*Progetto Conciliamo*", welches 2005 am *Corte d'appello* in Mailand eröffnet wurde und den Parteien eine alternative Streitbeilegung ermöglichen sollte.[95]

d) Zusammenfassung

Am Beispiel Italiens lässt sich gut erkennen, dass eine bloß punktuelle Einführung von Regularien zur Mediation nicht sonderlich zielführend ist, um eine Anerkennung dieser Streitbeilegungsalternative und damit auch eine Verlagerung der anhängigen Verfahren zu erreichen.

---

90 *Singer* in: The EU mediation atlas, S. 82.

91 Eine Abschaffung der obligatorischen Mediation in diesem Bereich bzw. die fakultative Ausgestaltung erfolgte im Jahr 2010.

92 *Depping/Platter* in: Jahrbuch für Italienisches Recht, Band 24, 2012, S. 91.

93 *Depping/*Platter in: Jahrbuch für italienisches Recht, Band 24, 2012, S. 93.

94 *De Palo/Keller* in: Mediation-Principles and Regulation in Comparative Perspective, S. 670.

95 *Depping/Platter* in: Jahrbuch für italienisches Recht, Band 24, 2012, S. 93.

Vielmehr bedarf es insbesondere der Mithilfe aller Beteiligten sowie des Willens, überhaupt ein neues Instrument auf dem Markt der Streitbeilegung zu etablieren.[96] Durch die Einführung zahlreicher, wenig gewinnbringender Regelungen wurden das Gesetzgebungschaos und auch die Skepsis gegenüber Verfahren der alternativen Streitbelegung eher nur verstärkt. Alle Maßnahmen, die in der Vergangenheit in diesem Bereich getroffen wurden, waren nicht ausreichend im Hinblick auf die intendierte Entlastung der italienischen Justiz, da sie – jedenfalls für Italien – zu zerstreut und damit wenig zielführend gewesen sind.[97]

Fest steht aber gleichzeitig auch, dass sich ein Nebeneinander von gütlicher Einigung und Gerichtsverfahren – wie sie nun auch vom europäischen Gesetzgeber im Hinblick auf die Umsetzung der Mediationsrichtlinie intendiert ist – bis ins Römische Recht zurückverfolgen lässt. Dem steht auch nicht entgegen, dass es auch immer wieder Zeiten gegeben hat, in denen die Mediation und der ihr innewohnende Konsensgedanke aufgrund politischer und gesellschaftsrechtlicher Entwicklungen dem Drang der Durchsetzung des eigenen Rechts weichen musste.[98] Maßgeblich ist allein, dass offensichtlich schon damals die Grundidee eines „friedlichen“ Nebeneinanders bestand. Gütliche Einigung und Gerichtsverfahren haben also seit jeher nicht nur eine Daseinsberechtigung, sondern waren auch schon immer in der Lage, nebeneinander zu existieren und sich gegebenenfalls sogar zu ergänzen, und zwar ganz unabhängig davon, mit welcher Gewichtung sich beide Instrumentarien gegenüberstanden.

2. Die italienische Zivilgerichtsbarkeit und ihre Überlastung

Die Überlastung des Zivilgerichtssystems stellt eines der großen Probleme der italienischen Justiz dar. Zum besseren Verständnis soll im Folgenden zunächst ein Überblick über die Zivilgerichtsbarkeit in Italien gegeben werden, gefolgt von einer Darstellung der andauernden Überlastungssituation.

---

96 *Rüssel* in: Handbuch Mediation, S. 1284.

97 *Bove* in: Mediazione per la composizione delle controversie civili e commerciali, S. 6; im Original: „*Tuttavia, il quadro normativo sommariamente riportato che sussisteva prima della riforma che qui si commenta era frammentato e insufficiente.*“

98 *Hehn* in: Handbuch Mediation, S. 78.

a) *Die Zivilgerichtsbarkeit und ihr Aufbau*[99]

Die zivile Gerichtsbarkeit in Italien wird von den ordentlichen Richtern ausgeübt.[100] Hierbei handelt es sich um den Friedensrichter (*Giudice di pace*), das Landgericht (*Tribunale*), das Berufungsgericht (*Corte d'appello*) sowie den obersten Gerichtshof (*Corte di Cassazione*).

Nach der Umsetzung des *Decreto Legislativo* Nr. 51 vom 19. Februar 1998[101], mit dem die Institution der *Pretura*[102] abgeschafft wurde, gibt es in Italien zwei Eingangsinstanzen: das *Tribunale*[103] sowie den *Giudice di pace*, wobei die grundsätzliche Zuständigkeit beim *Tribunale* liegt,[104] das als Einzelorgan und nur in Ausnahmefällen als Kollegialorgan - dann in der Besetzung von drei Berufsrichtern - entscheidet.[105] Etwas anderes gilt nur in den Fällen, in denen die Zuständigkeit des *Giudice di pace* greift, der stets als Einzelrichter fungiert.[106] So ist er in erster Linie für Streitigkeiten betreffend bewegliche Sachen mit einem

---

99 Für eine Übersicht der italienischen Gerichtsbarkeit siehe auch *Lupoi*, Civil Procedure in Italy, S. 58 ff.; *Varano* in: Introduction of Italian Law, S. 101 ff; eine weitere Übersicht ist auch abrufbar unter https://e-justice.europa.eu/content_ordinary_courts-18-it-de.do?member=1 (zuletzt abgerufen am 12. April 2017).

100 Vgl. Art. 1 des Codice di Procedura civile (C.p.c.); im Original: *„La giurisdizione civile, salvo speciali disposizioni di legge, è esercitata dai giudici ordinari secondo le norme del presente Codice.“*

101 Mit dem Legislativdekret Nr. 51 vom 19. Februar 1998 wurde die Institution des *„Pretore“*, also des Amtsrichters, vollständig abgeschafft und seine Zuständigkeit vollständig auf die *„Tribunali“*, die Landgerichte übertragen; Zu den Aufgaben des *„Pretore“* s. *Piekenbrock*, Der italienische Zivilprozess im europäischen Umfeld, S. 80 f.

102 Vergleichbar mit unserem Amtsgericht.

103 In Italien gibt es 164 *Tribunali*.

104 Vgl. Art. 9 C.p.c.; im Original: *„Il tribunale è competente per tutte le cause che non sono di competenza di altro giudice. Il tribunale è altresì esclusivamente competente per le cause in materia di imposte e tasse, per quelle relative allo stato e alla capacità delle persone e ai diritti onorifici, per la querela di falso, per l'esecuzione forzata e, in generale, per ogni causa di valore indeterminabile.“*

105 Art. 48 Ordinamento giudiziario; im Original: *„ In materia civile e penale il tribunale giudica in composizione monocratica e, nei casi previsti dalla legge, in composizione collegiale. Sull'applicazione delle misure di prevenzione personali e patrimoniali il tribunale giudica sempre in composizione collegiale. Salve le disposizioni relative alla composizione delle sezioni specializzate, il tribunale, quando giudica in composizione collegiale, decide con il numero invariabile di tre componenti.“*; vgl. auch *Kindler*, Einführung in das italienische Recht, S. 84.

106 Vgl. hierzu auch *Schwartze* in: Einführung in das italienische Recht, 493.

geringeren Streitwert bis zu € 5.000,00 sowie für die Geltendmachung von Schadensersatzansprüchen aus dem Auto- und Schiffsverkehr zuständig, sofern deren Streitwert nicht über € 20.000,00 liegt. Dabei müssen sich die Parteien auch schon vor dem Friedensrichter anwaltlich vertreten lassen, sofern der Streitwert € 1.100,00 übersteigt.[107] Allerdings ist der *Giudice di pace* berechtigt, den Parteien auch bei Streitigkeiten mit einem höheren Streitwert zu erlauben, persönlich ohne Rechtsbeistand zu erscheinen. Dies gilt aber nur in den Fällen, in denen die Natur und die Bedeutung der Angelegenheit dies zulassen.[108] In allen anderen Fällen herrscht Anwaltszwang.[109]

Die zweite Instanz bildet das *Tribunale*[110] gegenüber den Entscheidungen des *Giudice di pace* sowie der *Corte d'appello* gegenüber solchen des *Tribunale*.[111] Dabei entscheidet der *Corte d'appello* stets durch drei Berufsrichter.[112] Im zweitinstanzlichen Verfahren vor dem *Corte d'appello* wird die streitige Angelegenheit nicht nur in rechtlicher, sondern auch in tatsächlicher Hinsicht der Beurteilung des Gerichts unterzogen. Allerdings haben die Parteien an dieser Stelle grundsätzlich keine Möglichkeit mehr, Ansprüche oder etwaige Einreden geltend zu machen sowie neue Beweismittel in den Prozess einzuführen.[113] Die letzte Instanz bildet schließlich der *Corte di Cassazione* mit Sitz in Rom, der über

---

107 Art. 82 S. 1 C.p.c.; im Original: „*Davanti al giudice di pace le parti possono stare in giudizio personalmente nelle cause il cui valore non eccede euro 1.100.*"

108 Art. 82 S. 3 C.p.c.; im Original: „*Il giudice di pace tuttavia, in considerazione della natura ed entità della causa, con decreto emesso anche su istanza verbale della parte, può autorizzarla a stare in giudizio di persona.*"

109 Vgl. hierzu auch *Schwartze* in: Einführung in das italienische Recht, S. 493 ff.

110 Es gibt in Italien 139 *Tribunali*.

111 Vgl. Art. 341 C.p.c.; im Original: „*L'appello contro le sentenze del giudice di pace e del tribunale si propone rispettivamente al tribunale ed alla corte di appello nella cui circoscrizione ha sede il giudice che ha pronunciato la sentenza.*"; vgl. auch *Kindler*, Einführung in das italienische Recht, S. 84.

112 Art. 56 Ordinamento giudiziario; im Original; „*La corte di appello giudica con il numero invariabile di tre votanti.*"; vgl. auch *Kindler*, Einführung in das italienische Recht, S. 84.

113 Art. 345 C.p.c.; im Original: „*Nel giudizio d'appello non possono proporsi domande nuove e, se proposte, debbono essere dichiarate inammissibili d'ufficio. Possono tuttavia domandarsi gli interessi [1282 ss. c.c.], i frutti [820 c.c.] e gli accessori maturati dopo la sentenza impugnata, nonché il risarcimento dei danni sofferti dopo la sentenza stessa. Non possono proporsi nuove eccezioni, che non siano rilevabili anche d'ufficio. Non sono ammessi nuovi mezzi di prova e non possono essere prodotti nuovi documenti, salvo [che il collegio non li ritenga indispensabili ai fini della decisione della causa ovvero] che la parte dimostri di non aver potuto proporli o produrli nel giudizio di primo grado*

Rechtsbeschwerden gegen alle Urteile der ordentlichen Gerichtsbarkeit entscheidet. Hierbei handelt es sich um alle Berufungsurteile, Urteile des *Giudice di pace*, die der Berufung nicht zugänglich sind, sowie die berufungsfähigen Urteile der *Tribunale*.[114]

Im Gegensatz zur zweiten Instanz setzt sich die dritte Instanz nur noch mit Rechtsfragen auseinander.[115] Der *Corte di Cassazione* entscheidet in der Regel durch fünf Richter,[116] an deren Entscheidung die zweite Instanz im Falle einer Zurückverweisung bei fehlender Spruchreife gebunden ist.[117]

b) Die Überlastung der italienischen Zivilgerichte

Die italienischen Zivilgerichte sind einer permanenten Überlastung ausgesetzt, wodurch sie „Effektivität und Ansehen“ verlieren.[118] Der dadurch allseits herbei gesehnte Entlastungswille bildet daher auch den Dreh- und Angelpunkt bei der Umsetzung der Mediationsrichtlinie, der die Herausforderungen, denen sich das Land durch sein Justizsystem gegenübersieht, eindämmen und der damit einhergehenden überdurchschnittlichen Prozessdauer effektiv entgegentreten

---

per causa ad essa non imputabile. Può sempre deferirsi il giuramento decisorio.“; vgl. auch *Schwartze* in: Einführung in das italienische Recht, S. 495 f.

114 Art. 360 C.p.c.; im Original: „*Le sentenze pronunziate in grado d'appello o in unico grado possono essere impugnate con ricorso per cassazione: 1) per motivi attinenti alla giurisdizione); 2) per violazione delle norme sulla competenza, quando non è prescritto il regolamento di competenza; 3) per violazione o falsa applicazione di norme di diritto e dei contratti e accordi collettivi nazionali di lavoro); 4) per nullità della sentenza o del procedimento; 5) per omesso esame circa un fatto decisivo per il giudizio che è stato oggetto di discussione tra le parti. Può inoltre essere impugnata con ricorso per cassazione una sentenza appellabile del tribunale, se le parti sono d'accordo per omettere l'appello; ma in tal caso l'impugnazione può proporsi soltanto a norma del primo comma, n. 3. Non sono immediatamente impugnabili con ricorso per cassazione le sentenze che decidono di questioni insorte senza definire, neppure parzialmente, il giudizio. Il ricorso per cassazione avverso tali sentenze può essere proposto, senza necessità di riserva, allorché sia impugnata la sentenza che definisce, anche parzialmente, il giudizio. Le disposizioni di cui al primo comma e terzo comma si applicano alle sentenze ed ai provvedimenti diversi dalla sentenza contro i quali è ammesso il ricorso per cassazione per violazione di legge.*“; vgl. auch *Schwartze* in: Einführung in das italienische Recht, S. 496; *Kindler*, Einführung in das italienische Recht, S. 84.

115 *Kindler*, Einführung in das italienische Recht, S. 84 f.

116 *Schwartze* in: Einführung in das italienische Recht, S. 496.

117 *Kindler*, Einführung in das italienische Recht, S. 85.

118 *Mankowski*, Rechtskultur, S. 77 f.

soll. So betrug die durchschnittliche Verfahrensdauer – abhängig von der jeweiligen Instanz – im Jahre 2008 11 Monate vor einem Friedensrichter, bis hin zu 42 Monaten vor dem Kassationshof.[119] Pro Jahr werden in Italien ca. 2,8 Millionen Zivilverfahren anhängig gemacht; laut Bericht des damaligen Justizministers Angelino Alfano[120] lag die Anzahl im Jahre 2010 bei 5,6 Millionen Verfahren[121] – eine Zahl, die aus deutscher Sicht kaum vorstellbar ist. Diesem Ausmaß an Streitigkeiten sehen sich insgesamt 9.000 hauptberufliche und 3.500 ehrenamtliche Richter gegenüber.[122] Zudem existiert in Italien nicht nur in wirtschaftlicher Hinsicht ein starkes Nord-Süd-Gefälle, sondern auch im Hinblick auf die jeweilige Verfahrensdauer. Diese ist regional sehr unterschiedlich ausgeprägt, wobei die Dauer der Gerichtsverfahren Richtung Süden in erheblichem Maße zunimmt.[123]

An der oft enormen Prozessdauer und der damit verbundenen ständigen Überlastung der Justiz konnte auch das Gesetz Nr. 89 vom 24. März 2001, die sogenannte „*Legge Pinto*“[124], nichts ändern, welches Entschädigungszahlungen zu Gunsten derjenigen Personen festlegte, die sich einer überlangen Verfahrensdauer ausgesetzt sahen. Letztendlich stieg eher die Anzahl der zu zahlenden Ersatzzahlungen.[125] Dieser Entwicklung sollte mit dem Dekret der Monti-Regierung Nr. 83 vom 22. Juni 2012 zur Verbesserung der italienischen Wirtschaft[126] durch rigidere Zahlungsvoraussetzungen begegnet werden.

Immer wieder gab es Bestrebungen, der überlangen Verfahrensdauer Einhalt zu gebieten, beispielsweise durch eine Änderung der Struktur und des Aufbaus der Zivilgerichtsbarkeit sowie durch eine grundsätzliche Beschleunigung der Verfahren.[127] So ist die italienische Zivilprozesslandschaft auch nach der Entstehung des Codice di Procedura civile im Jahr 1942 von zahlreichen Reformen

---

119 *Kindler*, Einführung in das italienische Recht, S. 83.

120 Angelino Alfano war im Kabinett von Silvio Berlusconi in den Jahren 2008-2011 Justizminister Italiens.

121 *Depping/Platter* in: Jahrbuch für italienisches Recht, Band 24, 2012, S. 88.

122 *Depping/Platter* in: Jahrbuch für italienisches Recht, Band 24, 2012, S. 88 (Stand 2011).

123 *Depping/Platter* in: Jahrbuch für italienisches Recht, Band 24, 2012, S. 89.

124 Benannt nach seinem Verfasser Michele Pinto, Präsident der 2. Justizkommission von 28.10.1998–29.5.2001.

125 *Depping/Platter* in: Jahrbuch für Italienisches Recht, Band 24, 2012, S. 88.

126 Decreto-legge n. 83 del 22 giugno 2012 – Misure urgenti per la crescita del paese.

127 *Schwartze* in: Einführung in das italienische Recht, S. 491; vgl. auch *Bunge*, Zivilprozess und Zwangsvollstreckung in Frankreich und Italien, S. 128 f.

geprägt.[128] Zu dem gewünschten Ergebnis haben diese allerdings nicht geführt. Alle Unternehmungen, die stete Ineffizienz der italienischen Gerichtsbarkeit zu beheben, sind bisher gescheitert. Die Gründe für die oft immense Verfahrensdauer sind vielfältig: Bei den Entscheidungen steht in erster Linie die „Qualität" im Vordergrund, anstatt etwa (auch) Erledigungszahlen.[129] Hinzu kommen Sparmaßnahmen und fehlende beziehungsweise schwerfällige Reformen. Beispielhaft für diese nicht zielführende Handhabe der Gerichte und die mangelhafte Grundausstattung ist ein Urteil der Vereinigten Strafsenate des Kassationshofes aus dem Jahr 2006[130], das sich in der Rechtsmittelinstanz mit einem in unleserlicher Handschrift abgefassten Urteil auseinandersetzen musste.[131,132] Zudem ermöglicht Art. 111 der italienischen Verfassung den Parteien stets den Zugang zum *Corte di Cassazione*,[133] einen beschränkten Zugang zum obersten Gerichtshof kennt Italien also nicht. Die überlangen Verfahrensdauern, die durch diese Faktoren noch weiter gefördert werden, machen das Justizsystem letztlich auch angreifbar für Korruptionsversuche.[134]

Alle diese Umstände und Gegebenheiten des Ziviljustizapparates schlagen auch auf den Wirtschaftsstandort Italien durch. So nahm Italien beim *Doing Business Report* der Weltbank im Bereich des *Enforcing Contracts* im Jahre 2011 lediglich Rang 157 von 183 Staaten ein und ließ damit sogar noch Ländern wie Gabun und Guinea den Vortritt.[135] Neben den offensichtlichen Problemen, die die Krise des italienischen Ziviljustizsystems für alle Beteiligten mit sich brachte und bringt, musste der italienische Gesetzgeber nicht zuletzt auch aus diesen wirtschaftlichen Beweggründen der desolaten Lage Einhalt gebieten und Wert auf ein zügigeres Verfahren legen. Sofern bei der Konfliktlösung – insbesondere in Anbetracht einer späteren Weiterführung der bisherigen Geschäftsbeziehungen nach einem beendeten Prozess – die Notwendigkeit einer schnellen Lösung

---

128 Vgl.hierzu auch *Schwartze* in: Einführung in das italienische Recht, S. 490 f.

129 *Kindler*, Einführung in das italienische Recht, S. 83.

130 Cass. Pen., S.U., 28 novembre 2006, n. 42363, Foro it. 2007 n. 1 (Anticipazioni e novità) S. 5.

131 *Kindler*, Einführung in das italienische Recht, S. 83.

132 Zur Übersicht von erschwerenden Regelungen des italienischen Zivilprozessrechtes siehe *Bunge*, Zivilprozess und Zwangsvollstreckung in Frankreich und Italien, S. 129.

133 *Mankowski*, Rechtskultur, S. 79.

134 *Mankowski*, Rechtskultur, S. 79.

135 *Depping/Platter* in: Jahrbuch für Italienisches Recht, Band 24, 2012, S. 89.

im Vordergrund steht,[136] wurde die Beschränkung der Prozessdauer zu einem zentralen Desiderat und einer elementaren Voraussetzung.

II. Die Umsetzung der Mediationsrichtlinie in Italien

Gemäß Art. 288 Absatz 3 des Vertrages über die Arbeitsweise der Europäischen Union (AEUV) ist die Richtlinie für jeden Mitgliedstaat, an den sie gerichtet ist, hinsichtlich des zu erreichenden Ziels zwar verbindlich; sie überlässt jedoch den innerstaatlichen Stellen die Wahl der Form und der Mittel, sodass sie – anders als die Verordnung – noch der jeweiligen landesinternen Umsetzung bedarf. Diese soll im Folgenden dargestellt werden.

1. Die *legge-delega* gemäß Artikel 60 des Gesetzes 69/2009

Die Gesetzgebungsfunktion für einfache Gesetze und solche mit Verfassungsrang steht in Italien dem Parlament zu, welches aus dem Senat (*senato*) und der Abgeordnetenkammer (*camera dei deputati*) besteht.[137] Gesetzesvorschläge können dabei gleichermaßen vom Parlament, der Regierung oder aber den Organen ausgehen, denen die italienische Verfassung die entsprechende Kompetenz zuspricht.[138] Zu den einfachen Gesetzen zählen auch diejenigen Rechtsetzungsakte, an denen Parlament und Regierung beteiligt sind, wie zum Beispiel die sogenannte *legge-delega*. Hierbei handelt es sich um ein Gesetz, welches das Parlament erlässt und bei dem die Regierung mit der konkreten Ausarbeitung eines Dekretes beauftragt wird.[139] Gemäß Artikel 76 der italienischen Verfassung muss das Dekret dabei den Grundsätzen und Vorgaben entsprechen, sich auf die dort genannten Gegenstände beschränken und innerhalb des im ermächtigenden Gesetz vorgeschriebenen Zeitraums verabschiedet werden. Um eine solche *legge-delega* handelt es sich auch bei Artikel 60 des Gesetzes Nr. 69 vom 18. Juni 2009, das sich der wirtschaftlichen Entwicklung, der Vereinfachung, der

---

136 Vgl. hierzu auch *Santi* in: La mediazione per la composizione delle controversie civili e commerciali, S. 39; im Original: „*[…] dove la necessità di una rapida soluzione di una controversia diventa requisito indispensabile per la sopravvivenza di un soggetto o per la stessa utilità concreta della pronuncia.*“

137 Art. 70 der italienischen Verfassung (Costituzione della Repubblica italiana).

138 Art. 71 der italienischen Verfassung (Costituzione della Repubblica italiana).

139 Vgl. zum Gesetzgebungsverfahren auch *Kindler*, Einführung in das italienische Recht, S. 55.

Wettbewerbsfähigkeit sowie dem Zivilprozess[140] widmet und im Rahmen dessen das italienische Parlament die Umsetzung der Mediationsrichtlinie an die Regierung delegierte.

So wurde die Regierung gemäß den Absätzen 1 und 2 dieses Artikels damit beauftragt, innerhalb von sechs Monaten ab Inkrafttreten des vorliegenden Gesetzes ein oder mehrere Gesetzesdekrete zu verabschieden, die sich inhaltlich mit der mediativen Schlichtung im Bereich des Zivil- und Handelsrechts befassen. Dies sollte in Übereinstimmung mit der Mediationsrichtlinie und unter Berücksichtigung der in der *legge-delega* vorgeschriebenen Prinzipien und Kriterien geschehen.[141]

Die Gesetzesdekrete folgten dem Vorschlag des Justizministeriums und wurden daraufhin an die Kammern des italienischen Parlaments weitergegeben, um die Meinung der parlamentarischen Kommissionen – zuständig für den Finanzsektor – einzuholen. Bei der konkreten Umsetzung sollte sich die Regierung gemäß Absatz 3 des Artikels 60 insbesondere daran halten, die freie Disponibilität der dem Mediationssuchenden zur Verfügung stehenden Rechte zu gewährleisten, ohne aber den Zugang zur Justiz zu versperren.[142] Bereits bei diesem ersten Punkt schien der italienische Gesetzgeber eine Formulierung benutzen zu wollen, die die (offenkundige) Intention der Entlastung der Justiz nicht in den Vordergrund stellt; vielmehr wurde der formelle Versuch unternommen, die Mediation dem regulären Zivilprozess gleichzustellen. Hält man sich jedoch die Lage des Justizapparates im Zeitpunkt der Umsetzung der Mediationsrichtlinie in Italien vor Augen, ist es keineswegs abwegig, dass die gewählte Formulierung eher der Wahrung des Scheins gegenüber dem europäischen Gesetzgeber dienen sollte, ohne dabei das eigentlich intendierte Ziel der Umsetzung zu sehr in den Fokus zu rücken.

Durch die Festlegung der maximalen Dauer eines Mediationsverfahrens von anfänglich vier Monaten[143] schafft der italienische Gesetzgeber zusätzlich zu der professionellen Leitung von Anlaufstellen[144] und zu führenden Registern bei den Gerichten[145] einen weiteren wichtigen Eckpfeiler. In Anbetracht der derzeitigen

---

140 Legge del 18 giugno 2009, n. 69, „Disposizioni per lo sviluppo economico, la semplificazione, la competitività nonché in materia di processo civile", im Folgenden „*legge-delega*" genannt.

141 Art. 60 Abs. 2 der *legge-delega*.

142 Art. 60 Nr. 3a der *legge-delega*.

143 Art. 60 Nr. 3q der *legge-delega*.

144 Art. 60 Nr. 3b der *legge-delega*.

145 Art. 60 Nr. 3f der *legge-delega*.

Verfahrensdauer, die die rechtsuchenden Parteien in Kauf nehmen müssen, scheint dieser Aspekt neben den anderen Vorgaben, die der Mediation einen eher zwingenden Charakter verleihen, ein echter Anreiz für die Parteien zu sein. Auf diese Weise besteht die Möglichkeit, nicht nur zügig zu einem Ergebnis zu kommen, sondern auch nach Beendigung eines raschen Verfahrens die Beziehung zwischen den Parteien fortzuführen, was nach einem regulären Zivilprozess in Anbetracht der momentanen Prozessdauer kaum vorstellbar ist.

Eher abschreckend wirkt eine weitere Vorgabe der *legge-delega*, nach der dem zuständigen Richter die Möglichkeit zustehen soll, nicht nur eine Erstattung der Kosten zu Gunsten der obsiegenden durch die unterliegende Partei abzulehnen, sondern darüber hinaus auch der obsiegenden Partei die Kosten der unterliegenden Gegenseite aufzuerlegen – und zwar dann, wenn im Laufe des Zivilprozesses das gleiche Ergebnis erzielt wird, wie es bereits im Rahmen der vorangegangenen Mediation vorgeschlagen, aber von der nun im Prozess obsiegenden Partei abgelehnt wurde.[146] Der italienische Gesetzgeber hat mit diesem Passus eine Art optionale Sanktionierung für diejenige Partei geregelt, die sich dem Mediationsverfahren gegenüber nicht wie vorgesehen „öffnet", sondern trotz einer in Aussicht gestellten Streitbeilegung einen Zivilprozess anstrebt und damit das italienische Justizsystem weiter unnötig belastet.

Ein weiterer Punkt, dem sich die *legge-delega* widmet, betrifft die Vollstreckbarkeit der erzielten Schlichtungsvereinbarung[147] – ein durchaus wichtiger Aspekt, der die Gleichstellung von regulärem Zivilprozess und Mediation in den Vordergrund stellt.

2. Die Reaktion auf die *legge-delega*

Auf negative Resonanz stieß die *legge-delega* zunächst bei den Vertretungsorganen der Anwaltschaft Italiens, dem Consiglio Nazionale Forense (CNF) und dem Organismo Unitario dell'Avvocatura (OUA). Diesem Widerstand lag insbesondere die Forderung zugrunde, den obligatorischen Mediationsversuch sowie die zwingende Anwesenheit eines Rechtsbeistandes in den Mediationsverfahren aus dem Gesetz zu streichen. Ähnlich reagierte auch die Rechtsanwaltskammer Mailand, die die Schwierigkeiten insbesondere auch in der fehlenden Unabhängigkeit und Unparteilichkeit von Mediationsstellen sah.[148]

146 Art. 60 Nr. 3p der *legge-delega*.

147 Art. 60 Nr. 3s der *legge-delega*.

148 *Depping/Platter* in: Jahrbuch für Italienisches Recht, Band 24, 2012, S. 96 f.

Eine Änderung des Gesetzentwurfes löste die Kritik allerdings nicht aus. Vielmehr wurde dieser weitestgehend ohne nennenswerte Modifikationen mit dem Legislativdekret Nr. 28 vom 4. März 2010 verabschiedet, welches am 20. März desselben Jahres in Kraft getreten ist.[149]

3. Die Motivation des italienischen Gesetzgebers

Die Ziele der Umsetzung der Mediationsrichtlinie stellte der damalige italienische Justizminister Angelino Alfano mit den folgenden Worten vor:

> *„Il primo [obiettivo], di natura culturale, è finalizzato ad affermare una migliore tutela degli interessi. ... Nella situazione di conflitto una delle parti ritiene fermamente di avere ragione in base alle regole del diritto ma anche l'altra parte nutre la medesima profonda, radicata convinzione. Ecco dunque il terzo neutrale, il conciliatore, che attraverso alcune metodiche di mediazione ha lo scopo di conciliare le parti. [...] Il secondo obiettivo, espressamente dichiarato dal legislatore, è la riduzione del debito pubblico giudiziario. [...] Il terzo obiettivo del legislatore è quello di offrire nuove opportunità a numerose categorie di professionisti, alcuni dei quali non nascondono l'affanno conseguente ad una crisi economica che ha inciso anche sulle loro capacità di guadagno.“*[150]

Erstes erklärtes Ziel der Mediation sollte demnach ein verbesserter Schutz der Parteiinteressen sein; so gingen in einer Konfliktsituation stets beide Parteien davon aus, im Recht zu sein. Der Mediator habe dann aufgrund seiner neutralen Stellung mittels Mediationstechniken das Ziel, zwischen den Parteien zu schlichten. An zweiter Stelle stellte Alfano auf die Entlastung der Justiz ab, die durch die Einführung der Mediation eine effizientere Betreuung der Bürger anstrebt. Drittes Ziel des Gesetzgebers sollte die Schaffung neuer Verdienstmöglichkeiten für Berufsträger wie Anwälte, Notare oder Steuerberater sein, die sich aufgrund der Wirtschaftskrise schlechten finanziellen Situationen gegenüber sehen.

In Anbetracht der schweren Krise, in der sich das italienische Justizsystem befindet, ist diesen Äußerungen der eigentliche Motor der rigiden Implementierung seitens des italienischen Gesetzgebers zu entnehmen, die sich wie ein roter Faden durch die italienische Richtlinienumsetzung zieht.

---

149 *Depping/Platter* in: Jahrbuch für Italienisches Recht, Band 24, 2012, S. 97.

150 Interview vom 27. Mai 2010, veröffentlicht vom ADR Center am 28.5.2010, abrufbar unter www.mondoadr.it/cms/?p= 3015 (zuletzt abgerufen am 10. Juni 2016).

4. Der ursprüngliche Inhalt des italienischen Mediationsgesetzes

Das Gesetzesdekret Nr. 28/2010[151] als gesetzliche Grund- und Ausgangslage wurde einige Monate nach seinem Erlass durch die beiden Dekrete Nr. 180 vom 18. Oktober 2010[152] und Nr. 145 vom 6. Juli 2011[153] flankiert und vervollständigt.[154] Diese waren notwendig, um die ursprünglichen Vorschriften des italienischen Mediationsgesetzes zu Mediationsstellen, Mediatoren, deren Ausbildung und der Verfahrenskosten umfänglich zu regeln und zu komplettieren. Bei den beiden Dekreten handelt es sich um eine so umfassende Regelung, dass diese reinen Ergänzungsakte dem eigentlichen Mediationsgesetz in seinem Umfang kaum nachstehen.

Auslöser für diese Nachjustierungen waren zwei Rundschreiben (*Circolari*) des italienischen Justizministeriums, die als Verwaltungsrichtlinien „in der Praxis häufig über die Auslegung gesetzlicher Bestimmungen entscheiden".[155] So würde die Nichtbefolgung der in einem Rundschreiben festgelegten Anweisungen einen sogenannten *„eccesso di potere"*, also eine Kompetenzüberschreitung, mit sich bringen, die zu einem Mangel des Verwaltungsaktes führt.[156] Nur am Rande sei angemerkt, dass der *Consiglio di Stato,*[157] der italienische Staatsrat, in diesem Zusammenhang dennoch die Auffassung vertritt, dass die öffentliche Verwaltung sich grundsätzlich von den in einem Rundschreiben enthaltenen Anweisungen entfernen kann, sofern diese Entscheidung dem öffentlichen Interesse dient.[158]

Während das erste Rundschreiben vom 13. Juni 2011 der Klarstellung der notwendigen Voraussetzungen, insbesondere für die Durchführung der Mediation sowie der Mediatorenausbildung galt, widmete sich das zweite Rundschreiben vom 20. Dezember 2011 insbesondere den Durchführungsmodalitäten der auszuführenden Aufsicht, den Vergabekriterien der Mediationsaufträge sowie den entsprechenden Regeln zum Abschluss eines Mediationsverfahrens.

---

151 Nachfolgend „italienisches Mediationsgesetz – ital. MediationsG" genannt.

152 Nachfolgend „Dekret 180/2010" genannt.

153 Nachfolgend „Dekret 145/2011" genannt.

154 Gemäß Art. 16 des ital. MediationsG.

155 *Kindler*, Einführung in das italienische Recht, S. 76.

156 *Kindler*, Einführung in das italienische Recht, S. 76.

157 Der *Consiglio di Stato* versteht sich als Hilfsorgan der italienischen Regierung; er ist Organ im Rahmen der juristisch-verwaltungsrechtlichen Beratung und dient dem Schutz der Justiz im Bereich der Verwaltung, verankert in Artikel 100 der italienischen Verfassung.

158 Vgl. Consiglio di Stato, Sezione V, Sentenza n. 4466, 20/08/2001.

a) Die Mediation und ihr Verfahren

Die Vorschriften zur Mediation sind detailliert und umfassend und lassen daher in allen geregelten Bereichen wenig Interpretationsspielraum. Unter Berücksichtigung der grundlegenden Prinzipien der Mediation wird sich dieser Abschnitt anhand der ursprünglichen Fassung des italienischen Mediationsgesetzes nicht nur mit dem Ablauf des Mediationsverfahrens beschäftigen, sondern auch aufzeigen, welche unterschiedlichen Ausprägungen der italienische Gesetzgeber der Mediation verliehen hat.

aa) Definition und Prinzipien

(1) Der Begriff der Mediation

Betrachtet man zunächst das Fundament des italienischen Mediationsgesetzes, fällt auf, dass der italienische Gesetzgeber von der Definition der Richtlinie und ihrem Artikel 3 lit. a) insofern abweicht, als die Mediation nach dem italienischen Verständnis gerade nicht als ein „*strukturiertes Verfahren*" definiert wird, „*in dem unabhängig von seiner Bezeichnung zwei oder mehrere Streitparteien mit Hilfe eines Mediators auf freiwilliger Basis selbst versuchen, eine Vereinbarung über die Beilegung ihrer Streitigkeiten zu erzielen*".

Vielmehr hat der italienische Gesetzgeber eine möglicherweise passendere Beschreibung gefunden,[159] die den unabhängigen Charakter der Mediation mehr in den Vordergrund stellt, ohne dabei auf die gewünschte Gleichstellung zu einem regulären Zivilprozess zu verzichten. So definiert er die Mediation als „*l'attività, comunque denominata, svolta da un terzo imparziale e finalizzata ad assistere due o più soggetti sia nella ricerca di un accordo amichevole per la composizione di una controversia, sia nella formulazione di una proposta per la risoluzione della stessa*".[160] Es handelt sich also um eine Tätigkeit, die – ebenfalls unabhängig von ihrer Bezeichnung – von einem unparteiischen Dritten ausgeübt wird und darauf gerichtet ist, zwei oder mehrere Personen sowohl bei der Suche nach einer gütlichen Streitbeilegung als auch bei der Formulierung eines Einigungsvorschlages zu unterstützen. Die italienische Definition betont somit eher das eigentliche Wesen der Mediation, da durch diesen Terminus gerade nicht auf eine einheitliche Verfahrensstruktur abgestellt, sondern vielmehr auf

---

159 *Bove* in: La Mediazione per la composizione delle controversie civili e commerciali, S. 1; im Original: „*L'art. 1, lett. a) del nostro d.lgs. n. 28/2010 più opportunamente, perché non utilizza la parola impropria ‚procedimento', definisce la mediazione come […].*"

160 Art. 1 Abs. 1 lit. a) des italienischen MediationsG.

eine flexible und nicht im Vorwege festgelegte Methode Bezug genommen wird. Im Ergebnis deckt sich dies allerdings wieder insofern mit der Mediationsrichtlinie, als diese keine Regelung zum Verfahrensablauf der Mediation beinhaltet und damit den freiwilligen Charakter der Mediation in den Fokus rückt.

Einigkeit dürfte jedenfalls darin bestehen, dass „Verfahrensqualität, das Ziel einer einvernehmlichen Konfliktbeilegung, die Freiwilligkeit der Beteiligung am Verfahren, die Eigenverantwortlichkeit bei der Erzielung von Lösungen und die Verfahrensleitung durch einen neutralen Dritten ohne Entscheidungsbefugnis" konstituierende Merkmale der Mediation darstellen.[161]

(2) Freiwilligkeit

Die Mediation ist geprägt von der Autonomie der Parteien.[162] Ein wesentliches Leitmotiv der Mediation stellt also die Freiwilligkeit der Verfahrensbeteiligung dar,[163] die sich – unabhängig von den unterschiedlichsten Gestaltungsmöglichkeiten – als „kleinster gemeinsamer Nenner" herauskristallisiert.[164] Schon die Mediationsrichtlinie greift diesen Aspekt auf und setzt damit einen der wichtigsten Grundpfeiler dieses Verfahrens.[165] So dürften alle, nicht nur die europäischen Verfahrensordnungen darin übereinstimmen, dass die Freiwilligkeit einen besonderen Stellenwert innerhalb der Mediation einnimmt,[166] ohne die die Mediation nicht das wäre, was sie ist: eine alternative Streitbeilegungsmethode zum klassischen Gerichtsverfahren.

Dass die Freiwilligkeit und damit auch ihre Definition bei den einzelnen Umsetzungsvarianten der Mitgliedstaaten allerdings unterschiedlich interpretiert werden können,[167] zeigt das italienische Modell in aller Deutlichkeit. So impliziert die Freiwilligkeit nach dem italienischen Mediationsgesetz in erster Linie die Möglichkeit, das Mediationsverfahren zu jedem Zeitpunkt zu beenden und frei über den Inhalt der gütlichen Einigung zu entscheiden.[168]

---

161 *Unberath* in: Grenzen überwinden – Prinzipien bewahren, S. 502.

162 *Unberath* in: Grenzen überwinden – Prinzipien bewahren, S. 502.

163 *Santi* in: La mediazione per la composizione delle controversie civili e commerciali, S. 67; im Original; *„La conciliazione è un procedimento, per sua stessa natura, volontario che non può essere imposto ai contendenti […].*"

164 *Hopt/Steffek*, Mediation, S. 12.

165 Artikel 3 lit. a Mediationsrichtlinie.

166 *Hopt/Steffek*, Mediation S. 12.

167 Vgl. *Hopt/Steffek*, Mediation, S. 12.

168 *Santi* in: La Mediazione per la composizione delle controversie civili e commerciali, S. 67; im Original: *„La volontarietà implica, pertanto, la libertà delle parti di abbando-*

Betrachtet man in diesem Zusammenhang die italienische Version der Mediationsdefinition,[169] wonach die Mediation unter anderem darauf gerichtet werden soll, eine gütliche Einigung zwischen den Parteien zu erreichen, stellt sich die Frage, ob hier eine gütliche Einigung („*accordo amichevole*") noch die europäisch intendierte Freiwilligkeit des Verfahrens abzubilden vermag. Dies wird im Ergebnis zu bejahen sein, selbst wenn eine gütliche Einigung auch dann geschlossen werden kann, sofern die Parteien im Vorwege dazu angehalten waren, sich auf das Mediationsverfahren einzulassen.

Wie sich im weiteren Verlauf dieser Arbeit zeigen wird, hat der italienische Gesetzgeber diesen Aspekt der Freiwilligkeit möglicherweise ganz bewusst nicht explizit in seiner Mediationsdefinition geregelt, um sich im Ergebnis nicht selbst widersprechen zu müssen. So wird sich der Betrachter des italienischen Mediationsgesetzes an einigen Stellen fragen, ob die italienische Regelung nicht viel mehr als die reine Regelung zur Mediation intendiert und dadurch so manch wichtiger Aspekt hinter dem Hauptziel der Entlastung der Justiz zurücktreten musste. Als deutlichstes Beispiel soll bereits an dieser Stelle der obligatorische Ansatz genannt werden, den Italien seiner Mediation verliehen hat. Hier scheint das Element der Freiwilligkeit insoweit seine Grenzen zu finden, als die Durchführung der Mediation – nicht der Inhalt des Mediationsverfahrens – den Parteien aufoktroyiert werden kann,[170] sodass im Ergebnis wohl eher von einer erzwungenen Freiwilligkeit die Rede sein dürfte.

(3) Vertraulichkeit

Ein weiteres Merkmal, welches die Mediation wesentlich bestimmt, ist neben der Freiwilligkeit die Vertraulichkeit des Verfahrens.[171] Sie schafft den Parteien einen geschützten Rahmen, in dem sie in die Lage versetzt werden sollen, sich völlig frei über die Angelegenheit und ihre damit verbundenen Auffassungen äußern zu können.[172] Schon der europäische Gesetzgeber verlieh der Vertraulichkeit einen besonderen Stellenwert.[173] Da hiernach die Mediation in einer

---

nare la procedura in qualsiasi momento, di decidere liberamente il contenuto dell'accordo conciliativo e di sottoscrivere o meno lo stesso accordo."

169 Art. 1 Abs. 1 lit. a) ital. MediationsG.

170 *Hopt/Steffek*, Mediation, S. 12.

171 *Buzio* in: Manuale della mediazione civile e commerciale, S. 95; im Original: „*Nell'attività di mediazione la riservatezza è essenziale sotto diversi punti di vista.*"; *Hopt/Steffek*, Mediation S. 13; vgl. Auch *Trossen*, Mediation (un)geregelt, S. 467.

172 *Trossen*, Mediation (un)geregelt, S. 467.

173 Art. 7 Mediationsrichtlinie.

Weise erfolgen soll, die die Vertraulichkeit wahrt, haben die Mitgliedstaaten zu gewährleisten, dass weder Mediatoren noch in die Durchführung der Mediationsverfahren eingebundene Personen gezwungen werden können, im Rahmen von Gerichts- und Schiedsverfahren in Zivil- und Handelssachen Aussagen zu machen, die sich aus einem Mediationsverfahren oder im Zusammenhang mit einem solchen ergeben.[174] Eine Definition der Vertraulichkeit erfolgt indes nicht; sie wird aber an anderer Stelle genannt – wie beispielsweise bei den Pflichten des Mediators – und ihre Einhaltung wird damit ebenso gewährleistet.[175]

Auch hier zeigt sich erneut das Gleichstellungsbedürfnis mit dem regulären Zivilprozess, wobei durch das Prinzip der Vertraulichkeit noch ein Schritt weitergegangen und der Mediation bereits durch die Definition im Rahmen der Mediationsrichtlinie ein nicht öffentlicher Charakter verliehen wird. Dieser nicht öffentliche Charakter der Mediation ist nicht nur eines der besonderen Wesensmerkmale der Mediation, er bildet auch das Fundament für alle Regeln und sämtliche zwischen den Parteien getroffenen Vereinbarungen, die den Schutz der Vertraulichkeit genießen.[176] Denn gerade bei dem Aspekt der Vertraulichkeit handelt es sich um eine notwendige Voraussetzung, soweit es darum geht, nach einer gescheiterten Mediation den Weg eines ordentlichen Gerichtsverfahrens zu beschreiten.[177]

Der Vertraulichkeitsgrundsatz bietet also erhebliches Konfliktlösungspotential. Dies ist nicht zuletzt auf den Umstand zurückzuführen, dass die Bereitschaft der Parteien, Informationen preiszugeben, im Vertrauen auf die Einhaltung dieses Grundsatzes weitaus größer sein dürfte, als dies im regulären Zivilprozess der Fall ist. Derartige Informationen, die im besten Falle zur Lösung des zwischen den Parteien bestehenden Konfliktes beitragen können, würden nicht zu Tage gefördert werden, müssten die Parteien mangels Vertraulichkeit des Verfahrens Gefahr laufen, dass ihre Informationen an die Öffentlichkeit geraten, beispielsweise in einem der Mediation nachfolgenden Gerichtsprozess.[178] So ist es unschwer nachzuvollziehen, dass sich Parteien gegenüber einer Person, der sie in keiner Weise verpflichtet sind, leichter öffnen und anvertrauen als möglicherweise gegenüber einem Richter, dem nicht nur die Sach- und Rechtslage darzulegen und zu beweisen ist, sondern dem gegenüber auch konkrete Anträge zu stellen

---

174 Art. 7 Mediationsrichtlinie.

175 *Hopt/Steffek*, Mediation, S. 14.

176 *Hopt/ Steffek*, Mediation, S. 40.

177 *Hopt/Steffek*, Mediation, S. 14.

178 *Hopt/Steffek*, Mediation, S. 40.

sind. Zudem erwarten sie keine Sanktionen oder Verpflichtungen, aufgrund derer sie wegen einer etwaig getätigten Erklärung belangt werden könnten.

Aus der Einschränkung dieses durch die Vertraulichkeit geschaffenen Potentials würde nicht nur eine Verletzung der berufsrechtlichen Vorschriften des Mediators resultieren, sondern sich die Wahrscheinlichkeit eines positiven Ausgangs des Mediationsverfahrens auch wesentlich reduzieren.[179] Der Grundsatz der Vertraulichkeit stellt also einen entscheidenden Faktor dar, wenn es um den Erfolg eines Mediationsverfahrens geht.[180]

Mit der Regelung zur Vertraulichkeit des Verfahrens, wonach diese zwingend sicherzustellen ist,[181] unternahm der italienische Gesetzgeber demnach einen notwendigen Schritt, um der zu erwartenden Flut von Mediationsverfahren gerecht zu werden. Hierzu legte er fest, dass die im Laufe der Mediation abgegebenen Erklärungen und gewonnenen Informationen nicht in einem Prozess genutzt werden dürfen, der die – wenn auch nur teilweise – gleiche Auseinandersetzung zum Gegenstand hat. Der Vertraulichkeitsgrundsatz soll dabei auch für die in den Einzelsitzungen getätigten Erklärungen und erhaltenen Informationen gelten. Eine Ausnahme zugunsten der anderen Verfahrenspartei soll hiervon nur gemacht werden, sofern die erklärende Partei ihr diesbezügliches Einverständnis erklärt hat.[182]

---

179 *Vaccà*, La mediazione delle controversie, S. 203; im Original; „*La professionalità del mediatore deve consentire di fare tesoro delle informazioni confidenziali senza tradire la fiducia delle parti: ciò senza dubbio rappresenterebbe non soltanto la violazione di un impegno deontologico, ma al contempo un errore tale da vanificare le possibilità di successo di mediazione, in quanto verrebbe meno la percezione dell'affidabilità e dell'equidistanza del mediatore stesso.*"

180 *Hopt/Steffek*, Mediation, S. 39.

181 Art. 3 Abs. 2, Art. 9 ital. MediationsG; vgl hierzu beispielhaft auch *Marucci* in: La mediazione per la composizione delle controversie civili e commerciali, S. 105; im Original: „*Ai sensi dell'articolo 3, comma 2, del d.lgs. n. 28/2010, gli ulteriori limiti che il legislatore ha posto alla potestà regolamentare degli organismi di gestione concernono la riservatezza del procedimento, disciplinata dall' art. 9 e le modalità di nomina del mediatore, tali da assicurare l'imparzialità (art. 1, lett. a) e l'idoneità al corretto e sollecito espletamento dell'incarico.*"

182 Art. 9 Abs. ital. MediationsG; vgl. auch *Imposimato* in: La nuova mediazione, S. 147; im Original: „*Le dichiarazioni rese o le informazioni acquisite nel corso del procedimento di mediazione (sia negli incontri congiunti che nelle sessioni private) non possono essere utilizzate nel giudizio avente medesimo oggetto, anche parziale, che sia iniziato, riassunto o proseguito dopo l'insuccesso della mediazione, salvo il consenso della parte dichiarante o di quella da cui provengono le informazioni.*"

Zudem gilt der Vertraulichkeitsgrundsatz auch für Erklärungen oder Informationen, die im Rahmen einer später gescheiterten Mediation abgegeben wurden. Auch ist weder das Zulassen eines Zeugenbeweises bezüglich der Erklärungen und Informationen vorgesehen noch die Abgabe einer entsprechenden eidesstattlichen Versicherung.[183] In dieser Hinsicht hebt sich die Mediation also vom Zivilprozess deutlich ab. Dies gilt naturgemäß für den Mediator gleichermaßen, der nicht dazu angehalten werden darf, über den Inhalt der Erklärungen und erhaltenen Informationen auszusagen, und zwar weder gegenüber der Justiz noch gegenüber anderen Behörden.[184]

Beachtlich ist, dass der Aspekt der Vertraulichkeit vor Umsetzung der Mediationsrichtlinie keine Berücksichtigung in der italienischen Rechtsordnung gefunden hatte, zumindest nicht in der jetzigen Ausprägung.[185] Auch wenn sich der Grundsatz der Vertraulichkeit schon zuvor im European Code of Conduct (ECCM) wiederfinden ließ, der durch die Implementierung in die eigenen Verfahrensordnungen der Mediationsstellen eine einflussreiche Quelle für die Mediatoren darstellte,[186] war eine einheitliche und umfassende Regelung zur Vertraulichkeit unerlässlich, um einen Gegenpol zu den strikten übrigen Vorgaben zur Mediation zu schaffen. So nahm auch die Entschließung des Europäischen Parlaments vom 13. September 2011 zur „Umsetzung der Richtlinie über Mediation in den Mitgliedstaaten, ihren Einfluss auf die Mediation und ihre Inanspruchnahme durch die Gerichte" den Aspekt der Vertraulichkeit auf und stellte seinerzeit hierzu fest, *„dass unter den Mitgliedstaaten Italien in Bezug auf Vertraulichkeit von Mediationsverfahren einen rigorosen Ansatz verfolgt"*.

bb) Der Verfahrensablauf

Prinzipien und Verfahrensablauf stehen sich bei der Mediation – wie auch bei anderen Verfahrensarten – nicht gegenüber, vielmehr sind sie unbedingt aneinander gekoppelt. So kann ein einheitlicher Verfahrensablauf nur sichergestellt werden, wenn die Prinzipien eingehalten und gewahrt werden.

---

183 Art. 10 Abs. 1 ital. MediationsG.

184 Art. 10 Abs. 2 ital. MediationsG.

185 *Santi* in: La mediazione per la composizione delle controversie civili e commerciali, S. 251, Im Original: *„L'odierno legislatore […] è opportunamente intervenuto su un aspetto che finora non era stato espressamente sancito e disciplinato da un punto di vista normativo."*

186 *Marinari* in: EU Mediation, S. 190.

Jedes Mediationsbegehren beginnt mit einem entsprechenden Antrag.[187] Diesem Antrag geht wiederum die Wahl der Mediationsstelle voraus,[188] die zwingend im Register des Justizministeriums eingetragen sein muss.[189] Im Falle mehrerer Anträge in derselben Angelegenheit entscheidet der Zeitpunkt des Eingangs,[190] wobei der Antrag grundsätzlich die angerufene Stelle, die Parteien, den Gegenstand der Streitigkeit und die Gründe der Antragstellung beinhalten muss.[191] Eine Regelung zur Form des Antrages ist dem Gesetz indes nicht zu entnehmen. Ob dieser demnach auch in Form einer E-Mail, eines Faxes oder persönlich übergeben werden kann, ist von jeder Mediationsstelle selbst zu regeln und festzulegen. Diesbezüglich ist vorgeschrieben, dass „*al procedimento di mediazione si applica il regolamento dell'organismo scelto dalle parti*",[192] auf das Mediationsverfahren also diejenigen Regelungen Anwendungen finden, die die angerufene Mediationsstelle aufstellt.[193] So wird zwar ein Grundgerüst für einen Verfahrensablauf geschaffen, jedoch wird auch die Nichtkopplung an bestimmte Regularien, die während einer Mediation von Gesetzes wegen im Sinne einer Rechtsordnung einzuhalten wären, in den Vordergrund gerückt. Es handelt sich somit um ein informelles Verfahren; dies vor allem in Ermangelung bestimmter Durchführungswege bezüglich des Mediationsverfahrens selbst als auch im Hinblick auf das jeweilige Vorgehen des Mediators und seiner Unterstützung der

---

187 Art. 4 Abs. 1 ital. MediationsG.

188 *Minelli* in: La Mediazione per la composizione delle controversie civili e commerciali, S. 116; im Original: „*La prima scelta che spetta a chi intende attivare la mediazione consiste proprio nell'individuare l'Organismo.*"

189 *Minelli* in: La Mediazione per la composizione delle controversie civili e commerciali, S. 115; im Original; „*Tuttavia, così come prescritto ex art. 1, lett. d) (al quale si rinvia per l'approfondimento) la mediazione/conciliazione in applicazione del d.lgs. 28/2010 deve svolgersi necessariamente innanzi ad un Organismo iscritto al Registro presso il Ministero della giustizia ex art. 16 del decreto.*"

190 Art. 4 Abs. 1 ital. MediationsG; vgl. hierzu auch *Imposimato* in: La nuova mediazione, S. 146; im Original: „*In caso di più domande relative alla stessa lite, la mediazione si svolge davanti all'organismo territorialmente competente presso il quale è stata presentata la prima domanda.*"

191 Art. 4 Abs. 2 ital. MediationsG.

192 Art. 3 Abs. 1 ital. MediationsG.

193 *Marucci* in: La mediazione per la composizione delle controversie civili e commerciali, S. 104; im Original: „*Conseguentemente, il procedimento di mediazione è disciplinato dal regolamento dell'organismo, pubblico o privato, scelto dalle parti (comma 1), che, ai sensi dell'art. 16, comma 3, deve essere depositato, unitamente al codice etico, presso il Ministero della giustizia.*"

teilnehmenden Parteien. Gerade durch diesen informellen und damit auch flexiblen Charakter, den die Nichtregelung durch den italienischen Gesetzgeber bewirkt, gewinnt die Mediation nicht nur an Attraktivität, sondern unterscheidet sich dadurch auch in erheblichem Maße vom ordentlichen Gerichtsverfahren mit seinem strukturierten Ablauf.[194]

Ist der Antrag bei der Mediationsstelle eingegangen, wird der Ablauf der Mediation insofern festgelegt, als der Verantwortliche der Mediationsstelle einen Mediator und einen frühen ersten Termin für die Parteien bestimmt, der innerhalb einer Frist von fünfzehn Tagen ab Antragstellung stattzufinden hat.[195] Dabei können Antrag und Terminsverkündung der anderen Partei mit jedem möglichen Mittel kommuniziert werden, sofern eine tatsächliche Zustellung gewährleistet wird.[196] In Fällen, in denen eine spezielle technische Kompetenz gefragt ist, kann die Mediationsstelle einen oder mehrere zusätzliche Mediatoren benennen, die als eine Art Gehilfe mit ihrem entsprechenden Fachwissen fungieren. Für den Fall, dass ein solcher nicht zur Verfügung stehen sollte, besteht auch die Möglichkeit, sich der bei Gericht eingetragenen Sachverständigen zu bedienen. Dabei müssen die Regularien der jeweiligen Mediationsstellen die Berechnungsmodalitäten und die Begleichung der Auslagen der erschienenen Fachleute vorsehen.[197]

Der eigentliche Ablauf des Mediationsverfahrens orientiert sich an keinen strengen Formalitäten,[198] sondern obliegt – bis auf die Vorgabe hinsichtlich des Einigungsvorschlages – der freien Handhabe des Mediators.[199] Im Vordergrund

---

194 *Minelli* in: La Mediazione per la composizione delle controversie civili e commerciali, S. 116; im Original: *„Il fatto che la procedura non venga interamente predeterminata dal legislatore ma integrata dal Regolamento dell'Organismo è espressione dell'informalità e delle flessibilità della mediazione/conciliazione ovvero una delle caratteristiche e qualità dell'istituto consensuale nonché una delle differenze rispetto ad un processo.*"

195 Art. 8 Abs. 1 ital. MediationsG; vgl. hierzu auch *Santi* in: La Mediazione per la composizione delle controversie civili e commerciali, S. 223; im Original: *„Lo stesso comma 1 dispone che il responsabile dell'organismo proceda alla fissazione del primo incontro „non oltre quindici giorni dal deposito della domanda.*"

196 Art. 8 Abs. 1 ital. MediationsG.

197 Art. 8 Abs. 4 ital. MediationsG.

198 Art. 8 Abs. 2 ital. MediationsG.

199 *Santi* in: La Mediazione per la composizione delle controversie civili e commerciali, S. 214; im Original: *„Soprattutto questa parte della procedura è quella meno regolamentata dalla disciplina del d.lgs. 28, alla stessa stregua di tutti i precedenti interventi normativi, compreso l'art. 40 del d.lgs. 5/2003 (oggi abrogato), restando pertanto rimessa alla libera gestione del mediatore, eccezion fatta per il meccanismo della proposta di*

soll stets die Tätigkeit des Mediators stehen, der die Parteien dabei zu unterstützen versucht, eine einvernehmliche Einigung zu erzielen.[200] Wird eine solche erreicht, wird ein entsprechendes Protokoll angefertigt, dem der Inhalt der Einigung beigefügt wird.[201] Können die Parteien zunächst keine Einigung erzielen, hat der Mediator die Möglichkeit, einen Einigungsvorschlag zu formulieren. Eine tatsächliche Obliegenheit trifft ihn nur dann, wenn die Parteien dies von ihm einstimmig verlangen;[202,203] diese Möglichkeit besteht zu jedem Zeitpunkt des Verfahrens.[204] Dabei gibt es keine gesetzliche Vorgabe, wie ein etwaiger Vorschlag ausgestaltet sein soll, sodass dem Mediator auch an dieser Stelle ein Ermessensspielraum zusteht.[205] Der Mediator ist damit in der Lage, den Parteien entweder einen Vorschlag zu unterbreiten, der keiner Prüfung der Anspruchsgrundlagen der Parteien bedarf und von einer rechtlich profunden Einschätzung des Sachverhalts abweichen kann;[206] oder aber er schlägt den Parteien eine Einigung vor, der eine rechtliche Bewertung der Angelegenheit vorausgegangen ist.[207] Dieser Vorschlag hat in jedem Fall schriftlich gegenüber den Parteien zu erfolgen, wobei diese ihre Annahme oder Ablehnung innerhalb von sieben Tagen

---

conciliazione espressamente disciplinato dagli artt. 11 e 13 di cui si dirà nel prosieguo della trattazione."

200 Art. 8 Abs. 3 ital. MediationsG.

201 Art. 11 Abs. 1 ital. MediationsG.

202 Der ursprüngliche Gesetzesvorschlag sah indes eine obligatorische Vorschlagspflicht des Mediators vor, wenn eine Einigung zwischen den Parteien nicht erreicht werden konnte.

203 *Santi* in: La Mediazione per la composizione delle controversie civili e commerciali, S. 279; im Original: „*Nel caso in cui la fase facilitativa fallisca e l'accordo non sia raggiunto, il comma 1 dell'art. 11 dispone che il mediatore ‚può formulare una proposta di conciliazione*'."

204 Art. 11 Abs. 1 ital. MediationsG.

205 *Santi* in: La Mediazione per la composizione delle controversie civili e commerciali, S. 284; im Original: „*Ciò nonostante, come detto, il Decreto non regola il contenuto della proposta, lasciando quindi al mediatore la più ampia discrezionalità sulla tipologia di formulazione da adottare.*"

206 *Santi* in: La Mediazione per la composizione delle controversie civili e commerciali, S. 284; im Original: „*Ed allora, si profila una scelta tra due diversi modelli: una proposta facilitativa, che può discostarsi sensibilmente dall'applicazione del diritto, non essendo basata sull'analisi delle posizioni giuridiche dei contendenti, ma piuttosto sulla emersione dei loro interessi sostanziali sottesi.*"

207 *Santi* in: La Mediazione per la composizione delle controversie civili e commerciali, S. 284; im Original: „*[…] una proposta aggiudicativa, che si base sull'esame delle posizioni giuridiche dei litiganti, alla luce della normativa rilevante.*"

schriftlich anzuzeigen haben.[208] Eine in dieser Frist nicht eingegangene Anzeige gilt als konkludente Ablehnung.[209] Nur im Falle des Einverständnisses der Parteien darf im Einigungsvorschlag auf die im Rahmen der Mediation gewonnenen Informationen und erhaltenen Erklärungen Bezug genommen werden.[210]

Soweit eine Einigung zwischen den Parteien erzielt werden konnte – sei es durch selbständiges Verhalten der Parteien, sei es durch die Zustimmung zu dem vom Mediator unterbreiteten Vorschlag –, wird das entsprechende Schlichtungsprotokoll angefertigt, welches von den Parteien und dem Mediator zu unterzeichnen ist, der durch seine Unterschrift diejenigen der Parteien beglaubigt.[211] Die Protokollierung ist von der erzielten, ebenfalls zu verschriftlichenden Einigung abzugrenzen und stellt sowohl formell als auch inhaltlich ein grundlegendes Element im Zusammenhang mit der zwischen den Parteien erzielten Einigung dar.[212] Neben dem eigentlichen Inhalt der Einigung kann diese auch die Zahlung einer bestimmten Summe für den Fall vorsehen, dass die in ihr getroffenen Vereinbarungen verletzt oder nicht beachtet werden oder für den Fall des Leistungsverzuges.[213]

Scheitert die Mediation, erstellt der Mediator ein entsprechendes Protokoll unter Angabe des Einigungsvorschlages. Auch dieses Protokoll wird von beiden Parteien und dem Mediator unterzeichnet. In demselben Dokument wird auch das etwaige Nichterscheinen einer der Parteien aufgenommen.[214] Das unterzeichnete Protokoll wird sodann in der Geschäftsstelle der Mediationsstelle hinterlegt, wobei den Parteien auf Nachfrage eine entsprechende Kopie überlassen wird.[215] Vorbehaltlich eines ausdrücklichen Einverständnisses der Parteien darf der Vorschlag unter Berücksichtigung des Leitgedankens der Vertraulichkeit des

---

208 *Filipelli* in: La nuova mediazione, S. 588; im Original: „*Le parti fanno pervenire al mediatore, per iscritto ed entro sette giorni, la accettazione o il rifiuto della proposta.*“

209 *Filipelli* in: La nuova mediazione, S. 588; im Original: „*In mancanza di risposta nel termine, la proposta si ha per rifiutata.*“

210 Art. 11 Abs. 2 ital. MediationsG; vgl. hierzu auch *Vaccà*, La mediazione delle controversie, S. 299; im Original: „*La proposta del mediatore, ‚salvo diverso accordo delle parti‘ non può contenere ‚alcun riferimento alle dichiarazioni rese o alle informazioni acquisite nel corso del procedimento […]‘.*“

211 Art. 11 Abs. 3 ital. MediationsG.

212 *Filipelli* in: La nuova mediazione, S. 590; im Original: „*La verbalizzazione è un elemento essenziale di questa fase, anche in caso di esito negativo; essa va, però, distinta sia sul piano formale che sostanziale dell'accordo.*“

213 Art. 11 Abs. 3 ital. MediationsG.

214 Art. 11 Abs. 4 ital. MediationsG.

215 Art. 11 Abs. 5 ital. MediationsG.

Verfahrens in keinem Fall im Rahmen der Mediation getätigte Erklärungen oder gewonnene Informationen enthalten.[216]

Die Dauer des Mediationsverfahrens wurde mit der anfänglichen Umsetzung des italienischen Mediationsgesetzes zunächst auf vier Monate festgesetzt, innerhalb derer das Mediationsverfahren abgeschlossen sein soll.[217] Betrachtet man diese anfängliche Maximaldauer, stellt sich die Frage, ob es sich hierbei in Anbetracht von oft komplexen Sachverhalten überhaupt um eine angemessene Frist handeln kann. Im Ergebnis ist dies zumindest im Sinne eines echten Anreizes zu bejahen, da es sich bei dem Aspekt der Verfahrensdauer einer Mediation um einen Erfolgsfaktor für die Mediation handeln kann, insbesondere unter Berücksichtigung der desolaten Lage des italienischen Justizsystems und der damit einhergehenden Verfahrenslängen.

cc) Die Mediationsverfahren im Einzelnen

Unterschiedlich sind die Ausgestaltungen, die die Mediation im Zuge der italienischen Umsetzung erhalten hat. Bei deren Untersuchung wird sich zeigen, dass dem obligatorischen Ansatz besonderes Gewicht beigemessen wurde, nicht zuletzt aufgrund der landeseigenen Gegebenheiten der Ziviljustiz.

(1) Die fakultative Mediation – *La mediazione facoltativa*

Vergleichbar mit dem bekannten Aufbau von General- und Spezialvorschriften hat der italienische Gesetzgeber mit Artikel 2 seines Mediationsgesetzes eine Art Generalklausel geschaffen, die sich der *mediazione facoltativa*, also der freiwilligen Mediation widmet, und damit diesen wichtigen Grundgedanken der Mediationsrichtlinie wieder aufgreift.

So steht diese Form der Mediation jedem zur Beilegung seiner Streitigkeit offen, sofern diese zivil- und wirtschaftsrechtlich geprägt ist und der Mediationssuchende frei über das zu mediierende Recht disponieren kann.[218] Wer eine

216 *Bruni*, La mediazione conviene, S. 338; im Original: „*[…] In aggiunta, la proposta del mediatore non potrà in nessun caso contenere, salvo diverso accordo delle parti, riferimenti alle dichiarazioni rese o alle informazioni acquisite nel corso dell'intero procedimento.*"

217 Art. 6 Abs. 1 ital. MediationsG. a.F.

218 Vgl. auch *Queirolo/Carpaneto/Dominelli* in: Civil and Commercial Mediation in Europe, S. 262; *Lotti / De Rito* in: La nuova mediazione, S. 377; im Original: „*In via residuale, quindi, il legislatore, demanda ai soggetti indicati all'art. 2, vale a dire a chiunque, la possibilità di evitare la strada giudiziale in favore della via conciliativa, in una controversia civile e commerciale vertente su diritti disponibili.*"

Definition der freiwilligen Mediation sucht, sucht vergeblich, sodass sich die Eröffnung des Anwendungsbereiches der freiwilligen Mediation nur aus dem Umkehrschluss der anderen geregelten Formen der Mediationsverfahren ergeben kann.[219]

Eine Limitierung besteht somit weder für den Antragsteller der Mediation noch für die beizutretende Partei, wohl aber hinsichtlich der notwendigen Disponibilität des Rechts seitens des Mediationssuchenden. An dieser Stelle legt der italienische Gesetzgeber das erste Mal fest, dass die Mediation an die Voraussetzung des disponiblen Rechts gekoppelt ist. Eine ähnliche Formulierung sah nur der bis 2005 geltende Artikel 183 der italienischen Zivilprozessordnung vor, der dem Richter die Möglichkeit des Schlichtungsversuches eröffnete, sofern es das Wesen der Angelegenheit zuließ.[220] Eine Eingrenzung im eigentlichen Sinne, verstanden als Zugangserfordernis zur Mediation, scheint die notwendige Disponibilität des Rechtsguts allerdings nicht darzustellen. Schließlich sind die Mediation – und die im besten Falle erzielte Einigung – stets an den Willen der Parteien gekoppelt, welche über ihr eigenes Rechtsgut verfügen.

Es wird sich im Verlaufe dieser Arbeit zeigen, dass die fakultative Mediation möglicherweise das einzige der vom italienischen Gesetzgeber vorgesehenen Mediationsverfahren ist, welches den Grundpfeiler der Freiwilligkeit wirklich aufgreift und damit den Weg ebnet für ein Mediationsverfahren, das auch im Bewusstsein der Beteiligten eine echte Alternative für ein Gerichtsverfahren darstellt. Umso negativer ist der in diesem Zusammenhang gewonnene Eindruck, dass der Regelung zur fakultativen Mediation – zumindest in der Theorie – nur eine Art Auffangcharakter zukommt, insbesondere in Anbetracht der sehr umfangreichen Regularien zur obligatorischen Mediation.

(2) Die obligatorische Mediation – *La mediazione obbligatoria*

Gemäß Artikel 24 des italienischen Mediationsgesetzes sollte die obligatorische Mediation zwölf Monate nach Inkrafttreten des Mediationsgesetzes Wirkung

---

219 *Lotti/De Rito* in: La nuova mediazione, S. 377; im Original: „*In realtà all'interno del testo manca una definizione di mediazione conciliativa di tipo facoltativo, della quale è possibile ricavare l'ambito di operatività, come detto, unicamente in via residuale.*"

220 Vgl. auch *Minelli* in: La Mediazione per la composizione delle controversie civili e commerciali, S. 91 f.; im Original: „*Per la prima volta il legislatore testualmente prevede in modo espresso che un limite alla mediazione/conciliazione è costituito dalla disponibilità dei diritti. Con specifico riguardo alla conciliazione in sé, si rilevava la sola disposizione dell'Art. 183, comma 1, c.p.c., che, nel conferire al giudice il potere di tentare la conciliazione, [...].*"

entfalten. Eine Ausnahme stellten die Bereiche des Miteigentums und der Schadensersatzforderungen aus Verkehrs- und Schiffsunfällen[221] dar, bei denen gemäß Artikel 16-decies des Gesetzesdekretes Nr. 225 vom 29.12.2010 (*Decreto milleproroghe*[222]) die Mediation erst ein Jahr später als zwingende Prozessvoraussetzung gelten sollte.[223]

Mit der Einführung dieses obligatorischen Ansatzes, der die Mediation in den meisten Rechtsgebieten[224] als zwingende Prozessvoraussetzung vorsah,[225] unternahm der italienische Gesetzgeber einen Schritt, der insbesondere bei der Anwaltschaft[226] unweigerlich auf Kritik stieß. Nicht unberechtigt dürfte insbesondere auch das Argument sein, dass eine als obligatorisch vorausgesetzte Mediation bereits einen Widerspruch in sich birgt und dem Sinn und Wesen der Mediation entgegensteht.[227]

---

221 Statistisch gesehen werden auf diesem Rechtsgebiet die meisten Mediationsverfahren durchgeführt.

222 Das *Decreto Milleproroghe* (wörtlich übersetzt: Dekret der Tausend Aufschübe) nutzt der italienische Gesetzgeber jeweils am Ende eines Jahres, um einen Aufschub des Inkrafttretens problematischer Vorschriften zu erreichen.

223 *Spina*, La nuova mediazione, S. 241; im Original: „*[…] detto termine, tuttavia, è stato prorogato di dodici mesi dall'art. 2, comma 16-decies, D.L. 29 dicembre 2010, n. 225, con la conseguenza, che la disciplina della mediazione obbligatoria è divenuta applicabile alle controversie in materia di risarcimento del danno derivante dalla circolazione di veicoli e natanti solo a decorrere dal 21 marzo 2012.*"

224 Wohnungseigentumsrecht, Sachenrecht, Teilungen, erb-, familien- und mietrechtliche Ansprüche, bei Leihe, Verpachtung, bei Gefährdungshaftung beim Führen von Fahrzeugen und Schiffen, bei Arzthaftungsangelegenheiten, bei Verletzung des Presserechts, bei Versicherungs- Banken- und Finanzierungsverträgen.

225 Art. 5 Abs. 1 ital. MediationsG a.F; vgl. auch *Queirolo/Carpaneto/Dominelli* in: Civil and Commercial Mediation in Europe, S. 261; *Spina*, La nuova mediazione, S. 236; im Original: „*La natura obbligatoria della mediazione – come precedente illustrato – discende dalla circostanza che nelle controversie relative alle materie elencate dal richiamato comma 1-bis il procedimento di mediazione costituisce condizione di procedibilità della successiva (ed eventuale) domanda giudiziale.*"

226 Siehe hierzu auch B. II. 6 lit. b); vgl. auch *Morano Cinque* in: La nuova Mediazione (regole e tecniche), S. 36; im Original: „*La mediazione obbligatoria generalizzata era stato oggetto di feroci critiche fin già dal momento della sua introduzione mediante il d.lgs. n. 28/2010.* […] *Vero è che dette critiche sono risultate provenienti da più parti e, in particolare, dal mondo dell'Avvocatura, contraria non tanto alla mediazione in sé e per sé considerata, quanto alla mediazione così come disciplinata dal legislatore delegato nel suddetto decreto*".

227 Vgl. auch *König* in: EU Mediation, S. 140; so auch *Trossen*, Mediation (un)geregelt, S. 127.

In diesem Zusammenhang ist nicht nur die weit gezogene Grenze im Hinblick auf die hohe Anzahl der Rechtsgebiete festzustellen; hinzu kommt, dass der italienische Gesetzgeber dabei die Formulierung „*in materia di*" gewählt und damit den Anwendungsbereich der obligatorischen Mediation noch größer gezogen hat. Demnach reicht es aus, dass die zwischen den Parteien bestehende Streitigkeit im Zusammenhang mit dem genannten Rechtsgebiet steht und somit nicht unmittelbar aus der vertraglichen Beziehung resultieren muss.[228]

An dieser Stelle soll wiederum auf den Aspekt der Freiwilligkeit hingewiesen werden, die gemäß Ziffer 13 der Erwägungsgründe der Richtlinie im Mittelpunkt stehen sollte. Es ist daher fraglich, ob diese Vorgabe noch eingehalten werden kann, wenn es sich um ein Verfahren handelt, welches den Parteien auferlegt wird, obwohl sie möglicherweise von vornherein den regulären Zivilprozess angestrebt und gewünscht haben. Betrachtet man in diesem Zusammenhang die *legge-delega*, die in Auftrag gab, die Mediation derart zu regeln, dass sie auf die Herbeiführung einer Schlichtung zwischen den Parteien gerichtet ist, ohne dabei den Zugang zur Justiz zu versperren, steht hinter der tatsächlichen Umsetzung dieser Vorgabe durchaus ein Fragezeichen.

Es könnte also angenommen werden, dass der Gesetzgeber mit seiner ursprünglichen Ausformulierung des italienischen Mediationsgesetzes über die Maßgaben der *legge-delega* hinausgegangen ist und ausschließlich die Entlastung der Justiz in den Vordergrund stellt, ohne dabei auf die entsprechenden Vorgaben Rücksicht zu nehmen.[229] An diesem Aspekt lässt sich erneut die eigentliche Intention des italienischen Gesetzgebers erkennen: Er schien davon auszugehen, dass eine wirkliche Entlastung der Justiz – deren Umsetzung trotz zahlreicher Versuche zuvor gescheitert war – nur durch diesen zwingenden Charakter erreicht werden kann und diese Maßnahme als einer der letzten Auswege erscheint. Der Grundgedanke der Privatautonomie des Zivilprozesses scheint in der italienischen Umsetzung in dieser Hinsicht jedenfalls keinen Platz zu finden.

---

228 *Spina*, La nuova mediazione, S. 249 ff.; im Original: „*Ciò considerato, […], si osserva che il legislatore, al fine di definire l'ambito di applicazione della mediazione obbligatoria, ha utilizzato la formula ‚controversie in materia di (…)'; formula, peraltro identica a quella impiegata dall'art. 447 bis c.p.c. per il rinvio a talune del rito lavoro in relazione alle ‚controversie in materia di locazione e di comodato di immobili urbani e di affitto di aziende', che si ritiene, in armonia con il consolidato orientamento interpretativo, certamente più ampia della locuzione ‚controversie di'.*"

229 Vgl. auch *Fabiani* in: Manuale della mediazione civile e commerciale, S. 42; im Original: „*[…] tanto sotto il profilo dell'eccesso di delega, […].*"

Erinnert sei an dieser Stelle andererseits noch einmal an die Formulierung des Artikels 3 lit. a) der Mediationsrichtlinie, wonach eine Mediation *„ein strukturiertes Verfahren* [ist], *in dem unabhängig von seiner Bezeichnung zwei oder mehr Streitparteien mit Hilfe eines Mediators auf freiwilliger Basis selbst versuchen, eine Vereinbarung über die Beilegung ihrer Streitigkeiten zu erzielen. Dabei kann dieses Verfahren von den Parteien eingeleitet oder von einem Gericht vorgeschlagen oder angeordnet werden oder nach dem Recht eines Mitgliedstaates vorgeschrieben sein*". Die Mediation ist in erster Linie geprägt von der Parteiautonomie,[230] die durch die italienische Interpretation der Richtlinienumsetzung eher ins Hintertreffen gerät und mit der eigentlichen europäischen Intention nicht im Einklang steht.

Betrachtet man das Erfordernis des nicht versperrten Zugangs zur Justiz, ist daher vordergründig zu klären, was unter einem solchen „Versperren" verstanden werden sollte. Sofern es sich hierbei um ein endgültiges Verwehren im Sinne eines absoluten Zugangshindernisses handeln würde, so wäre ein versperrter Zugang im Ergebnis auch nach der italienischen Umsetzung zu verneinen. Denn auch wenn eine Partei, die von vornherein die Durchführung eines gerichtlichen Verfahrens anstrebt, aufgrund der zahlreichen Rechtsgebiete, die eine obligatorische Mediation vorschreiben, in die Lage versetzt wird, einen Mediationsversuch dem eigentlich intendierten Zivilprozess voranzustellen, wird ihr die Möglichkeit des Rechtsweges ja nicht endgültig verwehrt. Man könnte an dieser Stelle also eher von einer Art überwindbarem Hindernis sprechen, welches sich der Partei, die ein gerichtliches Verfahren anstrebt, zumindest anfänglich in den Weg stellt, und zwar insbesondere in Anbetracht des Umstandes, dass die tatsächliche Durchführung einer Mediation ohne den Willen der Parteien auch in Italien nicht vorgenommen werden kann.

Definiert man „Versperren" allerdings strikter, legt man also diesen Erwägungsgrund entsprechend eng aus und versteht ihn im Sinne eines nicht anstandslos passierbaren Zugangs, so erscheint es doch fraglich, ob die italienische Umsetzung dem Grundgedanken der Mediationsrichtlinie entspricht. Denn genau genommen besteht eine gewisse Erschwernis bereits durch die zahlreichen Rechtsgebiete, in denen ein vorangegangenes Mediationsverfahren als obligatorisch vorausgesetzt wird. So gibt es doch kaum einen Bereich, in dem sich die Mediation nicht als Prozessvoraussetzung versteht.

Im Ergebnis dürfte sich die italienische Umsetzung im Hinblick auf einen versperrten Zugang zum Recht letztlich noch im Rahmen des Umsetzbaren befinden, sofern man eine Auslegung bevorzugt, die „Versperren" im Sinne

230 *Hopt/Steffek*, Mediation, S. 12.

eines absoluten Hindernisses und nicht als überbrückbares Hindernis versteht. Schließlich steht das italienische Verfassungsgericht diesem Ansatz grundsätzlich nicht ablehnend gegenüber.[231] Und auch die Mediationsrichtlinie selbst sieht die Möglichkeit einer Pflicht zur Nutzung der Mediation nach nationalem Recht vor.[232]

(3) Die gerichtlich übertragene Mediation – *La mediazione delegata*

Neben der fakultativen und obligatorischen Mediation schuf der italienische Gesetzgeber mit der sogenannten „*mediazione delegata*" ein weiteres Mediationsmodell und greift damit auch an dieser Stelle die Mediationsrichtlinie wieder auf.[233]

So sieht die ursprüngliche Fassung des italienischen Mediationsgesetzes[234] vor, dass auch der bereits angerufene und in der Sache befasste Richter der ersten oder zweiten Instanz nach Einschätzung der Sach- und Rechtslage und entsprechend dem Verfahrensstand die Möglichkeit hat, die Mediation gegenüber den Parteien des Rechtsstreits anzuregen.[235] Der richterliche Hinweis soll jedoch vor der eigentlichen Verhandlung in der Sache vorgenommen werden. Für den Fall, dass die Parteien der Durchführung einer Mediation zustimmen, bestimmt der Richter den nächsten Termin zur mündlichen Verhandlung nach Ablauf der in Artikel 6 des Dekretes anfänglich vorgesehenen Frist von 4 Monaten und erlegt den Parteien – soweit die Mediation nicht bereits eingeleitet wurde – gleichzeitig eine Frist von 15 Tagen auf, innerhalb derer der Antrag auf Durchführung des Mediationsverfahrens gestellt werden muss.[236]

Bei dieser Art der Mediation handelt es sich zwar nicht um ein Novum in der italienischen Rechtsordnung; neu ist allerdings die konkrete Regelung seitens

---

231 Siehe hierzu weiter unten Punkt B. II. 6. lit. c).

232 Art. 2 Abs. 1 lit. c) Mediationsrichtlinie.

233 Vgl. Art. 2 Abs. 1 lit. d) Mediationsrichtlinie.

234 Art. 5 Abs. 2 ital. MediationsG. a.F.

235 *Vaccà*, La mediazione delle controversie, S. 143; im Original: „*Anche nel corso di un giudizio appello, purché prima della discussione della causa, il giudice, tenuto conto delle necessarie valutazioni circa la natura di causa, lo stato dell'istruzione, il comportamento delle parti, può invitare queste ultime a procedere alla mediazione.*"

236 Art. 5 Abs. 2 ital. MediationsG; vgl auch *Vaccà*, La mediazione delle controversie, S. 143; im Original: „*Se le parti congiuntamente aderiscono alla proposta, la successiva udienza è fissata dopo un quadrimestre, onde consentire l'esperimento della mediazione e, contestualmente, il giudice assegna alle parti il termine di quindici giorni per presentare la domanda ad avviare il procedimento di mediazione presso un organismo accreditato.*"

des italienischen Gesetzgebers. Fraglich ist nur, ob diese Form der Mediation unter dem Aspekt der Entlastung des eigenen Ziviljustizsystems effizient sein kann.

(4) Die vereinbarte Mediation – *La mediazione concordata*

Unabhängig von den dargestellten Modellen bleibt es den Parteien naturgemäß unbenommen, die Mediation im Vorwege als Voraussetzung für einen etwaigen Rechtsstreit vertraglich zu vereinbaren.[237] Die vierte Variante der italienischen Umsetzung ist die sogenannte „*mediazione concordata*".[238]

Hiernach kann der im Prozess bereits angerufene (Schlichtungs-)Richter durch Einrede einer der beiden Parteien eine Frist von 15 Tagen bestimmen, innerhalb derer der Antrag auf Durchführung der Mediation gestellt werden muss, und er setzt den nächsten Verhandlungstermin auf die Zeit nach Ablauf des für ein Mediationsverfahren vorgeschriebenen Zeitraums von anfänglich 4 Monaten fest.[239] Die Einrede der Partei resultiert in einem solchen Fall aus einem zwischen diesen geschlossenen Vertrag, einer Satzung oder einem Gründungsakt, der eine Klausel vorsieht, wonach ein vorab durchgeführter Schlichtungs- oder Mediationsversuch einem späteren Prozess voranzugehen hat. Die Festsetzung eines neuen Termins gilt zudem auch für den Fall, in dem die Mediation oder Schlichtung bereits begonnen hat, aber noch nicht abgeschlossen ist.

Bei dieser Form der Mediation handelt es sich also wiederum um eine Art der obligatorischen Mediation, diesmal allerdings nicht durch einen Dritten auferlegt, sondern durch die Parteien selbst.[240] Durch die Implementierung auch dieser Form der Mediation konnte der italienische Gesetzgeber den

237 Vgl. auch *Queirolo/Carpaneto/Dominelli* in: Civil and Commercial Mediation in Europe, S. 262.

238 Art. 5 Abs. 5 ital. MediationsG.

239 *Gasbarrini* in: Manuale della mediazione civile e commerciale, S. 231; im Original: „*Ai sensi dell'art. 5, comma 5, infine, se il contratto, lo statuto ovvero l'atto costitutivo dell'ente prevedono una clausola di mediazione o conciliazione e il tentativo non risulta esperito, il giudice o l'arbitrato, su eccezione di parte, proposta nella prima difesa, assegna alle parti il termine di quindici giorni per la presentazione della domanda di mediazione e fissa la successiva udienza dopo la scadenza del termine di cui all'art. 6.*"

240 *Gasbarrini* in: Manuale della mediazione civile e commerciale, S. 232; im Original: „*La previsione è volta, anche in questo caso, a riportare nell'ambito di applicazione della nuova disciplina tutti i casi di mediazione per così dire ‚convenzionalmente obbligatori' in virtù di un precedente accordo contrattuale e la sua disciplina potrà finire per sovvraporsi, in alcuni casi (in controversie su una delle materie rientranti tra quelle di mediazione cd. obbligatoria) a quella di cui al primo comma.*"

Anwendungsbereich des Mediationsgesetzes entsprechend erweitern und komplettieren.

(5) Ausschluss der Mediation

Die Durchführung einer Mediation soll weder die Bewilligung von Eil- oder Sicherungsmaßnahmen ausschließen noch die Eintragung eines gerichtlich geltend gemachten Anspruchs.[241] Die obligatorische und die delegierte Mediation sind allerdings nicht auf Mahnverfahren anzuwenden, eingeschlossen der Widerspruch der gegnerischen Partei bis zum Ausspruch der Gewährung oder der Aussetzung der vorläufigen Vollstreckbarkeit. Eine Anwendung der delegierten oder obligatorischen Mediation erfolgt auch nicht im Falle von Zwangsräumungsbestätigungsverfahren oder besitzrechtlichen Verfahren.[242] Zudem sind diese beiden Arten der Mediation nicht im sogenannten Verfahren der „*Camera di consiglio*" anwendbar; hierbei handelt es sich um eine Art vereinfachtes Verfahren, im Rahmen dessen die Öffentlichkeit ausgeschlossen und auch die Teilnahme der Parteien und der Rechtsbeistände nicht notwendig ist. Die italienische Rechtsordnung sieht diese Art von Verfahren immer dann vor, wenn eine schnelle Entscheidung im Vordergrund steht und zudem der Bedarf vorhanden ist, ein fakultatives streitiges Verfahren einzuleiten. Abschließend werden die beiden genannten Arten der Mediation stets für den Fall ausgeschlossen, in dem im Rahmen eines Strafprozesses zivilrechtliche Ansprüche geltend gemacht werden, vergleichbar mit dem deutschen Adhäsionsverfahren nach den §§ 403 StPO ff.

b) Die Vollstreckungsmöglichkeiten im In- und Ausland

Die Durchsetzbarkeit der durch die Mediation erzielten Einigung stellt einen maßgeblichen Aspekt im Hinblick auf die intendierte Gleichstellung der Mediation mit dem regulären Gerichtsverfahren dar.[243] Denn auch der vollstreckungsrechtliche Schutz der Parteien muss in jeder Hinsicht gewährleistet sein. Fehlte

---

241 Art. 5 Abs. 3 ital. MediationsG.

242 Art. 5 Abs. 4 ital. MediationsG.

243 *Minelli* in: La mediazione per la composizione delle controversie civili e commerciali, S. 290; im Original: „*Inoltre, in questo modo, si tende ad equiparare la mediazione/conciliazione al procedimento giudiziale, aiutando così a superare l'idea che l'istituto consensuale sarebbe una soluzione deteriore per la soluzione delle controversie.*"

diese Voraussetzung, wäre die Mediation vielleicht ihrer Intention nach eine dem Zivilprozess gleichgestellte Alternative, aber sicherlich nicht in der Praxis.[244]

So wurde der Aspekt der Vollstreckbarkeit bereits im Rahmen der Erwägungsgründe der Mediationsrichtlinie unter Ziffer 19 aufgegriffen. Dort heißt es: „*Die Mediation sollte nicht als geringwertigere Alternative zu Gerichtsverfahren in dem Sinne betrachtet werden, dass die Einhaltung von im Mediationsverfahren erzielten Vereinbarungen vom guten Willen der Parteien abhinge. Die Mitgliedstaaten sollten daher sicherstellen, dass die Parteien einer im Mediationsverfahren erzielten schriftlichen Vereinbarung veranlassen können, dass der Inhalt der Vereinbarung vollstreckbar gemacht wird. Ein Mitgliedstaat sollte es nur dann ablehnen können, eine Vereinbarung vollstreckbar zu machen, wenn deren Inhalt seinem Recht, einschließlich seines internationalen Privatrechts, zuwiderläuft oder die Vollstreckbarkeit des Inhalts der spezifischen Vereinbarung in seinem Recht nicht vorgesehen ist. Dies könnte der Fall sein, wenn die in der Vereinbarung bezeichnete Verpflichtung ihrem Wesen nach nicht vollstreckungsfähig ist.*“ Unter Ziffer 20 der Erwägungsgründe heißt es weiter, dass „*der Inhalt einer im Mediationsverfahren erzielten Vereinbarung, die in einem Mitgliedstaat vollstreckbar gemacht wurde, gemäß dem anwendbaren Gemeinschaftsrecht oder nationalen Recht in den anderen Mitgliedstaaten anerkannt und für vollstreckbar erklärt werden sollte. Dies könnte beispielsweise auf der Grundlage der Verordnung (EG) Nr. 44/2001 des Rates vom 22. Dezember 2000 über die gerichtliche Zuständigkeit und die Anerkennung und Vollstreckung von Entscheidungen in Zivil- und Handelssachen erfolgen.*“

Diese Erwägungsgründe greift die Mediationsrichtlinie in leicht verschärfter Form wieder auf und schreibt vor: „*Die Mitgliedstaaten stellen sicher, dass von den Parteien – oder von einer Partei mit ausdrücklicher Zustimmung der anderen – beantragt werden kann, dass der Inhalt einer im Mediationsverfahren erzielten schriftlichen Vereinbarung vollstreckbar gemacht wird. […]*“.[245] Zudem kann „*der Inhalt einer Vereinbarung von einem Gericht oder einer anderen zuständigen öffentlichen Stelle durch ein Urteil oder eine Entscheidung oder in einer öffentlichen Urkunde nach dem Recht des Mitgliedstaates, in dem der Antrag gestellt wurde, vollstreckbar gemacht werden […]* “.[246]

---

244 So auch *Gasbarrini* in: Manuale della mediazione civile e commerciale, S. 348; im Original: „*Non prevedere espressamente l'efficacia esecutiva avrebbe significato disegnare un procedimento di risoluzione delle controversie il cui risultato sarebbe stato deteriore rispetto a quello ottenibile con il procedimento giudiziale e, quindi, non effettivamente alternativo ad esso.*“

245 Art. 6 Abs. 1 Mediationsrichtlinie.

246 Art. 6 Abs. 2 Mediationsrichtlinie.

Diese Vorgabe der Mediationsrichtlinie übernahm der italienische Gesetzgeber in seiner *legge-delega* des Artikels 60 Absatz 3 lit. s) und schrieb der Regierung für die landesinterne Umsetzung vor: „*[...] prevedere che il verbale di conciliazione abbia efficacia esecutiva per l'espropriazione forzata, per l'esecuzione in forma specifica e costituisca titolo per l'iscrizione di ipoteca giudiziale.*" Es sollte also sichergestellt sein, dass das Schlichtungsprotokoll Vollstreckungswirkung im Rahmen der Zwangsenteignung sowie bei der Zwangsvollstreckung in besonderer Form[247] besitzt und zudem einen Titel zur Eintragung einer gerichtlichen Hypothek[248] darstellt. Bereits die *legge-delega* sah also keine spezielle Form der Beantragung vor, insbesondere beinhaltet der entsprechende Passus keine Regelung dazu, ob eine ein- oder zweiseitige Antragstellung der Parteien zu erfolgen hat; vielmehr sollte in erster Linie sichergestellt sein, dass das Protokoll überhaupt Vollstreckungswirkung erlangt. Auf welche Weise dies zu geschehen hat, ist dem Gesetz indes nicht zu entnehmen.

aa) Die Vollstreckung im Inland

Auch der italienische Gesetzgeber verlieh diesem essentiellen Aspekt eine entsprechende Nachhaltigkeit, indem er die vollstreckungsrechtliche Wirksamkeit der zwischen den Parteien erreichten Einigung wie folgt regelte:

> *„Il verbale di accordo, il cui contenuto non è contrario all'ordine pubblico o a norme imperative, è omologato, su istanza di parte e previo accertamento anche della regolarità formale, con decreto del presidente del tribunale nel cui circondario ha sede l'organismo. Nelle controversie transfrontaliere di cui all'articolo 2 della direttiva 2008/52/CE del Parlamento europeo e del Consiglio, del 21 maggio 2008, il verbale è omologato dal presidente del tribunale nel cui circondario l'accordo deve avere esecuzione.*[249] *Il verbale [...] costituisce titolo*

247 Bei der „*esecuzione in forma specifica*" handelt es sich gemäß den Artikel 2930 ff. des Codice civile um zwangsvollstreckungsrechtliche Maßnahmen, sofern eine Leistung oder eine Überlassung bzw. Freigabe eines beweglichen oder unbeweglichen Gegenstandes geschuldet ist.

248 Gemäß Artikel 2808 Absatz 3 des Codice civile unterscheidet der (italienische) Gesetzgeber grundsätzlich zwischen einer gesetzlichen, gerichtlichen und freiwilligen Hypothek. Die gerichtliche Hypothek richtet sich nach den Artikeln 2818-2820 des Codice civile; hiernach bildet jedes Urteil, das die Verurteilung zur Zahlung eines Betrages oder zur Erfüllung einer anderen Verbindlichkeit oder zum Ersatz eines nachträglich zu liquidierenden Schadens enthält, den Titel für die Eintragung einer Hypothek am Grundeigentum des Schuldners. Dasselbe gilt für gerichtliche Entscheidungen, denen das Gesetz eine solche Rechtswirkung zuerkennt sowie für vollstreckbar erklärte Schiedsurteile und ausländische Urteile, die durch ein italienisches Gericht für wirksam erklärt wurden.

249 Art. 12 Abs. 1 ital. MediationsG a.F.

esecutivo per l'espropriazione forzata, per l'esecuzione di forma specifica e per l'iscrizione di ipoteca giudiziale."[250]

Das Einigungsprotokoll, dessen Inhalt nicht konträr zur öffentlichen Ordnung oder zu zwingenden Gesetzen sein darf, sollte also auf Antrag einer Partei und nach Überprüfung der formellen Richtigkeit durch den Präsidenten des Gerichts, in dem die Mediationsstelle ihren Sitz hat, für vollstreckbar erklärt werden können. Im Falle grenzüberschreitender Angelegenheiten richtet sich die gerichtliche Zuständigkeit nach dem Erfüllungsort der zu erfüllenden Vereinbarung.[251] Das Protokoll stellt ferner einen vollstreckbaren Titel für die Zwangsenteignung, die Vollstreckung in besonderer Form und die Eintragung einer gerichtlichen Hypothek dar. Die Parteien mussten sich also bei der anfänglichen Fassung des italienischen Mediationsgesetzes im Falle einer intendierten Vollstreckbarerklärung – sofern die „schuldende" Partei ihrer in der Mediationsvereinbarung festgelegten Pflicht nicht nachkommen sollte – wieder der Unterstützung einer ordentlichen juristischen Institution bedienen, deren Inanspruchnahme durch die Mediation ja gerade vermieden werden konnte und sollte.[252] Bei diesem Vorgehen handelt es sich allerdings nicht um die einzige Möglichkeit, um nach italienischem Recht einen vollstreckbaren Titel zu erlangen.

Gemäß Artikel 474 Absatz 2 des Codice di Procedura civile ist es für die Anerkennung als vollstreckbarer Titel ebenso ausreichend, dass die durch Mediation erreichte Einigung beispielsweise als beglaubigtes privatschriftliches Dokument, eine sogenannte „*scrittura privata autenticata*", oder aber als öffentliche Urkunde abgefasst ist. Diese Urkunden stellen nach der italienischen Rechtsordnung per se einen vollstreckbaren Titel dar, so dass es zwar keiner

---

250 Art. 12 Abs. 2 ital. MediationsG a.F.; siehe auch *Gasbarrini* in: Manuale della mediazione civile e commerciale, S. 348; im Original: „*Per rafforzare l'accordo conciliativo e stimolare l'interesse alla mediazione si è stabilito di attribuire all'accordo due qualità che non necessariamente afferiscono all'autonomia negoziale: l'efficacia die titolo esecutivo (sia per l'espropriazione forzata che per l'esecuzione in forma specifica) e l'idoneità del titolo all'iscrizione di ipoteca giudiziale.*"

251 Bei dieser Passage des Artikels 12 handelt es sich um die einzige Unterscheidung des italienischen Gesetzgebers betreffend nationale und grenzüberschreitende Mediationsverfahren; vgl. hierzu auch *Queirolo / Gambino* in: Civil and Commercial Mediation in Europe, Band 2, S. 223.

252 Vgl. auch *Minelli* in: La mediazione per la composizione delle controversie civili e commerciali, S. 289; im Original: „*L'interessato si troverebbe cioè costretto a ricorrere a quegli strumenti aggiudicativi (giudizio o arbitrato) che in un primo momento era riuscito ad evitare.*"

zusätzlichen Vollstreckbarerklärung durch den Gerichtspräsidenten bedürfte, wohl aber der eines Notars.

Betrachtet man den Inhalt des Artikels 12 des italienischen Mediationsgesetzes in seiner ursprünglichen Fassung, lässt sich feststellen, dass auch dort keine beidseitige Beantragungsnotwendigkeit seitens der Parteien vorgesehen ist. So soll es nach dem Wortlaut des Artikels – in Entschärfung des Artikels 6 der Mediationsrichtlinie – ausreichend sein, dass die Anerkennung als vollstreckbarer Titel von *einer* Partei beantragt wird,[253] wobei es sich hierbei naturgemäß um den Gläubiger der Forderung handeln wird. Die Notwendigkeit einer Anhörung oder eines Zustimmungserfordernisses der anderen Partei ergibt sich demnach nicht unmittelbar aus dem Wortlaut der italienischen Umsetzung. Auch lässt sich aus dem Wortlaut nicht ableiten, dass sich die Voraussetzung der einseitigen Antragstellung nur auf landesinterne Streitigkeiten beziehen könnte. Eine Unterscheidung zwischen nationalen und grenzüberschreitenden Auseinandersetzungen findet gemäß dem oben dargestellten Inhalt lediglich in Artikel 12 und nur im Bereich der Zuständigkeit des jeweiligen Gerichts statt. So kann davon ausgegangen werden, dass der italienische Gesetzgeber – sofern gewollt – auch eine Unterscheidung an dieser Stelle vorgenommen hätte.

Die italienische Umsetzung weicht also insofern von der Mediationsrichtlinie und ihrem Artikel 6 Absatz 1 ab, der die Vollstreckbarkeit der erzielten Vereinbarung regelt, als die Vollstreckbarerklärung nicht von beiden Parteien beantragt werden muss oder eine ausdrückliche Zustimmung der anderen Partei zu erfolgen hat, sodass sich die Frage nach einer ordnungsgemäßen Umsetzung Italiens bezüglich dieses Formerfordernisses stellt. Erinnert sei an dieser Stelle an die Formulierung des Erwägungsgrundes unter Ziffer 19 der Mediationsrichtlinie, wonach die Unabhängigkeit vom Willen der Parteien sowie die intendierte Gleichstellung zwischen Mediationsverfahren und dem regulären Zivilprozess wichtige Aspekte darstellen. Denn betrachtet man das Institut der

253 Vgl. hierzu auch *Minelli* in: La mediazione per la composizione delle controversie civili e commerciali, S. 292; im Original: *„L'iniziativa per l'omologa spetta alla parte singolarmente che abbia interesse, senza richiedere una volontà concorde di tutti i sottoscrittori della conciliazione."*; *Gasbarrini* in: Manuale della mediazione civile e commerciale, S. 353; im Original: *„L'art. 12 del d.lgs. n. 28/2010 […], infine, dando concreta attuazione a quanto prescritto dai primi due provvedimenti, ha effettuato una precisa scelta disponendo: „1. Il verbale di accordo, il cui contenuto non è contrario all'ordine pubblico o a norme imperative, è omologato, su istanza di parte e previo accertamento anche della regolarità formale, con decreto del presidente del tribunale nel cui circondario ha sede l'Organismo."*"

Vollstreckbarkeit genauer, läuft ein beidseitiges Einverständnis dem dahinter stehenden Sinn zuwider. So sollte die Vollstreckbarkeit eines Titels doch gerade nicht von dem Einverständnis der anderen Partei abhängig gemacht werden. Eine einmal im Rahmen der Mediation erreichte Einigung könnte infolgedessen dadurch untergraben werden, dass die andere Partei sich mit einer Vollstreckbarkeit nicht einverstanden erklärt. Zudem würde auch in diesem Fall das intendierte Gleichstellungsmerkmal zum regulären Zivilprozess nicht zum Zuge kommen.[254] Auch wenn der Aspekt der Freiwilligkeit stets in den Vordergrund zu rücken ist, sollte dieser Grundgedanke jedoch nicht dazu führen, dass zwar eine Einigung der Parteien auf freiwilliger Basis erreicht wurde, diese aber wegen fehlenden Einverständnisses der zu leistenden Partei nicht durchgesetzt werden kann. Die Motivation, ein Mediationsverfahren überhaupt einzuleiten, wäre – wenn überhaupt – verschwindend gering, nicht zuletzt aufgrund des dann vorliegenden Kostenrisikos.[255]

Es liegt demnach eine Divergenz zwischen Erwägungsgrund und Artikel 6 der Mediationsrichtlinie vor, als die Erwägungsgründe keinen expliziten Bezug auf die ein- oder zweiseitige Form der Antragstellung zur Vollstreckbarerklärung nehmen, sondern insbesondere auf die Gleichstellung zwischen Mediation und Zivilprozess sowie die damit einhergehende Notwendigkeit der Vollstreckbarerklärung abstellen. Es stellt sich also die Frage, ob es sich bei dieser Änderung um eine zulässige Abweichung der Mediationsrichtlinie handelt oder ob der italienische Gesetzgeber nicht vielmehr seine Kompetenzen insofern überschritten hat,

---

254 So auch *Gasbarrini* in: Manuale della mediazione civile e commerciale, S. 248; im Original: „*Non prevedere espressamente l'efficacia esecutiva avrebbe significato disegnare un procedimento di risoluzione delle controversie il cui risultato sarebbe stato deteriore rispetto a quello ottenibile con il procedimento giudiziale e, quindi, non effettivamente alternativo ad esso.*"

255 Vgl. zur Notwendigkeit der Vollstreckungsmöglichkeit auch *Filippelli* in: La nuova mediazione, S. 597; im Original: „*Il verbale di accordo deve essere corredato della forza esecutiva in caso di inadempimento dell'obbligato. Pur avendo avuto origine in un contesto volontaristica, non sussiste alcuna garanzia che l'adempimento verrà effettuato spontaneamente, poiché non è da escludersi la esigenza di strumenti di esecuzione coattiva. Pertanto è apprezzabile la scelta operata del Legislatore di attribuire all'accordo la forza esecutiva, al fine di evitare gli inconvenienti che ricorrono ogni qualvolta l'atto di componimento della lite contenga l'obbligo di effettuare una prestazione che resti poi inadempiuta; in assenza di tale previsione si sarebbe imposto agli aventi diritto l'onere di attivare un nuovo e diverso procedimento giurisdizionale finalizzato al conseguimento di un titolo esecutivo, in caso di inadempimento dell'obbligo.*"

als er bereits im Rahmen der *legge-delega* und später bei der konkreten Umsetzung die europäischen Vorgaben strikter hätte übernehmen müssen.

An dieser Stelle sollten die Erwägungsgründe der Mediationsrichtlinie als Auslegungshilfe herangezogen werden.[256] Betrachtet man also den Artikel 6 im Lichte des Erwägungsgrundes der Ziffer 19, lässt sich, wie bereits angedeutet, zunächst feststellen, dass die Mediationsrichtlinie die Formvoraussetzungen – nämlich das notwendigerweise beidseitige Einverständnis der Parteien bezüglich der Vollstreckbarerklärung – mit in den Artikel 6 aufgenommen hat, ohne dass sich dieser Aspekt in den Erwägungsgründen wiederfinden ließe. Gerade in Anbetracht der verhältnismäßig wenigen Artikel der Mediationsrichtlinie und der zahlreichen Erwägungsgründe ist es auch nicht angemessen, die in diesem Zusammenhang strikteren Vorgaben der Mediationsrichtlinie als schlechterdings einzige Möglichkeit der Umsetzung anzusehen. Vielmehr dürfte doch auch der europäische Gesetzgeber – der sich im Übrigen auf die Erwägungsgründe stützt – ein Interesse daran haben, dass die einzelnen Mitgliedstaaten in erster Linie die Vollstreckbarkeit sichern, und zwar unabhängig davon, ob der entsprechende Antrag von einer oder beiden Parteien gestellt wird. Dies sollte nicht zuletzt aus dem Umstand folgen, dass mit einer Richtlinie gemäß Artikel 288 Absatz 3 AEUV zwar ein verbindliches Ziel vorgegeben, den einzelnen Mitgliedstaaten allerdings die Ausgestaltung der eigentlichen Umsetzung überlassen wird, wodurch dem nationalen Gesetzgeber die Möglichkeit erhalten bleibt, die europarechtliche Vorgabe unter Berücksichtigung der eigenen Rechtsordnung in den Bereich des eigenen nationalen Rechts zu integrieren.[257] So vertritt auch der Europäische Gerichtshof in ständiger Rechtsprechung die Ansicht, dass den Mitgliedstaaten die konkrete Umsetzung selbst überlassen ist, um die Vorgaben bestmöglich hinsichtlich des verfolgten Ziels im eigenen Land zu implementieren,[258] sodass im Ergebnis eine inhaltliche Überschreitung der Mediationsrichtlinie seitens des italienischen Gesetzgebers in dieser Hinsicht abzulehnen ist.

Wie die *legge-delega* sah auch das italienische Mediationsgesetz in seinem ursprünglichen Entwurf keine diesbezügliche Ergänzung vor; diese („*su istanza di parte*“ – auf Antrag einer Partei) wurde erst „*re melius perpensa*“[259]

---

256 *Linhart*, Internationales Einheitsrecht und einheitliche Auslegung, S. 213.

257 *Perner*, EU-Richtlinien und Privatrecht, S. 1 f.

258 EuGH 08.04.1976 Rs 48/75 (Royer) Rn. 69/73; siehe auch *Perner*, EU-Richtlinien und Privatrecht, S. 9.

259 Bei der „*re melius perpensa*“ handelt es sich um eine Möglichkeit des Gesetzgebers, eine vorherige Beurteilung eines bestimmten Sachverhaltes nach nochmaliger Überprüfung zu korrigieren und abzuändern.

in die endgültige Fassung eingefügt,[260] um dem Aspekt der Vollstreckbarkeit gerechter werden zu können, als dies in der Mediationsrichtlinie (und der *legge-delega*) vorgesehen war. So ist auch in der italienischen Rechtsordnung die Praxis des sogenannten *gentlemen's agreement* nicht weit verbreitet,[261] sodass eine ausdrückliche Regelung bevorzugt wurde. Schließlich dürfen sich die Beteiligten nicht nur darauf verlassen, dass die einmal erreichte Einigung gegenüber der anderen Partei auch tatsächlich durchzusetzen ist. Denn wie in den Erwägungsgründen bereits angeführt, darf der Vollstreckbarkeit einer auf freiwilliger Basis erzielten Einigung nicht der Sinn der Mediation entzogen werden, indem auch die Durchsetzbarkeit vom guten Willen der Parteien abhängig gemacht wird.[262] Dies gilt selbst dann, wenn bei einer in einem Mediationsverfahren erreichten Einigung von einer höheren Wahrscheinlichkeit ausgegangen werden kann, dass auch die tatsächliche Durchsetzbarkeit nicht etwaiger Zwangsmittel bedarf.

Die „Korrektur" des italienischen Gesetzgebers erscheint also durchaus realitäts- und praxisnah und orientiert sich schlicht an den Erwägungsgründen der Mediationsrichtlinie, ohne dabei den Aspekt der Gleichstellung der Mediation mit dem regulären Zivilprozess zu vernachlässigen. Zudem kann durch die Notwendigkeit des Antrags seitens einer Partei eine unnötige Inanspruchnahme der Gerichte vermieden werden.[263]

bb) Die grenzüberschreitende Vollstreckbarkeit

Neben der Vollstreckung im Inland stellt sich aus italienischer Sicht auch die Frage nach der grenzübergreifenden Vollstreckbarkeit der einzelnen Forderungen und somit der tatsächlichen Durchsetzungsmöglichkeiten im Ausland.

---

260 Vgl. auch *Minelli* in: La Mediazione per la composizione delle controversie civili e commerciali, S. 293; im Original: *„Va detto, comunque, che l'indicazione ‚su istanza di parte', mancante nello schema originario di decreto, è stata inserita solamente (re melius perpensa) nella stesura definitiva del d.lgs. 28/2010".*

261 *Bruni,* La mediazione conviene, S. 341; im Original: *„[…] considerando anche nel nostro ordinamento non è diffusa la pratica del gentlemen's agreement, accordo tra parti che si basa per la sua realizzazione principalmente sull'onore e sul rispetto della parola data."*

262 Vgl. Erwägungsgrund Nr. 19 der Mediationsrichtlinie.

263 So auch *Gasbarrini* in: Manuale della mediazione civile e commerciale, S. 351; im Original: *„Tale meccanismo soddisfa la generalizzata esigenza di non affollare i Tribunali con richieste di omologazione se non laddove ve ne sia effettiva utilità."*

Zuunterscheiden ist zwischen einer Geldforderung und der Forderung einer bestimmten Handlung bezogen auf bewegliche oder unbewegliche Sachen.

(1) Geldforderungen

So wird bei durchzusetzenden Geldforderungen nach der Vollstreckbarkeitsbestätigung des italienischen Gerichtspräsidenten auf die Verordnung (EG) Nr. 805/2004 des Europäischen Parlaments und des Rates vom 21. April 2004 zur Einführung eines europäischen Vollstreckungstitels für unbestrittene Forderungen zurückgegriffen.

Artikel 24 der Verordnung sieht nämlich vor, dass ein Vergleich über eine Forderung im Sinne des Artikels 4 Ziffer 2, der von einem Gericht gebilligt oder von einem Gericht im Laufe eines Verfahrens geschlossen wurde, und der in dem Mitgliedstaat, in dem er gebilligt oder geschlossen wurde, vollstreckbar ist, auf Antrag von dem Gericht, das ihn gebilligt hat oder vor dem er geschlossen wurde, als Europäischer Vollstreckungstitel bestätigt wird. Gleiches gilt für den Fall einer öffentlichen Urkunde. Gemäß Artikel 25 der Verordnung (EG) Nr. 805/2004 wird eine öffentliche Urkunde über eine Geldforderung, die in einem Mitgliedstaat vollstreckbar ist, auf Antrag an die vom Ursprungsmitgliedstaat bestimmte Stelle als Europäischer Vollstreckungstitel bestätigt. Dieser als Europäischer Vollstreckungstitel bestätigte Vergleich oder diese öffentliche Urkunde wird in den anderen Mitgliedstaaten vollstreckt, ohne dass die Notwendigkeit einer Vollstreckbarerklärung besteht und ohne dass seine Vollstreckbarkeit angefochten werden kann.[264] Eines Exequaturverfahrens[265] bedarf es demnach nicht. Zu beachten ist lediglich, dass es sich um ein von der Verordnung (EG) Nr. 805/2004 erfasstes Rechtsgebiet handeln muss.

(2) Leistungsforderung

Sofern es sich um öffentliche Urkunden handelt, die beispielsweise einen grenzüberschreitenden Herausgabeanspruch einer beweglichen oder unbeweglichen Sache zum Gegenstand haben, wird Artikel 57 der Richtlinie (EG) Nr. 44/2001 des Rates vom 22. Dezember 2000 über die gerichtliche Zuständigkeit und die Anerkennung und Vollstreckung von Entscheidungen in Zivil- und Handelssachen herangezogen.

264 Art. 5 Verordnung (EG) Nr. 805/2004.

265 Bei einem Exequaturverfahren handelt es sich um ein Verfahren zwecks Zulassung ausländischer Vollstreckungstitel oder Schiedssprüche zur Zwangsvollstreckung im Inland.

Eine Problematik stellt sich in diesem Zusammenhang im Falle eines geschlossenen Vergleichs, der als vollstreckbarer Titel durch das Gericht bestätigt wurde und die Herausgabe einer beweglichen oder unbeweglichen Sache vorsieht, die sich nicht im eigenen Mitgliedstaat befindet. So sieht die Verordnung (EG) Nr. 44/2001[266] vor, dass Vergleiche, die vor einem Gericht im Laufe eines Verfahrens geschlossen und in einem Mitgliedstaat, in dem sie errichtet wurden, vollstreckbar sind, in dem Vollstreckungsmitgliedstaat unter denselben Bedingungen wie öffentliche Urkunden vollstreckt werden. Anders die englische Version der Verordnung (EG) Nr. 44/2001: Dort spricht Artikel 58 von einem *„settlement approved by a court"*, also einer durch das Gericht anerkannten Vereinbarung und nicht von einer, die auch vor diesem geschlossen werden musste.

Diese Problematik greift auch die Europäische Kommission in ihrer Mitteilung an das Europäische Parlament KOM(2004) 90 gemäß Artikel 251 Absatz 2 Unterabsatz 2 EG-Vertrag betreffend den gemeinsamen Standpunkt des Rates im Hinblick auf den Erlass einer Verordnung des Europäischen Parlaments und des Rates zur Einführung eines europäischen Vollstreckungstitels für unbestrittene Forderungen[267] auf. Dort heißt es in Artikel 25, dass *„durch Kombination der englischen und französischen Sprachfassung von Artikel 58 der Verordnung (EG) Nr. 44/2001 („approved by a court" beziehungsweise „conclues devant le juge") außergerichtliche Vergleiche, die aufgrund einer Gerichtsentscheidung (im Französischen als „homologation" bezeichnet) vollstreckbar geworden sind, ausdrücklich ausscheiden. Es musste aufgrund des inhaltlichen Unterschiedes zwischen Entscheidungen einerseits und gerichtlichen Vergleichen und öffentlichen Urkunden andererseits ein neuer Absatz 2 a eingefügt werden, da bei letzteren keine Bezugnahme auf eine „Anerkennung" möglich ist."* In dieser Auslegung erfolgte demnach eine Gleichstellung gerichtlicher und außergerichtlicher Vergleiche, sodass keine Nachteile daraus erwachsen, sofern es sich um einen Herausgabeanspruch und nicht um einen monetären Anspruch handeln sollte.

Zu beachten ist im Zusammenhang mit einer grenzüberschreitenden Vollstreckung ferner, dass stets die nationalen Vorschriften über die Zwangsvollstreckung desjenigen Staates Anwendung finden, in dem die Vollstreckung vorgenommen werden soll. So herrscht beispielsweise in Italien Anwaltszwang

---

266 Jedenfalls in der deutschen, italienischen und französischen Übersetzung, anders als dies beispielsweise bei der englischen Version der Fall ist.

267 Abrufbar unter http://www.euzpr.eu/eudocs/01prozessr/10zivilhandelsr/20egvollstrtitelvo/egvollstrtitelvo-175-kom_com2004-90.pdf (zuletzt abgerufen am 10. Juni 2016).

bei zwangsvollstreckungsrechtlichen Maßnahmen – ein deutlicher Unterschied also zum deutschen Zwangsvollstreckungsrecht.

c) Der Mediator und seine Pflichten

Ausgehend von seiner umfänglichen Regelung und den vielen Rechtsgebieten, bei denen der italienische Gesetzgeber der Mediation einen obligatorischen Charakter verliehen hat, erscheint die Notwendigkeit entsprechend groß, auch die Rolle des Mediators umfassend zu regeln und so die notwendige Qualität und Autorität seiner Tätigkeit sicherzustellen.

aa) Definition

Der Mediator („*mediatore*)" findet seine Definition in Artikel 1 lit. b) des italienischen Mediationsgesetzes.[268] Vergleicht man die italienische Definition mit der europäischen Vorgabe, lässt sich eine Abweichung schnell feststellen. So ist der Mediator nach dem europäischen Verständnis „*eine dritte Person* [ist], *die ersucht wird, eine Mediation auf wirksame, unparteiische und sachkundige Weise durchzuführen, unabhängig von ihrer Bezeichnung oder ihrem Beruf in dem betreffenden Mitgliedstaat und der Art und Weise, in der sie für die Durchführung der Mediation benannt oder mit dieser betraut wurde*"[269].

Nach der italienischen Version ist der Mediator „*la persona o le persone fisiche che, individualmente o collegialmente, svolgono la mediazione rimanendo prive, in ogni caso, del potere di rendere giudizi e decisioni vincolanti per i destinatari del servizio medesimo.*"[270] Die italienische Fassung spricht also von einer oder mehreren natürlichen Personen, die einzeln oder kollektiv eine Mediation durchführen, ohne dabei für die Parteien bindende Urteile oder Entscheidungen zu treffen.

268 *Santi* in: La mediazione per la composizione delle controversie civili e commerciali, S. 79; im Original: „*Analogamente alle disposizioni della Direttiva n. 52/2008, il legislatore italiano si premura, sempre nell'art. 1, di fornire un'altra serie di definizioni utili ai fini della concreta applicazione delle norme che compongono il decreto e delineano l'attività di mediazione.*"

269 Art. 3 lit. b) der Mediationsrichtlinie.

270 Art. 1 Abs. 1 lit. b) ital. MediationsG; vgl. hierzu auch *Santi* in: La mediazione per la composizione delle controversie civili e commerciali, S. 79; im Original: „*Viene, anzitutto, fornita la definizione del mediatore, intendendo con tale espressione [...].*"

bb) Pflichten

Um ein ordnungsgemäßes Verfahren sicherzustellen, bedarf es entsprechender Pflichten des Mediators. Neben der Pflicht zur Vertraulichkeit des Verfahrens, die sich naturgemäß auch als Pflicht für den Mediator auswirkt, sieht das italienische Mediationsgesetz vor, dass sowohl dem Mediator selbst als auch seinen Gehilfen untersagt ist, Rechte und Pflichten zu übernehmen, die – direkt oder indirekt – an die behandelten Beziehungen anknüpfen. Ferner ist es ihm untersagt, eine Vergütung direkt von den Parteien entgegen zu nehmen.[271] Dieser Aspekt muss im Zusammenhang mit der geforderten Unparteilichkeit gesehen werden, da jede Entgegennahme eines Honorars direkt von den Parteien berechtigterweise an der Neutralität des Mediators zweifeln lässt. Zudem hat der Mediator die Pflicht, für jede Mediation, für die er benannt wurde, eine konkrete Erklärung bezüglich seiner Unparteilichkeit abzugeben,[272] die sich aus den Regularien der jeweiligen Mediationsstelle ergibt. Für den Fall, dass sich der Mediator für befangen hält, hat er unverzüglich die Mediationsstelle und die Parteien hierüber zu informieren.[273] Ferner obliegt es ihm, die Einigungsvorschläge zu formulieren, die sich in den Grenzen der öffentlichen Ordnung sowie der zwingenden Gesetze zu bewegen haben.[274]

Die Unparteilichkeit des Mediators – oder treffender gesagt seine „Allparteilichkeit"[275] – stellt eines der Hauptmerkmale dar, auf die das Mediationsverfahren gestützt wird,[276] und tritt als Grundgedanke auch immer wieder

---

271 Art. 14 Abs. 1 ital. MediationsG.

272 *Imposimato* in: La nuova mediazione, S. 146; im Original: *„[...] egli è obbligato a sottoscrivere, per ciascun procedimento di mediazione, una dichiarazione di imparzialità e ad informare immediatamente l'organismo e le parti dei motivi di possibile pregiudizio all'imparzialità che si oppongano al corretto svolgimento della mediazione."*

273 *Santi* in: La mediazione per la composizione delle controversie civili e commerciali, S. 80; im Original: *„L'imparzialità e la terzietà del mediatore vengono garantite anche dalla previsione di cui all'art. 14, che prevede, in primo luogo, che il mediatore nominato dia immediatamente informazione, sia all'organismo, che alle parti, di eventuali cause che possano pregiudicare la sua imparzialità nella gestione dell'attività, e contempla altresì la possibilità per le parti di avanzare un'istanza volta ad ottenere la nomina di un altro mediatore qualora ci siano dubbi in tal senso."*

274 Art. 14 Abs. 2 ital. MediationsG.

275 Vgl. *Bäumerich*, Güterichter und Mediatoren im Wettbewerb, S. 30; vgl. auch *Montada/Kals*, Mediation, S. 63 ff.; so auch *Wendenburg*, Der Schutz der schwächeren Partei in der Mediation, S. 10.

276 *Buzio* in: Manuale della mediazione civile e commerciale, S. 92; im Original: *„L'obbligo di imparzialità è così essenziale che il procedimento di mediazione neppure può iniziare se il mediatore non attesta la sua imparzialità."*

in Erscheinung. Schon im ersten Artikel des italienischen Mediationsgesetzes ist die Rede von einer Tätigkeit, die durch einen unparteiischen Dritten ausgeführt werden soll. Dieser wichtige Aspekt wird in Artikel 14 wieder aufgegriffen und konkretisiert. Auch im Hinblick auf dieses Merkmal der Mediation zeigt sich wieder die intendierte Gleichstellung mit dem ordentlichen Zivilprozess, welcher ohne die Unparteilichkeit des Richters das wichtigste Merkmal eines fairen Verfahrens verlieren würde.

Letztlich spielt auch das Unmittelbarkeitsprinzip eine wesentliche Rolle. Da der Mediator seine Leistung stets persönlich zu erbringen hat,[277] wird das Interesse der Parteien an einem ordnungsgemäßen Mediationsverfahren entsprechend geschützt.

d) Die Mediationsstellen und die Mediatorenausbildung

Nicht nur die Rolle des Mediators nimmt eine wichtige Rolle in der italienischen Umsetzung der Mediationsrichtlinie ein. Gleiches gilt auch für die Mediationsstellen sowie die Einrichtungen zur Aus- und Fortbildung.[278]

So wird gerade am italienischen Beispiel deutlich, wie wichtig es ist, der Flut an Mediationsverfahren mit entsprechenden Qualitätsstandards zu begegnen. Dies betrifft naturgemäß nicht nur die persönlichen Voraussetzungen und Qualifikationen des Mediators, sondern bringt auch die Notwendigkeit mit sich, eine geordnete Struktur an Anlaufstellen zur Durchführung eines Mediationsverfahrens zu schaffen.

Daher beschränkt sich das italienische Mediationsgesetz nicht nur darauf, dem Mediationssuchenden die Mediation obligatorisch vorzuschreiben, sondern auch alle notwendigen Maßnahmen zu ergreifen, die einen ordnungsgemäßen und vor allem professionellen Ablauf gewährleisten. Nur so konnte der italienische Gesetzgeber die berechtigte Kritik vermeiden, dass das Hauptziel der Umsetzung der Mediationsrichtlinie ausschließlich die Entlastung des Justizapparates sei, ohne zu berücksichtigen, dass auch die eigentliche Durchführung des Mediationsverfahrens zu gewährleisten ist.

Während die Mediationsrichtlinie nur insoweit in ihrem Erwägungsgrund unter Ziffer 16 die Vorgabe aufstellt, als die Mitgliedstaaten die Aus- und Fortbildung von Mediatoren und die Einrichtung wirksamer Mechanismen zur Qualitätskontrolle in Bezug auf die Erbringung von Mediationsdiensten mit allen

---

277 Art. 14 Dekret 180/2010.

278 *Quierolo/Carpaneto/Dominelli* in: Civil and Commercial Mediation in Europe, S. 262.

geeigneten Mitteln fördern sollten, lassen sich in den ohnehin schon wenigen Artikeln der Mediationsrichtlinie keine weiteren diesbezüglichen Ausführungen finden. Dieser wichtige Aspekt, der es in der Praxis ermöglicht, die Mediation auch ordnungsgemäß und vor allem rechtssicher durchzuführen, wird in der Mediationsrichtlinie also völlig ausgespart.[279] Das italienische Mediationsgesetz widmet sich diesem Thema dann wieder eingehender, sodass deutlich wird, dass der italienische Gesetzgeber durch die detaillierte Ausgestaltung nicht nur die Kontrolle über die Mediationsstellen selbst, sondern auch hinsichtlich der die Verfahren ausübenden Mediatoren zu stärken sucht.

aa) Die Mediationsstellen und ihre Aufgaben

Sowohl öffentliche als auch private Stellen, die glaubhaft nachweisen können, seriös und effizient zu arbeiten, sind grundsätzlich dazu befähigt, Mediationsverfahren durchzuführen.[280] Auch die italienischen Anwaltsorganisationen haben die Möglichkeit, solche Anlaufstellen an den Gerichten oder Handelskammern zu errichten.[281] So können die Räte der Rechtsanwaltskammern bei jedem Gericht entsprechende Mediationsstellen einrichten, wobei sie sich des eigenen Personals bedienen müssen, aber Räumlichkeiten benutzen können, die ihnen von dem Präsidenten des jeweiligen Gerichts zur Verfügung gestellt werden.[282]

Bereits in der *legge-delega* des Artikels 60 Absatz 3 lit. e) des Gesetzes 69/2009 sah der italienische Gesetzgeber Folgendes vor: „*[...] prevedere la possibilità, per i consigli degli ordini degli avvocati, di istituire presso i tribunali, organismi di conciliazione che, per il loro funzionamento, si avvalgono del personale degli stessi consigli*". Die konkrete Umsetzung sollte es den Gremien der Anwaltschaften also ermöglichen, bei den Gerichten Mediationsstellen einzurichten, für deren

279 Vgl. auch *Hess* in: Freiwilligkeit, Zwang und Gerechtigkeit im Kontext der Mediation, S. 32.

280 Art. 16 Abs. 1 ital. MediationsG.; vgl. auch *Santi* in: La mediazione per la composizione delle controversie civili e commerciali, S. 80; im Original: „*Ulteriore definizione contenuta nell'art. 1 è quella di organismo di mediazione, la cui disciplina è dettagliatamente fissata dall'art. 16, il quale può essere indifferentemente un ente di natura pubblica o privata, purché iscritto nell'apposito registro istituito con decreto del Ministero della Giustizia. In linea generale, quindi, non viene attribuita, una preferenza agli organismi natura pubblica (...), purché l'organismo medesimo sia in grado di offrire concrete garanzie di serietà ed efficienza, ai fini dell'iscrizione presso l'apposito registro istituito dal Ministero della Giustizia.*"

281 *Reijerkerk/Lenz* in: Mediation und Konfliktmanagement, S. 629.

282 Art. 18 ital. MediationsG.

Funktionieren die Anwaltschaft selbst heranzuziehen ist. Auch die Räte der Berufsverbände können entsprechend der eigenen Kompetenzen und nach vorangegangener Genehmigung des Justizministeriums spezielle Mediationsstellen einrichten, wobei sie sich auch in diesem Fall ihres eigenen Personals bedienen müssen und Räumlichkeiten nutzen können, die ihnen bereits zur Verfügung stehen.[283]

(1) Register und Eintragungsvoraussetzungen

Grundvoraussetzung für die Konstitution einer Mediationsstelle und damit die Möglichkeit, ein Mediationsverfahren überhaupt durchführen zu können, ist die Eintragung im Register des italienischen Justizministeriums.[284,285] Insbesondere in den Fällen, in denen die Mediation obligatorische Prozessvoraussetzung ist, wird diese Bedingung für ein späteres Klageverfahren nur dann als erfüllt angesehen, wenn die Mediation bei einer registrierten Stelle durchgeführt wurde.[286]

In erster Linie wurden die Schaffung eines solchen Registers sowie seine Überprüfung, die Eintragung, das Ruhen oder die Streichung der eingetragenen Stellen von entsprechenden Dekreten des Justizministeriums – bzw. im Falle verbraucherrechtlicher Fragen vom Wirtschaftsministerium – geregelt.[287] Das Register soll zudem in zwei Hauptbereiche untergliedert sein: die „*enti pubblici*", also juristische Personen des öffentlichen, internationalen, ausländischen oder des EU-Rechts,[288] sowie die sogenannten „*enti privati*", hierbei kann es sich um jedes Subjekt des Privatrechts, jedoch nicht um natürliche Personen handeln.[289] Beide Teile erhalten eine weitere Untergliederung: die „*enti pubblici*" bestehen aus einer Liste der Mediatoren (allgemein), einer Liste der Mediatoren, deren Fachgebiet der internationale Bereich ist, und schließlich einer Liste derjenigen Mediatoren, die auf dem

283 Art. 19 ital. MediationsG; vgl. hierzu auch *Di Rocco* in: La mediazione per la composizione delle controversie civili e commerciali, S. 368; im Original: „*Non solo il personale, ma anche i locali per lo svolgimento delle procedure di mediazione dovranno, infatti, essere messi a disposizione degli stessi ordini professionali.*"

284 Art. 16 Abs. 1 ital. MediationsG.

285 In Italien gibt es derzeit 1049 im Register des italienischen Justizministeriums gelistete Mediationsstellen, von denen noch 872 aktiv sind (Stand 06.03.2016).

286 So auch *Vasapollo* in: La nuova mediazione (regole e tecniche), S. 191; im Original: „*La norma, quindi, impone che per le materie per cui la mediazione è obbligatoria, il procedimento sia avviato innanzi ad un organismo accreditato.*"

287 Art. 16 Abs. 2 ital. MediationsG.

288 Art. 1 lit. q) Dekret 180/2010.

289 Art. 1 lit. r) Dekret 180/2010.

Gebiet des Verbraucherrechts spezialisiert sind. Die gleiche Unterteilung erfolgt auch im zweiten Teil der „*enti privati*", wobei dieser ergänzt ist durch eine Liste von Gesellschaftern, Mitgliedern, Verwaltern und Vertretern der Mediationsstellen. Festgelegt ist zudem, dass die Mediatorenlisten frei zugänglich zu halten sind.[290]

Der Eintragung ins Register hat ein entsprechender Antrag der potentiellen Mediationsstelle vorauszugehen, mit dem gleichzeitig die eigene Verfahrensordnung sowie der Verhaltenskodex hinterlegt werden.[291] So müssen in der Verfahrensordnung die von der Mediationsstelle eventuell genutzten Telekommunikationsverfahren angegeben werden, deren Sicherheit garantiert wird. Datenschutzrechtliche Vorschriften sind einzuhalten. Dem Antrag ebenfalls beizufügen sind die Vergütungsvorschriften. Sowohl die Prüfung des Antrags als auch die spätere Aufsicht der genehmigten Mediationsstellen obliegt dem Justizministerium.[292] Geprüft wird neben der finanziellen auch die organisatorische Kompetenz der Mediationsstelle sowie die Frage, ob die angestrebte Mediationstätigkeit mit dem Gesellschaftszweck vereinbar ist.[293] Dabei ist die finanzielle Kompetenz immer dann gegeben, wenn der Antragsteller ein Kapital besitzt, welches nicht geringer sein darf als das Mindeststammkapital zur Gründung einer „*Società a responsabilità limitata*" (*S.r.l.*),[294] also dem italienischen Pendant zu unserer deutschen Gesellschaft mit beschränkter Haftung

---

290 Art. 3 Abs. 3 Dekret 180/2010.

291 Art. 16 Abs. 3 ital. MediationsG, Art. 4 Abs. 1 Dekret 180/2010; vgl. hierzu auch *Giordano* in: La nuova mediazione, S. 673; im Original: „*Così, ai fini dell'iscrizione nel registro, ciascun organismo è tenuto a presentare domanda di iscrizione, dimostrando l'esistenza dei requisiti finanziari, amministrativi ed organizzativi di cui all'articolo 4 d.m.n. 180/2010, oltre quelli, ivi codificati, di professionalità ed onorabilità dei mediatori.*"

292 Art. 16 Abs. 3 und 4 ital. MediationsG.

293 Art. 4 Abs. 2 lit. a) Dekret 180/2010; vgl. hierzu auch *Minelli / Santi* in: La mediazione per la composizione delle controversie civili e commerciali, S. 340; im Original: „*L'art 4, comma 2, d.m. 180/2010, tipicizza alcuni aspetti riconducibili al più ampio concetto di ‚efficienza', seppur mirati prevalentemente a questioni di capacità economico/finanziaria che deve avere l'Organismo: a) stabilità economica quantificata in ‚un capitale non inferiore a quello la cui sottoscrizione è necessaria alla costituzione di una società a responsabilità limitata' (ex. Art. 2463, comma 2, n. 4, c.c., diecimila euro; compatibilità dell'attività die mediazione con l'oggetto sociale e lo scopo associativo; capacità organizzativa tipizzata nell'attestazione a ‚poter svolgere l'attività die mediazione in almeno due regioni italiane o in almeno due province della medesima regione [...].*'"

294 Art. 4 Abs. 2 lit. a) Dekret 180/2010; vgl. Fn. 292.

(GmbH). Gemäß Art. 2463 Abs. 2 Nr. 4 Codice civile beträgt das Mindeststammkapital 10.000,00 EUR.

Im Hinblick auf die ebenfalls geforderte organisatorische Kapazität hat die den Antrag stellende Mediationsstelle nachzuweisen, dass die Mediationstätigkeit zumindest in zwei Regionen[295] Italiens oder aber in mindestens zwei Provinzen[296] derselben Region durchgeführt werden können.[297] Ein weiteres wichtiges Kriterium für die Bewilligung der Eintragung ist auch eine Berufshaftpflichtversicherung („*polizza assicurativa*“) in Höhe von mindestens 500.000,00 EUR sowie eine verwaltungsrechtliche und buchhalterische Kompetenz der beantragenden Mediationsstelle.[298] Zudem hat die den Antrag stellende Mediationsstelle eine Garantieerklärung bezüglich Unabhängigkeit („*indipendenza*“), Unparteilichkeit („*imparzialità*“) und Verschwiegenheit („*riservatezza*“) bei der Durchführung einer Mediation zu garantieren,[299] ebenso wie die Konformität der eigenen Mediationsordnung mit den gesetzlichen Vorschriften und dem Dekret Nr. 180/2010.[300] Die Überprüfung der Antragsvoraussetzungen umfasst auch die Anzahl der Mediatoren, die nicht unter fünf liegen darf und die ihre eigene Verfügbarkeit zur Durchführung der Mediation bei der beantragenden Mediationsstelle erklären müssen.[301] Ebenfalls überprüft werden der Sitz der Mediationsstelle,[302] ihre Qualifikation sowie die ihrer Mediatoren, die

---

295 Italien ist in insgesamt 20 Regionen untergliedert, von denen gemäß Artikel 116 der italienischen Verfassung 5 autonom mit Sonderstatut sind: Friaul-Julisch Venetien, Sardinien, Sizilien, Südtirol und das Aostatal.

296 Die 20 Regionen Italiens sind in insgesamt 110 Provinzen unterteilt, die die mittlere Ebene der Gebietskörperschaften darstellen.

297 Art. 4 Abs. 2 lit. a) Dekret 180/2010.

298 Art. 4 Abs. 2 lit. b) Dekret 180/2010; vgl. hierzu auch *Cuomo Ulloa*, La nuova mediazione, S. 48 f.; im Original: „*Si tratta di requisiti che riguardano sia la capacità finanziaria (dovendo l'organismo possedere un capitale non inferiore a quello richiesto per costituire una s.r.l. ed aver altresì sottoscritto una polizza assicurativa di importo non inferiore a 500.000,00 euro per la responsabilità a qualunque titolo derivante dallo svolgimento dell'attività di mediazione), sia la capacità organizzativa […].*“

299 *Giordano* in: La nuova mediazione, S. 671; im Original: „*Devono essere, anzitutto, fornire garanzie di indipendenza, imparzialità e riservatezza nello svolgimento del servizio di mediazione […].*“

300 At. 4 Abs. 2 lit. e) Dekret 180/2010.

301 Art. 4 Abs. 2 lit. f) Dekret 180/2010; vgl. hierzu auch *Giordano* in: La nuova mediazione, S. 670; im Original: „*Sempre al profilo organizzativo attiene la necessità che l'organismo disponga di almeno cinque mediatori, legati all'ente da vincoli non esclusivi.*“

302 Art. 4 Abs. 2 lit. g) Dekret 180/2010.

insbesondere im Besitz eines Studienabschlusses oder aber in einer berufsständischen Vereinigung eingetragen sein müssen.[303] Eine Ausbildung des Mediators ist ebenso unerlässlich wie die Teilnahme an Fortbildungen, die innerhalb eines Zweijahreszeitraums erfolgen muss, sowie an mindestens zwanzig Mediationsverfahren bei eingetragenen Mediationsstellen während der Ausbildung.[304] Die Überprüfung etwaiger Vorstrafen wird genauso vorgenommen[305] wie diejenige der notwendigen Sprachkenntnisse, soweit der Mediator beabsichtigt, sich in die Liste für den internationalen Bereich einschreiben zu lassen.[306]

Dem Antrag ist ferner die Liste der Mediatoren beizufügen, die sich bereit erklärt haben, die Mediationstätigkeit auszuüben.[307] Diese Liste der Mediatoren ist wiederum um deren Lebenslauf[308], den Nachweis über etwaige Sprachkenntnisse im Falle einer intendierten Tätigkeit im internationalen Bereich[309] sowie eine vom Mediator unterzeichnete Verfügbarkeitserklärung zu ergänzen, aus der sich ergibt, welcher Liste er hinzugefügt werden möchte.[310] Zu beachten ist das Gebot, dass sich der Mediator nicht für mehr als fünf Mediationsstellen verfügbar erklären kann.[311] Die vollständige Überprüfung sowie der etwaig folgende Einschreibvorgang müssen innerhalb von 40 Tagen abgeschlossen sein; Fristbeginn ist der Tag des Antragseingangs.[312]

---

303 Art. 4 Abs. 3 lit. a) Dekret 180/2010; vgl. auch *Giordano* in: La nuova mediazione, S. 671; im Original: *„È, poi, necessario che i mediatori dell'organismo posseggano i requisiti di qualificazione, formazione ed onorabilità indicati all'art. 4, c. 3, d.m. n. 180/2010.“*

304 Art. 4 Abs. 3 lit. b) Dekret 180/2010; vgl. auch *Russo* in: Manuale della mediazione civile e commerciale, S. 459; im Original: *„Il responsabile verifica altresì: [...] il possesso di una specifica formazione e di uno specifico aggiornamento almeno biennale, acquisiti presso gli enti di formazione in base all'art. 18, nonché la partecipazione, a titolo di tirocinio assistito e nell'arco del medesimo biennio, ad almeno venti mediazioni; [...].“*

305 Art. 4 Abs. 3 lit. c) a. Dekret 180/2010; *Vaccà*, La mediazione delle controversie, S. 160; im Original: *„In aggiunta alla qualificazione professionale i mediatori devono essere moralmente idonei, non avendo riportato condanne definitive per delitti diversi da quelli colposi, o a pene detentive, anche per contravvenzione; [...].“*

306 Art. 4 Abs. 3 lit. d) Dekret 180/2010.

307 Art. 6 Abs. 1 Dekret 180/2010.

308 Art. 6 Abs. 2 lit. b) Dekret 180/2010.

309 Art. 6 Abs. 2 lit. c) Dekret 180/2010.

310 Art. 6 Abs. 2 lit. a) Dekret 180/2010.

311 Art. 6 Abs. 3 Dekret 180/2010; *Vaccà*, La mediazione delle controversie, S. 160; im Original: *„[...], sebbene nessun mediatore possa oggi operare per più di cinque organismi.“*

312 Art. 5 Abs. 3 Dekret 180/2010.

An dieser Stelle sei klarstellend darauf hingewiesen, dass eine einmal erfolgte Eintragung der Mediationsstelle für die Zukunft nicht bindend ist, das Justizministerium übt auch nach Aufnahme m Register weiterhin seine Kontrollbefugnisse aus und überprüft etwaige Neuerungen, die zu einer Unterbrechung oder Streichung aus diesem führen könnten.[313] So findet eine zwischenzeitliche Unterbrechung oder aber – in schwerwiegenderen Fällen – eine Streichung aus dem Register statt, wenn die Mediationsstelle oder der Mediator den ihr oder ihm obliegenden Pflichten nicht nachgekommen ist.[314] Eine Streichung wird auch in solchen Fällen vorgenommen, in denen eine Mediationsstelle weniger als zehn Mediationen in einem Zeitraum von zwei Jahren durchgeführt hat.[315] Wurde eine Mediationsstelle aus dem Register gestrichen, kann eine erneute Eintragung nicht vor Ablauf eines Jahres erfolgen.[316]

(2) Aufgaben und Pflichten der Mediationsstellen

Die Mediationsstelle sieht sich nach Eintragung ins Register diversen Obliegenheiten und Aufgaben gegenüber.

Da die Mediationsstelle dazu verpflichtet ist, dem Antrag auf Registereintragung auch die eigene Verfahrensordnung beizufügen,[317] obliegt jeder Mediationsstelle die Erstellung des eigenen „*regolamento di procedura*", das die Durchführung des eigenen Mediationsverfahrens regelt. So hat die Verfahrensordnung die Angabe zu enthalten, wo das Mediationsverfahren stattzufinden hat. Eine Regelung, mit der von dieser örtlichen Zuständigkeit abgewichen wird, kann nur einvernehmlich zwischen den Parteien, dem Mediator und dem

---

313 Zu den fortlaufenden Kontrollen siehe auch *Giordano* in: La nuova mediazione, S. 673; im Original: „*Al controllo iniziale, funzionale all'accesso al sistema, si aggiungono i controlli successivi, volti non solo a verificare la sopravvenienza o risultanza di fatti che avrebbero impedito l'iscrizione, ma anche a monitorare la piena osservanza, da parte dell'ente accreditato, degli obblighi discendenti dalla legge e dal regolamento della procedura.*"

314 Art. 10 Abs. 1 Dekret 180/2010.

315 Art. 10 Abs. 2 Dekret 180/2010; *Giordano* in: La nuova mediazione, S. 674; im Original: „*Se, poi, è il mercato che sanziona, dal basso, l'inattività dell'organismo, l'esigenza di una sanzione dall'alto si ha nelle ipotesi di inoperosità patologica, ricorrenti ove l'ente abbia svolto meno di dieci procedimenti di mediazione nell'arco di un biennio.*"

316 Art. 10 Abs. 3 Dekret 180/2010; *Vaccà*, La mediazione delle controversie, S. 165; im Original: „*La cancellazione d'ufficio preclude all'organismo una nuova iscrizione prima che sia decorso un anno; […].*"

317 Siehe hierzu B. II. 4. lit. d) aa) (1).

Verantwortlichen der Mediationsstelle erfolgen.[318] Die Verfahrensordnung kann zudem die Angabe enthalten, dass der Mediator die Parteien stets persönlich zu laden hat[319] sowie die Möglichkeit, sich der Strukturen, des Personals und der Mediatoren anderer Einrichtungen bedienen zu können.[320]

Während sich der erste Absatz des Artikels 7 des Dekretes 180/2010 noch den fakultativen Vorgaben widmet, werden im fünften Absatz die obligatorischen Voraussetzungen dargestellt. So darf ein Mediationsverfahren erst beginnen, wenn der Mediator vorher die entsprechende Unparteilichkeitserklärung unterzeichnet hat.[321] Ferner ist vorgesehen, dass die Parteien nach Abschluss der Mediation ihre eigene Bewertung abgeben; der entsprechende Vordruck für diese Erklärung ist der Mediationsordnung beizufügen. Eine Kopie der erstellten Bewertung wird anschließend an den Verantwortlichen für die Register- und Listenführung der Mediationsstellen übersandt.[322] Vorgesehen ist zudem die Möglichkeit für die Parteien, einen gemeinsamen Mediator zu benennen.[323] Letztlich hat die Mediationsordnung zu garantieren, dass die Parteien ein Zugangsrecht zu den Mediationsakten erhalten; in diesem Zusammenhang ist anzumerken, dass der Verantwortliche der Mediationsstelle dazu angehalten ist, die Unterlagen in registrierter und nummerierter Form aufzubewahren. Sofern es sich um Akten einer gemeinsamen Sitzung handelt, können diese von beiden Parteien gleichermaßen eingesehen werden; bezüglich etwaiger Aufzeichnungen von Einzelsitzungen kann eine Einsichtnahme naturgemäß auch nur von der jeweils „betroffenen“ Partei vorgenommen werden.[324] Zudem ist es einer Partei nicht erlaubt, Mitteilungen nur an den Mediator allein zu richten; hiervon ausgenommen sind diejenigen Mitteilungen, die im Rahmen einer Einzelsitzung

---

318 Art. 7 Abs. 1 Dekret 180/2010.

319 Art. 7 Abs. 1 lit. a) Dekret 180/2010.

320 Art. 7 Abs. 1 lit. c) Dekret 180/2010; vgl. hierzu auch *Giordano* in: La nuova mediazione, S. 670; im Oriiginal: „*A tal fine, anche per assicurare un'ampia diffusione del servizio sul territorio nazionale, è, comunque, consentito all'ente di concludere accordi con altri organismi e, conseguentemente, di avvalersi delle strutture, del personale e dei mediatori di questi ultimi.*“

321 Art. 7 Abs. 5 lit. a) Dekret 180/2010.

322 Art. 7 Abs. 5 lit. b) Dekret 180/2010.

323 Art. 7 Abs. 5 lit. c) Dekret 180/2010; *Santi* in: La mediazione per la composizione delle controversie civili e commerciali, S. 80; im Original: „*È fatta salva, in ogni caso, la nomina congiunta delle parti, comunque all'interno della lista di mediatori dell'organismo adito.*“

324 Art. 7 Abs. 6 Dekret 180/2010.

erstellt wurden.[325] Bezüglich der erhaltenen Daten müssen die datenschutzrechtlichen Vorschriften beachtet werden, die sich aus dem sogenannten „Codice in materia di protezione dei dati personali“ (dem Kodex zum Schutz personenbezogener Daten), der am 1. Januar 2004 in Kraft getreten ist,[326] ergeben. Hiernach sind gemäß Artikel 4 Absatz 1 lit. b) personenbezogene Daten „alle Informationen betreffend eine natürliche oder juristische Person, Körperschaft oder Vereinigung, die mittels Bezugnahme auf irgendeine andere Information – wie auch eine persönliche Kennnummer – bestimmt oder bestimmbar ist“.[327]

Im Hinblick auf die erfolgten Eintragungen sind die Mediationsstellen dazu verpflichtet, dem Registerverantwortlichen des Justizministeriums jede Änderung der eigenen Voraussetzungen unverzüglich mitzuteilen, um die Aktualität des Registers beim Justizministerium gewährleisten zu können.[328]

Einmal eingetragen, besteht zudem die Pflicht, eine Mediationsausbildung anzubieten.[329] Diese Verpflichtung ist die logische Konsequenz der Vorgabe des Artikels 4 Absatz 3 lit. b) dieses Dekretes 180/2010, der die Notwendigkeit vorsieht, dem Antrag auf Registereintragung auch die Angabe hinzuzufügen, dass die Mediatoren der beantragenden Mediationsstelle mindestens an zwanzig Mediationsverfahren bei eingetragenen Mediationsstellen teilgenommen haben.[330]

Verweigert werden kann die Durchführung einer Mediation durch eine bereits ernannte Mediationsstelle oder den ernannten Mediator nur im Falle des Vorliegens eines wichtigen Grundes.[331] Eine Definition für einen solchen erfolgt indes nicht, sodass es an dieser Stelle einer entsprechenden Auslegung des jeweiligen Einzelfalls bedarf.

---

325 Art. 7 Abs. 7 Dekret 180/2010; vgl. hierzu auch *Plenteda* in: La nuova mediazione, S. 695; im Original: „*A completamento della disciplina normativa rivola a disciplinare, sia pure per principi generali destinati a trovare specificazione nei regolamenti di procedura die singoli organismi, deve essere richiamata la prescrizione contenuta nell'art. 7 co. 7 del D.M. 180/2010, il quale prevede che ‚non sono consentite comunicazioni riservate delle parti al solo mediatore, eccetto quelle effettuate in occasione delle sessioni separate‘.*“

326 Vgl. auch *Vicari*, Das Informationsrecht und das Recht auf Privatsphäre in Italien, S. 120.

327 Vgl. hierzu auch *Vicari*, Das Informationsrecht und das Recht auf Privatsphäre in Italien, S. 122.

328 Art. 8 Abs. 1 Dekret 180/2010.

329 Art. 8 Abs. 4 Dekret 180/2010.

330 Siehe hierzu B. II. 4. lit. d) aa) (1).

331 Art. 9 Abs. 2 Dekret 180/2010; zum Austausch des Mediators siehe ausführlich *De Ventura* in: La nuova mediazione, S. 412 ff.

Da die jeweilige Mediationsstelle nach erfolgreicher Eintragung eine entsprechende Registrierungsnummer erhält, ist diese bei jeder Korrespondenz mit anzugeben.[332] Um einen gewissen Qualitätsstandard zu halten, ist jede Mediationsstelle ab dem zweiten Jahr ihrer Eintragung bis spätestens zum 31. März des Folgejahres dazu angehalten, dem Registerverantwortlichen einen Rechenschaftsbericht bezüglich der eigenen Tätigkeit vorzulegen.[333]

Neben dem bestehenden Register beim Justizministerium ist auch jede Mediationsstelle dazu verpflichtet, ein Register zu führen, aus dem die Art der Mediationsverfahren, die Personendaten der Parteien, der Mediationsgegenstand, der ernannte Mediator, die Dauer des Verfahrens und sein Ausgang hervorgehen.[334] Zudem obliegt es der Mediationsstelle gemäß Artikel 2961 Codice civile, eine Kopie der Verfahrensakten für einen Zeitraum von drei Jahren, gerechnet ab dem Tag des Verfahrensabschlusses, aufzubewahren. In Artikel 2961 Codice civile Absatz 1 heißt es hierzu: „*I cancellieri, gli arbitri, gli avvocati, i procuratori e i patrocinatori legali sono esonerati dal rendere conto degli incartamenti relativi alle liti dopo tre anni da che queste sono state decise o sono altrimenti terminate.*“ Geschäftsstellenbeamte, Schiedsrichter, Rechtsanwälte, Prozessbevollmächtigte und Rechtsbeistände sind also nach Ablauf von drei Jahren ab dem Zeitpunkt der Entscheidung oder einer sonstigen Beendigung der Rechtsstreitigkeiten davon befreit, über diese Rechenschaft abzulegen.[335]

bb) Die Aus- und Fortbildung des Mediators

Ein weiterer Eckpfeiler zur Sicherung der Qualitätsstandards ist die Aus- und Fortbildung der Mediatoren. So haben die Ausbildungsstellen, die ebenfalls

---

332 Art. 9 Abs. 1 und 3 Dekret 180/2010; vgl. hierzu auch *Minelli / Santi* in: La mediazione per la composizione delle controversie civili e commerciali, S. 344; im Original: „*Altresì, per evitare ogni forma di abusivismo, l'organismo è tenuto ad indicare, negli atti e nella corrispondenza, il numero di iscrizione al registro (art. 9, comma 3).*“

333 Art. 9 Abs. 4 Dekret 180/2010; *Minelli / Santi* in: La mediazione per la composizione delle controversie civili e commerciali, S. 345; im Original: „*[…]; nonché, a partire dal secondo anno di iscrizione, entro il 31 marzo di ogni anno successivo, l'organismo deve trasmettere al Ministero della giustizia il rendiconto della gestione utilizzando i modelli predisposti ad hoc (art. 9, comma 4).*“

334 Art. 12 Abs. 1 Dekret 180/2010.

335 *Patti*, Italienisches Zivilgesetzbuch und Verbrauchergesetzbuch, Art. 2961 C.C., S. 905.

beim Justizministerium gelistet sind[336,337] und privat- oder öffentlich-rechtlich organisiert sein können,[338] sicherzustellen, dass neben der Notwendigkeit verwaltungsrechtlicher und logistischer Strukturen auch das Angebot eines Kurses von mindestens fünfzig Stunden gewährleistet ist. Die Ausbildung hat in Theorie und Praxis zu erfolgen und simulierte Sitzungen zu beinhalten.[339] Der Umfang der Ausbildung reicht vom nationalen über das Gemeinschaftsrecht bis hin zu den internationalen Mediations- und Schlichtungsvorschriften sowie den Aufgaben und den Verantwortlichkeiten des Mediators.[340] Den Abschluss der Ausbildung bildet eine Prüfung mit einer Mindestdauer von vier Stunden.[341]

Fortbildungen haben dabei mindestens in einem Zweijahresturnus mit mindestens achtzehn Stunden stattzufinden, die sich in theoretische und praktische Stunden aufteilen und die gleichen Gebiete wie in der Ausbildung umfassen müssen.[342] Die Teilnahme an Fortbildungen muss dabei genauso nachgewiesen werden wie die Qualifikation der Ausbilder. Letztere haben – sofern sie für die theoretische Ausbildung zuständig sind – nachzuweisen, dass sie mindestens drei wissenschaftliche Beiträge im Bereich der Mediation, der Schlichtung oder der alternativen Streitbeilegung veröffentlicht haben.[343] Die praktischen Ausbilder haben indes den Nachweis zu erbringen, dass sie bereits in mindestens

---

336 Art. 16 Abs. 5 ital. MediationsG; *Buzio* in: Manuale della mediazione civile e commerciale, S. 85; im Original: „*L'attività di formazione dei mediatori viene svolta da appositi Enti di formazione abilitati dal Ministero della Giustizia e a tal fine iscritti nell'elenco tenuto presso lo Ministero stesso, ai sensi dell'art. 17 del d.m. n. 180/2010.*"

337 In Italien gibt es derzeit 433 im Register des italienischen Justizministeriums gelistete Ausbildungsstellen, von denen noch 383 aktiv sind (Stand 06.03.2016).

338 Art. 17 Abs. 3 Dekret 180/2010.

339 Art. 18 Abs. 2 lit. f) Dekret 180/2010; *Buzio* in: Manuale della mediazione civile e commerciale, S. 86; im Original: „*La formazione specifica iniziale, necessaria per potersi iscrivere nel Registro, è regolata dall'articolo 18, comma 2, lettera f) del d.m. n. 180/2010, il quale prevede che il percorso formativo abbia durata complessiva non inferiore a 50 ore e si articoli in corsi teorici e pratici, con un massimo di trenta partecipanti per corso.*"

340 Art. 18 Abs. 2 lit. f) Dekret 180/2010.

341 Art. 18 Abs. 2 lit. f) Dekret 180/2010; *Buzio* in: Manuale della mediazione civile e commerciale, S. 86; im Original: „*Oltre all'attività didattica vera e propria svolta dai responsabili scientifici dell'Organismo il corso deve prevedere anche lo svolgimento di sessioni di mediazione simulata svolta direttamente dai discenti e una prova finale di valutazione della durata minima di quattro ore, articolata distintamente in una parte teorica e in una parte pratica.*"

342 Art. 18 Abs. 2 lit. g) Dekret 180/2010.

343 Art. 18 Abs. 3 lit. a) Dekret 180/2010.

drei Verfahren als Mediator bei Mediations- oder Schlichtungsstellen tätig waren. Alle Ausbilder sind zudem zum Nachweis verpflichtet, dass sie bereits bei Berufsständen, Behörden oder deren Organen, bei öffentlichen oder privaten anerkannten Universitäten als Dozenten im Bereich der Mediation, Schlichtung oder der alternativen Streitbeilegung tätig waren; zudem müssen sie sich dazu verpflichten, an entsprechenden Fortbildungen von mindestens sechzehn Stunden in einem Zeitraum von zwei Jahren teilzunehmen.[344]

So haben die bei den Mediationsstellen tätigen Mediatoren innerhalb von zwölf Monaten ab Inkrafttreten des Dekretes 180/2010 auch ihre ausbildungsrechtlichen Voraussetzungen zur Ausübung der Mediation zu erwerben oder aber nachzuweisen, dass sie mindestens zwanzig Mediations-, Schlichtungs- oder freiwillige und gleichgestellte Verfahren durchgeführt und mindestens fünf von diesen zumindest teilweise erfolgreich abgeschlossen haben.[345] Die Liste der Ausbildungsstellen ist beim Justizministerium hinterlegt, welches die Kriterien für die Eintragung, das Ruhen und die Streichung der Ausbildungsstellen festlegt, wobei ein hohes Ausbildungsniveau im Vordergrund stehen soll.[346]

e) Die Verfahrenskosten

Die Verfahrenskosten umfassen sowohl die verfahrenseinleitenden Kosten als auch diejenigen, die das eigentliche Mediationsverfahren betreffen.[347] Diese Kosten lassen sich wiederum in die Vergütung der Mediatoren – unabhängig von der Anzahl der durchzuführenden Sitzungen, einem etwaigen Mediatorenwechsel oder der Hinzuziehung eines weiteren Kollegen[348] – und die Verwaltungskosten

---

344 Art. 18 Abs. 3 lit. a) Dekret 180/2010.

345 Art. 20 Abs. 2 Dekret 180/2010; *Minelli / Santi* in: La Mediazione per la composizione delle controversie civili e commerciali, S. 347; im Original: „*Quanto alla disciplina transitoria, ai sensi del comma 2 dell'art. 20 del decreto 80/2010, i mediatori che siano già iscritti presso gli organismi in materia societaria, devono acquisire, entro sei mesi dall'entrata in vigore del decreto attuativo, i nuovi requisiti formativi previsti per l'esercizio della mediazione o, alternativamente, ‚attestare di aver svolto almeno venti procedure di mediazione, conciliazione o negoziazione volontaria e paritetica, in qualsiasi materia, in cui almeno cinque concluse con successo anche parziale*'."

346 Art. 17 Abs. 5 ital. MediationsG.

347 Art. 16 Abs. 1 Dekret 180/010; *Giordano / Mastroiacavo* in: Manuale della mediazione civile e commerciale, S. 199; im Original: „*L'indennità spettante agli Organismi di mediazione si distingue in due voci: le spese di avvio del procedimento e quelle di mediazione.*"

348 Art. 16 Abs. 10 Dekret 180/2010.

des Verfahrens unterteilen. Die Kosten werden gesamtschuldnerisch von allen beteiligten Parteien getragen.[349]

Der italienische Gesetzgeber hat hinsichtlich der Kosten allerdings eine Differenzierung vorgenommen, und zwar in Abhängigkeit davon, ob es sich bei der Mediationsstelle um eine private oder eine öffentliche handelt. Während die privaten Mediationsstellen bei der Festlegung ihrer Vergütung grundsätzlich frei sind,[350,351] sieht das italienische Mediationsgesetz für die öffentlichen Mediationsstellen folgende detaillierte und konkrete Regelung vor:[352] Jede Partei hat zwecks Verfahrenseinleitung zunächst einen Betrag in Höhe von 40,00 EUR bei Antragseinreichung zu zahlen, die andere Partei zahlt im Zeitpunkt ihres etwaigen Verfahrensbeitritts.[353] Die konkreten Verfahrenskosten pro Partei berechnen sich nach der folgenden Tabelle:

Verfahrenswert	Verfahrenskosten[354]
Bis zu 1.000 EUR	65 EUR
Von 1.001 EUR bis 5.000 EUR	130 EUR
Von 5.001 EUR bis 10.000 EUR	240 EUR
Von 10.001 EUR bis 25.000 EUR	360 EUR
Von 25.001 EUR bis 50.000 EUR	600 EUR
Von 50.001 EUR bis 250.000 EUR	1.000 EUR
Von 250.001 EUR bis 500.000 EUR	2.000 EUR

349 Art. 16 Abs. 11 Dekret 180/2010.

350 *Bianchi* in: La nuova mediazione, S. 660; im Original: „*In generale, tutte le disposizioni contenute nell'art. 16, d.m. n. 180/2010 sono applicabili anche agli organismi privati di mediazione, salva l'eccezione concernente la libera determinazione delle tariffe.*“

351 Ausgenommen von dieser freien Festlegung der Vergütung sind die Fälle, in denen die Mediation obligatorische Prozessvoraussetzung ist.

352 *Bianchi* in: La nuova mediazione, S. 656; im Original: „*Nell'ipotesi di organismi di mediazione istituiti presso enti pubblici […], la scelta regolamentare è stata quella di determinare nel dettaglio le indennità di mediazione, individuandone l'ammontare minimo e massimo, il criterio di calcolo e le modalità di ripartizione tra le parti.*“

353 Art. 16 Abs. 2 Dekret 180/28010; *Giordano / Mastroiacavo* in: Manuale della mediazione civile e commerciale, S. 199; im Original: „*Le spese di avvio sono stabilite nella misura fissa di euro 40,00. Tale somma deve essere versata dall'istante al momento del deposito della domanda di mediazione e da ogni altro soggetto chiamato alla mediazione, in occasione della sua adesione.*“

354 Die Kosten verstehen sich zuzüglich der jeweils geltenden italienischen Mehrwertsteuer.

Von 500.001 EUR bis 2.500.000 EUR	3.800 EUR
Von 2.500.001 EUR bis 5.000.000 EUR	5.200 EUR
Über 5.000.000 EUR	9.200 EUR

Ausgehend von dieser Tabelle können die jeweiligen Mediationskosten, gemessen an der Bedeutung, der Komplexität und dem Schwierigkeitsgrad der Angelegenheit, nicht um mehr als ein Fünftel erhöht werden.[355] Sowohl bei positivem Ausgang als auch bei einem seitens des Mediators formulierten Einigungsvorschlag erfolgt eine obligatorische Erhöhung der Kosten um ein Viertel bzw. ein Fünftel.[356] Im Falle der obligatorischen Mediation findet bei den ersten sechs Gebührenklassen indes eine Reduzierung der Kosten um ein Drittel statt, bei den restlichen um die Hälfte des ursprünglichen Gebührenwertes.[357]

Der Verfahrenswert ist – wie im regulären Zivilprozess – in dem Mediationsantrag anzugeben, sodass eine entsprechende Berechnung der Kosten stattfinden kann.[358] Die Berechnung des anzugebenden Verfahrenswertes ergibt sich aus dem Codice di Procedura civile gemäß den Artikeln 10 ff. Sofern der Verfahrenswert einmal nicht bestimmbar sein sollte, entscheidet die Mediationsstelle über diesen Wert, in Höhe von maximal 250.000,00 EUR, und teilt ihn den Parteien mit. Sollte sich am Ende eines Verfahrens dann herausstellen, dass der Wert ein anderer ist, bemisst sich die zu zahlende Vergütung nach diesem Wert.[359]

f) Die gesetzgeberischen Anreize und Sanktionen

Der italienische Gesetzgeber hat diverse Anreize und Sanktionen geschaffen, die die Entscheidung für eine Mediation erleichtern sollen. Die Motivation für diesen Schritt dürfte in der Entschärfung des obligatorischen Ansatzes gelegen

---

355 Art. 16 Abs. 4 lit. a) Dekret 180/2010; *Giordano / Mastroiacavo* in: Manuale della mediazione civile e commerciale, S. 200; im Original: *„L'art. 16, comma 4, del d.m. n. 180/2010 dispone, inoltre, per ciascuno scaglione di riferimento, che l'importo massimo delle spese: a) può essere aumentato in misura non superiore ad un quinto, tenuto conto della particolare importanza, complessità o difficoltà dell'affare; [...].“*

356 Art. 16 Abs. 4 lit. b) und c) Dekret 180/2010.

357 Art. 16 Abs. 4 lit. d) Dekret 180/2010; *Bianchi* in: La nuova mediazione, S, 661; im Original: *„[...] d) deve essere ridotto di 1/3 per i primi sei scaglioni (fino ad Euro 250.000) e della metà per i restanti nelle materie in cui la mediazione è prevista quale condizione di procedibilità ai sensi dell'art. 5, comma 1, d.lgs. n. 28/2010, salva la riduzione prevista alla successiva lettera e).“*

358 Art. 16 Abs. 7 Dekret 180/2010.

359 Art. 16 Abs. 8 Dekret 180/2010.

haben. Diese im Folgenden dargestellten Anreize[360] können allerdings nur dann zur Anwendung kommen, wenn das Mediationsverfahren auch vor einem bei einer Mediationsstelle eingetragenen Mediator stattgefunden hat.[361]

aa) Verfahrenskosten und Verfahrenskostenhilfe

Ein erster Anreiz wurde bei den Verfahrenskosten geschaffen. Diese sollen sich in den Fällen reduzieren, in denen die Mediation in einem Rechtsgebiet erfolgt, das die Durchführung einer Mediation als obligatorische Prozessvoraussetzung vorsieht.[362] Auch Parteien, die während eines Verfahrens dasselbe Interesse vertreten, werden bezüglich der zu zahlenden Vergütung als eine Partei angesehen.[363] Sofern keine Gegenpartei am Mediationsverfahren teilnimmt, verringern sich die Kosten der ersten Gebühreneinheit auf 40,00 EUR, bei allen anderen Gebühreneinheiten auf 50,00 EUR.[364] Hier verfolgt der italienische Gesetzgeber einen durchaus gerechten Ansatz; andernfalls würde kein Anreiz geschaffen werden, liefe der Mediationssuchende Gefahr, stets Kosten in derselben Höhe zu tragen, auch wenn ein Verfahren aufgrund des Verhaltens der anderen Partei gar nicht durchführbar ist. So können entstehende Kosten schließlich nicht unabhängig vom Beitritt der anderen Partei geregelt sein.

Können die Parteien keine Einigung erzielen und scheitert deswegen die Mediation, hat der in dem späteren Zivilverfahren zuständige Richter die Möglichkeit, die Kostenerstattung der obsiegenden Partei auszuschließen, sofern das Urteil mit dem Inhalt der vorgeschlagenen Einigung übereinstimmt. Zudem hat er die Möglichkeit, der obsiegenden Partei auch die Kosten der unterlegenen

---

360 Dies betrifft insbesondere die steuerlichen sowie zwangsvollstreckungsrechtlichen Erleichterungen.

361 *Queirolo/Carpaneto/Dominelli* in: Civil and Commercial Mediation in Europe, S. 257.

362 Art. 16 Abs. 4 lit. d) Dekret 180/2010.

363 Art. 16 Abs. 12 Dekret 180/2010; vgl. hierzu auch *Marucci* in: La mediazione per la composizione delle controversie civili e commerciali, S. 359; im Original: „*Da ultimo, il legislatore ha espressamente previsto che quando più parti rappresentano un unico centro di interessi si considerano come un'unica parte ai fini della corresponsione della indennità (ex art. 16, comma 12, d.m. n. 180/2010).*"

364 Art. 16 Abs. 4 lit. e) Dekret 180/2010; *Giordano / Mastroiacavo* in: Manuale della mediazione civile e commerciale, S. 201 f.; im Original: „*[...] il che si verifica, come detto, quando nessuna delle controparti di quelle hanno introdotto la mediazione partecipa al procedimento – il costo della mediazione, sia facoltativa che obbligatoria, viene forfettariamente individuato in euro 40 per il prima scaglione – atteso il valore estremamente limitato delle questioni che vi rientrano – ed in euro 50 per tutti gli altri scaglioni.*"

Partei aufzuerlegen sowie eine Zahlung an die Staatskasse vorzusehen.[365] Davon unberührt bleibt die Anwendbarkeit der Artikel 92 und 96 des Codice di Procedura civile[366], wonach nicht nur eine Erstattung der Kosten der obsiegenden Partei stattfinden, sondern auch eine Partei im Falle der Nichteinhaltung der Prinzipien der Redlichkeit und Loyalität zur Erstattung der Kosten verurteilt werden kann. Zudem hat der zuständige Richter die Möglichkeit, die unterlegene Partei im Falle mutwilliger Prozessführung nicht nur zur Erstattung der Kosten zu verurteilen, sondern darüber hinaus auch zur Zahlung eines angemessenen Schadensersatzes. Für den Fall, dass das Urteil nicht vollständig dem Mediationsvorschlag folgt, kann der Richter bei Vorliegen berechtigter Gründe trotzdem die Erstattung der Kosten der obsiegenden Partei zu Gunsten des Mediators ausschließen. Der Richter hat dabei die Pflicht, diese Gründe explizit im Urteil anzugeben.[367]

Sofern eine Mediationspartei in einem regulären Zivilverfahren die Voraussetzungen für die Bewilligung eines Prozesskostenhilfeantrages erfüllen würde, hat die Mediationsstelle keinen Anspruch auf Vergütung. Dies gilt allerdings nur für die Verfahren, in denen die Durchführung eines Mediationsverfahrens obligatorische Prozessvoraussetzung ist; dies dürfte insbesondere auf den Umstand zurückzuführen sein, dass die Durchführung einer freiwilligen Mediation keinen Kostenanreiz erfordert.[368] Zu diesem Zweck hat die betroffene Partei bei der entsprechenden Mediationsstelle eine sogenannte „*Dichiarazione sostitutiva dell'atto di notorietà*" zu hinterlegen. Hierbei handelt es sich um eine Art Ersatzerklärung, die der Erklärende in persönlicher Haftung anstelle einer vor einem Notar abgegebenen Erklärung liefert, um bestimmte Tatsachen oder Umstände seinerseits nachhaltig zu bestätigen; dabei kann die Unterschrift des Erklärenden

---

365 Art. 13 Abs. 1 ital. MediationsG; *Santi* in: La mediazione per la composizione delle controversie civili e commerciali, S. 304; im Original: „*L'altro presupposto fondamentale, per l'applicazione del comma 1, lo prevede l'incipit di questo stesso comma, laddove si dispone che le conseguenze processuali possano scattare ‚quando il provvedimento che definisce il giudizio corrisponde interamente al contenuto della proposta'.*"

366 Art. 13 Abs. 1 ital. MediationsG.

367 Art. 13 Abs. 2 ital. MediationsG.

368 Art. 17 Abs. 5 ital. MediationsG; *Marucci* in: La mediazione per la composizione delle controversie civili e commerciali, S. 360; im Original: „*È opportuno precisare che l'esenzione riguarda sola la mediazione che costituisce condizione di procedibilità della domanda giudiziale ai sensi dell'articolo 5, comma 1; nelle altre ipotesi, la completa facoltatività della mediazione non rende necessario l'esonero dal pagamento delle relative spese.*"

von dem Mediator beglaubigt werden.[369] In diesem Zusammenhang ist das Justizministerium zur Überwachung derjenigen Mediationen angehalten, in die Parteien involviert sind, die von einer Zahlung aufgrund ihrer finanziellen Situation befreit sind. Die Ergebnisse dieser Überwachung werden anschließend in die Kalkulation der regulären Vergütungen der öffentlichen Mediationsstellen mit einbezogen, um auch die Kosten derjenigen Verfahren decken zu können, in die die von einer Zahlung befreiten Parteien involviert sind. Zur Deckung dieser Kosten, die für das Jahr 2010 auf 5,9 Millionen Euro und ab dem Jahr 2011 auf 7,018 Millionen Euro geschätzt wurden, wird der sogenannte „*Fondo unico giustizia*“[370] herangezogen.[371]

bb) Steuererleichterungen und -erstattungsanspruch

Auch in steuerlicher Hinsicht zeigte der italienische Gesetzgeber Anreize, um die Mediation attraktiver zu gestalten und so ihre Inanspruchnahme nachhaltig fördern zu können. Er greift hiermit die *legge-delega* in Absatz 3 lit. m) auf, wonach für die Parteien bei der konkreten Umsetzung eine Steuererleichterung vorgesehen sein soll.

So sind alle Urkunden, Dokumente und Maßnahmen, die im Zusammenhang mit einem Mediationsverfahren entstehen, von der sogenannten „*Imposta di bollo*“[372] sowie von jeder anderen Gebühr und Steuer befreit.[373] Diesen Anreiz

---

369 Art. 17 Abs. 5 ital. MediationsG.

370 Der „*Fondo unico giustizia*“ ist ein der italienischen Regierung zur Verfügung stehender Fond, der durch Artikel 61 Absatz 23 des Gesetzesdekretes 112/08 und dem folgenden Gesetz Nr. 133/08 ins Leben gerufen wurde, um Geldsummen und andere Erträge zu erlangen, die u.a. aus durchgeführten Konfiszierungen oder vereinnahmten Bußgeldern sowie durch den Zoll oder die Finanzbehörde beschlagnahmten Summen herrühren. Geleitet wird der Fond durch die Equitalia Giustizia S.p.A. Zudem erfolgt durch den Ministerpräsidenten einmal pro Jahr bis zum 30. April per Dekret die Entscheidung, für was die Ressourcen des Fonds zu nutzen sind.

371 Art. 17 Abs. 8 ital. MediationsG.

372 Im italienischen Steuersystem handelt es sich bei der „*Imposta di bollo*“ um eine Steuer bzw. Gebühr, die bei Anfertigung, Anforderung oder Beibringung bestimmter Dokumente anfällt.

373 Art. 17 Abs. 2 ital. MediationsG; *Bianchi* in: La nuova mediazione, S. 647; im Original: „*Il comma 2 dell'art. 17, d.lgs. n. 28/2010 prevede che tutti gli atti, documenti e provvedimenti relativi al procedimento di mediazione sono esenti dall'imposta di bollo e da ogni spesa, tassa o diritto di qualsiasi specie e natura. Orbene, contrariamente a quanto si dirà in tema di imposta di registro, nel procedimento di mediazione l'imposta di bollo gode di un'esenzione completa e piena, non ancorata a limiti di valore.*“

hob auch das Europäische Parlament unter Hinweis auf die Mediationsrichtlinie unter K 6 seiner Entschließung vom 13. September 2011 zu der Umsetzung der Richtlinie über Mediation in den Mitgliedstaaten, ihren Einfluss auf die Mediation und ihre Inanspruchnahme durch die Gerichte hervor. Dort heißt es: „*[Das Europäische Parlament] stellt fest, dass [...] in Italien alle Mediationsakte und -vereinbarungen von Stempelsteuer und Gebühren befreit sind.*" Eine Steuererleichterung erfolgt zudem auch im Rahmen des Schlichtungsprotokolls, welches von der sogenannten „*Imposta di registro*"[374] bis zu einem Wert von 50.000 EUR befreit ist; sollte der Wert der Streitigkeit über dieser Grenze liegen, so fällt die Registersteuer nur für den überschießenden Wert an.[375] Zudem steht denjenigen Personen, die für die Mediation eine entsprechende Vergütung zu zahlen haben, ein Steuererstattungsanspruch bis zu einer Grenze von 500,00 EUR zu, sofern es zu einem erfolgreichen Abschluss der Mediation kommt. Selbst im Falle einer misslungenen Mediation wird dieser Erstattungsanspruch um die Hälfte reduziert.[376]

So zeigt sich auch an dieser Stelle, dass die Entlastung des italienischen Justizsystems oberstes Ziel des italienischen Gesetzgebers ist. Anders kann eine Steuererleichterung sogar für diejenige Partei, die zwar an einer Mediation teilnimmt, aber im Ergebnis nicht erfolgreich beendet, nicht gedeutet werden.

cc) Anrechnung von Entschädigungszahlungsfristen

Die im Zusammenhang mit dem Mediationsverfahren geltenden Verfahrensdauern und -fristen[377] sollen nicht zum Zwecke des Artikels 2 des Gesetzes Nr. 89 vom 24. März 2001, der bereits erwähnten „*Legge Pinto*"[378] – welches Entschädigungszahlungen bei einer überlangen Verfahrensdauer vorsieht – anzurechnen

---

374 Bei der „*Imposta di registro*" handelt es sich um eine Registersteuer, die im Falle der Registrierung bestimmter juristischer Dokumente bei der „*Agenzia delle Entrate*", dem Finanzamt, zu entrichten ist.

375 Art. 17 Abs. 3 ital. MediationsG.

376 Art. 20 Abs. 1 ital. MediationsG; *Marucci* in: La mediazione per la composizione delle controversie civili e commerciali, S. 375; im Original: „*Con riferimento al procedimento della mediazione, l'art. 20, al comma 1, ha stabilito che per le indennità versate ai sensi dell'art. 17 verrà riconosciuto un credito di imposta con un tetto pari ad euro 500,00, se la mediazione si conclude con la sottoscrizione dell'accordo di conciliazione, altrimenti, in caso di verbale negativo, il credito sarà ridotto della metà, in ottemperanza alla previsione della lettera m) dell'art. 60, comma 3, della legge delega.*"

377 Art. 5, 6 ital. MediationsG.

378 Siehe Fn. 123.

sein.[379] Der italienische Gesetzgeber scheint so der ohnehin schon bestehenden Flut an Ausgleichszahlungsforderungen und -ansprüchen entgegenwirken zu wollen. Hierbei handelt es sich um einen durchaus berechtigten Aspekt, um die hohe Staatsverschuldung nicht noch weiter zu belasten. So ist es letztendlich eine Garantienorm, um den Staat vor weiteren Verletzungen der zumutbaren Verfahrensdauer und damit vor etwaigen Entschädigungszahlungen zu schützen.[380]

dd) Beweisargumente

Auch beim Thema der Beweiswürdigung und -argumente hat der italienische Gesetzgeber Anreize beziehungsweise Sanktionen geschaffen, die die Parteien zu einer erfolgreichen Durchführung einer Mediation anhalten sollen. So kann der im Zivilprozess zuständige Richter gemäß Artikel 116 des Codice di Procedura civile aus dem Fernbleiben einer der Parteien am Mediationsverfahren ohne berechtigten Grund Beweisargumente für das folgende Urteil ziehen.[381] Hier heißt es in den Absätzen 1 und 2: „*Il giudice deve valutare le prove secondo il suo prudente apprezzamento, salvo che la legge disponga altrimenti. Il giudice può desumere argomenti di prova dalle risposte che le parti gli danno a norma dell'articolo seguente, dal loro rifiuto ingiustificativo a consentire le ispezioni che egli ha ordinate e, in generale, dal contegno delle parti stesse nel processo.*“

So wird auch an dieser Stelle deutlich, dass die intendierte Freiwilligkeit der Mediation, die einen der Grundpfeiler der Mediation darstellt, in den Hintergrund rückt und alle Maßnahmen des italienischen Gesetzgebers auf die unbedingte Förderung der Mediation gerichtet sind. Hier läuft der italienische Gesetzgeber allerdings Gefahr, dass die eigentlichen Grundgedanken und Leitlinien der Mediation durch die tatsächlichen Umstände des italienischen Justizsystems und die damit einhergehenden Notwendigkeiten verdeckt werden.

---

379 Art. 7 ital. MediationsG.

380 *Minelli* in: La mediazione per la composizione delle controversie civili e commerciali, S. 212; im Original: „*In conclusione sembra comunque una norma di garanzia, al fine di pervenire e cautelare lo Stato da ulteriori violazioni della ragionevole durata e quindi eventuali richieste di equa riparazione.*“

381 Art. 8 Abs. 5 ital. MediationsG; vgl. hierzu auch *Santi* in: La mediazione per la composizione delle controversie civili e commerciali, S. 221; im Original: „*Benché il comma 5 dello stesso art. 8 riconduca delle conseguenze di carattere processuale alla mancata partecipazione di una parte alla procedura, le parti restano naturalmente libere di valutare i propri motivi per non comparire all'incontro fissato.*“

g) Die Mediation und der Anwalt

Der Verfahrensvertreter der den Antrag stellenden Partei ist angehalten, seinen Mandanten über die Möglichkeit des Mediationsverfahrens und die damit verbundenen Steuererleichterungen zu unterrichten.[382] Die Information des anwaltlichen Vertreters muss klar verständlich sein und schriftlich erteilt werden. Eine Auflösung des Mandatsverhältnisses ist möglich, sofern der Anwalt dieser Voraussetzung nicht nachweislich nachkommt.[383]

Gerade in Anbetracht der berufsrechtlichen Regelungen für Anwälte, die in dem Codice deontologico forense festgehalten sind, stellt sich die Frage nach der Kompatibilität mit den Vorgaben des italienischen Mediationsgesetzes, insbesondere dem obligatorischen Ansatz. So sieht Art. 36 des Codice deontologico forense[384] vor, dass der Rechtsanwalt verpflichtet ist, die Interessen seines Mandanten in den Grenzen des Mandats und unter Einhaltung der gesetzlichen Vorschriften sowie der Prinzipien der Berufsordnung auf bestmögliche Weise zu verteidigen.[385] Durch den obligatorischen Ansatz wird dem Rechtsanwalt jedoch gerade die Möglichkeit genommen, die im konkreten Fall bestmögliche Vorgehensweise für seinen Mandanten frei und autonom zu wählen. Dies kann ihm nämlich dadurch verwehrt sein, dass er dazu angehalten ist, nicht nur über die obligatorische Mediation zu informieren, sondern diese auch bei Vorliegen der Voraussetzungen als richtige Vorgehensweise zu deklarieren. In Anbetracht der Lage des italienischen Justizsystems kann die Mediation sicherlich den für die Mandantschaft effizienteren und kostengünstigeren Weg darstellen, zumindest solange das Justizsystem nicht nachhaltig konsolidiert worden ist und sich als echte Alternative anbietet. Trotzdem sollte es doch in die Hände des Beraters gelegt werden, zumindest die bestehenden Möglichkeiten mit seinem Mandanten auszuloten, um sich dann für oder gegen die Mediation entscheiden zu können. Ein Verstoß gegen berufsrechtliche Grundsätze, insbesondere Art. 36 Codice deontologico forense, ist dennoch zu verneinen, da der Rechtsanwalt insbesondere

---

382 Art. 4 Abs. 3 ital. MediationsG.

383 Art. 4 Abs. 3 ital. MediationsG; *Cuomo Ulloa*, La nuova mediazione, S. 69; im Original: „*[…] sul piano contrattuale, invece, l'inadempimento dell'obbligo di informazione potrà determinare l'annullabilità del contratto rilevabile dall'assistito ai sensi dell'art. 1441, c.c.*"

384 „*L'avvocato ha l'obbligo di difendere gli interessi della parte assistita nel miglior modo possibile nei limiti del mandato e nell'osservanza della legge e dei principi deontologici.*"

385 Vgl. hierzu auch *Cuomo Ulloa*, La nuova mediazione, S. 69; im Original: „*La previsione in esame avrebbe potuto interferire, secondo alcuni, con la stessa libertà del difensore, oltre con la garanzia costituzionale del diritto della difesa.*"

unter Einhaltung der gesetzlichen Vorschriften dazu angehalten ist, die bestmögliche Vorgehensweise für seinen Mandanten zu wählen. Würde er also die gesetzgeberischen Vorgaben zur obligatorischen Mediation außer Acht lassen, würde er schon dadurch gegen seine berufsrechtlichen Vorgaben verstoßen. Im Ergebnis wird daher eine Verletzung von Art. 36 des Codice deontologico forense abzulehnen sein. Hinzu kommt, dass auch die Erwägungsgründe der Mediationsrichtlinie, dort unter Ziffer 25, vorsehen, dass die Angehörigen der Rechtsberufe dazu angeregt werden, ihre Mandanten über die Möglichkeit der Mediation zu unterrichten.[386]

Der zwingende Charakter hat also nicht nur Auswirkungen für den Mediationssuchenden, sondern auch für seinen Vertreter. Damit hat sich der italienische Gesetzgeber nicht einfach nur damit zufriedengegeben, die Mediation als obligatorische Prozessvoraussetzung auszugestalten, sondern regelt konsequenterweise auch die Teilbereiche, auf die sich der obligatorische Ansatz mittelbar auswirkt.

5. Ergebnis der anfänglichen Umsetzung

Die ursprüngliche Umsetzung des italienischen Gesetzgebers konnte, insbesondere im Hinblick auf die Entlastung der Gerichte, bereits in den ersten Monaten nach Inkrafttreten der obligatorischen Mediation im März 2011 beachtliche Erfolge erzielen.[387] So lag laut eines Statistikberichtes des italienischen Justizministeriums[388] die Zahl der initiierten Mediationen im März 2011 bei 5.070 Verfahren,[389] wovon 55% auf die obligatorische, 40% auf die freiwillige und 4% auf die gerichtlich übertragene Mediation entfielen.[390]

---

386 *Minelli* in: La mediazione per la composizione delle controversie civili e commerciali, S. 125; im Original: „*La disposizione prende le mosse della rispettiva legge delega la quale, ex art. 60, comma 3, l. 18 giugno 2009, n. 69, prescrive al Governo di attenersi si seguenti principi e crirtei: lett. c) ‚disciplinare la mediazione nel rispetto della normativa comunitaria', in particolar modo con riferimento alla Direttiva 2008/52/CE del Parlamento Europeo e del Consiglio del 21 maggio 2008, la quale prevede al considerando n. (25) […].*"

387 Vgl. auch *De Palo/Oleson* in: Regulating Dispute Resolution, S. 240.

388 Abrufbar unter https://webstat.giustizia.it/Analisi%20e%20ricerche/Mediazione%20Civile%20al%2031%20marzo%202012.pdf (zuletzt abgerufen am 10. Juni 2016).

389 S. 2 des Statistikberichts des italienischen Justizministeriums (03/2012).

390 *De Palo/Oleson* in: Regulating Dispute Resolution, S. 240.

Innerhalb eines Jahres stieg die Zahl der Mediationen auf 12.175 Verfahren an.[391] In 35% der Mediationsverfahren erschien die andere Partei, in 48% dieser Fälle wurde zwischen den Parteien eine Einigung erzielt.[392] Der Trend zur Teilnahme an den eingeleiteten Verfahren brach nicht ab.[393] Dabei entfielen auf die obligatorische Mediation 77,2% der in diesem Jahreszeitraum eingeleiteten Mediationen, 19,7% auf die freiwillige Mediation, 2,7% auf die gerichtlich übertragene Mediation und 0,5% auf die Fälle, in denen die Mediation im Vorwege von den Parteien vertraglich vereinbart wurde.[394] Die gerichtlich übertragene Mediation erzielte im September 2011 einen Anstieg von 1%.[395] Ob dies darauf zurückzuführen ist, dass auch die Richterschaft in dieser Zeit zunehmend die Vorzüge der alternativen Streitbeilegung realisierte,[396] ist fraglich. Denn unabhängig von den Vorzügen, die die Mediation den Parteien bieten kann, könnte auch das ganz persönliche Interesse eines jeden Zivilrichters darin liegen, der stetigen Flut der anhängigen Gerichtsverfahren durch den Vorschlag eines Mediationsverfahrens Einhalt zu gebieten. Letztlich wird es eine Frage des Einzelfalls sein, wie sehr die vorgesehene Anregung zur Durchführung eines Mediationsverfahrens tatsächlich in die Praxis umgesetzt wurde und der Aspekt der Freiwilligkeit dabei noch vorherrschend war.

Während der durchschnittliche Gegenstandswert der Mediationsverfahren bei 118.299,00 EUR lag,[397] erfolgten die meisten Einigungen bei Verfahren mit einem Gegenstandswert von bis zu 1.000,00 EUR. Aber auch bei Verfahren mit Gegenstandswerten von über 5.000.000,00 EUR lag der Prozentsatz der erzielten einvernehmlichen Vereinbarungen bei 36,4%.[398] Im Gegensatz zu der in diesem Jahreszeitraum durchschnittlichen Verfahrensdauer vor den Zivilgerichten von 1.066 Tagen betrug die Dauer der Mediationsverfahren, die tatsächlich durchgeführt werden konnten und in denen die Parteien sich einigen konnten, im Durchschnitt 61 Tage, bei Verfahren, die nicht mit einer Einigung endeten, 75 Tage.[399] Bereits bei den in diesem Jahreszeitraum eingeleiteten Mediationsverfahren wurden 84% aller Antragsteller durch einen Rechtsanwalt begleitet.

391 S. 2 des Statistikberichts des italienischen Justizministeriums (03/2012).
392 S. 5 des Statistikberichts des italienischen Justizministeriums (03/2012).
393 S. 6 des Statistikberichts des italienischen Justizministeriums (03/2012).
394 S. 7 des Statistikberichts des italienischen Justizministeriums (03/2012).
395 *De Palo/Oleson* in: Regulating Dispute Resolution, S. 241.
396 So *De Palo/Oleson* in: Regulating Dispute Resolution, S. 241.
397 S. 10 des Statistikberichts des italienischen Justizministeriums (03/2012).
398 S. 11 des Statistikberichts des italienischen Justizministeriums (03/2012).
399 S. 12 des Statistikberichts des italienischen Justizministeriums (03/2012).

Von denjenigen Parteien, die der Durchführung einer Mediation zustimmten, waren 86% anwaltlich vertreten.[400]

Insgesamt wurden in der Zeit zwischen März 2011 und Oktober 2012 208.487 Mediationsverfahren eingeleitet.[401] Durch die Einführung des italienischen Mediationsgesetzes konnte also durchaus nicht nur eine Steigerung der Mediationsverfahren, sondern auch eine Verminderung der anhängigen Gerichtsverfahren und so eine spürbare Entlastung der Ziviljustiz erreicht werden.[402]

6. Reaktionen auf die anfängliche Umsetzung

Die Reaktionen auf die italienische Umsetzung waren gespalten. Im Folgenden werden die wichtigsten Grundpositionen chronologisch aufgegriffen und erläutert. Der Schwerpunkt soll in diesem Abschnitt auf der Entscheidung des italienischen Verfassungsgerichts Nr. 272 vom 6. Dezember 2012 liegen, aus der die Notwendigkeit neuen gesetzgeberischen Handelns resultierte.

a) Reaktion des Europäischen Parlaments

Das Europäische Parlament greift in seiner „Entschließung vom 13. September 2011 zu der Umsetzung der Richtlinie über Mediation in den Mitgliedstaaten, ihren Einfluss auf die Mediation und ihre Inanspruchnahme durch die Gerichte" die geäußerte Kritik wieder auf und weist bezüglich der bis dahin aktuellen Umsetzungslage darauf hin, dass das herausragendste Beispiel das italienische Gesetzesdekret Nr. 28 sei. Mit diesem strebe der italienische Gesetzgeber an, das Rechtssystem umzugestalten und eine Entlastung der notorisch überlasteten italienischen Gerichte herzustellen, indem die Anzahl der Fälle verringert und der durchschnittliche Zeitbedarf für die Beilegung zivilrechtlicher Streitigkeiten von derzeit neun Jahren verkürzt werde. Zudem wird seitens des Europäischen Parlamentes festgestellt, dass dies überraschenderweise von den Juristen nicht begrüßt worden sei, sondern dass sie das Dekret gerichtlich angefochten und sogar gestreikt hätten.[403]

---

400 S. 9 des Statistikberichts des italienischen Justizministeriums (03/2012).

401 S. 2 des Statistikberichts des italienischen Justizministeriums (12/2012), abrufbar unter https://webstat.giustizia.it/Analisi%20e%20ricerche/Mediazione%20civile%20al%2031%20dicembre%202012.pdf (zuletzt abgerufen am 10. Juni 2016).

402 So auch *De Palo/Oleson* in: Regulating Dispute Resolution, S. 241.

403 Punkt 8 der Entschließung des Europäischen Parlaments vom 13. September 2011 zu der Umsetzung der Richtlinie über Mediation in den Mitgliedstaaten, ihren Einfluss auf die Mediation und ihre Inanspruchnahme durch die Gerichte.

Das Europäische Parlament weist in seiner Entschließung zudem darauf hin, dass trotz der Kontroverse die Mitgliedstaaten, deren innerstaatliches Recht über die Kernanforderungen der Mediationsrichtlinie hinausginge, mit der Förderung der außergerichtlichen Streitschlichtung in Zivil- und Handelssachen offenbar erhebliche Erfolge erzielt hätten. Ferner stellt das Parlament fest, dass die insbesondere in Italien, Bulgarien und Rumänien erzielten Ergebnisse belegen würden, dass die Mediation durch auf die Bedürfnisse der Parteien abgestimmte Verfahren zu einer kostenwirksamen und raschen außergerichtlichen Beilegung von Streitigkeiten führen könne.[404] Zudem habe die verpflichtende Mediation offenbar im italienischen Rechtssystem ihr Ziel erreicht, die Überlastung der Gerichte zu verringern; gleichwohl betont das Europäische Parlament aber auch, dass die Mediation als praktikable, kostengünstige und schnellere alternative Form zur Rechtsprechung und nicht als vorprozessuale Verpflichtung gefördert werden solle.[405]

b) *Reaktion der Anwaltschaft*

Vehemente Reaktionen wurden insbesondere seitens der Anwaltschaft laut. In erster Linie wehrten sich die OUA (*Organismo Unitario Avvocatura* – die Hauptvereinigung der Anwaltschaft Italiens) verschiedene Rechtsanwaltskammern sowie Anwaltsvereinigungen und beantragten unter anderem beim Verwaltungsgericht Lazio (TAR Lazio) die Aufhebung des Ministerialdekretes 180/2010. Zudem begehrten sie die Feststellung, dass durch Artikel 5 Abs. 1 und 16 des italienischen Mediationsgesetzes die Artikel 24, 76 und 77 der italienischen Verfassung verletzt worden seien.[406]

In besagten Artikeln der italienischen Verfassung heißt es:

> *Art. 24: „Tutti possono agire in giudizio per la tutela dei propri diritti e interessi legittimi. La difesa è diritto inviolabile in ogni stato e grado del procedimento. [...].“*
> *Art. 76: „L'esercizio della funzione legislativa non può essere delegato al Governo se non con determinazione di principi e criteri direttivi e soltanto per tempo limitato e per oggetti definiti.“*

404 Punkt 9 der Entschließung des Europäischen Parlaments vom 13. September 2011 zu der Umsetzung der Richtlinie über Mediation in den Mitgliedstaaten, ihren Einfluss auf die Mediation und ihre Inanspruchnahme durch die Gerichte.

405 Punkt 10 der Entschließung des Europäischen Parlaments vom 13. September 2011 zu der Umsetzung der Richtlinie über Mediation, in den Mitgliedstaaten, ihren Einfluss auf die Mediation und ihre Inanspruchnahme durch die Gerichte.

406 So auch *Depping/Platter* in: Jahrbuch für Italienisches Recht, Band 24, 2012, S. 113.

Art. 77: „Il Governo non può, senza delegazione delle Camere, emanare decreti che abbiano valore di legge ordinaria. Quando, in casi straordinari di necessità e d'urgenza, il Governo adotta, sotto la sua responsabilità, provvedimenti provvisori con forza di legge, deve il giorno stesso presentarli per la conversione alle Camere che, anche se sciolte, sono appositamente convocate e si riuniscono entro cinque giorni. I decreti perdono efficacia sin dall'inizio, se non sono convertiti in legge entro sessanta giorni dalla loro pubblicazione. Le Camere possono tuttavia regolare con legge i rapporti giuridici sorti sulla base dei decreti non convertiti.“

Während Artikel 24 der italienischen Verfassung den Justizgewährungsanspruch vorsieht, wonach jedem die Möglichkeit zusteht, seine eigenen Rechte und berechtigten Interessen auf gerichtlichem Wege geltend zu machen, soll gemäß Artikel 76 die Ausübung der Legislativfunktion nicht an die Regierung delegiert werden, wenn es keine Festlegung der entsprechenden Prinzipien und Kriterien gibt. Für den Fall, dass dennoch delegiert würde, soll dies in zeitlicher Hinsicht limitiert sein und nur für definierte Gegenstände gelten. Gemäß Artikel 77 der italienischen Verfassung wiederum kann die Regierung ohne die Ermächtigung der beiden Kammern[407] keine Dekrete mit dem Rang eines ordentlichen Gesetzes erlassen. Sofern die Regierung in Eilfällen unter ihrer Verantwortung vorläufige Maßnahmen annimmt, muss sie diese an demselben Tag zwecks Gesetzesumwandlung den Kammern präsentieren. Die Kammern müssen innerhalb von fünf Tagen zusammenkommen. Die seitens der Regierung erlassenen Dekrete verlieren dann ihre Wirksamkeit, wenn sie nicht innerhalb von sechzig Tagen ab ihrer Veröffentlichung in ein entsprechendes Gesetz umgewandelt worden sind.

Nach Auffassung der Kritiker missachte die obligatorische Durchführung des Mediationsverfahrens die Vorgaben der Mediationsrichtlinie sowie die Vorgaben der *legge-delega* und schränke die Rechte der Bürger verfassungswidrig ein. In Italien würde ein Justizsystem aufgebaut, das keine Anwälte oder Richter vorsehe, sondern Mediatoren, die zudem keine stringente und qualitätssichernde Ausbildung hätten. Nach Auffassung der Kritiker habe es fast den Anschein, als wolle man nicht gegen die überlangen Verfahrensdauern vorgehen, trotz des Umstandes, dass die Anwaltschaft einige diesbezügliche Vorschläge gemacht hätte.[408]

---

407 In Italien gibt es das sogenannte „*Sistema bicamerale*“, also das Zwei-Kammer-System, bestehend aus dem Senat und der Abgeordnetenkammer, die beide – wenn auch nicht in gleicher Zahl besetzt – die gleiche Stimmenmacht besitzen.

408 Dargestellt auch in *Depping/Platter* in: Jahrbuch für Italienisches Recht, Band, 24, 2012, S. 113.

Mit Beschluss Nr. 03202/11 vom 12. April 2011[409] erklärte auch das Verwaltungsgericht, dass die gerügte Verfassungswidrigkeit der obligatorischen Mediation im Hinblick auf die Artikel 24 und 77 der italienischen Verfassung nicht offensichtlich unbegründet sei und untermauerte damit den von den Kritikern erhobenen Vorwurf einer Verletzung der italienischen Verfassung. Insbesondere lässt sich nach Auffassung des TAR Lazio der *legge-delega* keine Vorgabe entnehmen, die ein Vorgehen nach Art. 5 des italienischen Mediationsgesetzes a.F. vorsehe. Das Verwaltungsgericht kritisiert vor allem, dass aus der *legge-delega* kein Kriterium oder Prinzip resultiere, welches das Institut der Mediation als vorprozessuale obligatorische Phase vorschreibe. Ein weiterer Kritikpunkt bestehe darin, dass die *legge-delega* die Pflicht des Rechtsanwalts erwähne, seinen Mandanten über die reine Möglichkeit der Mediation zu informieren. Von einer obligatorischen Durchführung sei allerdings nicht die Rede.

Daraus ergebe sich, so das Verwaltungsgericht weiter, dass die Frage nach der Verfassungsmäßigkeit des Artikels 5 Absatz 1 des italienischen Mediationsgesetzes im Hinblick auf die Artikel 24 und 77 der italienischen Verfassung relevant und nicht offensichtlich unbegründet sei. Dies resultiere aus dem Umstand, dass Artikel 5 Absatz 1 die Verpflichtung zur Durchführung einer Mediation für die aufgezählten Rechtsgebiete vorsehe und die Obliegenheit regele, dass die Nichtdurchführbarkeit des Prozesses vom Beklagten eingewandt oder von Amts wegen vom zuständigen Richter festgestellt werden müsse. Gleiches gelte für Art. 16 Absatz 1 des italienischen Mediationsgesetzes, wonach öffentliche und private Einrichtungen, die Seriosität und Effizienz garantieren, befugt seien, auf Antrag einer Partei ein Mediationsverfahren durchzuführen.

Das Verwaltungsgericht ordnete daraufhin das Ruhen des Verfahrens an und legte der *Corte Costituzionale* die Akten zur Entscheidung vor.

c) Reaktion des italienischen Verfassungsgerichts durch Urteil Nr. 272

Nach dieser Diskussion über die Legitimität des obligatorischen Mediationsversuches wurde das Urteil des italienischen Verfassungsgerichts (*Corte Costituzionale*) seinerzeit mit Spannung erwartet, um zu erfahren, ob und welche Zukunft die Mediation in Italien haben wird. Die weitreichende Entscheidung erging mit dem

409 Abrufbar unter http://www.mediaconcilsrl.it/ultime/tar-del-lazio-stralcio-sentenza (zuletzt abgerufen am 10. Juni 2016).

Urteil Nr. 272 vom 24. Oktober 2012[410], das am 6. Dezember 2012 durch Hinterlegung in der Geschäftsstelle veröffentlicht wurde. Gemäß Artikel 133 des Codice di Procedura civile hat das Urteil ab dem Zeitpunkt seiner Veröffentlichung offiziell Bestand, einhergehend mit einer entsprechenden Bindungswirkung.[411] So erklärte das italienische Verfassungsgericht mit seiner Entscheidung die ursprünglichen obligatorischen Regelungen des italienischen Mediationsgesetzes wegen Überschreitung der gesetzgeberischen Kompetenz im Ergebnis für formell verfassungswidrig und brachte die bis dahin kurze Geschichte der flächendeckenden Mediation in Italien zum Stocken.[412]

Die formelle Verfassungswidrigkeit betraf nicht nur den die obligatorische Mediation regelnden Artikel 5 Absatz 1 des Dekretes, sondern gemäß Artikel 27 des Gesetzes Nr. 87 vom 11. März 1953 über die Zusammensetzung und die Wirkungsweise des (italienischen) Verfassungsgerichts auch diejenigen Artikel, die sich auf diesen Artikel 5 Absatz 1 beziehen.[413] Inhaltlich greift die Entscheidung zwei Schlüsselpunkte auf: den Bezug auf die europäischen Vorschriften und die Überschreitung der *legge-delega*. Bezüglich des ersten Punktes bezog sich das italienische Verfassungsgericht zunächst auf die notwendige Überprüfung der Übereinstimmung zwischen der delegierenden und der delegierten Norm. Hierzu stellte es klar, dass eine Ermessensfreiheit des ermächtigten Gesetzgebers grundsätzlich nicht ausgeschlossen sei, jedoch müsse im Rahmen der Überprüfung der Einhaltung des eingeräumten Ermessens auf das Motiv der *legge-delega*

---

410 Abrufbar unter http://www.cortecostituzionale.it/actionSchedaPronuncia.do?anno=2012&numero=272 (zuletzt abgerufen am 10. Juni 2016).

411 *Bartolini*, Commento al Codice di Procedura civile, § 133, S. 653; im Original: „*In questi casi il deposito, ufficialmente attestato dal cancelliere, costituisce il tramite attraverso il quale l'atto viene formalmente ad esistenza nel mondo esterno, […].*"

412 *Cuomo Ulloa*, La nuova mediazione, S. 5; im Original: „*Ripercorrendo le tappe dell'evoluzione della mediazione civile e commerciale prima iniziare l'esame dell'ultima riforma, è opportuno soffermarsi sulla sentenza della Corte costituzionale che nel dicembre del 2012 aveva travolto la mediazione obbligatoria segnando una battuta d'arresto nella breve ‚storia' dell'istituto introdotto nel 2010 […].*"

413 „*Essa dichiara altresì, quali sono le altre disposizioni legislative, la cui illegittimità deriva come conseguenza dalla decisione adottata.*"; *Morano Cinque* in: La nuova mediazione, S. 29 f.; im Original: „*Infatti, la Corte Costituzionale, con la sentenza 6 dicembre 2012, n. 272, ha dichiarato l'illegittimità, per eccesso di delega legislativa (violazione artt. 76 e 77 Cost.), dell'art. 5, primo comma, del D.Lgs. 4 marzo 2010, n. 28, istitutivo della mediazione nelle controversie civili e commerciali, laddove si prevedeva il carattere obbligatorio della media-conciliazione.*"

abgestellt werden, um daraus schließen zu können, ob die *legge-delega* konform mit dem später zu erlassenden Gesetz ist.[414]

Dies vorangestellt, stellte das italienische Verfassungsgericht fest, dass sich sowohl die *legge-delega* als auch das italienische Mediationsgesetz in seiner Präambel auf die Berücksichtigung und die Kohärenz mit den normativen Vorgaben des europäischen Gesetzgebers beziehen. Daher sei eine kurze Aufklärung bezüglich der zu befolgenden Elemente dieser Richtlinie notwendig, wobei die Untersuchung bei der Mediationsrichtlinie beginnen müsse. Diese reagiere auf die Notwendigkeit, einen besseren Zugang zur Justiz zu gewähren, wobei die Mediationsrichtlinie gemäß ihrem Erwägungsgrund unter Ziffer 6 davon ausgehe, dass *„die Mediation durch auf die Bedürfnisse der Parteien zugeschnittene Verfahren eine kostengünstige und rasche außergerichtliche Streitbeilegung in Zivil- und Handelssachen bieten [kann]. Vereinbarungen, die im Mediationsverfahren erzielt wurden, werden eher freiwillig eingehalten und wahren eine wohlwollende und zukunftsfähige Beziehung zwischen den Parteien. Diese Vorteile werden in Fällen mit grenzüberschreitenden Elementen noch deutlicher.*"

Zudem bestätige der 14. Erwägungsgrund der Mediationsrichtlinie, dass *„diese Richtlinie nationale Rechtsvorschriften, nach denen die Inanspruchnahme der Mediation verpflichtend oder mit Anreizen oder Sanktionen verbunden ist, unberührt lassen [sollte], sofern diese Rechtsvorschriften die Parteien nicht daran hindern, ihr Recht auf Zugang zum Gerichtssystem wahrzunehmen. Ebenso sollte diese Richtlinie bestehende, auf Selbstverantwortlichkeit der Parteien beruhende Mediationssysteme unberührt lassen, insoweit sie Aspekte betreffen, die nicht unter diese Richtlinie fallen.*" Dieses Prinzip nehme die Mediationsrichtlinie auch in ihren Artikeln 3a und 5 Absatz 2 wieder auf.

Nach Auffassung des Verfassungsgerichts könne den europäischen Vorgaben jedenfalls keine ausdrückliche oder konkludente Option einer obligatorischen Mediation entnommen werden.[415] Unabhängig von einer möglichen Erleichterung, die mit der obligatorischen Mediation im Bereich der außergerichtlichen Streitbeilegung zu erreichen sein könnte, regele das Recht der Europäischen Union die Modalitäten, mittels derer das Mediationsverfahren gemäß Artikel 3 a der

414 Zu dieser Vorgehensweise siehe auch Urteil des italienischen Verfassungsgerichts Nr. 230/2010, Nr. 98/2008, Nr. 340/2007, Nr. 170/2007.

415 Vgl. hierzu auch *Morano Cinque* in: La nuova mediazione S. 30; im Original: *„In tal senso, la Corte, ha ravvisato il vizio di eccesso di delega legislativa del d.lgs. 28/2010 rispetto alle indicazioni e alle direttive date dalla legge delega, che non aveva previsto, né esplicitamente, né implicitamente il potere per il legislatore delegato di prevedere l'istituto della mediazione quale condizione di procedibilità della domanda giudiziale.*"

Mediationsrichtlinie[416] strukturiert werden könne. Jedoch enthalte es weder die Auflage noch rate es dazu, eine obligatorische Mediation einzuführen. Kritik an einer nationalen Gesetzgebung, die eine solche Obligatorität enthält, lasse sich allerdings dem Recht der Europäischen Union ebenso wenig entnehmen. Daher offenbare sich die Regelung der Europäischen Union als neutral im Hinblick auf die Wahl des anzuwendenden Mediationsmodells, die den einzelnen Mitgliedstaaten übertragen sei, sofern garantiert bliebe, den ordentlichen Rechtsweg zu bestreiten. Daraus resultiere, dass die obligatorische Mediation keine Grundlage in den gesetzlichen Vorschriften finden könne. Im Urteil heißt es dazu:

> *„[…] dai richiamati atti dell'Unione europea non si desume alcuna esplicita o implicita opzione a favore del carattere obbligatorio dell'istituto della mediazione. Fermo il favor dimostrato verso detto istituto, in quanto ritenuto idoneo a fornire una risoluzione extragiudiziale conveniente e rapida delle controversie in materia civile e commerciale, il diritto dell'Unione disciplina le modalità con le quali il procedimento può essere strutturato («può essere avviato dalle parti, suggerito od ordinato da un organo giurisdizionale o prescritto dal diritto di uno Stato membro», ai sensi dell'art. 3, lettera a, della direttiva 2008/52/CE del 21 maggio 2008), ma non impone e nemmeno consiglia l'adozione del modello obbligatorio, limitandosi a stabilire che resta impregiudicata la legislazione nazionale che rende il ricorso alla mediazione obbligatorio (art. 5, comma 2, della direttiva citata. […] Pertanto la disciplina dell'UE si rivela neutrale in ordine alla scelta del modello di mediazione da adottare, la quale resta demandata ai singoli Stati membri, purché sia garantito il diritto di adire i giudici competenti per la definizione giudiziaria delle controversie. Ne deriva che l'opzione a favore del modello di mediazione obbligatoria, operata dalla normativa censurata, non può trovare fondamento nella citata disciplina*".

Bezüglich der Überschreitung der *legge-delega* hebt das Verfassungsgericht hervor, dass das Gesetz – das im Hinblick auf viele Aspekte der Mediation detaillierte Hinweise gebe – keine irgendwie geartete explizite Regelung beinhalte, die eine obligatorische Mediation vorsehe.[417] Die Möglichkeit einer solchen Mediation könne jedenfalls nicht aus Artikel 60 Absatz 3 a) des Gesetzes 69/2009 gezogen werden, zumal auch an dieser Stelle durch die *legge-delega* klargestellt

---

416 *„[…] Dieses Verfahren kann von den Parteien eingeleitet oder von einem Dritten vorgeschlagen oder angeordnet werden oder nach dem Recht eines Mitgliedstaates vorgeschrieben sein. […]*"

417 *Morano* Cinque in: La nuova mediazione, S. 28; im Original: „*In buona sostanza, i dubbi di legittimità costituzionale riguardano, anzitutto, un eccesso di delega: ed invero, si ravvisa la violazione degli artt. 76 e 77 cost. atteso che l'introduzione del previo esperimento della mediazione quale condizione di procedibilità non trova il suo fondamento in nessuna disposizione né della legge delega (art. 60 l. n. 69, cit.) né della direttiva n. 2008/52/Ce […].*"

würde, dass eine Versperrung des Zugangs zur Justiz nicht erfolgen dürfe. Die kritisierte Überschreitung bestünde hinsichtlich des obligatorischen Charakters der Einigung und entsprechend hinsichtlich der konsequenten Strukturierung dieses Verfahrens als Voraussetzung für einen regulären Zivilprozess im Rahmen der unter Artikel 5 Absatz 1 des Dekretes 28/2010 aufgezählten Rechtsgebiete. Daraus ergebe sich schließlich eine Verletzung der Artikel 76 und 77 der italienischen Verfassung. Im Urteil heißt es hierzu:

> „*Sul punto l'art. 60 della legge n. 69 del 2009, che per altri aspetti dell'istituto si rivela abbastanza dettagliato, risulta del tutto silente. […] Il denunciato eccesso di delega, dunque, sussiste, in relazione al carattere obbligatorio dell'istituto di conciliazione e alla conseguente strutturazione della relativa procedura come condizione di procedibilità della domanda giudiziale nelle controversie di cui all'art. 5, comma 1, del d.lgs. n. 28 del 2010. […] In definitiva, alla stregua delle considerazioni fin qui esposte, deve essere dichiarata l'illegittimità costituzionale dell'art. 5, comma 1, del d.lgs. n. 28 del 2010, per violazione degli artt. 76 e 77 Cost. […]*".

aa) Verstoß gegen die Artikel 76 und 77 der italienischen Verfassung

In Anbetracht des Regelungsinhaltes dieser beiden Artikel kann ein Verstoß insofern angenommen werden, als die Regelungen zur obligatorischen Mediation durch die Regierung im Rahmen der *legge-delega* ohne vorangegangene Autorisierung durch das Parlament und infolgedessen ohne die Autorisierung der beiden Kammern eingeführt wurden, sodass hierin die formelle Überschreitung legislativen Ermessens zu sehen ist. Nach Auffassung des Verfassungsgerichts sei es in diesem Zusammenhang jedoch wichtig zu betonen, dass die obligatorische Mediation an sich nicht verfassungswidrig sei, dies aber vorliegend so sei, da sie mittels eines Gesetzesdekretes mit Ermächtigungsvorbehalt in Kraft getreten sei. Die Verfassungswidrigkeit liege hier in der Überschreitung der Kompetenzen.

Es ist also festzuhalten, dass das Verfassungsgericht – im Einklang mit den gesetzgeberischen Vorgaben zur Mediation vor Einführung des Mediationsgesetzes – durchaus das Bedürfnis einer obligatorischen Mediation in speziellen Verfahren für einzelne Bereiche anerkennt.[418] Dies lässt sich nach Auffassung des Verfassungsgerichts allerdings nicht auf die Überprüfung der vorliegenden Norm übertragen. Da die Mediation darauf gerichtet ist, Streitbeilegungsalternativen in

---

418 *Morano Cinque* in: La nuova mediazione, S. 31; im Original: „*In buona sostanza, sono gli Stati che decidono se deve essere obbligatoria o meno. In tal senso, quindi, sembrerebbe che la Corte Costituzionale ravvisi, sebbene implicitamente, la compatibilità di un modello di mediazione di tipo obbligatorio con la normativa Europea (altrimenti non si parlerebbe di ‚neutralità' ma di ‚contrarietà'.*"

Zivil- und Handelssachen zu definieren, mit dem Ziel, das System der ordentlichen Gerichtsbarkeit zu entlasten, wird seitens des Verfassungsgerichts klargestellt, dass der obligatorische Charakter nicht mit dem Anspruch und dem Wesen der Mediation vereinbar sei. Das Verfassungsgericht verdeutlichte, dass es bei der getroffenen Entscheidung nicht um die Beurteilung der Mediation oder der Verfassungsmäßigkeit eines präventiven obligatorischen Systems als Prozessvoraussetzung ginge, sondern allein die Konformität mit der geltenden Verfassung geprüft worden sei.

bb) Verstoß gegen Artikel 24 der italienischen Verfassung

Ferner stellt sich die Frage, ob das italienische Mediationsmodell nicht auch gegen weitere Artikel der italienischen Verfassung verstoßen könnte, auch wenn diese keine Berücksichtigung in den Entscheidungsgründen des Verfassungsgerichtsurteils fanden.

Angeführt werden soll an dieser Stelle Artikel 24 der italienischen Verfassung, dessen Verletzung auch seitens einiger Beschwerdeführer gerügt wurde und ebenfalls nicht mit der obligatorischen Umsetzung in Einklang stehen könnte. Auch wenn den Parteien im Falle der vorgeschriebenen Mediation durch eine etwaige Nichtteilnahme oder aber einen Nichterfolg der Weg zu einem Gerichtsverfahren noch offen stünde, scheint der obligatorische Ansatz dennoch dem verfassungsgemäß zugesicherten Zugang einen Riegel vorgeschoben zu haben.

Hinzu kommt der Umstand, dass die Parteien im Falle einer nicht zustande gekommenen oder gescheiterten Mediation eher vorbelastet in das spätere Gerichtsverfahren eintreten, da ihnen sowohl im Hinblick auf die Kosten als auch bei Beweisfragen ein Nachteil entstehen kann.[419] Auch, wenn der Mediationssuchende mit geringeren Kosten als im Falle eines regulären Gerichtsverfahrens rechnen darf, so schmälert auch eine Mediation die finanziellen Mittel, insbesondere dann, wenn die Mediation scheitert und ein Gerichtsverfahren eingeleitet wird. Somit handelt es sich um einen weiteren Aspekt, der gegen eine Konformität mit Artikel 24 sprechen könnte, zumindest im Falle eines der gescheiterten Mediation folgenden Gerichtsverfahrens.

---

419 Vgl. hierzu auch *Morano Cinque* in: La nuova mediazione, S. 29; im Original: „*Peraltro, il giudice a quo rinviene pure l'altra censura de legittimità costituzionale: il diritto all'accesso alla giustizia, ex art. 24 Cost, sarebbe, infatti violato sotto due profili: a) da un lato, sotto il profilo economico: sebbene, infatti, siano piuttosto contenuti, i costi del servizio di mediazione […] costituiscono pur sempre un ostacolo per la proposizione della domanda giudiziale […].*“

Selbst wenn man einen versperrten Zugang zum regulären Gerichtsverfahren annehmen möchte, dürfte dieser Zugang nur teilweise limitiert sein: Schließlich stellt die auferlegte Mediation lediglich eine zusätzliche Bedingung zu diesem Verfahrenszugang dar. Von einer tatsächlichen, vollumfänglichen und vor allem unwiederbringlichen Versperrung kann also nicht die Rede sein; vielmehr handelt es sich um eine gewisse Erschwernis. Dies trifft jedenfalls dann zu, wenn die Parteien von vornherein kein Interesse an einer Mediation haben, die obligatorische Voraussetzung aber formell einhalten mussten.

Greift man den Aspekt der determinierten Zugangsdauer zur Mediation an dieser Stelle auf, so lässt sich feststellen, dass zwar nicht das möglicherweise angestrebte Gerichtsverfahren, wohl aber das italienische Mediationsmodell den Parteien einen schnelleren Zugang zum Recht bieten kann.

So kann im Ergebnis nicht von einem Verstoß gegen Artikel 24 der italienischen Verfassung ausgegangen werden, jedoch scheint es sich hier um einen Grenzfall zu handeln, da eine Verweigerung des Zugangs zum regulären Gerichtsverfahren durch den italienischen Gesetzgeber zwar nicht vorgenommen wurde, wohl aber zu einer gewissen Erschwernis geführt hat.

cc) Verstoß gegen Artikel 97 der italienischen Verfassung

In Betracht käme außerdem eine Verletzung des Artikels 97 der italienischen Verfassung. Dort heißt es:

> *„I pubblici uffici sono organizzati secondo disposizioni di legge, in modo che siano assicurati il buon andamento e l'imparzialità dell'amministrazione. Nell'ordinamento degli uffici sono determinate le sfere di competenza, le attribuzioni e le responsabilità proprie dei funzionari. […]"*

Die öffentlichen Stellen und Behörden sollen gemäß den gesetzlichen Vorschriften geregelt sein, und zwar so, dass sie einen guten Fortgang und die Unparteilichkeit der Verwaltung gewährleisten. Zudem sollen in den Regularien der Ämter die jeweiligen Kompetenzen, Zuweisungen und die eigenen Verantwortlichkeiten der Beamten festgelegt werden. Zu fragen ist demnach, ob diese verfassungsrechtlichen Voraussetzungen im italienischen Mediationsgesetz umgesetzt worden sind.

Richtet man in diesem Zusammenhang den Fokus auf das Dekret, so fällt zunächst auf, dass eine konkrete Ausgestaltung nicht vorgesehen ist. Es gibt keine objektiven Kriterien, nach denen eine Zuordnung der Mediationen auf die einzelnen Mediatoren stattzufinden hat. Vor diesem Hintergrund müsste zumindest ein Minimum an Transparenz, Gleichheit und Unparteilichkeit gefordert werden. Andererseits verlangt die Unparteilichkeit eines Mediators nicht das Vorhandensein von objektiven und im Voraus festgelegten Kriterien bei seiner

Nominierung. So kann es doch der Effizienz einer Organisation – wie einer Mediationsstelle – nicht entgegenstehen, dass es keine strikten, im Voraus festgelegten Vorgehenskriterien gibt. Im Ergebnis ist auch ein Verstoß gegen Artikel 97 der italienischen Verfassung abzulehnen.

dd) Auswirkungen des Urteils Nr. 272

Aus der erklärten Verfassungswidrigkeit der obligatorischen Mediation entstand kurzfristiger Handlungsbedarf, insbesondere im Hinblick auf den bisherigen Inhalt des italienischen Mediationsgesetzes. In Artikel 136 der italienischen Verfassung heißt es hierzu:

> *„Quando la Corte dichiara l'illegittimità costituzionale di una norma di legge o di atto avente forza di legge, la norma cessa di avere efficacia dal giorno successivo alla pubblicazione della decisione. […]"*

Da also die jeweiligen Normen einen Tag nach der Veröffentlichung der Entscheidung unwirksam werden und diese im vorliegenden Fall am 12. Dezember 2012 unter der laufenden Nummer 49 in der *Gazzetta Ufficiale*[420] erfolgte, verloren auch die Normen zur obligatorischen Mediation ab dem 13. Dezember 2012 ihre Wirksamkeit. In der praktischen Konsequenz wurde daraufhin die obligatorische Mediation als Hauptzugang zur Mediation[421] aus dem Repertoire der

---

420 Die *„Gazzetta Ufficiale della Repubblica italiana"* (früher: *„Gazzetta Ufficiale del Regno d'Italia")* ist die amtliche Gesetzessammlung Italiens und Instrument der Verbreitung, Information und Veröffentlichung der Gesetzestexte, öffentlicher und privater Rechtshandlungen. Herausgegeben wird sie vom sogenannten *„Istituto Poligrafico e Zecca dello Stato"*, der staatlichen Druckerei und Münzprägeanstalt Italiens, und zwar in Zusammenarbeit mit dem Justizministerium, welches für die Leitung und die Redaktion zuständig ist. Die Veröffentlichung erfolgt werktäglich. Nach Veröffentlichung in der *Gazzetta* werden die gesetzgeberischen Maßnahmen des Staates und die Rechtshandlungen der Regierung chronologisch in der sogenannten „Raccolta *ufficiale dei provvedimenti legislativi dello Stato e di tutti gli atti del Governo*" (früher: *„Raccolta ufficiale delle leggi e dei decreti"*) gesammelt. Alle Veröffentlichungen erhalten eine fortlaufende Nummer, die Zuordnung erfolgt durch den amtierenden Justizminister mittels Sichtvermerkes und staatlichen Siegels: hierbei handelt es sich um Formvorschriften, die der Justizminister umgehend nach Erlass realisiert und die zu einer rein formellen Überprüfung des jeweiligen Dokuments führen. Die Einfügung in die Sammlung hat einen rein publizistischen und dokumentarischen Wert und dient der notwendigen Bestimmtheit und Rechtssicherheit der Gesetzestexte.

421 So auch Cuomo Ulloa, La nuova mediazione, S. 16; im Original: *„La sentenza della Corte costituzionale cancellando la obbligatorietà aveva eliminato il canale prioritario di accesso alla mediazione […].*

Mediationsmodelle gestrichen, sodass nur noch die freiwillige, delegierte oder vereinbarte Mediation Anwendung fanden.

Im Ergebnis bleibt allerdings festzuhalten, dass mit der Verfassungsgerichtsentscheidung keine Versagung einer obligatorischen Mediation per se erfolgte, sondern vielmehr die Vorgehensweise des Gesetzgebers moniert wurde, der den formellen Anforderungen bei seiner Umsetzung nicht in ausreichendem Maße Rechnung trug.[422] Ob die Mitgliedstaaten ihrer Mediation einen obligatorischen Charakter verleihen möchten, bleibt letztlich ihnen überlassen. Nach richtiger Auffassung des italienischen Verfassungsgerichts steht die Mediationsrichtlinie einer solchen Umsetzung in der Tat neutral gegenüber, sofern der Justizgewährungsanspruch garantiert bleibt.[423]

7. Reaktionen auf die Verfassungsgerichtsentscheidung

Die Reaktionen auf die Entscheidung des italienischen Verfassungsgerichts waren weitreichend. Neben den zahlreichen Beschwerdeführern, die die Entscheidung des italienischen Verfassungsgerichts befürworteten, wurden ebenso Stimmen der involvierten Stellen laut, die der Abschaffung der Pflichtmediation kritisch gegenüberstanden.

a) Exemplarische Reaktion des ADR-Centers

So nahm unter anderem das ADR-Center[424] die Pressemitteilung vom 24. Oktober 2012 zur Entscheidung des italienischen Verfassungsgerichts am 31. Oktober 2012 zum Anlass, um an die damalige Justizministerin Paola Severino di Benedetto

---

422 *Morano Cinque* in: La nuova mediazione (Regole e tecniche), S. 30; im Original: *„Una sentenza che, […], non si poneva tanto contro l'obbligatorietà del tentativo di mediazione, bensì, più che altro, contro il comportamento dell'esecutivo, in rapporto a quanto deliberato dal Parlamento."*

423 *Morano Cinque* in: La nuova Mediazione (regole e tecniche), S. 30; im Original: *„Infatti, in un passo della motivazione, si legge che ‚la disciplina dell'UE si rivela neutrale in ordine alla scelta del modello della mediazione da adottare, la quale resta demandata ai singoli Stati membri, purché sia garantito il diritto di adire i giudici competenti per la definizione giudiziaria delle controversie.'"*

424 Das ADR-Center ist eine im Jahr 1998 von Giuseppe De Palo und Leonardo D'Urso gegründete Institution für Mediation und Schlichtung, die sich seitdem der endgültigen Beilegung komplexer ziviler und wirtschaftlicher Streitigkeiten in Italien und im italienischen Ausland widmet.

einen offenen Brief[425] zu verfassen, in dem dazu aufgefordert wurde, den vom Verfassungsgericht kritisierten Formmangel schnellstmöglich zu beheben, um nicht Gefahr zu laufen, die bisher gewonnenen Erkenntnisse und Erfahrungen sowie die bisher erzielten Ergebnisse obsolet werden zu lassen. Es scheint nach Auffassung des ADR-Centers zudem paradox, dass die Mediation als Mittel zur Entlastung des italienischen Justizsystems eher eine weitere Erschwernis mit sich bringt, als eine adäquate Lösung zur Konfliktbeilegung darzustellen.[426]

Nach Ansicht des ADR-Centers steigere die Mediation die gemeinschaftlichen Werte, die fundamental für die harmonische Entwicklung der Gesellschaft seien. In diesem Zusammenhang fordere die Mediation einen recht radikalen und nicht einfachen Wechsel der inneren Einstellung und Haltung der Beteiligten. Im Zeitraum zwischen 1993 und der Umsetzung der aktuellen Mediationsrichtlinie habe der italienische Gesetzgeber im Bereich der freiwilligen Mediation zahlreiche kulturell wichtige Ergebnisse geschaffen; viele von ihnen blieben allerdings hinter den eigenen Erwartungen und Bedürfnissen zurück. Seit dem 21. März 2011, an dem der Mediationsversuch Prozessvoraussetzung wurde, sei die Anzahl der Mediationen und der durch Mediation erzielten Einigungen teilweise exponentiell gestiegen. 77% der seit März 2011 begonnenen Mediationsverfahren seien das Ergebnis der eingeführten Prozessvoraussetzung. Die Mediation sei dabei als eine übernommene Verpflichtung in gemeinschaftlicher Hinsicht anzusehen, wobei das italienische Mediationsmodell bereits großen Zuspruch auf internationaler Ebene erlangt habe, etwa durch die Befürwortung des Europäischen Parlaments in seiner Entschließung vom 13. September 2011.[427] Zudem werde im Klarstellungsbericht an die Europäische Union von Minister Giulio Tremonti[428] unter den verabschiedeten und noch zu verabschiedenden Maßnahmen nicht nur das Gesetzdekret 28/2010 erwähnt, sondern auch die Notwendigkeit, den Mechanismus der Verfahrensvoraussetzung auszuweiten.[429] Nach Auffassung des ADR-Centers sei ferner zu beachten, dass die freiwillige Mediation in einigen Mitgliedstaaten keinerlei nennenswerte Ergebnisse erreicht habe.[430]

---

425 Abrufbar unter http://www.mondoadr.it/cms/lettera-aperta-ministro-severino (zuletzt abgerufen am 10. Juni 2016).

426 Zweiter Absatz des Briefes.

427 Ziffer 6 lit. b) des Briefes.

428 Giulio Tremonti war in den Jahren 2001-2004, 2005-2006 und 2008-2011 Wirtschafts- und Finanzminister unter Silvio Berlusconi.

429 Seite 32 und 34, Ziffer 6 des Klarstellungsberichtes.

430 Siehe Ziffer 7 des Briefes.

Die Rolle des Rechtsanwaltes in der Mediation müsse zudem wertgeschätzt werden, da die Anwesenheit eines Rechtsbeistandes es erlaube, die anstehenden Entscheidungen, die Auswirkungen auf ein etwaiges späteres Zivilverfahren haben können, bewusster zu treffen.[431] So habe die Umsetzung der Mediationsrichtlinie dazu geführt, dass der aktuelle Wert der nationalen Mediationserfolge bei 50% liege und dies zu bemerkenswerten Zeitersparnissen bei den involvierten Parteien geführt habe.[432] Dabei bringe eine erfolgreiche Mediation mit einer durchschnittlichen Dauer von 50 Tagen im Verhältnis zu einem regulären Zivilprozess, der im Durchschnitt in der ersten Instanz 1.000 Tage dauere, eine Zeitersparnis von 950 Tagen, während eine misslungene Mediation lediglich einen Zeitverlust von 50 Tagen bedeute.[433]

Auch im Hinblick auf die Kosten habe eine Studie der Vereinten Handelskammern eine Ersparnis von 480 Millionen herausgearbeitet, und dies allein für den Zeitraum von September 2011 bis September 2012.[434] Dabei dürfe die Zahl der erreichten Schlichtungen und die damit einhergehende Erfolgsquote der Mediation nicht mit der Gesamtanzahl der eingeleiteten Verfahren vermischt werden; denn auch solche Verfahren, bei denen eine Einigung aufgrund des Nichterscheinens der anderen Partei gar nicht zu erzielen war, fielen unter die Kategorie eines eingeleiteten Verfahrens.[435] Durch die seitens des italienischen Gesetzgebers forcierte Steigerung der Teilnahme an einem Mediationsverfahren werde zudem der Nutzen für die Gemeinschaft mehr als proportional gesteigert.[436] Schließlich habe die Politik die Pflicht, von den eigenen Bürgern ein Verhalten zu fordern, welches sozial nützlich sei.[437]

Daher werde angeregt, die Mediation zeitnah wieder als Prozessvoraussetzung einzuführen und dabei der Rolle des Rechtsanwaltes Rechnung zu tragen, um das Potenzial der Mediation bei zivil- und wirtschaftsrechtlichen Streitigkeiten in Italien verstärkt zu evaluieren.[438]

---

431 Ziffer 8 des Briefes.
432 Ziffer 9 des Briefes.
433 Ziffer 9 des Briefes.
434 Ziffer 10 des Briefes.
435 Ziffer 11 des Briefes.
436 Ziffer 12 des Briefes.
437 Siehe vorletzter Absatz des Briefes.
438 Siehe letzter Absatz des Briefes.

b) *Reaktion des italienischen Gesetzgebers: Die Mediation in „neuem“ Gewand*

Zunächst war unklar, ob und, wenn ja, welche Maßnahmen der italienische Gesetzgeber ergreifen würde, um die bereits verzeichneten Erfolge – insbesondere im Hinblick auf die Entlastung des eigenen Justizsystems – weiter aufrecht erhalten zu können. Nicht von der Hand zu weisen war aber die Notwendigkeit eines Einschreitens nach der Entscheidung der *Corte Costituzionale*. Dies resultierte insbesondere auch aus dem Umstand, dass die Zahl der Mediationsverfahren nach „Abschaffung“ der obligatorischen Mediation deutlich abnahm. Während im Jahr 2012 noch 154.879 anhängige Mediationsverfahren zu verzeichnen waren, lag diese Zahl im Jahr 2013 bei nur noch 41.604 Verfahren.[439] Hierbei muss allerdings berücksichtigt werden, dass allein die Anzahl anhängiger Mediationsverfahren noch keinen Aufschluss über eine auch tatsächlich erfolgreich durchgeführte Mediation gibt.[440]

Fraglich war insbesondere, ob bloß eine Behebung des verfassungsgerichtlich kritisierten Formmangels stattfinden würde oder andere Wege gefunden werden mussten, um die verbleibenden Möglichkeiten der freiwilligen, vereinbarten und gerichtlich angeregten Mediation weiter zu stärken und auf diese Weise einen inhaltlichen Fortschritt zu erzielen. So erging die Entscheidung des Verfassungsgerichts möglicherweise gerade zu einem Zeitpunkt, in dem die Mediation – trotz oder gerade wegen ihres obligatorischen Charakters – in der Gesellschaft zunehmend an Akzeptanz erfuhr.[441] In Anbetracht des darauf folgenden erheblichen Einbruchs der Zahl der eingeleiteten Mediationsverfahren und der damit einhergehenden steigenden Belastung der italienischen Justiz, die die Entscheidung der *Corte Costituzionale* mit sich brachte, wurde schnell deutlich, dass der italienische Gesetzgeber zügig entsprechende Maßnahmen ergreifen musste. So fiel bereits im November 2012 die Zahl der Verfahren von 20.123 im Vormonat auf 4.631 Mediationen;[442] zuvor war der Anteil der obligatorischen Mediationen

---

439 Abrufbar unter https://webstat.giustizia.it/Analisi%20e%20ricerche/Civil%20mediation%20in%20Italy%20-%202015%20%28ENG%29.pdf (zuletzt abgerufen am 10. Juni 2016); vgl. auch *Lupoi*, ZZPInt Bd. 19 (2014), S. 98.

440 Vgl. hierzu auch *Lupoi*, ZZPInt Bd. 19 (2014), S. 99.

441 *Cuomo Ulloa*, La nuova mediazione, S. 19; im Original: „*[...] la Corte avrebbe eliminato troppo presto, proprio quando ‚il tessuto sociale e giuridico‘ cominciava a conoscere l'istituto e ad accettarne la presenza.*“

442 S. 2 des Statistikberichts des italienischen Justizministeriums (12/2012).

noch stetig angestiegen.[443] Im Gegenteil dazu verringerten sich die erreichten Einigungen bei den tatsächlich durchgeführten Mediationen von 59,3% im zweiten Quartal 2011 auf 38,0% im vierten Quartal 2012.[444] Der Rückgang der Mediationsverfahren setzte sich auch im Jahr 2013 fort. So beliefen sich die monatlich eingeleiteten Verfahren zwischen Januar und September 2013 auf durchschnittlich nur noch 1.600.[445] Dabei konnte in 29,16% aller Verfahren eine Mediation auch durchgeführt werden, in 52% dieser Fälle konnte eine Einigung zwischen den Parteien erzielt werden.[446] Beachtlich ist in diesem Zusammenhang der Anstieg der erreichten Einigungen von 44,0% im ersten Quartal 2013 auf 63,5% bis zur Mitte des zweiten Quartals.[447] Auch die Zahl der freiwilligen Mediationsverfahren erlebte einen Anstieg auf 57,0%,[448] wovon 64,6% mit einer Einigung zwischen den Parteien endeten.[449] Im Gegensatz zum Vorjahreszeitraum stieg zudem die durchschnittliche Verfahrensdauer bei Mediationen, bei denen keine Einigung erzielt wurde, von 77 auf 152 Tage an, während die Mediationen mit einer Einigung nunmehr statt 65 durchschnittlich 100 Tage dauerten.[450]

Als dann mit Artikel 84 des *decreto legge* Nr. 69 vom 21. Juni 2013, dem sogenannten „*Decreto del fare*", seitens der Regierung um Enrico Letta[451] die neuen Eckpfeiler zur Steigerung des Wachstums des Landes festgelegt wurden, erfuhr auch die Mediation durch die Schaffung eines neuen Mediationsmodells in Anpassung an die Entscheidung des italienischen Verfassungsgerichts eine neue Regelung. Diese erging mit dem Gesetz Nr. 98 vom 9. August 2013, welches dreißig Tage nach seiner Gesetzesumwandlung[452] am 21. September 2013 in Kraft trat.

---

443 Der Anteil der obligatorischen Mediation lag zwischen März 2011 und Dezember 2012 bei 83,5%, vgl. S. 8 des Statistikberichts des italienischen Justizministeriums (12/2012).

444 S. 6 des Statistikberichts des italienischen Justizministeriums (12/2012).

445 S. 2 des Statistikberichts des italienischen Justizministeriums (01/2013-09/2013), abrufbar unter https://webstat.giustizia.it/Analisi%20e%20ricerche/Mediazione%20civile%20al%2030%20settembre%202013.pdf (zuletzt abgerufen am 10. Juni 2016).

446 S. 5 des Statistikberichts des italienischen Justizministeriums (01/2013-09/2013).

447 S. 6 des Statistikberichts des italienischen Justizministeriums (01/2013-09/2013).

448 S. 8 des Statistikberichts des italienischen Justizministeriums (01/2013-09/2013).

449 S. 12 des Statistikberichts des italienischen Justizministeriums (01/2013-09/2013).

450 S. 15 des Statistikberichts des italienischen Justizministeriums (01/2013-09/2013).

451 Enrico Letta gehört der „*Partito Democratico*" an und war vom 28.04.2013 – 14.02.2014 Ministerpräsident Italiens.

452 Jedes *decreto legge* bedarf gemäß Art. 77 der *Costituzione Italiana* einer Gesetzesumwandlung, die ebenfalls per Gesetz mit der sogenannten *legge di conversione* erfolgt.

Auf den ersten Blick konnte es dabei den Anschein haben, dass es sich um eine schlichte Wiedereinführung des obligatorischen Ansatzes handelte. Tatsächlich aber wurde das Mediationsgesetz, welches seinerzeit mit dem Dekret 28/2010 implementiert worden war, in grundlegenden Aspekten geändert und so an die Entscheidung des italienischen Verfassungsgerichts angepasst; dies betraf nicht nur die von der obligatorischen Mediation betroffenen Rechtsgebiete.[453]

aa) Mediation und örtliche Zuständigkeit

So wurde bereits der Begriff der Mediation neu definiert: Während der Mediator den Parteien nach der ursprünglichen Version bei der Suche nach einer gütlichen Einigung und der Formulierung eines Einigungsvorschlages unterstützend zur Seite stand, sieht die neue Fassung des Mediationsgesetzes in der Formulierung des Einigungsvorschlages eine eigene Durchführungsweise des Mediationsverfahrens vor, die der Mediator zur Unterstützung der Parteien bei der Erreichung einer Einigung vornehmen kann.[454,455]

Diese Änderung ist durchaus nachvollziehbar, da sie die verschiedenen Vorgehensmöglichkeiten des Mediators verdeutlicht: Er kann die Parteien nicht nur bei der Erreichung einer Einigung unterstützen (*mediazione facilitativa*),[456] sondern auch ihre dahingehende Suche durch die Formulierung eines Vorschlages leiten (*mediazione valutativa*)[457]. Bei dem ersten Verfahrensstil hält sich der Mediator eher im Hintergrund. Seine Hauptaufgabe besteht in der Verfahrensleitung und in der reinen, nicht zwangsläufig aktiven Unterstützung der Parteien.[458] Leitet er das Verfahren hingegen im evaluativen Stil, nimmt er eine weitaus

---

453 Zu den mit dem novellierten Mediationsgesetz neu aufgenommenen Rechtsgebieten, die von einer obligatorischen Mediation betroffen sind, zählen nun auch die Haftungsfälle im Gesundheitswesen. Aus dem Katalog hingegen gestrichen wurden schadensersatzrechtliche Ansprüche aus Verkehrs- und Schiffsunfällen.

454 Art. 1 lit. a) ital. MediationsG.

455 *Cuomo Ulloa*, La nuova mediazione, S. 32; im Original: „*Rispetto al testo precedente, che impropriamente riferiva l'assistenza del mediatore alla formulazione della proposta, […], il nuovo testo individua, infatti, nella formulazione della proposta una modalità di svolgimento dell'attività di mediazione, che il mediatore esercita, al fine di assistere le parti nella ricerca di un accordo*".

456 *Cuomo Ulloa*, La nuova mediazione, S. 33; im Original: „*[La mediazione facilitativi è] finalizzata a facilitare l'autonomo raggiungimento di un accordo delle parti; [la mediazione valutativa è] finalizzata alla formulazione di una proposta da parte del mediatore, che le parti potranno poi accettare o rifiutare.*"

457 Siehe Fn. 455.

458 *Wendenburg*, Der Schutz der schwächeren Partei in der Mediation, S. 18 f.

aktivere Rolle gegenüber den Parteien ein. So obliegt dem Mediator hierbei nicht nur die Leitung des Verfahrens sowie die Vermittlung zwischen den Parteien, er unternimmt auch eine eigenständige Einschätzung der Angelegenheit, bezieht Stellung und ist den Parteien aktiv mittels Unterbreitung eigener Vorschläge bei der Konfliktlösung behilflich.[459] Ein solches Verfahren bietet sich in geeigneten Fällen schon deshalb an, weil die Chancen, dass ein durch einen neutralen Dritten unterbreiteter Lösungsvorschlag eher angenommen wird, weitaus größer sind, als im Falle eines Vorschlages, der in die Sphäre einer der beiden Parteien fällt.[460]

Diese Möglichkeit des Mediators, auch aktiv Lösungen vorzuschlagen, kann im Ergebnis allerdings gleichermaßen dazu führen, dass das Selbstbestimmungsrecht und die Autonomie der Parteien dahingehend beeinträchtigt wird, dass diese nicht mehr in die Lage versetzt werden, sich ihre eigenen Lösungsansätze zu erarbeiten[461] und die Position als „Herren des Konsenses"[462] aufgeben. Diese Art des Mediationsverfahrens sollte daher nur in den Fällen geboten sein, in denen der evaluative Verfahrensstil auch dem Wunsch der Parteien entspricht, da er seinen Ursprung auch nur dann in ihrer Entscheidungsfreiheit hat.[463] So darf bei derartigen Verfahren auch nicht zwecks Erreichung einer Einigung ein irgendwie gearteter Zwang versteckt sein; andernfalls könnte dem Aspekt der Privatautonomie nicht in ausreichendem Maße Rechnung getragen werden.[464] Durch das aktive Zutun könnte dem Mediator unweigerlich eine „indirekte Entscheiderfunktion"[465] zukommen, wenn er von Beginn an darauf bedacht ist, den Parteien seinen Lösungsvorschlag zu unterbreiten und diesen nicht genügend Raum gibt, ihre eigenen Lösungsansätze herauszuarbeiten. In einem solchen Fall droht der Mediation der Verlust ihres typischen Wesens, indem sie sich eher dem Institut der Schlichtung annähert. Zu große Aktivität kann zudem die gebotene Neutralität des Mediators gegenüber den Parteien beeinträchtigen.[466] Im Ergebnis dürften aber insbesondere der Leitgedanke einer schnellen Lösung und die Überbrückung von Verhandlungsengpässen im Vordergrund stehen,[467]

459 *Wendenburg*, Der Schutz der schwächeren Partei in der Mediation, S. 19 f.
460 *Hager*, Konflikt und Konsens, S. 81.
461 *Gläßer* in: Festschrift für Dieter Martiny zum 70. Geburtstag, S. 756.
462 Zum Begriff siehe *Hager*, Konflikt und Konsens, S. 76.
463 So *Hager*, Konflikt und Konsens, S. 81.
464 *Hager*, Konflikt und Konsens, S. 81.
465 *Gläßer* in: Festschrift für Dieter Martiny zum 70. Geburtstag, S. 757.
466 *Hager*, Konflikt und Konsens, S. 82.
467 *Wendenburg*, Der Schutz der schwächeren Partei in der Mediation, S. 20.

sodass die Kompetenzerweiterung des italienischen Gesetzgebers als durchaus zweckmäßig und zielorientiert erachtet werden kann.

Eine weitere Änderung betrifft den Mediationsantrag selbst. Dieser kann nun nur noch bei einer Mediationsstelle des Bezirkes des Gerichts gestellt werden, das auch im Falle einer gerichtlichen Streitigkeit angerufen werden müsste.[468] Diese territoriale Zuständigkeit gilt auch im Falle der Einreichung mehrerer Anträge.[469] Geändert wurde auch der Zeitpunkt, der bei einer Mehrzahl von Anträgen maßgeblich sein soll: entgegen der ursprünglichen Version, nach der allein auf das Datum des Eingangs abgestellt wurde, ist nunmehr nur noch das Datum der Hinterlegung des Antrags ausschlaggebend.[470] Hierdurch hat der italienische Gesetzgeber insbesondere eine Angleichung an Artikel 6 Absatz 2 des italienischen Mediationsgesetzes vorgenommen, wonach die Frist zur Durchführung eines Mediationsverfahrens mit der Hinterlegung des Mediationsantrages beginnt.

Durch die genannten Änderungen hat der Gesetzgeber jedenfalls einen Weg gefunden, die Mediation auch während eines ins Stocken geratenen Mediationsverfahrens fortwährend fördern zu können und den Gerichten auch in diesen Fällen weitere Verfahren zu ersparen. Allerdings wird die Mediation mit dieser Kompetenzregelung unweigerlich an die Schlichtung angeglichen, woraus im Ergebnis eine – freiwillige oder unfreiwillige – Verlagerung der Verfahrensautonomie zu Lasten der Parteien folgt, wie sie stärker ausgeprägt nur in Gerichtsverfahren zu finden ist, in denen das Gericht den Gang des Verfahrens bestimmt.[471] Es ist anzunehmen, dass gerade der Erfolgsdruck der nachhaltigen Entlastung der italienischen Gerichte den Gesetzgeber dazu veranlasste, eine solche Kompetenzregelung vorzunehmen. Bisher offen gelassen hat er die Frage, ob die neue Vorgabe ausschließlich für Hauptsitze der Mediationsstellen gelten soll oder hiervon auch Niederlassungen profitieren können.[472] Aufschluss soll hier die Interpretationshilfe des Justizministeriums geben, nach der die Anträge beim

---

468 Art. 4 Abs. 1 ital. MediationsG.

469 Art. 4 Abs. 1 ital. MediationsG.

470 Art. 4 Abs. 1 ital. MediationsG.

471 Vgl. hierzu *Haft* in: Wege zur Globalisierung des Rechts, S. 263.

472 Vgl. hierzu *Cuomo Ulloa*, La nuova mediazione, S. 251; im Original: „*Ulteriore quesito sorge con riferimento alla delimitazione del criterio posto dalla nuova regola, non essendo chiaro se esso consenta di scegliere solo organismi che hanno la loro sede principale nel circondario, oppure consenta di avvalersi anche di organismi aventi nel circondario una sede secondaria o operativa.*"

Geschäftssitz, dem *sede legale*, eingereicht werden sollen.[473] So soll bei dem operativen Sitz nur die Möglichkeit der eigentlichen Durchführung verbleiben.[474]

Raum für Interpretationen bietet auch die Frage nach den Folgen der Einreichung und Hinterlegung eines Mediationsantrages bei einer örtlich unzuständigen Mediationsstelle sowie nach der Prüfung der Zuständigkeit.[475] Die Varianten und Auslegungsmöglichkeiten sind zahlreich: So könnte die Mediationsstelle aufgrund ihrer erkannten Unzuständigkeit schon den Mediationsantrag aus berechtigtem Grund zurückweisen,[476] sodass weder eine Weiterleitung an die Gegenseite noch die Bestimmung eines Termins stattfindet.[477] Fraglich ist beispielsweise auch, wie verfahren werden soll, wenn keiner der Beteiligten die Unzuständigkeit der Mediationsstelle erkannt hat. In diesem Fall scheint es jedenfalls durchaus konform mit dem Zweck des Mediationsverfahrens und dem Grundgedanken der geltenden; Vorschriften zu sein, auch hier die Prozessvoraussetzung für ein etwaig späteres Verfahren als erfüllt anzusehen; die Erfüllung sollte nicht davon abhängig gemacht werden, ob auch die örtlich zuständige Mediationsstelle angerufen wurde.[478]

Abgesehen von den zahlreichen Interpretationsspielräumen, die die neue Version des italienischen Mediationsgesetzes an dieser Stelle zulässt, ist nicht

---

473 *Cuomo Ulloa*, La nuova mediazone, S. 251; im Original: „*[...] essa parebbe però trovare un ostacolo nella interpretazione dal Ministero, secondo cui la domanda deve essere necessariamente depositata presso la sede legale dell'organismo, potendosi solo gli incontri tenere presso le sedi operativi.*"

474 Siehe Fn. 472.

475 *Cuomo Ulloa*, La nuova mediazione, S. 251 f.; im Original: „*Le questioni più rilevanti riguardano tuttavia un altro profilo: non è chiaro, infatti, che debba valutare la sussistenza della competenza dell'organismo adito e, soprattutto, quali debbano essere le conseguenze nel caso in cui l'istanza venga deposita presso un organismo incompetente.*"

476 Die Zurückweisungsmöglichkeit aus berechtigtem Grund folgt aus Art. 9 Abs. 2 des Decreto 180/2010.

477 *Cuomo Ulloa*, La nuova mediazione, S. 252; im Original: „*L'organismo dinanzi al quale sia stata deposita l'istanza di mediazione – ove si ritenga incompetente – dovrebbe astenersi dalla nomina del mediatore e dalla fissazione dell'incontro, rifiutando lo svolgimento della prestazione nel rispetto del principio che consente agli organismi e ai mediatori di rifiutare la prestazione per giustificato motivo.*"

478 *Cuomo Ulloa*, La nuova mediazione, S. 252 f.; im Original: „*Ipotizzando che l'organismo non si avveda dell'errore [...] e fissi quindi l'incontro, comunicando la domanda all'altra parte: potrà accadere che questa si presenti davanti al mediatore, nel quale caso mi parrebbe più corretto e maggiormente in linea con il ratio della nuova disciplina ritenere che, se il chiamato non solleva obiezioni al riguardo, l'incontro preliminare si possa comunque celebrare per valutare l'interesse della parti a proseguire [...].*

von der Hand zu weisen, dass durch die Vorgabe der gerichtlichen Zuständigkeit auch eine Bündelung der territorialen Kompetenzen erreicht wurde, die eine Entwicklung bestimmter Monopolstellungen einzelner Mediationsstellen verhindern kann. So könnte es dem italienischen Gesetzgeber durch die Festlegung der Zuständigkeiten der einzelnen Mediationsstellen und der damit einhergehenden Schaffung eines einheitlichen Ansatzes gelungen sein, einen Fortschritt in Richtung Gleichstellung zwischen Mediations- und Gerichtsverfahren zu erzielen. Denn warum sollte für ein Mediationsverfahren eine andere Zuständigkeit begründet werden können, als dies im Falle von regulären Zivilverfahren der Fall ist?

Nicht zuletzt aus praktischer Sicht handelt es sich bei dieser Novellierung um eine wichtige Entwicklung auch im Hinblick auf ein etwaiges, der Mediation folgendes Zivilverfahren. Die beteiligten Parteien können sich so bereits von Anfang an darauf verlassen, dass auch im Falle eines regulären Prozesses keine Zuständigkeitsverlagerung stattfinden wird. Nicht nur im regulären Zivilprozess kann die Nähe zum Streitgegenstand auch für die Parteien eines Mediationsverfahrens ein entscheidender Vorteil sein – zumindest dann, wenn sich die Beteiligten durch die Sachnähe nicht eingeschränkt fühlen, was sich wiederum auf ihre Verhandlungsbereitschaft auswirken dürfte. Letztlich wird es auch hier wieder eine Frage des jeweiligen Einzelfalls sein, ob die „angeordnete Sachnähe" für das Mediationsverfahren förderlich oder hinderlich ist. So wird es insbesondere die Aufgabe des Mediators sein, dies einzuschätzen und entsprechend zu reagieren.

bb) Der „primo incontro"

Die „offensichtliche" Obligatorität hat der italienische Gesetzgeber der Mediation genommen, indem er den einzigen obligatorischen Charakter im Sinne einer Verfahrensvoraussetzung für einen späteren Zivilprozess lediglich einem sogenannten *„primo incontro"* verliehen hat, also einem ersten Treffen, welches dem Mediationsverfahren vorangestellt wird[479] und innerhalb von nunmehr dreißig Tagen nach Antragseinreichung beginnen soll.[480] Im Rahmen dieses Gesprächs sollen die Parteien, die durch ihren Rechtsanwalt begleitet werden,

479 Art. 5 Abs. 1-bis ital. MediationsG; siehe hierzu auch *Cuomo Ulloa*, La nuova mediazione, S. 280; im Original: *„Con la riforma del 2013, questa disciplina è stata però modificata con la previsione – all'interno del riformulato 1° co. dell'art. 8 – di un incontro ‚preliminare' che deve necessariamente precedere l'avvio della mediazione vera e propria."*

480 Art. 8 Abs. 1 ital. MediationsG.

gemeinsam mit einem Mediator herausarbeiten, ob sich die Mediation für das eigene Verfahren eignet.[481] So ist nur die Teilnahme an diesem Gespräch zwingende Voraussetzung; scheitert der Mediationsversuch, muss keine Zahlung an die Mediationsstelle erfolgen[482] und die Voraussetzung für einen späteren Zivilprozess ist erfüllt.[483]

Auch wenn dieses erste Treffen zwischen den Parteien mit der Neuerung explizit in das italienische Mediationsgesetz mit aufgenommen wurde, ist es keine absolute Neuheit im Bereich der Mediation. Solch ein Treffen wurde früher bereits üblicherweise von vielen Mediatoren durchgeführt.[484] Ob es sich hierbei tatsächlich um eine rein formelle Informationsveranstaltung handelt, bei der die Parteien lediglich über die Funktion und den Ablauf einer Mediation informiert werden, oder nicht vielmehr um eine echte Mediationssitzung,[485] ist allerdings fraglich.

Durch den Wegfall der Kosten bei negativem Ausgang des Mediationsverfahrens haben die Parteien die neu geschaffene Möglichkeit, das Erfordernis der obligatorischen Prozessvoraussetzung des „*primo incontro*" zu erfüllen, wodurch das Kostenrisiko für den Fall des Scheiterns der Mediation entsprechend eingedämmt wird.[486] Durch die Einführung dieser Vergünstigung ist es dem italienischen Gesetzgeber gelungen, den bei der ursprünglichen Version des italienischen Mediationsgesetzes kritisierten Mangel des Justizgewährungsanspruchs nach Artikel 24 der italienischen Verfassung, der auch die Erschwernis durch Kostenauferlegung umfassen dürfte, auf den ersten Blick zu umgehen.[487]

---

481 Art. 8 Abs. 1 ital. MediationsG.

482 Art. 17 Abs. 5-ter ital. MediationsG.

483 Art. 5 Abs. 2-bis ital. MediationsG.

484 *Spina* in: La nuova mediazione (regole e tecniche), S. 237; im Original: „*Quanto al primo aspetto si vuole esclusivamente rilevare come, sebbene tale nuova fase iniziale del procedimento di mediazione sia stato esplicitamente introdotto con la riforma del 2013, la natura di tale primo incontro non sia da considerarsi una novità assoluta in tema di mediazione, trattandosi di un incontro per così dire propedeutico al proseguimento ed al miglior svolgimento della mediazione da molti mediatori già solitamente svolto.*"

485 So *Spina* in: La nuova mediazione (regole e tecniche), S. 237; im Original: „*Detto primo incontro, che si ritiene non rappresentare esclusivamente una mera attività informativa del mediatore nei confronti delle parti sul funzionamento della mediazione, costituendo invece una vera e propria seduta di mediazione, […].*"

486 *Cuomo Ulloa*, La nuova mediazione, S. 118, im Original: „*[…] dal momento che oggi, a differenza che in passato, le parti potranno soddisfare la condizione di procedibilità senza sostenere alcuna spesa o comunque ad un costo alquanto contenuto.*"

487 *Cuomo Ulloa*, La nuova mediazione, S. 119; im Original: „*[…] ossia l'imposizione di un onere economico (rappresentato dal costo della procedura obbligatoria) quale*

Die Rechtsgebiete, in denen das erste Gespräch stattzufinden hat, gleichen denen, welche bereits in der ursprünglichen Fassung des italienischen Mediationsgesetzes vorgesehen waren. Eine Änderung gab es mit der Novellierung nur für die Schadensersatzansprüche aus Verkehrs- oder Schiffsunfällen; in diesen Fällen wurde der obligatorische Ansatz berechtigterweise abgeschafft. Möglicherweise war diese Maßnahme auf den Umstand zurückzuführen, dass in 95% der Fälle, in denen Gegenstand des Verfahrens eine Schadensersatzforderung aus einem Verkehrsunfall war, ein Mediationsverfahren aufgrund fehlender Anwesenheit der anderen Partei nicht zustande kam.[488]

Betrachtet man den novellierten Passus genauer, scheint der obligatorische Ansatz allerdings nur verschoben und damit eine neue zwingende Prozessvoraussetzung geschaffen worden zu sein,[489] um die Justiz weiterhin entlasten zu können und keinen Rückgang der erzielten Erfolge riskieren zu müssen; es kann also nach wie vor von einer bedingten Gerichtsbarkeit[490] gesprochen werden. Allerdings hat der italienische Gesetzgeber durch die Einführung des ersten informativen und kostenlosen Gespräches die Möglichkeit realisiert, im Falle der Teilnahme der Parteien sowohl den Obliegenheiten des potentiellen Klägers als auch des Beklagten zu genügen, indem der Kläger mit der Durchführung des „*primo incontro*" die obligatorische Prozessvoraussetzung erfüllt hat und der Beklagte mit seiner Teilnahme keine späteren negativen Kosten- oder Beweisfolgen fürchten muss.[491] Zudem könnte die Unentgeltlichkeit des Gespräches dazu führen, dass die Parteien dem Mediationsverfahren offener gegenüberstehen und damit auch dessen – durch den obligatorischen Ansatz möglicherweise verborgenen – Vorzüge erkennen.

---

condizione di accesso alla giustizia, in potenziale contrasto con il diritto di azione dell'art. 24 Cost."

488 S. 7 des Statistikberichts des italienischen Justizministeriums (12/2012).

489 *Cuomo Ulloa*, La nuova mediazione, S. 2; im Original: „*[...] ne hanno ridefinito il contenuto alterando almeno in parte di funzionamento della ‚nuova' condizione di procedibilità.*"

490 Zum Begriff siehe *Vasapollo* in: La nuova medizione (regole e tecniche), S. 189; im Original: „*Si introduce, in tal modo, un'ipotesi di giurisdizione condizionata, in quanto il valido esercizio dell'azione diviene subordinato all'avverarsi di una condizione.*"

491 *Cuomo Ulloa*, La nuova mediazione, S. 121; im Original: „*Con la partecipazione a questo incontro informativo entrambe le parti, assistite dagli avvocati, avranno dunque compiutamente e gratuitamente adempiuto ai rispettivi obblighi: l'‚attore' avrà infatti soddisfatto la condizione di procedibilità ed il ‚convenuto' avrà evitato ogni ulteriore profilo sanzionatorio [...].*"

In Anbetracht des Umstandes, dass der italienische Gesetzgeber bei seiner Neuerung des obligatorischen Ansatzes ignoriert zu haben scheint, dass ein Mediationsverfahren insbesondere im Falle einer freiwilligen Durchführung eine reelle Chance auf einen positiven Ausgang besitzt und dieses gerade nicht durch gesetzgeberische Anreize und Sanktionen vorgegeben sein sollte,[492] besteht dennoch mehr als zuvor eine gewisse Möglichkeit, dass Parteien, die den „*primo incontro*" anfänglich nur aufgrund der bestehenden Verpflichtung durchführen, letztendlich ihre Streitigkeit durch das Mediationsverfahren beilegen können.

Auch wenn bei dieser Maßnahme das Hauptaugenmerk des italienischen Gesetzgebers auf Entlastung und Beschleunigung gelegen haben dürfte, ist es beachtlich, dass die Neuregelung des obligatorischen Ansatzes zunächst nur für einen Zeitraum von vier Jahren ab Inkrafttreten gilt.[493] Bereits nach zwei Jahren soll zudem auf Initiative des Justizministeriums eine erste Evaluierung der Ergebnisse des Versuches stattfinden.[494] Die Regelung des „*primo incontro*" erfährt hierdurch einen gewissen Testcharakter. So kann bis zum Ablauf dieses Zeitraumes überprüft werden, ob die obligatorische Mediation für einen weiteren Zeitraum beibehalten werden soll oder ob die freiwillige Variante ausreichend ist, um die Mediation als ADR-Instrument nachhaltig im Rechtssystem zu etablieren. Auch haben die Parteien und Rechtsanwälte sowie alle weiteren Beteiligten in diesen vier Jahren Zeit, um sich der Mediation anzunähern und Vertrauen zu gewinnen. Es kann verifiziert werden, ob die Mediation tatsächlich ein effektives Instrument der Konfliktlösung ist, welches in der Lage ist, die Interessen der Parteien in kurzer Zeit und zu absolut wettbewerbsfähigen Kosten zu befriedigen. Schließlich ermöglicht der vorgegebene Zeitraum auch, der Mediation einen Weg zu ebnen, auf dem sie im Anschluss ohne Zwangsmittel fortgeführt werden kann.

Eine Unsicherheit seitens des italienischen Gesetzgebers betreffend seine eigene Regelung kann hieraus allerdings nicht abgeleitet werden. Vielmehr lässt sich an dieser Stelle eher der Rückschluss ziehen, dass Italien aufgrund seiner Startschwierigkeiten ein besonnenes und realistisches Vorgehen gewählt und sich dadurch die Option geschaffen hat, diesen Ansatz zunächst im Hinblick

---

492 *Morano Cinque* in: La nuova Mediazione (regole e tecniche), S. 38; im Original: „*In conclusione – […] – sembra che il nostro legislatore abbia (nuovamente) dimenticato che un percorso di mediazione può avere possibilità di riuscita solo se le parti scelgono liberamente di intraprenderlo, mentre la sua riuscita è pregiudicata da impostazioni forzose e forzate quali quelle previste in decreto*".

493 Art. 5 Abs. 1-bis ital. MediationsG.

494 Art. 5 Abs. 1-bis ital. MediationsG.

auf seinen Effizienz- und Erfolgscharakter zu untersuchen und die Mediation gegebenenfalls an die Bedürfnisse des eigenen Landes anpassen zu können. So könnte sich der eingeführte „*primo incontro*“ im Laufe der Zeit durchaus zum Dreh- und Angelpunkt der Mediation in Italien entwickeln, da der zukünftige Erfolg der Mediation zum einen von den Modalitäten der Durchführung dieses Treffens abhängen wird und zum anderen von der Intensität, mit der der Mediator die eigene einleitende Tätigkeit ausüben wird.[495]

cc) Der Rechtsanwalt als Mediator

Während den Rechtsanwälten durch die ursprüngliche Version des italienischen Mediationsgesetzes in erster Linie eine beratende und informatorische Rolle gegenüber ihren Mandanten zukam,[496] können nunmehr auch die bei den Rechtsanwaltskammern eingetragenen Rechtsanwälte als Mediatoren von Gesetzes wegen auftreten,[497] ohne im Vorwege eine umfangreiche Ausbildung genossen zu haben. Sofern sie bei den Mediationsstellen eingeschrieben sind, müssen sie sich als Mediator ausbilden lassen und an theoretischen Fortbildungen teilnehmen.[498] Bezug genommen wird an dieser Stelle auf Artikel 55-bis des Codice deontologico forense, der anwaltlichen Berufsordnung, welcher am 15. Juli 2011 in Konsequenz auf die Umsetzung der Mediationsrichtlinie eingeführt wurde. Hiernach hat der Rechtsanwalt, der die Funktion des Mediators übernimmt, die mediationsrechtlichen Vorschriften sowie die Verfahrensordnung der Mediationsstelle zu berücksichtigen, sofern diese Vorgaben nicht im Gegensatz zu der eigenen Berufsordnung stehen.[499]

Die Ausübung der Mediatorenfunktion kann für den Rechtsanwalt allerdings dann ausgeschlossen sein, wenn er in den letzten zwei Jahren mit einer der beiden Parteien des Mediationsverfahrens eine berufliche Verbindung hatte,[500] dies

---

495 *Cuomo Ulloa*, La nuova mediazione, S. 280; im Original: „*Questo primo incontro parrebbe dunque destinato a diventare il fulcro della mediazione riformata: […] le future potenzialità della mediazione, anche in prospettiva deflativa, dipenderanno dalle modalità con cui l'incontro verrà celebrato e dall'intensità con cui il mediatore svolgerà la propria attività introduttiva.*“

496 *Bruni*, La mediazione conviene, S. 289; im Original: „*[…] viene a porre fondamentale importanza al ruolo dell'avvocato come ‚consigliere' ed ‚informatore' del proprio cliente rispetto all'esistenza della possibilità di adire le vie della mediazione, […].*“

497 Art. 16 Abs. 4-bis ital. MediationsG.

498 Art. 16 Abs. 4-bis ital. MediationsG.

499 Art. 55-bis Abs. 1 Codice deontologico forense.

500 Art. 55-bis Abs. 2 lit. a) Codice deontologico forense.

gilt auch für Partner oder Kollegen des Rechtsanwalts.[501] Im Umkehrschluss folgt, dass ein Rechtsanwalt, der eine Mediatorentätigkeit ausgeübt hat, eine Partei nicht vertreten kann, wenn nicht mindestens zwei Jahre nach dem Mediationsverfahren vergangen sind[502] und wenn der Streitgegenstand derselbe ist wie im Mediationsverfahren.[503] Zudem ist es nicht erlaubt, dass die Mediationsstelle ihren Sitz in der Kanzlei des Rechtsanwalts oder aber der Rechtsanwalt seinen Sitz bei der Mediationsstelle hat.[504] Der neu eingeführte Passus spricht den Rechtsanwälten also nicht nur per se die Funktion des Mediators zu, sondern bestätigt auch in diesen Fällen die Notwendigkeit sowohl einer Aus- als auch einer Fortbildung, allerdings in einer diesem Personenkreis vorbehaltenen und privilegierten Form, im Gegensatz zu denjenigen Mediatoren, die keine Rechtsanwälte sind und deren Aus- und Fortbildung durch das Mediationsgesetz geregelt ist.[505] Die Kenntnis und die Fähigkeit sowie die Techniken, eine Einigung zu erleichtern, sowie die unterstützende Verhandlung dürften daher bei der Aus- und Fortbildung des Rechtsanwaltes einer der Hauptaspekte sein.[506] Für den einzelnen Rechtsanwalt könnte es dabei aufgrund seiner juristischen Ausbildung eine Herausforderung bedeuten, zwischen den Eigenschaften und Aufgaben eines Mediators und denen eines Rechtsanwaltes zu trennen. Denn während er als Rechtsanwalt zur Unterstützung seiner Partei insbesondere die rechtlichen Interessen seiner Mandantschaft im Fokus haben muss, obliegt ihm in seiner Funktion als Mediator während des Verfahrens in erster Linie die Rolle eines unparteilichen Dritten.[507] Dies gilt unabhängig davon, ob er als Mediator

---

501 Art. 55-bis Abs. 2 lit. b) Codice deontologico forense.

502 Art. 55-bis Abs. 3 lit. a) Codice deontologico forense.

503 Art. 55-bis Abs. 3 lit. b) Codice deontologico *forense.*

504 Art. 55-bis Abs. 4 Codice deontologico forense.

505 *Cuomo Ulloa*, La nuova mediazione, S. 37; im Original: „*La norma dunque, da un lato, attribuisce un titolo ex legge agli avvocati, ma dall'altro conferma anche per loro la necessità di una formazione iniziale e continua, spostandola tuttavia [...] su un percorso riservato e privilegiato rispetto a quello previsto per gli altri aspiranti mediatori per i quali la formazione resta disciplinata dalle norme previgenti.*"

506 *Cuomo Ulloa*, La nuova mediazione, S. 37; im Original: „*La conoscenza e la capacità di applicare le tecniche di facilitazione dell'accordo e di negoziazione assistita diventano dunque essenziali ai fini della formazione dei professionisti [...].*"

507 *Cuomo Ulloa*, La nuova mediazione, S. 38; im Original: „*A prescindere dalle competenze professionali acquisite dagli avvocati nella gestione del conflitto, è dall'altro canto da condividere l'opinione di chi [...] ritiene essenzialmente diversi (se non addirittura alternativi) l'approccio al conflitto dell'avvocato e del mediatore: operando l'uno sugli aspetti giuridici della contesa e sul piano dei torti e delle ragioni, e lavorando l'altro sul*

den Parteien nach eigener Einschätzung der Sach- und Rechtslage einen Einigungsvorschlag unterbreitet oder den Parteien die Entscheidungsfindung vollumfänglich selbst überlässt.

Die Neuerung zur Anwesenheitspflicht des Rechtsanwalts bezieht sich dabei auf jedes Verfahrensstadium, vom ersten Treffen bis zum Abschluss des Verfahrens.[508] So hat der Rechtsanwalt seine Mandantschaft während des *„primo incontro"* über die Funktion und die Durchführungsmöglichkeiten der Mediation aufzuklären.[509] Neben einer umfänglichen Aufklärung erhalten die Parteien auf diese Weise auch die Möglichkeit, dass der zwischen ihnen geschlossene Vergleich durch die Unterzeichnung der Rechtsanwälte in einen vollstreckbaren Titel erwächst, sofern es sich um eine Zwangsenteignung oder eine auf Handlungen gerichtete Zwangsvollstreckung sowie die Eintragung einer gerichtlichen Hypothek handelt. So haben die Rechtsanwälte durch ihre Unterschrift die Übereinstimmung des Vergleichs mit den geltenden Vorschriften und der öffentlichen Ordnung zu bestätigen.[510] In allen anderen Fällen bleibt die Anrufung des jeweiligen Gerichtspräsidenten für die Vollstreckbarerklärung nötig – die formelle Gesetzmäßigkeit sowie die Konformität mit den geltenden Vorschriften und der öffentlichen Ordnung vorausgesetzt.[511]

Aus dieser neuen Rolle des Rechtsanwalts könnte demnach der Wille des italienischen Gesetzgebers abgeleitet werden, dass dem Rechtsanwalt die finale Bewertung hinsichtlich der Gesetzmäßigkeit der zwischen den Parteien erreichten Einigung und der Mediation obliegt, die unter anderem auch die Überprüfung der disponiblen Rechtsgüter umfasst, die die Durchführung einer Mediation

---

piano degli interessi delle parti, nelle ricerca di un componimento basato sulla logica della convenzione e della soddisfazione reciproca."

508 Art. 8 Abs. 1 ital. MediationsG; vgl. hierzu auch *Morano Cinque* in: La nuova mediazione, S. 32; im Original: *„[…] una maggior coinvolgimento diretto della classe forense: in particolare, al primo incontro e agli incontri successivi, fina al termine della procedura, le parti devono partecipare con l'assistenza dell'avvocato.*"

509 Art. 8 Abs. 1 ital. MediationsG.

510 Art. 12 Abs. 1 ital. MediationsG.

511 Art. 12 Abs. 1 ital. MediationsG; *Morano Cinque* in: La nuova mediazione, S. 32; im Original: *„Ove tutte le parti aderenti alla mediazione siano assistite da un avvocato, l'accordo che sia stato sottoscritto dalle parti e dagli stessi avvocati costituisce titolo esecutivo per l'espropriazione forzata, l'esecuzione per consegna e rilascio, l'esecuzione degli obblighi di fare e non fare, nonché l'iscrizione di ipoteca giudiziale. Gli avvocati attestano e certificano la conformità dell'accordo alle norme imperative e all'ordine pubblico.*"

überhaupt erst möglich machen.[512] Dennoch sollte aus der anwaltlichen Bestätigung des erzielten Vergleichs und der damit einhergehenden Vollstreckbarkeit nicht der Schluss einer Unantastbarkeit abgleitet werden; so dient sie doch in erster Linie der Vereinfachung und Beschleunigung der Vollstreckbarerklärung.[513]

Mit dieser Änderung wurde letztlich der Forderung der Anwaltschaft Rechnung getragen, dass der Rechtsanwalt bei einer Einigung zwischen den Parteien anwesend sein müsste. Die Funktion des Rechtsanwalts im Mediationsverfahren wurde damit gestärkt und ist so neben der Notwendigkeit, die geschwächte Position der Mediation zu verbessern, ein wichtiger Aspekt der Reform. So wird auch den Rechtsanwälten von nun an eine unverzichtbare Funktion zugesprochen.[514] Letztlich handelt es sich auch hier um das Ergebnis einer intendierten Entlastung der italienischen Richterschaft, da diese in den gesetzlich vorgeschriebenen Fällen nicht mehr angehalten ist, sich mit schlichten Vollstreckbarerklärungen aufzuhalten. Zudem wird ein umfassenderer Schutz der Parteien geschaffen, und zwar einerseits im Hinblick auf eine korrekte Aufklärung und Information vor dem Mediationsverfahren als auch währenddessen und andererseits hinsichtlich der Vollstreckbarkeit der erzielten Einigung.

dd) Die gerichtlich angeordnete Mediation

Bei der eingeführten Möglichkeit für den im Verfahren der ersten oder zweiten Instanz zuständigen Richter, den „*primo incontro*" von nun an verbindlich anordnen zu können,[515] handelt es sich um eine weitere Neuerung. Wahrscheinlich aus Effizienzgründen wandelt sich damit die bisher vorgesehene Option für den Richter, die Mediation gegenüber den Parteien nur anregen zu können, in eine

512 Cuomo Ulloa, La nuova mediazione, S. 99; im Original: „*[…] in questo nuovo ruolo riconosciuto all'avvocato debba leggersi anche la volontà di attribuire a quest'ultimo la valutazione finale in ordine alla legalità dell'accordo e della mediazione e dunque al rispetto dei limiti eventualmente derivanti dalla indisponibilità dei diritti mediati […].*"

513 Cuomo Ulloa, La nuova mediazione, S. 100; im Original: „*[…] la certificazione degli avvocati […] non può, infatti, conferire all'accoro alcuna inattaccabilità, valendo unicamente ad attribuirgli efficacia esecutiva senza che occorra procedere alla omologazione giudiziale.*"

514 Cuomo Ulloa, La nuova mediazione, S. 2; im Original: „*Il rafforzamento del ruolo degli avvocati, in effetti, pare costituire (insieme con l'esigenza di (ri)attivare la funzione deflativa della mediazione) uno degli assi portanti dell'ultima riforma posto che per effetto delle nuove norme gli avvocati, oltre che mediatori privilegiati, divengono anche indispensabili protagonisti della nuova procedura, […].*"

515 Art. 5 Abs. 2 ital. MediationsG.

verbindliche Anweisung[516] und sie greift damit die Mediationsrichtlinie mit ihrem Artikel 5 Absatz 1 Satz 2 wieder auf. Anhaltspunkte sollen nach wie vor die Art der Streitigkeit, der Ermittlungsstand des Verfahrens sowie das Verhalten der Parteien sein,[517] wobei hier das Prozessverhalten der Parteien gemeint sein dürfte.[518]

Ganz offensichtlich ist der italienische Gesetzgeber damit seiner ursprünglichen Fassung treu geblieben und hat – konträr zu seiner ganz konkreten Angabe hinsichtlich der Rechtsgebiete, in denen der *„primo incontro"* Prozessvoraussetzung sein soll – den Richtern auf diese Weise einen weiten Ermessensspielraum eingeräumt.[519] Um jedoch von dieser Möglichkeit überhaupt Gebrauch machen zu können, ist es naturgemäß notwendig, dass sich der Richter vollumfänglich der Dynamik des Konfliktes annimmt und den Grad der Verhandelbarkeit der Streitigkeit versteht, um seine Einschätzung hinsichtlich der Eignung des Verfahrens für eine Mediation abgeben zu können.[520] Aus praktischer Sicht ist es also erforderlich, dass er Kenntnis von der Mediation und ihrem Verfahren hat und in der Lage ist, seine Kenntnis auf den jeweiligen Einzelfall anzuwenden.

Gerade aus diesem großen Ermessensspielraum kann aber auch die Gefahr resultieren, dass der Richter – der sich der eigenen Überlastung bewusst ist – eben diesen Spielraum dazu nutzt, um seine Arbeitsbelastung zu reduzieren und die Mediation lediglich als ein Mittel zum Zweck einsetzt. Da es in der Praxis auf dieses Problem hinauslaufen dürfte, wird der italienische Gesetzgeber angehalten sein, entsprechende Kontrollen einzuführen. Gerade ein solche

---

516 *Crocitto* in: La nuova mediazione, S. 357; im Original: *„Il nuovo art. 5, comma 2 del D.Lgs. n. 28/2010 trasforma l'invito del giudice in un comando: l'esperimento del tentativo di conciliazione disposta dl giudice diventa, infatti, condizione di procedibilità della domanda giudiziale, anche in sede di appello."*

517 Art. 5 Abs. 2 ital. MediationsG.

518 *Crocitto* in: La nuova mediazione (regole e tecniche), S. 358; im Original: *„Si ritiene che per comportamento delle parti il Legislatore abbia voluto riferirsi al comportamento processuale delle stesse; […]."*

519 *Crocitto* in La nuova mediazione (regole e tecniche), S. 357; im Original: *„Dall'ampiezza dei parametri risulta evidente come il Legislatore abbia voluto, a fronte di una puntuale indicazione delle materie soggette all'obbligatorio esperimento del tentativo di mediazione, lasciare al giudice ampio margine di discrezionalità nell'individuazione dei casi da mandare in mediazione."*

520 *Crocitto* in La nuova mediazione (regole e tecniche), S. 358; im Original: *„Per effettuare la scelta, quindi, come detto, il giudice deve entrare nella dinamica del conflitto, comprendere il grado di negoziabilità della lite ed effettuare un giudizio prognostico circa l'idoneità della questione portata in giudizio ad essere risolta in mediazione […]."*

„Zwangsmediation"[521], also das wahllose Anordnen zur Durchführung einer Mediation, läuft dem Sinn dieses Verfahrens zuwider[522] und kann – auch wenn eine Regelung in Art. 5 Abs. 1 Satz 2 der Mediationsrichtlinie durch den europäischen Gesetzgeber erfolgte – nicht von ihm intendiert gewesen sein.

Eine Vorgabe, ob die Anwesenheit der Parteien notwendig ist, lässt sich dem neuen Wortlaut indes nicht entnehmen, was Raum für weitere Interpretationen und vor allem für die Überlegung lässt, dass die Anwesenheit der Parteien vermieden werden soll,[523] um hierdurch eine weitere Beschleunigung zu erreichen.

Durch die Neuerung wandelt sich das erste Mediationstreffen – auch in der Berufungsinstanz – zur Prozessvoraussetzung des gerichtlich geltend gemachten Anspruchs um,[524] wodurch der italienische Gesetzgeber seiner Stringenz auch an dieser Stelle treu bleibt, aber gleichzeitig die Natur einer Prozessvoraussetzung untergräbt, die einem Verfahren gerade vorzuschalten und nicht innerhalb des Verfahrens beliebig anzuordnen ist.[525] Die Prozessvoraussetzung ist bei der angeordneten Mediation demnach schlicht an das Ermessen und die Wahl des Richters gekoppelt und von den Parteien daher nicht vorhersehbar,[526] geschweige denn transparent. Beachtlich ist auch die mit der Neuregelung einhergehende theoretische Möglichkeit, einen *„primo incontro"* in Verfahren erneut anzuordnen, in denen dieser bereits erfolgt und offensichtlich gescheitert ist. Dies dürfte wohl für die Fälle gelten, in denen nach Auffassung des Gerichts im Laufe eines anhängigen Verfahrens neue Voraussetzungen geschaffen wurden, die einem positiven Ausgang eines Mediationsverfahrens unterstützend zur Seite stehen

---

521 Zitiert nach *Mankowski*, Rechtskultur, S. 427.

522 Siehe auch *Mankowski*, Rechtskultur, S. 427.

523 *Cuomo Ulloa*, La nuova mediazione, S. 25; im Original: *„La proposta del giudice non pare nemmeno necessariamente collegata alla comparizione delle parti, posto che secondo la nuova previsione […] il giudice può formulare tanto alla prima udienza, quanto in un momento successivo, fino a quando non è esaurita l'istruzione; si può dunque ipotizzare che essa venga formulata anche a prescindere dalla comparizione delle parti […]"*.

524 Art. 5 Abs. 2 ital. MediationsG.

525 So auch *Crocitto* in La nuova mediazione (regole e tecniche), S. 360; im Original: *„La condizione di procedibilità, infatti, è per sua natura un presupposto processuale e, come tale, dovrebbe esistere prima della presentazione della domanda."*

526 *Crocitto* in La nuova mediazione (regole e tecniche), S. 360; im Original: *„In altri termini, nella mediazione delegata la condizione di procedibilità risulta ancorata ad una scelta discrezionale del giudice e non conoscibile anticipatamente dalle parti."*

könnten.[527] Auch wenn sich aus dem Wortlaut keine quantitative Begrenzung ergibt, ist doch fraglich, ob eine mehrmalige Anordnungsmöglichkeit in der Praxis gewollt ist, sodass dieser Aspekt für die zukünftigen Verfahren noch einen entsprechenden Klärungsbedarf aufweist.[528] Für letztgenannte Variante spricht auch die ausdrückliche Regelung des Art. 5 Abs. 2-bis n.F., wonach die Prozessvoraussetzung auch dann erfüllt ist, wenn das erste Treffen zwischen den Parteien ohne Einigung endet. Aus dieser Vorgabe in Verbindung mit der Natur der Prozessvoraussetzung – dass diese nur einmal als Bedingung vorgeschaltet sein kann – ergibt sich bereits, dass eine mehrmalige Anordnung nicht stattfinden dürfte.

Eine sachliche Einschränkung der möglichen Rechtsgebiete hat der italienische Gesetzgeber nicht unternommen, sodass die angeordnete Mediation auch in Verfahren möglich ist, deren Streitgegenstand nicht ein Rechtsgebiet betrifft, bei dem das Informationstreffen obligatorisch ist.[529] Hierfür spricht auch der Wortlaut des Art. 5 Abs. 2 Satz 1 n.F., wonach die Regelung des Abs. 1-bis desselben Artikels, dessen Gegenstand die obligatorische Mediation ist, unberührt bleibt. Im Ergebnis dürfte es daher möglich sein, dass obligatorische und angeordnete Mediation nacheinander in demselben Verfahren Anwendung finden können,[530] sodass ein negativer Ausgang einer obligatorischen Mediation nicht der Durchführung einer angeordneten Mediation entgegensteht.[531]

---

527 *Cuomo Ulloa*, La nuova mediazione, S. 224 f.; im Original: „*[...] il giudice potrà pertanto esercitare il suo potere anche nelle controversie per le quali è previsto l'obbligo della mediazione, e anche quando il tentativo sia già stato inutilmente esperito prima del giudizio, allorché ritenga che la progressione del procedimento abbia creato nuovi presupposti per favorire l'esito positivo della mediazione.*"

528 So *Crocitto* in La nuova mediazione (regole e tecniche), S. 361; im Original: „*Poiché la legge non sembra porre limiti quantitativi al ricorso alla mediazione nell'ambito dello stesso processo, ci si potrebbe teoricamente trovare a dover più volte procedere alla stessa mediazione e ciò a prescindere dalla volontà delle parti. È auspicabile che la prassi applicativa e la giurisprudenza chiariscono questi aspetti.*"

529 *Crocitto* in La nuova mediazione (regole e tecniche), S. 361: im Original: „*Tale mediazione è applicabile a tutte le controversie e non soltanto a quelle oggetto die mediazione obbligatoria; [...].*"

530 *Crocitto* in La nuova mediazione (regole e tecniche), S. 361; im Original: „*[...] la locuzione ‚fermo quanto previsto dal comma 1', indica, infatti, che è possibile una successione dei due istituti all'interno del processo.*"

531 So auch *Crocitto* in La nuova mediazione (regole e tecniche), S. 362; im Original: „*La relazione illustrativa che accompagna il decreto n. 28 prevede infatti che la*

Vergleichbar mit der neu geschaffenen Anordnungsmöglichkeit erscheint der neben dem Mediationsgesetz eingeführte Artikel 185*bis* des Codice di Procedura civile zu sein. Hiernach soll der Richter der ersten Instanz nach Aufklärung des Sachverhaltes den Parteien ein Vergleichs- oder Schlichtungsangebot unterbreiten. Die grundlose Zurückweisung eines solchen gerichtlichen Vorschlages soll in die spätere gerichtliche Entscheidung mit einfließen. So erscheint die Notwendigkeit der Einführung dieser prozessualen Ergänzung insofern fraglich, als sie neben dem bereits existierenden Art. 185 des Codice di Procedura civile bestehen soll, der vorsieht, dass der mit der Sachverhaltsaufklärung befasste Richter im Falle einer beidseitigen Beantragung der Parteien diese lädt, um sie frei vernehmen und eine Einigung zwischen ihnen erzielen zu können.

Im Ergebnis wird auch an dieser Stelle deutlich, dass die Reform des Mediationsgesetzes zum Anlass genommen wurde, einen weiteren legitimierten Schritt zu unternehmen, auch bereits anhängige Prozesse – zumindest vorerst – aus den Gerichten zu verbannen und so die Durchführung der Mediationsverfahren weiter voranzutreiben. So ist auch diese Umgestaltung letztlich das Ergebnis einer konsequenteren Umsetzung des obligatorischen Ansatzes, gerichtet auf eine nachhaltige Sanierung des italienischen Justizsystems, wodurch ein weiteres Mal die der Mediation innewohnende Freiwilligkeit keine ausreichende Berücksichtigung findet.[532] Allerdings läuft der italienische Gesetzgeber mit der Einführung des großen Ermessenspielraumes auch Gefahr, die anhängigen Verfahren noch weiter in die Länge zu ziehen, die zumutbare Prozessdauer weiterhin überzustrapazieren[533] und so den Effekt, den die Mediation in Italien eigentlich haben sollte, ins Gegenteil zu kehren.

ee) Die Dauer des Mediationsverfahrens

Entgegen den bisherigen Vorschriften zur Dauer des Mediationsverfahrens soll dies nunmehr nicht wie bisher nach vier, sondern innerhalb von drei Monaten abgeschlossen werden.[534] Naturgemäß ist die Dauer eines jeden Verfahrens von

---

mediazione delegata, sollecitata dal giudice, non è impedita o vietata dal fallimento della mediazione obbligatoria […]."

532 So auch *Crocitto* in La nuova mediazione (regole e tecniche), S. 358; im Original: „*Questo ruolo, […], di fronte alla decisione del giudice, le parti non sono più libere di valutare l'opportunità di andare in mediazione […].*"

533 *Crocitto* in: La nuova mediazione (regole e tecniche), S. 362; im Original: „*Il rischio che si ravvede è quello di snaturare il principio della ragionevole durata del processo, facendo entrare dalla finestra quello che si era voluto cacciare dalla porta.*"

534 Art. 6 Abs. 1 ital. MediationsG.

dem jeweiligen Einzelfall abhängig und wird daher nicht vorhersehbar sein können. So sollte es den Parteien überlassen sein, ob die gesetzlich vorgeschriebene Frist eingehalten wird oder ob es nicht vielmehr im konkreten Fall gegebenenfalls möglich sein sollte, das Verfahren einvernehmlich zu verlängern. Diese Frage stellt sich beispielsweise in den Fällen, in denen die Hinzuziehung eines Sachverständigen notwendig ist und dessen Anhörung den gesetzlich festgeschriebenen Drei-Monats-Zeitraum leicht überschreiten kann. So kann es weder Sinn des Mediationsgesetzes noch gesetzgeberischer Wille sein, dass in solchen Fällen die Mediation ohne ein konkretes Resultat abgebrochen wird. Im Ergebnis dürfte die gesetzliche Frist daher nicht als unumstößlich angesehen werden.[535]

Bei der Verkürzung der Verfahrensdauer handelt es sich um ein weiteres Indiz für die intendierte Beschleunigung und damit gewünschte Entlastung des italienischen Justizapparates. Allerdings wird der Beschleunigungsansatz den Parteien in den Fällen nicht gerecht, in denen im Einzelfall ein längeres Verfahren unumgänglich ist, was wiederum für die obige Annahme spricht, dass die neue Frist nicht als unumstößlich angesehen werden kann.

c) Erste gesetzgeberische Interpretationshilfen

Aufgrund einiger Anwendungs- und Interpretationsschwierigkeiten, die sich durch die Novellierung des italienischen Mediationsgesetzes ergaben, erließ das italienische Justizministerium mit Rundschreiben vom 27. November 2013[536] bereits wenige Monate nach den eingeführten Neuerungen des Mediationsgesetzes richtungweisende Interpretationshilfen.

aa) Die Anwesenheit des Rechtsanwaltes

Insbesondere betrifft die Hilfestellung die neu vorgeschriebene Anwesenheit des Rechtsanwaltes und stellt in diesem Zusammenhang zunächst klar, dass Rechtsanwälte außerhalb einer Mediationsstelle nicht die Funktion eines Mediators ausüben. Dies steht nicht zuletzt im Einklang mit der Regelung des Art. 14 Abs. 1 italienisches MediationsG, wonach es Mediatoren untersagt ist, die Vergütung direkt von den Parteien entgegenzunehmen. Zudem basiert das ganze

---

535 *Minelli* in: La mediazione per la composizione delle controversie civili e commerciali, S. 209; im Original: *„Infine, per diversi motivi […] va esclusa la natura perentoria del termine;* zur *‚natura perentoria‘* siehe auch *Cuomo Ulloa*, La nuova mediazione, S. 291.

536 Abrufbar unter http://www.giustizia.it/giustizia/it/mg_1_8_1.wp?previsiousPage=mg_1_8&contentId=SDC971358 (zuletzt abgerufen am 10. Juni 2016).

Gesetzgebungssystem auf der Voraussetzung, dass die Mediation bei einer entsprechenden Mediationsstelle ausgeführt wird, welches wiederum einem Kontroll- und Verantwortungssystem unterliegt. Klargestellt wird zudem, dass die obligatorische Anwesenheit des Rechtsanwaltes auch nur im Falle des obligatorischen Informationsgesprächs vorgesehen ist, nicht aber bei freiwilligen Mediationsverfahren. An diesen können die Parteien ohne anwaltliche Unterstützung teilnehmen. Diese Interpretation wird auch durch Art. 12 Abs. 1 italienisches MediationsG gestützt, der nach seinem Wortlaut lediglich auf die Möglichkeit und gerade nicht auf die obligatorische Anwesenheit des anwaltlichen Beistandes abstellt. In diesen Zusammenhang fügt sich sodann auch die Vorschrift des Art. 8 italienisches MediationsG ein, wonach die Parteien mit einem Rechtsanwalt an dem ersten Informationsgespräch und den nachfolgenden Treffen teilnehmen müssen, da es sich dann um Fälle der obligatorischen Mediation handelt. Nichtsdestotrotz soll es den Parteien auch im Falle einer freiwilligen Mediation unbenommen bleiben, sich der Unterstützung eines Rechtsanwaltes, und zwar in jedem Verfahrensstadium, zu bedienen. Einen entscheidenden Vorteil stellt dies beispielsweise hinsichtlich der Möglichkeit der Erlangung eines vollstreckbaren Titels gemäß Art. 12 italienisches MediationsG dar.

bb) Kostenanreiz – Wegfall der Vergütung

Ein weiterer Punkt, der mit dem Rundschreiben aufgegriffen wurde, ist die Regelung des Art. 17 Abs. 5ter italienisches MediationsG, wonach im Falle eines negativen Ausgangs keine Vergütung an die Mediationsstelle zu zahlen ist.[537] So müsse diese Regelung im Zusammenhang mit der Vorgabe des Art. 16 Dekret 180/2010 zu sehen sein, wonach die Vergütung die Kosten für die Verfahrenseinleitung und die Mediationskosten umfasst und die Mediationskosten auch das Honorar des Mediators für das gesamte Verfahren einschließt. So beziehen sich die verfahrenseinleitenden Kosten auf die Kosten der Mediationsstelle, um überhaupt die Möglichkeit der Mediationsdurchfühung zu gewährleisten. Diese Kosten resultieren etwa aus der Zustellung des Mediationsantrages, der Einsichtnahme durch die Geschäftsstelle, der Aktenerstellung, der Registrierung des Vorganges sowie der Mitteilung an die beizutretende Partei und sind daher dem eigentlichen Mediationsverfahren vorangestellt. Im Einklang hierzu steht der neue Art. 8 Abs. 1 italienisches MediationsG, wonach der Mediator die Parteien während des ersten Informationsgespräches über die Funktion und die Modalitäten des Mediationsverfahrens informiert und sie im Anschluss dazu einlädt,

537 Vgl. Fn. 535.

sich zu der Möglichkeit der Verfahrenseinleitung zu äußern; erst bei Zustimmung wird zu der eigentlichen Durchführung übergegangen. Eine Vergütung kann also nicht für ein Verfahren geschuldet sein, welches nicht durchgeführt wird. Es bleiben aber die fixen verfahrenseinleitenden Kosten, auch wenn das erste Informationstreffen scheitert – vorausgesetzt die Parteien nehmen an diesem auch teil.

Gerade in Anbetracht des möglichen Problems, dass die Übergänge zwischen Informationsgespräch und eigentlichem Mediationsverfahren mitunter fließend sein können, kommt der Rolle des Mediators und seiner Qualifikation erneut eine besondere Rolle zu. Unter Berücksichtigung der Interpretationshilfen hinsichtlich der Unterscheidung zwischen den verfahrenseinleitenden Kosten und denjenigen, die das eigentliche Mediationsverfahren betreffen, wird es umso wichtiger sein, genau diesen Unterschied und Übergang klar und deutlich herauszuarbeiten, um den Parteien auch die Möglichkeit zu gewähren, sich von weiteren Kosten freizuhalten, sollte das Informationstreffen keinen positiven Ausgang haben. Andernfalls liefe der Kostenanreiz ins Leere.

cc) Örtliche Zuständigkeit

Das Rundschreiben soll unter anderem auch für Klarheit hinsichtlich der örtlichen Zuständigkeit sorgen. So soll die Regelung des Art. 4 Abs. 1 italienisches MediationsG dahingehend zu verstehen sein, dass nicht nur die Mediationsstellen angerufen werden können, die ihren Hauptsitz in dem Gerichtsbezirk eines möglichen Klageverfahrens haben; denkbar ist auch die Zuständigkeit eines Zweitsitzes der Mediationsstelle, soweit dieser ordnungsgemäß beim Justizministerium gemeldet wurde.[538]

d) Zwischenergebnis

Bei Betrachtung der Neuerungen des italienischen Mediationsgesetzes darf zu Recht von einer Rückkehr zu alten Grundsätzen gesprochen werden. Denn während die Mediation nur in der ersten Zeit nach Einführung des Mediationsgesetzes noch fakultativ ausgestaltet war – da der obligatorische Ansatz erst ein Jahr nach Inkrafttreten des Mediationsgesetzes Anwendung finden sollte – kehrte sie nach der Entscheidung des italienischen Verfassungsgerichts zunächst wieder zurück zu ihren Anfängen, um dann doch wieder mittels eines obligatorischen Ansatzes weiterverfolgt zu werden. Eine andere Gehrichtung des italienischen Gesetzgebers war aufgrund der desolaten Lage des Justizsystems kaum

538 Vgl. Fn. 535.

zu erwarten. Dennoch wurde mit der vorgesehenen Evaluierung des obligatorischen Ansatzes mit Hilfe des „*primo incontro*" eine Art Testphase eingeführt, die den Anschein erweckt, dass auch der italienische Gesetzgeber an seiner rigorosen, wenn auch ein wenig abgeschwächten Version seine Zweifel hat.

In jedem Fall ist davon auszugehen, dass die Novellierung nur als Auftakt einer Änderungstendenz zu verstehen ist, auch wenn sich die Mediationssituation durch die Neuregelungen (auch mit Hilfe der Interpretationshilfen) etwas beruhigen wird. Spätestens mit Ablauf des Evaluierungszeitraumes wird der italienische Gesetzgeber feststellen können, ob es notwendig sein wird, die Mediation und alle im Zusammenhang mit ihr zu regelnden Aspekte weiter zu optimieren und an die objektiven Bedürfnisse des italienischen Justizsystems fortlaufend anzupassen. Zwar dürften durch die Novellierung bereits die Weichen für eine Stabilisierung des Rechtssystems gestellt worden sein, allerdings kann die Rechtsordnung fortwährend reformbedingten Änderungen unterliegen, die es notwendig werden lassen, dass auch die Mediation anpassungsfähig und flexibel bleibt. Eine weitergehende Entwicklung der Regelungen zu dieser alternativen Streitbeilegungsmethode ist daher nicht nur zu erwarten, sondern wäre auch zu begrüßen.

Gerade in Anbetracht der normativen Entwicklung wird es dann zum einen möglich sein, die positiven Aspekte des fakultativen Ansatzes denen des obligatorischen gegenüberzustellen; zum anderen wird diese Entwicklung aber gleichermaßen den Blick auf etwaige Problematiken gestatten, auch im Hinblick auf mögliche Interpretationsschwierigkeiten. Aufgrund derer kann es ebenfalls notwendig werden, die eingeführten Neuerungen noch einmal zu überprüfen.[539]

8. Zusammenfassung

Das italienische Mediationsgesetz weist eine vergleichsweise hohe Regelungsdichte auf, die vor allem Ausfluss des gesetzgeberischen Gedankens sein dürfte, dass sich die Mediation in Italien nur mit Hilfe stringenter und prägnanter Regularien erfolgreich in die eigene Rechtsordnung integrieren lässt. Denn anstatt der Mediation – beispielsweise durch weniger und vor allem liberalere Regelungen – Raum zu geben, um sich in die Landschaft der Streitbeilegungsverfahren als

539 *Cuomo Ulloa*, La nuova mediazione, S. 31; im Originial: „*Questa articolata e variegata evoluzione normativa ha dunque consentito agli studiosi di evidenziare gli aspetti positivi della mediazione sia nella sua versione facoltativa, sia in quella obbligatoria, mettendo in luce però anche non pochi risvolti problematici ed alcuni dubbi interpretativi rispetto ai quali può essere utile verificare l'effetto delle novità dalla riforma 2013.*"

Alternative einfügen zu können, hat der italienische Gesetzgeber die dargestellte strikte Umsetzung gewählt.[540]

Dass hinter der gewählten Umsetzung aber durchaus eine realistische Einschätzung steht, zeigt ein Blick auf die bisherige Geschichte der Mediation in Italien: Zwar konnten im Laufe der Zeit immer wieder Schlichtungsansätze als Vorläufer der Mediation verzeichnet werden, allerdings waren diese zu zerstreut, um insgesamt eine nachhaltige Wirkung zu haben. So waren die Einigungsverfahren oft zu nah mit dem Gerichtsverfahren verbunden, sodass die Streitbeilegungsmethode der Mediation beziehungsweise Schlichtung gar nicht als eine eigenständige Alternative zum Gerichtsverfahren wahrgenommen werden konnte. Dasselbe gilt für die Verfahren vor dem Friedensrichter, dessen Kompetenz ohnehin limitiert ist und daher schon von vornherein nicht alle Arten von Streitigkeiten abdecken kann. In den Fällen, in denen zwar solch eine enge Verknüpfung zu den Gerichtsverfahren nicht erfolgt ist, wurden alternative Streitbeilegungsverfahren aber auch nicht flächendeckend, sondern in erster Linie durch Handelskammern und Berufsverbände gefördert. Ein breites Publikum konnte hiermit genauso wenig angesprochen werden. Zudem haben die Mediations- bzw. Schlichtungsansätze immer nur in einzelnen Rechtsgebieten ihren Niederschlag gefunden, überdies bestand – bis auf wenige Ausnahmen wie etwa in der Landwirtschaft – keine Notwendigkeit, die Mediation beziehungsweise Schlichtung in Anspruch zu nehmen.

Gleichzeitig lässt sich bei Betrachtung der Fülle der Regularien des italienischen Mediationsgesetzes daher auch eine – ebenfalls realistische – Befürchtung des Gesetzgebers ablesen, der davon ausgegangen sein dürfte, dass die Mediation nur eine echte Zukunft haben kann, wenn sie entsprechend umfangreichen Vorgaben unterzogen wird. Diese Einschätzung erscheint in Anbetracht der bisher vorhandenen beziehungsweise genutzten Mediationsinstrumentarien Italiens alles andere als abwegig. Um sowohl der Mediation als alternativer Streitbeilegungsmethode als auch der zivilen Gerichtsbarkeit mit ihrer Überlastung eine echte Chance zu geben, war die flächendeckende, wenn auch strikte, Einführung der Mediation in das italienische Rechtssystem die einzige Möglichkeit, um diese beiden Ziele zu erreichen und miteinander in Einklang bringen zu können. Im Ergebnis könnte daher durchaus von einer Art Hilfe zur Selbsthilfe gesprochen werden, ohne die es den Parteien auch in Zukunft verwehrt geblieben wäre, einen alternativen Weg zum beschwerlichen Gerichtsverfahren zu wählen.

---

540 So auch *Marinari* in: EU Mediation, S. 189.

Geprägt ist die Umsetzung der Mediationsrichtlinie in Italien daher auch weniger von der der Mediation innewohnenden Freiwilligkeit[541] als vielmehr dem Willen des Gesetzgebers, das Justizsystem nachhaltig zu verbessern, und zwar mit Hilfe der Mediation, wobei der Begriff der Instrumentalisierung in Anbetracht der geschilderten Umsetzung passender erscheint. Es kann an dieser Stelle durchaus von einer „verwalteten" Mediation gesprochen werden, da der italienische Gesetzgeber insbesondere mit der Schaffung der Mediationsstellen für Mediator und Parteien eine Zwischenebene geschaffen hat, die wiederum mittelbar durch das Justizministerium gelenkt wird.[542]

Die Einführung der Mediation als obligatorische Prozessvoraussetzung stellt dabei die stärkste Ausprägung dieses italienischen Leitgedankens dar und hebt die Freiwilligkeit damit auf eine andere Ebene. Definiert werden kann sie in diesen Fällen in der Tat nur noch als die Möglichkeit der Parteien, das Mediationsverfahren zu jedem Zeitpunkt beenden und frei über den Inhalt der gütlichen Einigung entscheiden zu können. Nach dieser Definition lässt sich der Mediation als obligatorische Prozessvoraussetzung auch immer noch das ordentliche Gerichtsverfahren als Pendant gegenüberstellen, bei dem sich die Parteien der Entscheidung des Gerichtes unterwerfen müssen.[543] Durch die Einführung der Mediation als obligatorische Prozessvoraussetzung wurde nicht zuletzt eine bedingte Gerichtsbarkeit geschaffen, die allerdings nicht nur die Mediation als freiwilliges Verfahren

---

541 A. A. *Cuomo Ulloa*, La nuova mediazione, S. 243; im Original: „*Nel complesso questo insieme di regole pare ispirato a due contrapposte esigenze: da un lato la volontà del legislatore e del Ministero di dettare regole formali volte a garantire le parti della mediazione e a rafforzare l'effettività del procedimento (anche in vista della sua finalità deflative); dall'altro lato, la volontà che si coglie nelle norme dedicate al procedimento di rispettare l'intrinseca informalità e volontarietà della mediazione quale procedimento di risoluzione delle controversie diverso ed alternativo al processo e all'arbitrato e alle dinamiche ‚adversarial' tipiche di questi de procedimenti.*"

542 *Giordano* in: La nuova mediazione, S. 667; im Original: „*A garanzia dei soggetti coinvolti, il tipo di mediazione prescelto dal legislatore è quello della mediazione „amministrativa': tra i mediatori e le parti vi è il filtro degli organismi, accreditati presso il Ministero della Giustizia, che assicurano la serietà dei primi – serietà che, a sua volta, si declina in imparzialità, indipendenza, riservatezza – e l'efficienza della struttura.*"

543 *Santi* in: La mediazione per la composizione delle controversie civili e commerciali, S. 67; im Original: „*Questa fondamentale prerogativa, che fa anche definire la conciliazione un fenomeno consensuale, trova il suo opposto nella obbligatorietà della giurisdizione, che impone ai litiganti di dover comparire di fronte ad un giudice e subire – anche in caso di contumacia – la decisione dell'organo statuale.*"

eingeschränkt hat, sondern auch den freien Zugang zu den Gerichtsverfahren.[544] Selbst wenn das scharfe Schwert der Mediation als obligatorische Prozessvoraussetzung nach der Entscheidung des italienischen Verfassungsgerichts eine Änderung erfahren hat, bleibt doch der obligatorische Charakter, wenn auch leicht entschärft in Form des „*primo incontro*", bestehen. Da dieser nach der neuen Fassung allerdings nun auch durch das Gericht erster oder zweiter Instanz verbindlich angeordnet werden kann, hat der italienische Gesetzgeber damit einen weiteren Schritt in Richtung Entlastung der Justiz getätigt. Mit dem italienischen Mediationsmodell wird also nicht nur zur Mediation angehalten,[545] sondern dieses Verfahren der alternativen Streitbeilegung wird den Parteien bei einer Vielzahl von streitgegenständlichen Rechtsgebieten schlicht auferlegt.[546] Die Möglichkeit der Parteien, das Mediationsverfahren nach dem „*primo incontro*" nicht fortzuführen, steht dieser Auferlegung nicht entgegen, zumal die Nichtfortführung des Mediationsverfahrens wiederum mit entsprechenden, insbesondere auch kostenrechtlichen Konsequenzen für die nicht teilnehmende Partei verbunden ist.

Zwar betrifft dieses Beschneiden des Freiwilligkeitsaspektes nur diejenigen Rechtsgebiete, in denen die Mediation als obligatorische Prozessvoraussetzung vorgesehen ist. In Anbetracht deren Vielzahl bleibt allerdings kaum Raum, um die anderen, wirklich freiwilligen Formen der Mediation nutzen zu können. Im Ergebnis führt dies unweigerlich zu einer Einschränkung der Freiwilligkeit, die das Fundament der Mediation bilden soll.

Gelockt hat der italienische Gesetzgeber die Beteiligten im Gegenzug mit den Faktoren Zeit und Geld, die sich in Anbetracht der Lage des italienischen Justizsystems durchaus als geeignete Anreize verkaufen lassen. Denn während die durchschnittliche Dauer der gerichtlichen Verfahren im Jahr 2015 noch bei 902 Tagen lag, dauern die Mediationsverfahren nur 103 Tage.[547] Allerdings unterlag auch die Verfahrensdauer der Mediation einer ansteigenden Entwicklung. Im

---

544 *Vasapollo* in: La nuova mediazione, S. 189; im Original: „*Si introduce, in tal modo, un'ipotesi di giurisdizione condizionata, in quanto il valido esercizio dell'azione diviene subordinato all'avverarsi di una condizione.*"

545 Vgl. Art. 1 Mediationsrichtlinie.

546 *Vasapollo* in: La nuova mediazione, S. 189; im Original: „*L'istituto della mediazione viene, dunque, non solo ‚incoraggiato', ma per le materie indicate viene imposto, salva la libertà delle parti di scegliere o medo di comporre la lite con le ricadute e le conseguenze sul giudizio successivamente incardinato per quanto attiene le spese processuali.*"

547 Abrufbar unter https://webstat.giustizia.it/Analisi%20e%20ricerche/Civil%20mediation%20in%20Italy%20-%202015%20%28ENG%29.pdf (zuletzt abgerufen am 10. Juni 2016).

Vergleich zum Jahr 2012, als die Dauer eines Mediationsverfahrens noch bei 62 Tagen lag, betrug diese im Jahr 2015 bereits 103 Tage.[548] Die neu eingeführte Verkürzung der Verfahrensdauer von vier auf drei Monate dient daher eher als ein Richtwert als eine fixe Vorgabe. Dabei ist der Anstieg der Verfahrensdauer durchaus als positiv zu bewerten. Denn zum einen spricht für eine „längere“ Verfahrensdauer, dass das ihr zugrundeliegende Mediationsverfahren durchaus mit der notwendigen Gewissenhaftigkeit betrieben wird und nicht nur darauf gerichtet ist, das Verfahren möglichst schnell hinter sich zu bringen. Zudem wird dadurch deutlich, dass den Parteien in erster Linie an einer Beilegung der Streitigkeit durch eine eigene Lösungsfindung gelegen ist. So sollte es doch auch ausschließlich den Beteiligten überlassen werden, in welchem zeitlichen Rahmen sie sich bei ihrer Annäherung der Positionen bewegen.

Auch die kostenrechtlichen Vergünstigungen stellen einen gewissen Anreiz dar, eine Mediation durchzuführen. Gleichermaßen werden sich diese aber auch mittelbar auf die Mediatoren und ihr Engagement in den einzelnen Mediationsverfahren auswirken. Schließlich wird dem Mediator stets daran gelegen sein, dass das Mediationsverfahren nicht scheitert, mit dem Ziel, seine Vergütungszahlung sicherzustellen. Im Ergebnis hat der italienische Gesetzgeber damit einen weiteren Anreiz geschaffen, der diesmal nicht unmittelbar die Parteien betrifft, sondern den Mediator selbst. Denn auch dieser kann mit seiner Leistung erheblich dazu beitragen, dass der bestehenden Belastung des Zivilgerichtssystems entgegengetreten wird.

Um die stringente Umsetzungsidee auch in der Praxis durchsetzen zu können, hat der italienische Gesetzgeber für die theoretischen Regelungen einen entsprechenden Gegenpart geschaffen: den Mediator mit all seinen ihm obliegenden Rechten und Pflichten, die Mediationsaus- und Fortbildung sowie die beim Justizministerium eingetragenen Mediationsstellen. Letztere suggerieren nicht nur ein gewisses Qualitätsmerkmal, sondern sind bei Inanspruchnahme – anders als im Falle von nicht gelisteten Einrichtungen – auch mit einem Kostenanreiz verbunden und tragen damit im Ergebnis zu einer „Privatisierung der Streitbewältigung“[549] bei, allerdings unter einer gewissen staatlichen Kontrolle.

Besonders hervorzuheben ist an dieser Stelle auch die durch Gesetzesänderung erfolgte Kompetenzerweiterung des Mediators, dessen Möglichkeiten sich

---

548 Abrufbar unter https://webstat.giustizia.it/Analisi%20e%20ricerche/Civil%20mediation%20in%20Italy%20-%202015%20%28ENG%29.pdf (zuletzt abgerufen am 10. Juni 2016).

549 Zitiert nach *Steffek*, RabelsZ Bd. 74 (2010), S. 846.

damit nicht mehr nur auf die Steuerung des Verfahrens sowie die Vermittlung zwischen den Parteien beschränkt, sondern nunmehr auch die Möglichkeit zur eigenen Stellungnahme vorsieht. Durch diese Beurteilungskompetenz hat der italienische Gesetzgeber die Mediation weiter gefördert. Auf diese Weise können etwaige Verhandlungsengpässe im Verfahren überwunden werden, verbunden mit der realistischen Chance, dass mehr Streitigkeiten mittels Mediation gelöst werden können und damit nicht den Weg in die Gerichtssäle finden.

Zwar hat der italienische Gesetzgeber mit den zahl- und detailreichen Regelungen zur Mediation die notwendige Voraussetzung für eine Entlastung des Justizsystems geschaffen, allerdings ist die Akzeptanz der Mediation in Italien in Anbetracht der Streitgeneigtheit ein ganz maßgeblicher, aber auch schwer kalkulierbarer Faktor, wenn es um die erfolgreiche Einführung dieser Streitbeilegungsalternative geht. Insbesondere dieser Umstand dürfte ein Grund für die stringente Umsetzung der Mediationsrichtlinie gewesen sein.[550] So kann die Akzeptanz der Mediation in der Bevölkerung die Zukunft der Mediation sichern, wenn der bisherige obligatorische Ansatz einmal wegfallen sollte.

Der Zuspruch in der Bevölkerung wird umso größer sein, je ungezwungener sich die Durchführung eines Mediationsverfahrens für den Einzelnen darstellt. Diese These verdeutlicht einmal mehr die Freiwilligkeit als entscheidenden Grundpfeiler und wesentliches Charakteristikum der Mediation. Denn diese ist schließlich ein freiwilliges Verfahren, das den Parteien eine echte Alternative zum Gerichtsverfahren bieten soll. Dass mit einem ausgeprägten Freiwilligkeitsbewusstsein auch die Anzahl der Mediationsverfahren steigt, zeigt die bisherige italienische Entwicklung. So konnte im Jahr 2015 insbesondere in den Verfahren der freiwilligen Mediation eine Einigung zwischen den Parteien geschlossen werden. Während im Falle einer gerichtlich angeordneten Mediation eine Einigung zwischen den Parteien nur in 14,5% der Fälle und bei Streitigkeiten mit der Mediation als obligatorische Prozessvoraussetzung nur eine Erfolgsquote von 21,2% zu verzeichnen war, liegt die Einigungsquote im Falle von freiwillig durchgeführten Mediationen bei 40,6%.[551] Dieser Vergleich unterstreicht die Annahme, dass die Mediation auch in Italien nur wirklich erfolgreich sein kann und sich nachhaltig in die Rechtsordnung implementieren lässt, wenn sie eine breite Akzeptanz erfährt. Diese wiederum kann nur erreicht werden, wenn

---

550 *Hager*, Konflikt und Konsens, S. 100.

551 Abrufbar unter https://webstat.giustizia.it/Analisi%20e%20ricerche/Civil%20mediation%20in%20Italy%20-%202015%20%28ENG%29.pdf (zuletzt abgerufen am 10. Juni 2016).

die Parteien nicht zu ihrem Glück gezwungen werden müssen, sondern sich die Mediation als grundrechtsfreundliche Alternative darstellt. Ein weiterer Erfolgsfaktor für eine erfolgreiche Umsetzung ist die Funktionsfähigkeit des italienischen Justizsystems. So sind alternative Streitbeilegungsmethoden immer dann besonders effektiv, wenn auch das Justizsystem entsprechend gut aufgestellt ist.[552]

Bei all der Kritik, die die italienischen Umsetzung bei den Verfechtern eines freiwilligen Verfahrens ausgelöst hat, sollte dem italienischen Gesetzgeber allerdings nicht unterstellt werden, dass er sich des Nutzens eines Mediationsverfahrens nicht bewusst gewesen ist. Vielmehr wusste er lediglich die ihm eröffnete Möglichkeit zu nutzen. So wurde den Mitgliedstaaten durch die schlichte Ausgestaltung der Mediationsrichtlinie nicht umsonst Raum bei der Umsetzung gelassen, wodurch die einzelnen Rechtsordnungen die Mediation in ganz verschiedener Weise gestalten und nutzen konnten. Hierzu zählt auch die Frage, ob und in welcher Form eine Förderung dieser Streitbeilegungsalternative erfolgen soll.[553] Auch hat der italienische Gesetzgeber den Entlastungsgedanken hinsichtlich des eigenen Justizsystems bei der gewählten Umsetzung keineswegs verborgen. Wie eingangs geschildert, sollte die Mediation laut Alfano bekanntermaßen auch dazu dienen, eine effizientere Betreuung der Bürger zu gewährleisten. Insofern handelt es sich durchaus um eine von Realismus geprägte, konsequente und auf die eigene Situation zugeschnittene Umsetzung Italiens.

552 *Lupoi*, ZZPInt Bd. 19 (2014), S. 95.
553 *Hager*, Konflikt und Konsens, S. 99.

C. Das Mediationsgesetz im deutsch-italienischen Vergleich

Auch wenn alternative Streitbeilegungsinstrumente in ihrer Popularität nach wie vor hinter den Gerichtsverfahren zurückbleiben,[554] hat die Mediation auch in Deutschland im Laufe der letzten Jahre zunehmend an Bedeutung gewonnen.[555]

So gaben die Richtlinienvorgaben auch hierzulande Anstoß zur Verabschiedung eines eigenständigen Mediationsgesetzes.[556] Dabei lag der an den deutschen Gesetzgeber gestellte Anspruch insbesondere darin, die Mediation durch die Einführung entsprechender Regularien weiter zu fördern, ohne aber eine Überregulierung vorzunehmen.[557] Das „Gesetz zur Förderung der Mediation und anderer Verfahren der außergerichtlichen Konfliktbeilegung"[558], das am 26. Juli 2012 in Kraft trat, sollte dazu einen entscheidenden Beitrag leisten. So intendiert es, „die außergerichtliche Konfliktbeilegung und insbesondere die Mediation im Bewusstsein der Bevölkerung und der in der Rechtspflege tätigen Berufsgruppen stärker zu verankern".[559] Dieser Grundgedanke der Promotion der außergerichtlichen Streitbeilegung ist durchaus konform mit der Auffassung des Bundesverfassungsgerichts, welches sich bereits im Jahr 2007 positiv zum Vorrang außergerichtlicher Streitbewältigung geäußert hat.[560]

Bis zur Umsetzung der Mediationsrichtlinie standen auch in Deutschland viele Regelungen zusammenhangslos nebeneinander, wobei sich dieses Phänomen nicht nur im Falle der Mediation zeigte, sondern das gesamte Recht der

---

554 *Steffek* in: Recht der alternativen Konfliktlösung, A. Einleitung Rn. 12 f.

555 *Gläßer* in: Festschrift für Dieter Martiny zum 70. Geburtstag, S. 735; zur Entwicklung der Mediation in Deutschland vgl. ausführlich *Trenczek/Berning/Lenz*, Mediation und Konfliktmanagement, S. 57 ff.; *Steffek* in: Recht der alternativen Konfliktlösung, A. Einleitung Rn. 11.; zur Entwicklung der Mediation in Deutschland bis zur Umsetzung der Mediationsrichtlinie siehe auch *Serbu*, Das deutsche Mediationsgesetz im europäischen Kontext, S. 182 ff.; vgl. auch *Fischer* in: Recht und soziale Gerechtigkeit, S. 54, 67.

556 *Serbu*, Das deutsche Mediationsgesetz im europäischen Kontext, S. 191.

557 *Herzog/Hennig*, Mediation – Aufbruch in eine neue Streitkultur, JURA 2011, S. 936.

558 Nachfolgend deutsches MediationsG genannt.

559 Begründung Regierungsentwurf (RegE), Fn. 7, 11.

560 BVerfG Beschluss v. 14.2.2007, Az. 1 BvR 1351/01, NJW-RR 2007, 1073, 1074; *Steffek*, ZEuP 2013, S. 530.

alternativen Streitbeilegung betraf.[561] Was bis zum Erlass des deutschen Mediationsgesetzes insbesondere fehlte, war eine einheitliche und vor allem anerkannte Definition der Mediation und des dahinterstehenden Verfahrens.[562] Den dafür notwendigen Grundstein legte dann das deutsche Mediationsgesetz mit der Einführung einer flächendeckenden Regelung zur Mediation auf Bundesebene[563] sowie der Durchführungsmöglichkeit eines außergerichtlichen Mediationsverfahrens,[564] und zwar sowohl im Falle grenzüberschreitender Streitigkeiten als auch bei landesinternen Konflikten.[565] Letztlich dient das Mediationsgesetz auch in Deutschland dazu, die eigene Streitkultur nachhaltig zu verbessern.[566]

I. Das deutsche Mediationsgesetz im Überblick

Ohne sich schon dem Inhalt des Mediationsgesetzes zu widmen, fällt schnell auf, dass Deutschland – im Vergleich zu Italien – bereits beim Umfang der Regularien einen ganz anderen Weg gewählt hat. So begnügt sich das deutsche Mediationsgesetz mit lediglich neun Paragraphen: Während in § 1 die Mediation als ein „vertrauliches und strukturiertes Verfahren" beschrieben wird, „bei dem Parteien mithilfe eines oder mehrerer Mediatoren freiwillig und eigenverantwortlich eine einvernehmliche Beilegung ihres Konfliktes anstreben"[567], widmet sich das Gesetz dann bereits im darauffolgenden Absatz bis einschließlich § 5 der Person des Mediators und seiner Rolle im Verfahren.[568] Schließlich werden in den §§ 6 bis 9 Formalia wie Verordnungsermächtigung, wissenschaftliches Forschungsvorhaben, Evaluierung und Übergangsvorschriften geregelt. Von einer umfassenden Regelung, geschweige denn Überregulierung kann also keinesfalls die Rede sein kann.[569] Einen konkreten Anwendungsbereich sieht das Gesetz nicht

561 *Greger/Steffek* in: Recht der alternativen Konfliktlösung, A. Einleitung Rn. 6.

562 *Herzog/Hennig*, Mediation – Aufbruch in eine neue Streitkultur, JURA 2011, S. 929.

563 *Serbu*, Das deutsche Mediationsgesetz im europäischen Kontext, S. 190.

564 *Wentzel*, Internationale Mediation, S. 37; *Greger* in: Recht der alternativen Konfliktlösung, A. Einleitung Rn. 19.

565 Vgl. hierzu z.B. *Wentzel*, Internationale Mediation, S. 45.

566 Begründung Regierungsentwurf, BT-Drs. 17/5335, S. 11.

567 § 1 Abs. 1 dt. MediationsG.

568 Siehe zur näheren Erläuterung des Inhalts der §§ 1–5 des dt. MediationsG C. II 2.

569 So z. B. auch *Wentzel*, Internationale Mediation, S. 47 oder auch *Greger* in: Recht der alternativen Konfliktlösung, A. Einleitung Rn. 25; anders *Serbu*, Das deutsche Mediationsgesetz im europäischen Kontext, S. 190.

vor, woraus der Schluss gezogen werden kann, dass die Mediation grundsätzlich Streitigkeiten jeden Rechtsgebietes offen stehen soll.[570]

In Umsetzung der Verordnungsermächtigung des § 6 des deutschen MediationsG hat das Bundesministerium der Justiz und für Verbraucherschutz mit Datum vom 21. August 2016 nunmehr die Verordnung über die Aus- und Fortbildung von zertifizierten Mediatoren (Zertifizierte-Mediatoren-Ausbildungsverordnung, kurz: ZMediatAusbV) erlassen, die am 1. September 2017 in Kraft treten wird. Dabei enthält die Verordnung zum einen Regelungen zur Aus- und Fortbildung des zertifizierten Mediators und stellt zum anderen Anforderungen an die Aus- und Fortbildungsstellen.

Neben der Implementierung des Mediationsgesetzes in die deutsche Rechtsordnung sind die durch die Einführung vorgenommenen Änderungen auch prozessrechtlicher Natur. So sieht § 278 a ZPO nunmehr die sogenannte „gerichtsnahe Mediation“[571] vor, die es erlaubt, das anhängige Zivilverfahren ruhend zu stellen, wenn sich die Parteien für die Durchführung eines externen Mediationsverfahrens entscheiden. Darüber hinaus findet sich in § 278 Abs. 5 ZPO das „Güterichtermodell“ wieder, welches dem zuständigen ordentlichen Richter die Möglichkeit zuspricht, die Parteien für die Güteverhandlung sowie für weitere Güteversuche an einen hierfür bestimmten und nicht entscheidungsbefugten Richter (Güterichter) zu verweisen, der alle Methoden der Konfliktbeilegung einschließlich der Mediation einsetzen kann. Anders als im Falle der gerichtsnahen Mediation können die Parteien den Güterichter nicht wählen, sie werden ihm schlicht zugeteilt.[572] Dabei ist der Auffassung zuzustimmen, dass das gesamte Güterichterverfahren eine hohe Orientierung am bestehenden Normengerüst aufweist,[573] ohne dem Verfahren dabei seinen Sinn und vor allem auch seine Vorteile absprechen zu wollen.[574]

Auffällig ist, dass der deutsche Gesetzgeber mit dem Mediationsgesetz ausschließlich die Mediatoren anspricht, ohne diejenigen zu berücksichtigen, die von diesem Gesetz mindestens genauso betroffen sind: die Recht- bzw.

---

570 *Serbu*, Das deutsche Mediationsgesetz im europäischen Kontext, S. 191.

571 *Hartmann* in: Baumbach/ Lauterbach/Albers/Hartmann, § 278 a, Rn. 4.

572 Vgl. hierzu auch *Roth* in: Freiwilligkeit, Zwang und Gerechtigkeit im Kontext der Mediation, S. 112.

573 Befürwortend *Roth* in: Freiwilligkeit, Zwang und Gerechtigkeit im Kontext der Mediation, S. 113; abschwächende Ansicht *Greger/Weber*, Sonderheft 18, MDR 2012, 27.

574 Zur gerichtsnahen Mediation und zum Güterichtermodell siehe ausführlicher *Wagner/Eidenmüller*, Mediationsrecht, S. 11 ff.

Mediationsuchenden selbst.[575] Dieser Umstand stellt sich allerdings konträr zur Intention des Gesetzgebers dar, dem es in erster Linie darum gegangen ist, die Mediation als ein informelles und flexibles Verfahren nachhaltig in die deutsche Rechtsordnung zu implementieren.[576] Nur so ist im Übrigen auch der mehr als restriktiv anmutende Charakter des deutschen Mediationsgesetzes zu erklären.

Es ist zu bezweifeln, dass eine „Förderung der Mediation", wie es das Gesetz formuliert, überhaupt erreicht werden kann, wenn keine Regelung zum eigentlichen Verfahrensablauf sowie zu weiteren – auch organisatorischen – Gegebenheiten erfolgt.

Dies belegt auch eine aktuelle Statistik, wonach in Deutschland nur 57% der Befragten vom Instrument der Mediation als alternative Streitbeilegungsmöglichkeit gehört haben.[577] Allerdings würden sich auch 44% für die Durchführung eines Mediationsverfahrens entscheiden. Zum Vergleich: nur 20% sprachen sich für ein gerichtliches Verfahren aus, 36% enthielten sich.[578] Dagegen halten auch nur 48% die Mediation für ein geeignetes Instrument, um viele Streitigkeiten beizulegen.[579]

Im Ergebnis lässt sich festhalten, dass das deutsche Mediationsgesetz „viele Fragen offen lässt und sogar neue Fragen aufwirft".[580] Dies ist nicht zuletzt auf den geringen Umfang des Mediationsgesetzes zurückzuführen, der allen Beteiligten einen großen Interpretationsspielraum lässt, dessen Ausschöpfung naturgemäß nicht immer zu demselben Ergebnis kommen kann. Dadurch können zwar zum einen gewinnbringende, weil divergierende Auslegungsansätze geschaffen, aber gleichzeitig auch neue Problemfelder eröffnet werden, da den Beteiligten keine klaren Lösungsvorgaben an die Hand gegeben werden.

---

575 *Trossen,* Mediation (un)geregelt, S. 161.

576 Zur gesetzgeberischen Intention siehe auch *Trossen,* Mediation (un)geregelt, S. 161.

577 Abrufbar unter http://de.statista.com/statistik/daten/studie/167531/umfrage/bekanntheit-von-mediation-in-deutschland/ (zuletzt abgerufen am 1. April 2017).

578 Abrufbar unter http://de.statista.com/statistik/daten/studie/167547/umfrage/praeferenz-von-mediation-oder-gerichtsverfahren-in-deutschland/ (zuletzt abgerufen am 1. April 2017).

579 Abrufbar unter http://de.statista.com/statistik/daten/studie/167532/umfrage/meinung-zu-den-erfolgsaussichten-von-mediation-in-deutschland/ (zuletzt abgerufen am 1. April 2017).

580 *Trossen,* Mediation (un)geregelt, S. 159.

II. Die prägnantesten Unterschiede

Aufgrund der verschiedenen Ausgangssituationen hätten die Ansätze bei der Umsetzung der Mediationsrichtlinie in Italien und Deutschland unterschiedlicher nicht sein können. So lassen sich gerade am deutsch-italienischen Beispiel aufgrund der bestehenden Divergenzen einige Grundsatzfragen im Hinblick auf Wesen und Umsetzung der Mediation verdeutlichen. Diese zentralen Unterschiede der Umsetzung spiegeln sich in verschiedenen Aspekten wider, von denen die prägnantesten im nun folgenden Vergleich gegenübergestellt werden sollen. Die angestellten Erwägungen sollen daher nicht als vollständige Betrachtung der deutschen Umsetzung verstanden werden, sondern den Fokus ausschließlich auf signifikante Beispiele legen, anhand derer die beiden unterschiedlichen Herangehensweisen besonders verdeutlicht werden.

1. Zwang vs. Freiwilligkeit

Offensichtlichster Unterschied zwischen der italienischen und deutschen Umsetzung ist der Umgang mit dem Aspekt der Freiwilligkeit und dem damit verbundenen Justizgewährungsanspruch.

Wie bereits dargestellt[581], besteht in der Freiwilligkeit das prägende Element und der gemeinsame Definitionskern der Mediation. Aber im Ländervergleich wird schnell deutlich, dass diese Freiwilligkeit durchaus verschieden ausgelegt werden und damit auch unterschiedlich weit reichen kann. Folgt man der italienischen Umsetzung, ist der Spielraum bei der Interpretation des Freiwilligkeitsbegriffs limitiert. Dieser findet seine Grenzen bereits bei der Frage, ob die Parteien eines Rechtsstreits zur Durchführung eines Mediationsverfahrens gezwungen werden können.[582] Deutschland hingegen liegt dieser Ansatzpunkt fern.

Das unterschiedliche Verständnis von Freiwilligkeit und die damit einhergehende Umsetzung der beiden Länder zeigen sich schon in den jeweiligen Definitionen. Während Italien die Mediation als eine Tätigkeit definiert, die – ebenfalls unabhängig von ihrer Bezeichnung – von einem unparteiischen Dritten ausgeübt wird und darauf gerichtet ist, zwei oder mehrere Personen sowohl bei der Suche nach einer gütlichen Streitbeilegung als auch bei der Formulierung eines Einigungsvorschlages zu unterstützen, verleiht Deutschland dem Aspekt der Freiwilligkeit einen stärker ausgeprägten Charakter. In Anlehnung an die

581 Siehe Punkt B. II. 4. lit. a) aa) (2).

582 Vgl. auch *Hopt/Steffek*, Mediation S. 12.

Mediationsrichtlinie definiert der deutsche Gesetzgeber die Mediation als *„ein vertrauliches und strukturiertes Verfahren, bei dem Parteien mithilfe eines oder mehrerer Mediatoren freiwillig und eigenverantwortlich eine einvernehmliche Beilegung ihres Konfliktes anstreben"*.[583] Nach deutschem Verständnis bedeutet der Begriff der Freiwilligkeit, dass die Parteien ganz eigenständig über das Ob der Durchführung eines Mediationsverfahrens entscheiden können.[584] So ist es gerade strukturprägend für die Mediation, dass eine gewisse Gesetzesferne vorliegt und den Parteien das „Ob" und „Wie" der Mediation jederzeit offen steht.[585] Auf diese Weise wird eine offene Verhandlungsatmosphäre geschaffen, die den Parteien nicht nur den Eindruck vermitteln soll, sondern auch die tatsächliche Möglichkeit bietet, ein begonnenes Mediationsverfahren jederzeit beenden zu können.[586] So hat sich auch der Mediator selbst bei den Parteien zu vergewissern, dass diese wirklich freiwillig an der Mediation teilnehmen.[587] Es lag dem deutschen Gesetzgeber bei der Umsetzung der Mediationsrichtlinie fern, einen gesetzlichen Zwang zur Durchführung des Mediationsverfahrens oder Kostennachteile im Falle der Ablehnung eines Mediationsvorschlages zu verankern.[588] Gerade hierin liegt ein signifikanter Unterschied zur italienischen Herangehensweise. Während die italienische Version zahlreiche Anreize zur Durchführung der Mediation, aber auch diverse Sanktionen vorsieht – zum Beispiel bei späteren Beweis- oder Kostenfragen –, wird hierzulande in erster Linie der freiwillige Charakter der Mediation in den Vordergrund gestellt.

Bei diesem Vergleich ist allerdings zu beachten, dass bei der Definition der Freiwilligkeit ein äußerst unterschiedlicher Aufbau und eine andere Funktionsweise der beiden Rechtssysteme zu Grunde zu legen ist. Um einen etwaigen Unmut der streitenden Parteien nicht noch weiter wachsen zu lassen, war es für den italienischen Gesetzgeber fast unumgänglich, seinem obligatorischen Ansatz diverse Anreize gegenüber zu stellen; Anreize, die ein freiwilliger Ansatz gar nicht benötigt.

Während der italienische Gesetzgeber der Mediation – wenn auch durch die Entscheidung der *Corte Costituzionale* letztendlich auf den *„primo incontro"*

583 Art. 1 Abs. 1 dt. MediationsG.

584 *Fritz* in: Mediationsgesetz, § 1, S. 63. Rn. 19.

585 Vgl. auch *Roth* in: Freiwilligkeit, Zwang und Gerechtigkeit im Kontext der Mediation, S. 110.

586 *Kracht* in: Handbuch Mediation, S. 319; *König* in: EU Mediation, S. 141.

587 Art. 2 Abs. 2 dt. MediationsG.

588 *Roth* in: Freiwilligkeit, Zwang und Gerechtigkeit im Kontext der Mediation, S. 110 f.

verlagert – einen obligatorischen Charakter verleiht, lassen sich in der deutschen Umsetzung der Mediationsrichtlinie keinerlei verpflichtende Regularien wiederfinden. Diese unterschiedlichen Ansätze spiegeln sich dabei nicht nur in der Anzahl der Normen wider, mit denen die Mediation in den beiden Ländern ihre gesetzliche Regelung erfahren hat. Die divergierenden Charakterzüge zeigen sich auch in der Dauer der jeweiligen Umsetzungen. Während Italien die erste Version seines Mediationsgesetzes noch vor der in der Mediationsrichtlinie gesetzten Frist einführte, tat man sich in Deutschland mit der Realisierung weitaus schwerer.[589] Dieser unterschiedliche Umgang mit dem Faktor Zeit wird darauf zurückzuführen sein, dass Italien – im Gegensatz zu Deutschland – aus einer gewissen Notlage heraus agierte. Die Mediationsrichtlinie und die Notwendigkeit der Umsetzung haben Italien in einem Moment erreicht, in dem die italienischen Gerichte heillos überlastet waren.

Neben den neun Paragraphen, die das deutsche Mediationsgesetz umfasst, mussten durch die Einführung des deutschen Mediationsgesetzes auch die Verfahrensvorschriften entsprechend ergänzt und geändert werden. Nimmt man in diesem Kontext zum Beispiel den durch die Einführung des Gesetzes zur Förderung der Mediation und anderer Verfahren zur außergerichtlichen Konfliktbeilegung vom 21. Juli 2012 – kurz Mediationsgesetz – (BGBl. I S. 1577) aktualisierten § 253 der deutschen ZPO in den Blick, wird der Unterschied zur italienischen Herangehensweise schnell deutlich. So heißt es nun in § 253 Absatz 3 Nr. 1 ZPO: *„Die Klageschrift soll ferner enthalten: die Angabe, ob der Klageerhebung der Versuch einer Mediation oder eines anderen Verfahrens der außergerichtlichen Konfliktbeilegung vorausgegangen ist, sowie eine Äußerung dazu, ob einem solchen Verfahren Gründe entgegenstehen. […]“*

Diese Einfügung erfolgte durch Artikel 2 des deutschen Mediationsgesetzes und soll die Bereitschaft, entsprechende Verfahren zu durchlaufen, fördern. So sollen sich die Parteien und ihre Anwälte spätestens im Zeitpunkt des Entwurfes der Klageschrift damit beschäftigen, ob sich der zwischen ihnen bestehende Konflikt nicht auch auf einvernehmlichem Wege beilegen lasse.[590] Der deutsche Gesetzgeber verleiht der Mediation bei seiner Neufassung jedenfalls keinen obligatorischen Charakter, wie dies bei den Voraussetzungen des zweiten Absatzes des § 253 ZPO der Fall ist, und ersetzt das *„muss“* dieses Absatzes mit einem

589 In Deutschland trat das Mediationsgesetz am 26.07.2012 in Kraft.

590 *Becker-Eberhard* in: Münchener Kommentar zur Zivilprozessordnung, § 253 Rn. 186.

„soll" im dritten, sodass es sich eher um eine Empfehlung handelt als um eine obligatorische Voraussetzung für die Klageschrift.

Bedenkt man, dass die innerliche (Konflikt-)Einstellung des potenziellen Klägers in diesem Verfahrensstadium schon sehr weit gediehen ist, erscheint es fast zu spät, sich erst zu diesem Zeitpunkt mit einer möglichen Mediation auseinanderzusetzen. Denn zumeist haben sich die Parteien bei Einreichung der Klageschrift schon auf ihre jeweiligen Rechtspositionen konzentriert, die es im folgenden Prozess durchzusetzen gilt.[591] Eine Förderung der Mediation wird diese Regelung jedenfalls nicht bewirken. Der hinter dieser Ergänzung stehende Sinn erschließt sich daher nicht ohne weiteres.

Bei der vorgesehenen Evaluierung des deutschen Mediationsgesetzes wird daher die Frage beantwortet werden müssen, ob die bisher wenig strikte Regelung nicht bereits zu einem früheren Zeitpunkt einsetzen und somit – in Angleichung an das italienische Modell – von Vor- und Nachteilen begleitet werden sollte, die mit einer (erfolgreichen) Mediation einhergehen.[592] Jedenfalls wird augenscheinlich bewusst eine Eingliederung in denjenigen Abschnitt vorgenommen, der sich mit dem nicht notwendigen Inhalt der Klageschrift befasst; eine etwaige Nichtangabe kann die Zulässigkeit der Klage daher nicht berühren. Das nicht bestehende Erfordernis zur Angabe eines etwaigen Mediationsversuches, wie dies in der italienischen Umsetzung vorgesehen ist, besteht aus deutscher Sicht somit jedenfalls nicht und unterstreicht dadurch die hiesige, wenig strikte Umsetzung der Mediationsrichtlinie.

Fast konträr zu der zurückhaltenden deutschen Umsetzung hinsichtlich eines obligatorischen Ansatzes wirkt dabei § 15 a des Gesetzes betreffend die Einführung der Zivilprozessordnung (EGZPO), der durch das Gesetz zur Förderung der außergerichtlichen Streitbeilegung vom 15. Dezember 2009 geschaffen wurde und am 1. Januar 2010 in Kraft trat. So legt § 15 a Absatz 1 EGZPO fest, *dass „durch Landesgesetz bestimmt werden [kann], dass die Erhebung der Klage erst zulässig ist, nachdem von einer durch die Landesjustizverwaltung eingerichteten oder anerkannten Gütestelle versucht worden ist, die Streitigkeit einvernehmlich beizulegen […]."* Dies betrifft unter anderem Gegenstandswerte von bis zu 750 EUR sowie nachbarschaftsrechtliche Streitigkeiten. Auch hier war es die Intention des deutschen Gesetzgebers, die Gerichte der ersten Instanz zu entlasten.[593] Der § 15 a EGZPO schaffte zumindest die prozessuale Voraussetzung dafür.[594]

---

591 *Horstmeier,* Das neue Mediationsgesetz, S. 139.

592 Vgl. auch *Steffek,* ZEuP 2013, S. 537.

593 *Hüßtege* in: Thomas/Putzo, § 15a EGZPO, Rn. 1.

594 *Serbu,* Das deutsche Mediationsgesetz im europäischen Kontext, S. 184.

Mangels Festlegung einer bestimmten Verfahrensart dürfte unter diese Norm auch die Mediation fallen, auch wenn sie beziehungsweise die ihr immanenten Eigenschaften nicht explizit in der Norm genannt werden.[595]

Zudem diente die Einführung eines obligatorischen Schlichtungsversuches der Förderung der einvernehmlichen Streitbeilegung[596] und deren Verankerung als echte Alternative im Bewusstsein der Bevölkerung.[597] Die Regelung sollte dazu dienen, die Ressourcen der Justiz effektiver zu nutzen sowie Bürgerfreundlichkeit, Transparenz und Friedensfunktion des Rechts und der Justiz zu wahren und zu fördern.[598] Durch die Einführung dieser Norm sollte also eine Art „Perspektivwechsel der Bevölkerung“[599] bewirkt werden. Wegen der sachlichen und örtlichen Limitierungen, die § 15 a EGZPO aufstellt, sowie der fehlenden Umsetzungsverpflichtung der Bundesländer wird dieses Ziel kaum erreicht werden können, sodass sich die Vorschrift von vornherein als kaum effizient erweist.[600]

Ein Nutzen kann aus dieser Norm dennoch gezogen werden: So könne in der Ausführung des § 15 a EGZPO auch nach Ansicht des Bundesverfassungsgerichts grundsätzlich kein Verstoß gegen den allgemeinen Justizgewährungsanspruch gesehen werden, der seine Grundlage in Artikel 2 Absatz 1 GG in Verbindung mit dem Rechtsstaatsprinzip hat, sodass die Pflicht zur Durchführung eines außergerichtlichen Streitbeilegungsversuches daher verfassungsrechtlich unbedenklich ist.[601] Der allgemeine Justizgewährungsanspruch gewährleiste einerseits, dass überhaupt ein Rechtsweg zu den ordentlichen Gerichten eröffnet sei; andererseits garantiere er die Effektivität des Rechtsschutzes. Die Rechtsschutzgewährung durch die Gerichte bedürfe der normativen Ausgestaltung durch eine Verfahrensordnung, deren Regelungen für ein Rechtsschutzbegehren besondere formelle Voraussetzungen aufstellen und sich dadurch einschränkend für den Rechtsuchenden auswirken könnten.[602] So sei der Gesetzgeber nämlich nicht angehalten, nur kontradiktorische Verfahren vorzusehen. Er könne auch Anreize für eine einvernehmliche Konfliktlösung schaffen, etwa um diese letztendlich zu beschleunigen, den Rechtsfrieden zu

595 So auch *Serbu*, Das deutsche Mediationsgesetz im europäischen Kontext, S. 184.
596 *Heßler* in: Zöller, § 15a EGZPO, Rn. 1.
597 *Serbu*, Das deutsche Mediationsgesetz im europäischen Kontext, S. 184.
598 Zum Zweck des § 15a EGZPO siehe Entwurf eines Gesetzes zur Förderung der außergerichtlichen Streitbeilegung, BT-Drs. 14/980 v. 4.5.1999, S. 1.
599 *Serbu*, Das deutsche Mediationsgesetz im europäischen Kontext, S. 184.
600 Siehe hierzu auch *Hopt/Steffek*, Mediation, S. 7 f.
601 BVerfG, Beschluss v. 14.02.2007, Az. 1 BvR 1351/01, NJW-RR 2007, 1073.
602 S. Fn. 600.

fördern oder aber um die staatlichen Gerichte zu entlasten. Ergänzend dazu müsse allerdings der Weg zu einer Streitentscheidung durch die staatlichen Gerichte eröffnet bleiben.[603] Neben der Entlastung der Ziviljustiz könne durch eine Konsensbildung der Parteien eine schnellere und kostengünstigere Lösung der betroffenen Streitigkeiten und zugleich ein Beitrag zum dauerhaften Rechtsfrieden ermöglicht werden.[604] So stünden einer möglichen Beeinträchtigung des Rechtsuchenden, der einem vorgeschalteten außergerichtlichen Schlichtungsversuch ausgesetzt ist, hinreichende Vorteile gegenüber, da die außergerichtliche Streitschlichtung im Erfolgsfalle dazu führe, dass eine Inanspruchnahme der staatlichen Gerichte wegen der schon erreichten Einigung entfalle und die Streitschlichtung so für die Betroffenen kostengünstiger und vielfach auch schneller erfolgen könne als eine gerichtliche Auseinandersetzung.[605] Führe sie nämlich zu einer Lösung, die durch die Rechtsordnung nicht gedeckt ist, die aber von den Betroffenen – wie der Konsens zeige – als gerecht empfunden werde, deute dies auch auf eine befriedigende Bewältigung des Konflikts hin. So sei die Bewältigung einer zunächst streitigen Problemlage durch eine einvernehmliche Lösung auch in einem Rechtsstaat grundsätzlich gegenüber einer richterlichen Entscheidung vorzugswürdig.[606]

Auch wenn es der Vorschrift des § 15 a EGZPO an Popularität mangelt, konnte aus ihrer Einführung aber dennoch die Erkenntnis gezogen werden, dass auch in Deutschland die Implementierung eines obligatorischen Schlichtungsversuches durchaus möglich und vor allem verfassungskonform sein kann. So wird aus den Ausführungen des Bundesverfassungsgerichts deutlich, dass durch die Vorverlagerung eines obligatorischen außergerichtlichen Schlichtungsversuches der Zugang zur Ziviljustiz höchstens erschwert, nicht aber verwehrt wäre. Diese Ansicht deckt sich damit insofern mit den Ausführungen des *Corte Costituzionale* in seiner Entscheidung Nr. 272 vom 6. Dezember 2012, als auch die italienischen Verfassungsrichter in der Verpflichtung zur Durchführung einer vorgelagerten obligatorischen Mediation keinen Verstoß gegen die italienische Verfassung, insbesondere Artikel 24, sehen, der sich inhaltlich dem Justizgewährungsanspruch widmet.

Liegen die deutsche und die italienische Umsetzung bei ihren jeweiligen Ausgestaltungen im Hinblick auf einen etwaigen obligatorischen Ansatz auch sehr weit auseinander, so verfolgen doch die Verfassungsgerichte der beiden

603 S. Fn. 600.
604 S. Fn. 600.
605 S. Fn. 600.
606 S. Fn. 600.

Staaten bemerkenswerterweise insofern denselben Ansatz, als beide von einer grundsätzlichen Möglichkeit einer obligatorischen Ausgestaltung eines außergerichtlichen Streitbeilegungsversuches ausgehen und hierin nicht einen Verstoß gegen verfassungsrechtliche Prinzipien – insbesondere den Justizgewährungsanspruch – sehen.

Letztlich hat das Bundesverfassungsgericht nur bestätigt, was es auch schon vorher gab. Schließlich ist die Vorschaltung eines obligatorischen Schlichtungsversuches in Deutschland keineswegs neu. So wurde bereits mit der Verordnung über das Verfahren in bürgerlichen Rechtsstreitigkeiten vom 13. Februar 1924 (sog. Emminger-Novelle, RGBl. I., S. 135) ein obligatorisches Güteverfahren vor den Amtsgerichten eingeführt.[607] Was im Kontext mit der Mediation ebenfalls nicht neu ist, sich aber auch in die Möglichkeiten zwangsweiser Auferlegung eines solchen Verfahrens einreiht, sind die durch die Parteien im Vorwege getroffenen Mediationsvereinbarungen. Zwar wurden diese den Parteien nicht auferlegt, sondern von ihnen selbst vereinbart, allerdings ist die Konsequenz dieselbe: Die Parteien müssen – auch wenn sie es im Zeitpunkt der Streitigkeit unter Umständen nicht mehr wünschen – ein Mediationsverfahren durchführen. Damit unterliegen auch sie einer Art freiwilligem Zwang.

2. Der Mediator

Der Mediator soll nach allgemeinem Verständnis die Rolle des „Initiators für neue Regelungsprozesse" einnehmen.[608] Ihm obliegen der Verfahrensablauf sowie der Verfahrensstil.[609] Er soll unabhängig und unparteiisch agieren und den Parteien dabei behilflich sein, eigenständig ihren Konflikt zu regeln und bestenfalls zu lösen.[610] Ganz maßgeblich ist in diesem Prozess, dass er gewährleistet, dass die Parteien eigenständig und autonom an dem Mediationsverfahren teilnehmen.[611] Unabhängigkeit und Neutralität des Mediators sind von sehr großer Bedeutung, was nicht zuletzt aus der Berücksichtigung dieser Aspekte in Ziffer 2 des Europäischen Verhaltenskodex für Mediatoren resultiert.[612] Dennoch bestehen erhebliche Unterschiede in der Definition dieser beiden Attribute: „Während es sich bei der Unabhängigkeit um eine Eigenschaft des Mediators handelt, stellt

---

607 *Serbu*, Das deutsche Mediationsverfahren im europäischen Kontext, S. 185.
608 *Trenczek* in: Mediation und Konfliktmanagement, S. 180.
609 *Hager*, Konflikt und Konsens, S. 76.
610 *Trenczek* in: Mediation und Konfliktmanagement, S. 179.
611 *Trenczek* in: Mediation und Konfliktmanagement, S. 180.
612 Siehe hierzu auch *Greger* in: Recht der alternativen Konfliktlösung, § 3 Rn. 2.

die Neutralität seine Stellung und sein Verhalten im Verfahren dar."[613] Durch die Gewährleistung dieser Eigenschaften unterwerfen sich die Parteien nicht einem objektiven Dritten, sondern binden ihn vielmehr in ihr eigenes Verfahren ein.[614]

Schon die Mediationsrichtlinie bezeichnet den Mediator als *„eine dritte Person, die ersucht wird, eine Mediation auf wirksame, unparteiische und sachkundige Weise durchzuführen, und zwar unabhängig von ihrer Bezeichnung oder ihrem Beruf in dem betreffenden Mitgliedstaat und der Art und Weise, in der sie für die Durchführung der Mediation benannt und mit dieser betraut wurde"*.[615] Wie bereits dargestellt[616], setzte Italien diese europäische Vorgabe in abgeschwächter Version um und spricht von einer oder mehreren natürlichen Personen, die einzeln oder kollektiv eine Mediation durchführen, ohne dabei für die Parteien bindende Urteile oder Entscheidungen zu treffen.[617]

Betrachtet man in diesem Zusammenhang die deutsche Version, fällt schnell auf, dass sich der durchaus zurücknehmende Charakter bei der Umsetzung der Mediationsrichtlinie auch an dieser Stelle widerspiegelt. So definiert das deutsche Mediationsgesetz den Mediator als *„eine unabhängige und neutrale Person ohne Entscheidungsbefugnis, die die Parteien durch die Mediation führt"*.[618] Es handelt sich also um eine bewusst restriktive Definition, die einen weiten Spielraum für die Auslegung des Berufsbildes des Mediators lässt;[619] ein klar definiertes Berufsbild gibt es nicht, Mediatoren können die unterschiedlichsten Professionen haben,[620] jeder kann grundsätzlich als Mediator tätig sein.[621] Insofern ist es durchaus konsequent, dass das deutsche Mediationsgesetz keinerlei Aufschluss darüber gibt, wer eine Mediation durchführen darf.[622] Während der italienische Gesetzgeber, wie auch die Mediationsrichtlinie,[623] die Eigenschaften der Neutralität und Unabhängigkeit zwar nicht ausgelassen haben, sie aber

613 *Greger* in: Recht der alternativen Konfliktlösung, § 3 Rn. 3.

614 *Greger* in: Recht der alternativen Konfliktlösung, § 3 Rn. 4.

615 Art. 3 lit. b) Mediationsrichtlinie.

616 Siehe Punkt B. II. 4. lit. c) aa).

617 Art. 1 lit. b) ital. MediationsG.

618 Art. 1 Abs. 2 dt. MediationsG.

619 *Fritz* in: Mediationsgesetz, § 1, S. 68, Rn. 33.

620 BT-Drs. 17/5335, 11; siehe auch *Fischer,* Recht und soziale Gerechtigkeit, S. 58; *Wentzel*, Internationale Mediation, S. 47.

621 *Hess/Pelzer* in: New Developments in Civil and Commercial Mediation, S. 298.

622 *Greger* in: Recht der alternativen Konfliktlösung, A. Einleitung Rn. 43.

623 Vgl. exemplarisch Art. 7 Mediationsrichtlinie.

lediglich als typische Merkmale an anderer Stelle haben einfließen lassen,[624] werden diese beiden Attribute in der deutschen Definition in Verbindung mit der Eigenschaft des Mediators stärker betont, wobei die Unabhängigkeit insbesondere aus rechtsstaatlichen Gründen aufgrund fehlender sonstiger Vorkehrungen eine unabdingbare Rolle spielt.[625] Seine Neutralität hat der Mediator entweder selbst sicherzustellen oder aber sie wird aufgrund eines durch die Parteien getroffenen Auswahlverfahrens gewährleistet. Von welcher Möglichkeit Gebrauch gemacht wird, hängt in erster Linie davon ab, ob sich die Parteien im Vorwege auf einen bestimmten Mediator oder zumindest entsprechende Kriterien geeinigt haben.[626] Jedenfalls werden diese Eigenschaften als konkrete Tatbestandsmerkmale in das deutsche Mediationsgesetz aufgenommen.[627]

Obgleich das deutsche Mediationsgesetz insgesamt einen sehr offenen Ansatz pflegt, der sich auch bei den Regularien zum Mediator wiederfindet,[628] und der der intendierten Flexibilität dieses Verfahrens geschuldet sein dürfte, ist die Gewichtung, die das deutsche Mediationsgesetz der Person des Mediators widmet, weniger restriktiv. So entsteht bei entsprechender Betrachtung schnell der Eindruck, dass es in erster Linie um die Person des Mediators geht, um die sich alle dem Mediationsverfahren innewohnenden Eigenschaften drehen, als um das Mediationsverfahren an sich. Nicht ganz unbegründet ist daher die Ansicht, das deutsche Mediationsgesetz als ein „Berufsgesetz für Mediatoren" zu bezeichnen.[629] Schließlich widmet es sich in fast zwei Drittel seiner Regelungen dem Mediator und geht bereits in § 1 Absatz 2 des deutschen Mediationsgesetzes zu seiner Rolle im Verfahren über und stellt in diesem Zusammenhang klar, dass er „eine unabhängige und neutrale Person ohne Entscheidungsbefugnis" ist, „die die Parteien durch die Mediation führt".[630] Auch § 2 des deutschen Mediationsgesetzes vermittelt dem Leser keinen anderen Eindruck. Hiernach soll der Mediator unter anderem dafür Sorge tragen, dass die Parteien die Grundsätze und den Ablauf des Mediationsverfahrens verstanden haben und freiwillig an

624 Vgl. exemplarisch Art. 1, 3 ital. MediationsG; s. hierzu auch *Steffek*, ZEuP 2013, S. 532.

625 *Serbu*, Das deutsche Mediationsgesetz im europäischen Kontext, S. 197.

626 *Kracht* in: Handbuch Mediation, S. 308.

627 *Steffek*, ZEuP 2013, S. 532.

628 *Fritz* in: Mediationsgesetz, § 1, S. 68, Rn. 33.

629 So beispielsweise *Prütting*, AnwBl 2012, 204; *Henssler/Deckenbrock*, DB 2012, 159; *Carl*, ZKM 2012, S. 16; aA *Trossen*, Mediation (un)geregelt, S. 160, der das deutsche Mediationsgesetz als „Verfahrensgesetz" bezeichnet.

630 § 1 Abs. 2 dt. MediationsG.

der Mediation teilnehmen.[631] Er „ist allen Parteien gleichermaßen verpflichtet" und dafür zuständig, die „Kommunikation der Parteien" zu fördern.[632] Auch § 3 des deutschen Mediationsgesetzes widmet sich – diesmal ausschließlich – dem Mediator und seinen Pflichten. Hiernach ist er dazu verpflichtet, die Parteien über eine etwaige Befangenheit oder fehlende Neutralität zu informieren.[633] Zudem ist es ihm untersagt, in derselben Streitigkeit vor oder nach dem Mediationsverfahren für eine Partei tätig zu sein. Gleiches gilt, wenn der Mediator mit einer Person in einer Berufsausübungs- oder Bürogemeinschaft verbunden ist, die mit der Streitigkeit in Berührung kam, die nun Gegenstand des Mediationsverfahren ist.[634] In § 4 des deutschen Mediationsgesetzes folgen Regularien zur Verschwiegenheit des Mediators[635] und der am Mediationsverfahren beteiligten Personen; das Bild komplettiert dann § 5 des deutschen Mediationsgesetzes, der sich inhaltlich der Aus- und Fortbildung des Mediators sowie der Figur des zertifizierten Mediators widmet.[636]

Im Unterschied zur italienischen Umsetzung, wonach der Mediator nach der Novellierung des italienischen Mediationsgesetzes die Möglichkeit erhielt, selbst Einigungsvorschläge zu unterbreiten,[637] soll er den Parteien nach deutschem Verständnis nur dabei helfen, eigenständig eine einvernehmliche Lösung ihrer Streitigkeit zu erzielen.[638] Der Mediator soll als allparteilicher Dritter ein Förderer der Kommunikation sein und damit unterstützend, aber dennoch zurückhaltend auf die Parteien einwirken. Ein einseitiges Eingreifen des Mediators ist nicht vorgesehen. Vielmehr hat er die Aufgabe, sich den Parteien gleichermaßen zu öffnen und konstruktiv an der Lösungsfindung mitzuwirken. Dabei kann nach deutschem Verständnis der Rechte und Pflichten des Mediators bereits eine „objektive Beratung oder Bewertung" als „Neutralitätsverlust" gegenüber den Parteien verstanden werden.[639] So soll eine Einschätzung der jeweiligen

---

631 § 2 Abs. 2 dt. MediationsG; siehe hierzu auch *Kracht* in: Handbuch Mediation, S. 319.

632 § 2 Abs. 3 dt. MediationsG.

633 § 3 Abs. 1 dt. MediationsG; vgl. hierzu auch *Rützel/Wegen/Wilske*, Commercial Dispute Resolution in Germany, S. 202.

634 § 3 Abs. 2, 3 dt. MediationsG; *Rützel/Wegen/Wilske*, Commercial Dispute Resolution in Germany, S. 202.

635 Siehe hierzu ausführlich *Hartmann* in: Handbuch Mediation, S. 615 ff.

636 Siehe ausführlich zu der Aus- und Fortbildung des Mediators in Deutschland: *Burchardt/Johnston* in: Handbuch Mediation, S. 1225 ff.

637 Art. 1 lit. a) ital. MediationsG.

638 Vgl. auch *Fritz* in: Mediationsgesetz, § 1, S. 72, Rn. 43.

639 *Greger* in: Recht der alternativen Konfliktlösung, § 2 Rn. 23.

Situation durch die Parteien selbst erfolgen; und auch eine Beratung darf nur durch externe Dritte, nicht aber den Mediator selbst stattfinden.[640] Dieses den Grundsätzen innewohnende Prinzip der Neutralität des Mediators basiert dabei in erster Linie auf emotionaler Zuwendung gegenüber beiden Parteien.[641] Der Einbau auch evaluativer Elemente ist also – zumindest grundsätzlich – nicht nur nicht gewünscht, sondern widerspricht auch der deutschen Auffassung eines allein den Parteien obliegenden autonomen Verfahrens.[642] Dahinter steht der Gedanke, dass einer Evaluierung die Bewertung der Sachlage und der über ihr stehenden Streitigkeit vorausgegangen ist, die wiederum zu sehr in das den Parteien obliegende Verfahren eingreift und das Kommunikationsverhalten der Parteien beeinflusst.[643]

Praxisnäher erscheint die italienische Umsetzung; denn sehen sich die Parteien in einem Mediationsverfahren in einer ausweglosen Situation, in der sie nicht mehr in der Lage sind, eigenständig eine Lösung ihrer Streitigkeit herauszuarbeiten, stellt ein Einigungsvorschlag durch den Mediator eine erhebliche Erleichterung dar. Ein Vorschlag, der in diesen Fällen allein von den Parteien gefordert werden darf, könnte einer Lösungsfindung eher im Wege stehen und den Streit weiter eskalieren lassen. Dem steht auch nicht entgegen, dass der Mediator in Italien in seinem ganzen Handeln stets an die Mediationsstelle gebunden und in diese integriert ist. Zwar nimmt sie ihm die Möglichkeit, komplett frei mit den Parteien zu agieren,[644] allerdings ist er dennoch in der Lage, ein informelles Verfahren im engeren Sinne durchführen zu können.

Ob die Parteien im Falle eines evaluativen Verfahrens befürchten müssen, dass ihnen in diesem Verfahrensstadium preisgegebenen Informationen zum Nachteil gereicht werden, ist fraglich.[645] Vielmehr sollten Kritiker dieses Verfahrensstils doch in erster Linie das Wohl der Parteien und deren einvernehmliche Lösungsfindung im Blick haben. Dazu kann auch – sofern gewünscht – ein aktiverer Part des Mediators gehören, insbesondere dann, wenn sich herausstellt, dass sich die Parteien in einer ausweglosen Situation befinden. Sofern sich der Mediator selbst dieses evaluativen Stils nicht öffnen kann, soll oder will, wird

640 *Greger* in: Recht der alternativen Konfliktlösung, § 2 Rn. 23.
641 *Mähler/Mähler* in: Handbuch Mediation, S. 686; *Greger* in: Recht der alternativen Konfliktlösung, § 3 Rn. 38.
642 *Greger* in: Recht der alternativen Konfliktlösung, § 2 Rn. 197.
643 So *Greger* in: Recht der alternativen Konfliktlösung, § 2 Rn. 197 f.
644 *De Luca* in: New Developments in Civil and Commercial Mediation, S. 352.
645 Befürwortend *Greger* in: Recht der alternativen Konfliktlösung, § 2 Rn. 198.

auch die Integrierung externer evaluativer Elemente möglich sein.[646] Eines Übergangs in ein anderes Verfahren wie einer Schlichtung oder einer Konfliktmoderation[647] wird es dann gar nicht bedürfen.

Allerdings sollte ein solcher Vorschlag *ultima ratio* sein und nur dann unterbreitet werden, wenn die Parteien dies ausdrücklich wünschen. Auch wenn im Vergleich nur die italienische Version diese Möglichkeit explizit vorsieht, ist doch davon auszugehen, dass auch viele Mediatoren in Deutschland diesem Gedanken nachgehen und ihren Parteien auf Wunsch einen entsprechenden Lösungsvorschlag unterbreiten. Letztendlich resultiert dieser Weg aus dem Leitmotiv, Mediation und Gerichtsverfahren gleichzustellen. Denn es kann nicht im Sinne des europäischen Gesetzgebers sein, dass die Parteien bei einer Mediation Gefahr laufen würden, ohne ein konkretes Ergebnis, also unverrichteter Dinge, doch den Weg des Zivilprozesses einschlagen zu müssen, nur, weil sie nicht in der Lage waren, sich selbst einen adäquaten Lösungsvorschlag zu erarbeiten.

3. Die Mediationsstellen

Anders als das italienische Modell, das den beim Justizministerium eingetragenen Mediationsstellen eine hohen Stellenwert beimisst und daraus die entsprechenden Anreize und Vorzüge für die Mediierenden ableitet, sieht das deutsche Mediationsgesetz eine solche Zentralisierung nicht vor.

Vielmehr dürfen die Parteien nach deutschem Verständnis den Mediator selbst und direkt auswählen.[648] Diese Regelung ist nicht zuletzt Ausfluss des im deutschen Mediationsgesetz allgegenwärtigen Prinzips des Selbstbestimmungsrechts[649] und der damit verbundenen Eigenverantwortlichkeit der Parteien.[650] Die Bestimmung des Mediators erfolgt entweder durch die Parteien selbst oder aber auf der Grundlage eines (gerichtlichen) Vorschlags.[651]

Für den Mediationsuchenden stellt sich bei der Fülle an Angeboten allerdings schnell die Frage nach dem passenden Mediator und nach den Kriterien für die Auswahl im konkreten Fall. Einen ganz maßgeblichen Faktor spielt hierbei das Anforderungsprofil des Mediators, das in der Lage sein muss, dem

646 Siehe zu den Möglichkeiten *Greger* in: Recht der alternativen Konfliktlösung, § 2 Rn. 202.

647 Siehe zum Übergang in andere Verfahren *Greger*, Recht der alternativen Konfliktlösung, § 2 Rn. 200 f.

648 § 2 Abs. 1 dt. MediationsG.

649 Begr. BT-Drucks. 17/5335, S. 14.

650 *Pielsticker* in: Mediationsgesetz, § 2, S. 83, Rn. 7.

651 *Pielsticker* in: Mediationsgesetz, § 2, S. 83, Rn. 7.

Mediationsuchenden einen Einblick in die für die Durchführung des Mediationsverfahrens notwendigen Kenntnisse und Erfahrungen zu verschaffen.[652] Obgleich sich bereits aus den allgemeinen schuldrechtlichen Grundsätzen, nach denen der Mediatorvertrag als Dienstvertrag zwischen Mediator und Parteien zu qualifizieren ist,[653] ergeben mag, dass den Parteien aufgrund der Vertragsfreiheit die freie Auswahl des Mediators obliegt, kann sich diese Wahlmöglichkeit in der Praxis als durchaus schwierig erweisen.[654] Hierüber kann dann auch der Rat, sich im Vorwege auf einen gemeinsamen Mediator oder zumindest die Festlegung abstrakter Kriterien zu einigen, nur bedingt hinweghelfen.[655] Schließlich werden längst nicht alle Parteien solch eine Vereinbarung geschlossen haben, sodass dies schlimmstenfalls bereits vor dem eigentlichen Beginn des Verfahrens zum Scheitern der Mediation führen kann. Zu viel Autonomie kann also durchaus auch zu einem Problem werden.

Interpretiert man in diesem Zusammenhang allerdings § 2 des deutschen MediationsG unter Berücksichtigung des zugrunde liegenden Prinzips der Privatautonomie dahingehend, dass auch Regelungen durch die Parteien getroffen werden können, die von den gesetzlichen Vorschriften abweichen, kann auch die Festlegung einer Mediationsstelle möglich sein, die ihrerseits den Mediator bestimmt.[656] Dies bietet sich in aller Regel dann an, wenn sich die Parteien nicht auf einen gemeinsamen Mediator einigen können. Dabei können naturgemäß nur solche abweichenden Regelungen getroffen werden, die weder gegen zwingendes Recht verstoßen noch sich nachteilig auf die Rechte des Mediators auswirken.[657]

Anders als die italienische Umsetzung mit ihren Mediationsstellen sieht das deutsche Mediationsgesetz von Gesetzes wegen also keine übergeordnete Instanz vor, die den Mediationsparteien eine Gleichberechtigung garantieren und bereits eine Vorauswahl hinsichtlich des Mediators mit seinen Kompetenzen und Eigenschaften treffen kann. Die Auswahlkompetenz des Mediators ist durch die italienische Umsetzung eine Ebene nach oben verlagert worden, indem dem Mediationsuchenden zwar nicht die Wahl des Mediators obliegt, wohl aber die Wahl der Mediationsstelle. Die neu eingeführte Voraussetzung des novellierten

---

652 Horstmeier, Das neue Mediationsgesetz, S. 51.

653 *Hess* in: Handbuch Mediation, S. 1065.

654 *Greger* in: Recht der alternativen Konfliktlösung, § 2 Rn. 3.

655 Vgl. hierzu z.B. *Greger* in: Recht der alternativen Konfliktlösung, § 2 Rn. 3.

656 *Steffek*, ZEuP 2013, S. 547; für Formulierungsbeispiele siehe *Horstmeier*, Das neue Mediationsgesetz, S. 184 f.

657 Eine solche Benachteiligung wäre nach *Steffek* beispielsweise die Abbedingung von § 2 Abs. 5 S. 2 dt. MediationsG; vgl. *Steffek*: ZEuP 2013, S. 546 f.

italienischen Mediationsgesetzes, wonach die Parteien eine Mediationsstelle auswählen müssen, die sich auch in dem Gerichtsbezirk eines etwaigen Klageverfahrens in derselben Streitigkeit befindet, dürfte die Auswahlkompetenz nicht einschränken. Vielmehr stellt diese Möglichkeit eine Erleichterung für die Parteien dar, sich nicht mehr einer Überzahl an Anlaufstellen gegenüber zu sehen.

Unabhängig von der Verschiebung der Auswahlkompetenz, die dem Mediationsuchenden auch nach dem italienischen Mediationsgesetz nicht genommen wurde, ist es durch die zwischengeschaltete Mediationsstelle möglich, einheitliche Kriterien bei der Auswahl des Mediators festzulegen und zu garantieren, was im Ergebnis zu mehr Transparenz führt. Durch die Eintragung im Register des Justizministeriums und die fortwährende Überprüfung der Mediationsstellen ist dem Verbraucher eine gewisse Kompetenz und Substanz der Mediationsstelle zugesichert, was in der deutschen Umsetzung fehlt. So werden die Vorzüge und Anreize wie beispielsweise die Vollstreckbarkeit einer erreichten Einigung auch nur denjenigen Mediationsverfahren zuteil, die von einer eingetragenen Mediationsstelle durchgeführt wurden.

Im Ergebnis kommen die den beiden Mediationsgesetzen innewohnenden Ansätze des Zwangs und der Freiwilligkeit, die sich auch bei der Wahl der Mediatoren und Mediationsstellen widerspiegeln, nicht zu einem gänzlich voneinander abweichenden Ergebnis. Auch wenn die italienische Umsetzung eine zentralisierte Vermittlungsstelle vorsieht, ist dem Mediationsuchenden die Wahlmöglichkeit dadurch nicht genommen worden. Vielmehr kann sie Streitigkeiten und Unsicherheiten bei der Wahl des Mediators vermeiden und gibt den Parteien damit die Möglichkeit, sich vollends auf das eigentliche Verfahren zu konzentrieren. Entscheidende Voraussetzung ist ein professionalisiertes Auswahlverfahren, das seinerseits den vorgegebenen Qualitätsstandards genügt.[658] Italien hat mit seinem System dafür einen soliden Grundstein gelegt.

4. Die Mediatorenausbildung

Schon die Erwägungsgründe der Mediationsrichtlinie greifen den wichtigen Aspekt der Qualitätssicherung auf und geben vor, dass die Mitgliedstaaten die Aus- und Fortbildung von Mediatoren und die Einrichtung wirksamer Mechanismen zur Qualitätskontrolle in Bezug auf die Erbringung von Mediationsdiensten mit allen ihnen geeignet erscheinenden Mitteln fördern sollen.[659] Der wichtige

658 So auch *Unberath* ZKM 2012, S. 14 f.; *Greger* in: Recht der alternativen Konfliktlösung, § 2 Rn. 6.

659 Erwägungsgrund Nr. 16 der Mediationsrichtlinie.

Gesichtspunkt der Aus- und Fortbildung findet sich dann auch in der Mediationsrichtlinie selbst wieder. Hiernach haben die Mitgliedstaaten die Entwicklung und Einhaltung von freiwilligen Verhaltenskodizes durch Mediatoren und Organisationen, die Mediationsdienste erbringen, sowie andere wirksame Verfahren zur Qualitätskontrolle für die Erbringung von Mediationsdiensten bestmöglich zu fördern.[660] Gefördert werden soll zudem die Aus- und Fortbildung von Mediatoren, um sicherzustellen, dass die Mediation für die Parteien wirksam, unparteiisch und sachkundig geführt wird.[661]

Die Lösungs- und Umsetzungsansätze der einzelnen Mitgliedstaaten sind durchaus unterschiedlich, sodass sich das Thema der Aus- und Fortbildung der Mediatoren im Laufe der Zeit als ein kontrovers diskutiertes Thema herausgestellt hat.[662] Eine Einigung über Aspekte wie die staatliche Regulierung von Aus- und Fortbildung der Mediatoren oder aber deren Inhalte wurde bisher nicht erreicht.[663] Dieser Umstand ist insbesondere den unterschiedlichen Ausgangssituationen und Umsetzungen der Mediationsrichtlinie der einzelnen Länder geschuldet, wobei Rechtsordnungen, in denen die Mediation als zwingende Prozessvoraussetzung vorgesehen ist, auch einen höheren Bedarf an ausgeprägten Mindeststandards haben dürften.[664]

Besonders deutlich wird dies am deutsch-italienischen Vergleich. So lassen sich die oben genannten Charakterzüge von Zwang und Freiwilligkeit auch in den Regelungen zur Aus- und Fortbildung für Mediatoren wiederfinden. Schon durch seine strikte Umsetzung und das dadurch zu erwartende hohe Aufkommen an Mediationsverfahren war der italienische Gesetzgeber dazu angehalten, entsprechende Qualitätsstandards des Mediators einzuführen und eine dahingehende Einheitlichkeit zu schaffen. Gerade die Aus- und Fortbildung ist in der italienischen Umsetzung ein zentraler Faktor.

Geht man im Rechtsvergleich im Anschluss an Steffek von drei Grundmodellen der Regulierung im Bereich der Aus- und Fortbildung aus,[665] findet auf die italienische Umsetzung das sogenannte Zulassungsmodell Anwendung, welches auf einer staatlichen Regulierung hinsichtlich der Zulassung als Mediator

660 Art. 4 Abs. 1 Mediationsrichtlinie.
661 Art. 4 Abs. 2 Mediationsrichtlinie.
662 *Steffek*, ZEuP 2013, S. 558.
663 *Steffek*, ZEuP 2013, S. 558.
664 So auch *Steffek*, ZEuP 2013, S. 558.
665 Das Zulassungsmodell, das Anreizmodell und das Marktmodell nach *Hopt/Steffek*, Mediation, S. 80 ff.; vgl. auch *Steffek*, ZEuP 2013, S. 559.

beruht.[666] So werden durch den italienischen Staat die Zulassungsvoraussetzungen vorgegeben und kontrolliert.

Deutschland hat – im Vergleich zu Italien – auf dem Gebiet der Aus- und Fortbildung der Mediatoren einen anderen Weg gewählt, dessen Ausprägung sich dem sogenannten Anreizmodell zuordnen lässt. Dies zeichnet sich dadurch aus, dass die Möglichkeit, als Mediator tätig zu sein, grundsätzlich jedem frei steht; allerdings hat der Gesetzgeber bei diesem Modell gewisse staatliche Voraussetzungen geschaffen, die für die Mediatoren einen Anreiz bieten sollen. Im Ergebnis geschieht dies durch die Schaffung eines freiwilligen Gütesiegelmodells, das die Erfüllung der staatlich vorgegebenen Voraussetzungen für die Dienstleister attraktiv machen soll.[667]

Ursprünglich hielt es die Bundesregierung in ihrem Gesetzentwurf dabei noch für ausreichend, die Mediatoren nur anzuhalten, in eigener Verantwortung sicherzustellen, dass sie die Parteien in sachkundiger Weise durch die Mediation führen; „eine gesetzlich detaillierte Regelung des Berufsbildes mit einheitlichen Aus- und Fortbildungsstandards wurde nach dem Gesetzentwurf nicht zuletzt vor dem Hintergrund des Bemühens von Mediations- und Berufsverbänden um inhaltliche Mindeststandards (zunächst) als nicht erforderlich angesehen“.[668] Somit wurde auch im Bereich der Mediatorenausbildung anfänglich nur auf freiwillig zu erfüllende Mindeststandards gesetzt und damit in erster Linie darauf vertraut, dass die Mediatoren in Eigenregie um ihre Qualifikation bemüht sind.[669] Letztendlich bewilligte der Rechtsausschuss dann aber das Gütesiegelmodell als zweistufiges Modell.[670] Infolgedessen wurden nicht zuletzt aus Gründen der Qualitätssicherung die Anforderungen an die Fähigkeiten des Mediators detaillierter und konkreter ausgestaltet.[671]

Das deutsche Mediationsgesetz sieht daher nicht nur den „normalen“, sondern auch den „zertifizierten Mediator“ vor, der durch die Erlangung des Gütesiegels ein staatlich zertifiziertes Qualitätsmerkmal vorweisen kann.[672] Dieses Gütesiegel dürfte allerdings in erster Linie dazu dienen, insbesondere den Mediationsuchenden das Signal eines staatlichen Qualitätsmerkmals zu

---

666 Zur Definition: *Steffek*, ZEuP 2013, S. 559.

667 *Steffek*, ZEuP 2013, S. 559 f.

668 Begr. BT-Drucks. 17/5335, B. Zu Artikel 1, Zu § 5; vgl. auch *Wagner* ZKM 2012, S. 110 ff; *Fritz* in: Mediationsgesetz, § 5, S. 202, Rn. 2.

669 *Fritz* in: Mediationsgesetz, § 5, S. 202, Rn. 2.

670 *Fritz* in: Mediationsgesetz, § 5, S. 203, Rn. 4; *Göcken*, NJW-aktuell, 52/2011, S. 16.

671 *Fritz* in: Mediationsgesetz, § 5, S. 203, Rn. 4.

672 *Wagner*, ZKM 2012, S. 110 ff.

senden.[673] Ob sich dahinter auch eine Dienstleistung verbirgt, die nicht nur den staatlichen Mindestanforderungen entspricht, sondern auch eine Mediation nach dem Geschmack des Mediationsuchenden durchführen kann, ist eine ganz andere Frage. Dieser Gedanke gilt dabei keineswegs nur für die Qualifikation des Mediators, sondern findet sich in allen Berufssparten wieder. Zweifelsfrei weckt die Führung eines solchen Titels aber eine Assoziation beim Betrachter im Hinblick auf eine gewisse Qualität der Dienstleistung. Ähnlich wird sich dies auch im Falle des Gütesiegels eines Mediators verhalten.

Was man im deutschen Mediationsgesetz allerdings vergebens sucht, sind eine Regelung zu Aus- und Fortbildung sowie die Anforderungen an die entsprechenden Einrichtungen auf Bundesebene; vielmehr wählte der deutsche Gesetzgeber mit § 6 des deutschen Mediationsgesetzes den Weg der Verordnungsermächtigung nach Artikel 80 GG.[674] So hat der Mediator nach dem deutschen Mediationsgesetz in eigener Verantwortung durch eine geeignete Ausbildung und eine regelmäßige Fortbildung sicherzustellen, dass er über theoretische Kenntnisse sowie praktische Erfahrungen verfügt, um die Parteien in sachkundiger Weise durch die Mediation führen zu können.[675] Die Ausbildung soll dem angehenden Mediator nicht nur Kenntnisse über Grundlagen der Mediation sowie deren Ablauf und Rahmenbedingungen vermitteln, sondern auch über Verhandlungs- und Kommunikationstechniken, Konfliktkompetenz, Kenntnisse über das Recht der Mediation sowie über die Rolle des Rechts in der Mediation. Praktische Übungen gehören dabei genauso zum Ausbildungsinhalt wie Rollenspiele und Supervision.[676]

Nicht zuletzt aus Gründen der Rechtssicherheit, zu deren Erreichung einheitliche Standards beitragen, war die Implementierung einer entsprechenden Regelung unumgänglich. Wie bei anderen Berufsbildern auch, liegt der Vorteil eines einheitlichen Rahmens auf der Hand: Nicht nur, dass eine entsprechende Transparenz auf dem Markt geschaffen würde; eine Zertifizierung führt im Ergebnis auch zu einer Qualitätssicherung der angebotenen Dienstleistung, die im Übrigen auch von der Mediationsrichtlinie gefordert ist.

Daher hat das Bundesministerium der Justiz und für Verbraucherschutz nunmehr eine Verordnung über die Aus- und Fortbildung von zertifizierten

---

673 So *Wagner*, RabelsZ Bd. 74 (2010), S. 832 f.

674 *Fritz* in: Mediationsgesetz, § 6, S. 217, Rn. 1.

675 Art. 5 Abs. 1 dt. MediationsG.

676 Art. 5 Abs. 1 Nr. 1.-5. dt. MediationsG.

Mediatoren, kurz ZMediatAusbV,[677] erlassen, deren wesentliches Ziel es ist, aus Gründen der Qualitätssicherung und Markttransparenz Mindeststandards für die Ausbildung von zertifizierten Mediatoren festzulegen. Sie soll zudem die Vergleichbarkeit der Ausbildung zum zertifizierten Mediator gewährleisten und Anreize für eine Aus- und Fortbildung mit den festgelegten Mindeststandards setzen, was der Sicherung und Förderung der Qualität der Mediation diene.[678] Die Verordnung reiht sich in die bisherigen Regelungen zur Mediation in Deutschland ein, die von einem äußerst liberalen Ansatz geprägt sind, in der sich insbesondere die dem Mediator zugesprochene Eigenverantwortlichkeit sowie die Ablehnung einer staatlichen zentralen Prüfstelle für die Einhaltung der Ausbildungsinhalte widerspiegeln.

Nach dem Inhalt der Verordnung darf sich als zertifizierter Mediator nur bezeichnen, wer eine entsprechende Ausbildung abgeschlossen hat, die sich aus mindestens 120-stündigen Ausbildungslehrgang und einer Einzelsupervision zusammensetzt.[679] Ist die Bezeichnung des „zertifizierten Mediators" erlangt worden, muss der Mediator nach der Verordnung innerhalb eines Zeitraumes von vier Jahren mindestens 40 Zeitstunden[680] ableisten sowie innerhalb der ersten zwei Jahre nach dem erlangten Abschluss an einer Einzelsupervision teilnehmen.[681] Eine Ermächtigung, ein behördliches Zulassungssystem oder eine behördliche Kontrolle der Ausbildung einzurichten, sieht § 6 des deutschen Mediationsgesetzes indes nicht vor. So bestand im Gesetzgebungsverfahren Einigkeit darüber, dass aus Kosten- und Entbürokratisierungsgründen diesbezüglich auf keine unmittelbare oder mittelbare staatliche Stelle zurückgegriffen werden solle.[682]

Vorsicht muss allerdings dort geboten sein, wo die „Zertifizierung" hinter der Qualität des Mediators zurückzubleiben droht. So stellte schon der BGH in einer Entscheidung zum zertifizierten Testamentsvollstrecker fest, dass „das Adjektiv „zertifiziert" den Eindruck" vermittele, „dass die von dem Betreffenden angebotene Dienstleistung im Rahmen eines Zertifizierungsverfahrens überprüft worden sei"; [...] dies lege nahe, „dass derjenige, der diese Dienstleistung anbietet,

677 Abrufbar unter http://www.bmjv.de/SharedDocs/Archiv/Downloads/Verordnung_ueber_die_Aus_und_Fortbildung_von_zertifizierten_Mediatoren1.pdf?__blob=publicationFile&v=5 (zuletzt abgerufen am 19. März 2017).

678 Vgl. A. V. der Entwurfsbegründung ZMediatAusbV.

679 § 2 ZMediatAusbV.

680 § 3 Abs. 1 ZMediatAusbV.

681 § 4 Abs. 1 ZMediatAusbV.

682 Vgl. A II der Entwurfsbegründung ZMediatAusbV.

über entsprechende praktische Erfahrungen verfügt".[683] Es reicht also nicht aus, sich nur auf den Erlass einer entsprechenden Verordnung zu verlassen; gleichzeitig müsste der deutsche Gesetzgeber auch Grundlagen schaffen, die die Überprüfung der erworbenen Kenntnisse sowie die Teilnahme an den geforderten vier Mediationsverfahren innerhalb des Zwei-Jahres-Zeitraumes gewährleisten.

Während ein einheitlicher Rahmen im Bereich der Aus- und Fortbildung nicht von Beginn an vorlag, sondern erst durch die Etablierung des ZMediatAusbV erfolgte, bestand von vornherein jedenfalls Einheitlichkeit im Hinblick auf die berufsrechtlichen Regeln der Rechtsanwälte. Im Gegensatz zur alten Fassung des § 7a der Berufsordnung der Rechtsanwälte (BORA), der lediglich vorsah, dass sich als Mediator bezeichnen dürfe, wer durch eine geeignete Ausbildung nachweisen könne, dass er die Grundsätze des Mediationsverfahrens beherrsche, ist durch das deutsche Mediationsgesetz nunmehr geregelt, dass *„der Rechtsanwalt, der sich als Mediator bezeichnet, die Voraussetzungen nach § 5 Abs. 1 Mediationsgesetz im Hinblick auf Aus- und Fortbildung, theoretische Kenntnisse und praktische Erfahrungen zu erfüllen* [hat]."[684] Die Berufsordnung bezieht sich damit unmittelbar auf das deutsche Mediationsgesetz.

Im Ergebnis ist eine behördliche Kontrolle, die staatliche Sanktionen mit sich bringen könnte, in der deutschen Umsetzung im Unterschied zur italienischen Version nicht vorgesehen. In Betracht kommen allerdings schadensersatzrechtliche Forderungen,[685] die sich aus der Informationspflicht des Mediators gegenüber seinen Parteien hinsichtlich seines fachlichen Hintergrundes, seiner Ausbildung und seiner Erfahrung auf dem Gebiet der Mediation ergeben können.[686]

Während Italien – bedingt durch seine obligatorische Umsetzung – bereits die wichtigsten Qualitätsstandards im Bereich der Aus- und Fortbildung seiner Mediatoren eingeführt hat, fehlen derartige Regelungen in Deutschland. Die Frage, wie und in welcher Form der deutsche Gesetzgeber die Frage der Qualitätssicherung abschließend lösen wird, ist stark von der landeseigenen Entwicklung der Mediationsdienstleistung abhängig und durch diese bedingt.[687] Je weniger das

683 BGH Urteil v. 9. Juni. 2011 – I ZR 113/10; vgl. auch Interview mit Rechtsanwalt Michael Plassmann, Berlin (BRAK), abrufbar unter https://www.mediationaktuell.de/news/bundesrechtsanwaltskammer-brak-zur-neuen-zertifizierungsverordnung-mediatoren-zmediatausbv (zuletzt abgerufen am 9. Juni 2016).

684 § 7a BORA.

685 *Greger*, ZKM 2012, S. 36 ff.; *Pielsticker* in: Mediationsgesetz, § 3, S. 175, Rn. 90; vgl. auch *Steffek*, ZEuP 2013, S. 560.

686 Art. 3 Abs. 5 dt. MediationsG.

687 Vgl. auch *Steffek*, ZEuP 2013, S. 558.

Instrument der Mediation als alternative Konfliktlösungsmöglichkeit ein Schattendasein fristet, desto eher wird eine umfassendere Regelung möglich sein. Solange dies nicht sichergestellt ist, bleiben die Regelungen zur Zertifizierung konträr und überschießend zum bisherigen Inhalt des Mediationsgesetzes.

5. Gerichtlich angeregte Mediation vs. Gerichtsnahe Mediation

Schon die Mediationsrichtlinie nimmt die Möglichkeit der gerichtlich angeregten Meditation auf und legt fest, dass zur Nutzung der Mediation angehalten[688] und ein Mediationsverfahren zudem auch von einem Gericht vorgeschlagen oder angeordnet werden kann.[689] Die Aufforderungs-möglichkeit gilt auch für ein bereits mit einer Klage befasstes Gericht.[690]

Während die ursprüngliche Version des italienischen Mediationsgesetzes die gerichtlich angeregte Mediation als weitere Möglichkeit vorsah, hat der in der Sache zuständige Richter durch die Novellierung des Gesetzes nunmehr die Möglichkeit, die Durchführung des Mediationsversuches für die Parteien verpflichtend anzuordnen.[691]

Ähnlich wie die ursprüngliche Umsetzung des italienischen Gesetzgebers dieser Art der Mediation stellt sich auch der mit dem deutschen Mediationsgesetz implementierte § 278 a ZPO dar, mit dessen Einführung die gerichtsnahe Mediation zum ersten Mal explizit eine gesetzliche Regelung erfahren hat.[692] Hiernach kann das Gericht den Parteien eine Mediation oder ein anderes Verfahren der außergerichtlichen Konfliktbeilegung vorschlagen.[693] Folgen die Parteien dem Vorschlag, ordnet das Gericht das Ruhen des Verfahrens an.[694] Dem Gericht steht also in geeigneten Fällen ein Vorschlagsrecht zu. Auch wenn sich die Formulierung „*in geeigneten Fällen*“ nicht explizit aus dem Wortlaut ergibt, bildet diese Begrenzung doch eine selbstverständliche Voraussetzung.[695] Das Gericht soll die Parteien so an die „Möglichkeit einer einvernehmlichen Streitbeilegung

688 Art. 1 Abs. 1 Mediationsrichtlinie.
689 Art. 3 lit. a) Mediationsrichtlinie.
690 Art. 5 Abs. 1 Mediationsrichtlinie.
691 Art. 5 Abs. 2 ital. MediationsG.
692 *Steffek*, ZEuP 2013, S. 537.
693 § 278a Abs. 1 ZPO.
694 § 278a Abs. 2 ZPO.
695 *Assmann* in: Wieczorek/Schütze, Kommentar zur Zivilprozessordnung, Band 4, § 278 a ZPO, Rn. 4.

erinnern"[696] und auf diese Weise den Mediationsgedanken weiter stärken.[697] Außergerichtliche und gerichtlichen Verfahren greifen also ineinander,[698] wodurch das Neben- und Miteinander beider Verfahren deutlich wird.

Wie auch in der ursprünglichen italienischen Version hat der Richter in jedem Verfahrensstadium die Möglichkeit, von seinem Vorschlagsrecht Gebrauch zu machen. Dies folgt aus der Verpflichtung des Gerichts, die Parteien durch das gesamte Verfahren hindurch auf die bestehenden Möglichkeiten einer Einigung hinzuweisen.[699] Die zwingende Durchführung eines Mediationsverfahrens sieht § 278 a ZPO im Gegensatz zur italienischen Umsetzung allerdings nicht vor.[700] Zudem ist eine Einigung zwischen den Parteien auf der Grundlage des vom Gericht vorgeschlagenen Weges der außergerichtlichen Konfliktbeilegung ausschließlich dann möglich, wenn zwischen den Parteien entsprechende Einigkeit besteht.[701] Eine gesetzliche Vorgabe hätte es für das Vorschlagsrecht des Richters möglicherweise gar nicht bedurft, könnte er den Parteien die Möglichkeit einer außergerichtlichen Streitbeilegung auch ohne eine entsprechende gesetzliche Verankerung unterbreiten. Daher dürfte die Regelung des § 278 a ZPO in erster Linie der Bekanntmachung der Mediation im Rahmen bereits anhängiger Gerichtsverfahren dienen. Im Ergebnis obliegt es dann aber wiederum den Parteien, sich auf einen bestimmten Mediator zu einigen. Dem Gericht steht hierbei lediglich ein Vorschlagsrecht zu.[702]

Wie die deutsche enthält auch die italienische Version keine Vorgaben, in welchen Fällen der Richter von seinem Verfügungsrecht Gebrauch machen kann, wann sich eine Streitigkeit also als mediationstauglich erweist.[703] Gemäß dem Inhalt des entsprechenden Passus hat er lediglich die Angelegenheit zu bewerten, um hieraus sein Verfügungsrecht ableiten zu können.

Bisher führt die praktische Anwendung der gerichtsnahen Mediation in Deutschland allerdings ein Schattendasein. Zurückzuführen dürfte dies auf den Umstand sein, dass die für das Gerichtsverfahren zuständigen Richter eher einen

---

696 *Reichold* in: Thomas/Putzo, Kommentar zur Zivilprozessordnung, § 278a ZPO, Rn. 1.

697 *Horstmeier,* Das neue Mediationsgesetz, S. 153.

698 *Steffek,* ZEuP 2013, S. 537.

699 *Assmann* in: Wieczorek/Schütze, Kommentar zur Zivilprozessordnung, Band 4, § 278 a ZPO, Rn. 5.

700 *Steffek,* ZEuP 2013, S. 538.

701 *Assmann* in: Wieczorek/Schütze, Kommentar zur Zivilprozessordnung, Band 4, § 278 a ZPO, Rn. 25.

702 *Greger* in: Recht der alternativen Konfliktlösung, Teil E Rn. 63 f.

703 *Unberath,* JZ 2010, S. 975, 979.

Vorschlag für die Durchführung einer gerichtsinternen Mediation im Rahmen des Güterichterverfahrens[704] machen.[705] Zudem fehlen den Parteien Anreize, warum sie sich ausgerechnet einer gerichtsnahen Mediation bedienen sollten, die im Übrigen weitere Kosten mit sich bringt. Eine gewisse Popularität wird die gerichtsnahe Mediation daher erst erreichen können, sobald sie durch ihre Definition klarere Vorzüge gegenüber dem Güterichterverfahren aufweist. Dafür wird es schärferer Konturen bedürfen, die sich bisher – sowohl für das Gericht als auch die Parteien – nicht zeichnen lassen. Die vage Voraussetzung, bei deren Vorliegen die Durchführung einer gerichtsnahen Mediation sinnvoll erscheint, wonach das Verfahren zwischen den Parteien so verhärtet sein muss, dass auch ein Güterichter an seine Grenzen kommt, wird dafür jedenfalls nicht ausreichen.[706]

Konsequenter in der Umsetzung erscheint daher die italienische Variante der gerichtlich angeregten Mediation, die dem zuständigen Richter die Möglichkeit schafft, die Durchführung eines Mediationsverfahrens verbindlich anzuordnen. Damit hat der italienische im Gegensatz zum deutschen Gesetzgeber eine weitere Möglichkeit geschaffen, das eigene Justizsystem zu entlasten und die bereits entstandene Tendenz – weg vom Gerichtsverfahren, hin zur Mediation – weiter zu fördern.

6. Primo incontro vs. Informationssitzung

Auch dem deutschen Recht sind Informationsgespräche zur Mediation nicht unbekannt. Sowohl bei Folgesachen im Scheidungsverfahren[707] als auch bei Kindschaftssachen[708] hat das Gericht die Möglichkeit, die Ehegatten auf die Teilnahme an einem kostenlosen Informationsgespräch zu verweisen. Ob das Gericht eine solche Anordnung trifft, steht in seinem freien Ermessen.[709] Welche Angebote für kostenfreie Informationsgespräche bestehen, hängt zudem von örtlichen und länderspezifischen Gegebenheiten ab.[710] Durch die explizite Anordnungsmöglichkeit greift der deutsche Gesetzgeber den Grundgedanken des Artikel 5 der Mediationsrichtlinie wieder auf, wonach „das Gericht die Parteien

---

704 Siehe hierzu C. II. 7.

705 Vgl. hierzu auch *Greger* in: Recht der alternativen Konfliktlösung, Teil E Rn. 65.

706 So *Greger* in: Recht der alternativen Konfliktlösung, Teil E Rn. 66.

707 § 136 FamFG.

708 § 156 Abs. 1 FamFG.

709 *Roßmann* in: Horndasch/Viefhues, Kommentar zum FamFG, § 135, Rn. 8.

710 *Helms* in: Prütting/Helms, Kommentar zum FamFG, § 135, Rn. 3.

auch auffordern [kann], an einer Informationsveranstaltung über die Nutzung der Mediation teilzunehmen", verbunden mit der Ankündigung etwaiger Sanktionen im Falle der Zuwiderhandlung.[711]

Die Einschränkung des deutschen Gesetzgebers, kostenlose Informationsgespräche bisher nur in familienrechtlichen Verfahren anordnen zu können, spiegelt die restriktive Herangehensweise wider, mit der der Mediation hierzulande durch gesetzliche Regelungen begegnet wird. Gerade die Voraussetzung der Unentgeltlichkeit dürfte für die Verbreitung der Mediation im eigenen Land ein maßgeblicher Faktor sein und ist zudem ausdrücklich in der Mediationsrichtlinie vorgesehen. Neben dem kostenlosen Informationsgespräch privater Anbieter außerhalb eines gerichtlichen Verfahrens, könnte auch in Deutschland die Idee eines ersten Informationsgespräches aus dem familienrechtlichen Verfahren in andere zivilrechtliche Bereiche übertragen werden.

Dabei dürfte Dreh- und Angelpunkt für eine erfolgreiche Verbreitung des Mediationsverfahrens als Alternative zum Gerichtsverfahren der Informationsfluss über Mediation und Mediatoren sein. Eine maßgebliche Rolle dürfte hierbei auch der Anwaltschaft zukommen. So könnten gerade die Rechtsanwälte einen entscheidenden Beitrag dazu leisten, die Mediation in Deutschland im Rahmen eines entsprechenden Informationsgespräches weiter zu fördern, indem die Parteien noch vor Beschreiten des Rechtsweges auf die Vor- und Nachteile im konkreten Fall hingewiesen werden und ihnen auf diese Weise diese Alternative der Streitbelegung eröffnet wird. Naturgemäß kann und soll die Beratung der Anwaltschaft nicht darauf abzielen, die Mediation in jedem Fall als die bessere Alternative anzupreisen und so die originäre Tätigkeit des Anwaltes – zu der natürlich auch das Prozessieren vor Gericht zählt – außer Acht zu lassen. In einigen Fällen wäre die Alternative der Mediation aber zumindest ein lohnenswerter Gedanke, der den Parteien an die Hand gegeben werden kann. Dies wird in erster Linie Ansprüche betreffen, die nicht klar beziffer- oder definierbar sind und daher eine Auswertung beider Parteien erfordern. In arbeitsrechtlichen Streitigkeiten kann dies beispielsweise bei Zeugnisstreitigkeiten oder aber hinsichtlich der Erfüllung von Zielen bei angestrebten Bonuszahlungen der Fall sein. Gleiches kann beispielsweise für erbrechtliche Streitigkeiten gelten, in denen es um die Auslegung des Erblasserwillens geht.

Sobald den Parteien die Mediation als tatsächliche Alternative aufgezeigt wird, wird es ihnen aufgrund der bestehenden Privatautonomie möglich sein,

711 *Pielsticker* in: Mediationsgesetz, § 135 FamFG, S. 395, Rn. 7.

sich letztendlich für oder gegen ein solches Verfahren zu entscheiden; zumindest sollte ihnen der entsprechende Entscheidungsspielraum eröffnet werden. Denn letztlich geht es doch darum, den Parteien die Möglichkeit zu eröffnen, ihre Konflikte eigenständig und ohne die Unterstützung eines ihnen übergeordneten Dritten beizulegen.[712]

7. Angeordnete Mediation und Giudice di pace vs. Güterichter

Die neue Regelung des § 278 Abs. 5 ZPO verbindet das Verweisungselement des Art. 5 Abs. 2 n.F. ital. MediationsG und die Richtereigenschaft des Giudice di pace, dem italienischen Friedensrichter.

So heißt es in § 278 Abs. 5 ZPO nun:[713] „*Das Gericht kann die Parteien für die Güteverhandlung sowie für weitere Güteversuche vor einen hierfür bestimmten und nicht entscheidungsbefugten Richter (Güterichter) verweisen. Der Güterichter kann alle Methoden der Konfliktbeilegung einschließlich der Mediation einsetzen.*"

Mit der Implementierung dieser Norm wurde das erste Mal in der Geschichte der deutschen Zivilprozessordnung eine verbindliche Regelung geschaffen, die ihren Fokus auf die Mediation als alternative Streitbeilegung legt.[714] Das Güterichtermodell kann dabei durchaus als eine moderne Art der Prozessführung verstanden werden, die es versteht, die Elemente der Mediation mit der klassischen Rolle der Obrigkeit des Richters zu verbinden und in Einklang zu bringen.[715] Vom Grundgedanken ist das Güterichterverfahren damit in gewisser Hinsicht mit der Mediation vergleichbar, da der Aspekt der Freiwilligkeit der Parteien ein ganz maßgebliches Kriterium für diese Art von Verfahren bildet.[716] Gleiches gilt für die fehlende Entscheidungsbefugnis des Güterichters sowie die Nichtöffentlichkeit des Verfahrens.[717]

Ist ein für diese Aufgabe geeigneter Richter mangels entsprechender Kenntnis und Schulung in diesem Bereich nicht in den eigenen Reihen zu finden, so ist das Mediationsersuchen an einen Richter eines anderen Gerichts zu stellen.[718] Formell gesehen handelt es sich bei der Verweisung an einen Güterichter nicht

---

712 *Haft* in: Wege zur Globalisierung des Rechts, S. 268.

713 Alte Fassung: „*Das Gericht kann die Parteien für die Güteverhandlung vor einen beauftragten oder ersuchten Richter verweisen. In geeigneten Fällen kann das Gericht den Parteien eine außergerichtliche Streitschlichtung vorschlagen. […]*"

714 *Weber* in: Grundlagen und Methoden der Mediation, S. 143.

715 *Weber* in: Grundlagen und Methoden der Mediation, S. 143.

716 Vgl. auch *Bäumerich,* Güterichter und Mediatoren im Wettbewerb, S. 39.

717 Vgl. auch *Bäumerich,* Güterichter und Mediatoren im Wettbewerb, S. 39.

718 *Greger* in: Mediation und Konfliktmanagement, S. 482 f.

um eine solche des § 281 ZPO i.V.m. § 17a GVG, sondern um eine Frage des gerichtsinternen Geschäftsverteilungsplans und zwischen den Gerichten um ein Rechtshilfeersuchen, welchem der angerufene Güterichter gemäß § 158 GVG nachzukommen hat.[719]

Eine Gleichstellung der Güterichter mit den Mediatoren im Sinne des § 1 Abs. 2 des deutschen Mediationsgesetzes erfolgt indes nicht.[720] Der Güterichter und das durch ihn vorgenommene Modell der Streitbeilegung betrifft nach seiner Begrifflichkeit auch nicht nur die Mediation.[721] Obgleich er alle Methoden der Konfliktbeilegung einschließlich der Mediation einsetzen kann,[722] untersteht er nicht den Regelungen des Mediationsgesetzes, sondern jenen der Zivilprozessordnung.[723] So kann er „Vergleichsvorschläge unterbreiten und dabei dennoch seine richterliche Autorität einsetzen";[724] gerade der zweitgenannte Aspekt wäre mit einem Mediationsverfahren und seinen Prinzipien unvereinbar.

Schließlich obliegt es auch nicht der Verantwortlichkeit des Güterichters, dass die Parteien eine der Rechtslage konforme Lösung finden. Verantwortlich ist er allerdings für die Einhaltung der rechtsstaatlichen Prinzipien innerhalb seines Verfahrens.[725]

Eine Analogie zum Mediationsverfahren besteht daher lediglich darin, dass es sich um einen neutralen Dritten handelt, der im Sinne der Parteien versucht, eine einvernehmliche Lösung zu finden und sich zwar der Methoden der Mediation bedient, eine solche aber nicht im Sinne des Mediationsgesetzes durchführt.[726]

Inhaltlich erscheint das Güterichtermodell recht untypisch, da sich die Parteien dem gerichtlichen Ermessen beugen müssen.[727] Das Prinzip der Freiwilligkeit und Selbstbestimmung gilt im weiteren Sinne also nur eingeschränkt, da eine aktive Wahl des Güterichters seitens der Parteien nicht erfolgt. Frei sind sie aber in der Frage, ob ein solches Verfahren stattfinden soll, sodass das Freiwilligkeitsprinzip im Ergebnis nicht aufgehoben wird.[728] Ob die Parteien dennoch in die

---

719 *Assmann* in: Wieczorek/Schütze, Kommentar ZPO, § 278, Rn. 71.

720 *Assmann* in: Wieczorek/Schütze, Kommentar ZPO, § 278, Rn. 75.

721 *Prütting* in: Münchener Kommentar ZPO, § 278, Rn. 27.

722 § 278 Abs. 5 S. 2 ZPO.

723 *Assmann* in: Wieczorek/Schütze, Kommentar ZPO, § 278, Rn. 74.

724 *Prütting* in: Münchener Kommentar ZPO, § 278, Rn. 27.

725 *Greger* in: Mediation und Konfliktmanagement, S. 485.

726 Vgl. auch *Assmann* in: Wieczorek/Schütze, Kommentar ZPO, § 278, Rn. 75; dazu auch *Greger*, NJW 2007, S. 3258, 3259.

727 So *Roth* in: Freiwilligkeit, Zwang und Gerechtigkeit im Kontext der Mediation, S. 112.

728 *Horstmeier*, Das neue Mediationsgesetz, S. 148.

Lage versetzt werden sollten, auch unter den zur Verfügung stehenden Güterichtern zu wählen, wäre ein lohnenswerter Gedanke.[729]

Auch wenn das Gesetz ein Einverständnis der Parteien für eine Verweisung nicht ausdrücklich voraussetzt, ist diese nur in den Fällen möglich, in denen die Parteien einer solchen auch tatsächlich zugestimmt haben;[730] jede andere Auslegung dieser Vorschrift würde zudem dem der deutschen Umsetzung innewohnenden Prinzip der Freiwilligkeit zuwiderlaufen. Die Konsequenz wäre, dass die obligatorische Mediation durch das Güteverfahren doch eine Berücksichtigung in der deutschen Rechtsordnung finden würde.[731] Dies wiederum würde zu einer Annäherung zwischen deutscher und italienischer Umsetzung – zumindest diesen Aspekt betreffend – führen, was aber insbesondere für die deutsche Umsetzung einen enormen Rückschritt zu Lasten des Leitgedankens der Freiwilligkeit und Selbstbestimmung der Parteien bedeuten würde. Zudem liefe der deutsche Gesetzgeber Gefahr, dass die Glaubwürdigkeit der eigenen Umsetzung der Mediationsrichtlinie in Frage gestellt wird.

Im Ergebnis deckt sich das deutsche Güterichtermodell also nur im Ansatz mit der strikten Umsetzung des italienischen Gesetzgebers. Dies folgt aus dem Umstand, dass es zwar auf den ersten Blick zwingend anmutet, allerdings in dem ungeschriebenen Tatbestandsmerkmal des parteilichen Einvernehmens seine Entschärfung findet und sich so wieder in das Bild der deutschen Umsetzung, welches von Freiwilligkeit und Liberalität geprägt ist, einfügt.

8. Die Vollstreckbarkeit

Laut Mediationsrichtlinie haben die Mitgliedstaaten sicherzustellen, dass von den Parteien – oder von einer Partei mit ausdrücklicher Zustimmung der anderen – beantragt werden kann, dass der Inhalt einer im Mediationsverfahren erzielten schriftlichen Vereinbarung vollstreckbar gemacht wird.[732]

Während das italienische Mediationsgesetz eine entsprechende Regelung bezüglich der Vollstreckbarerklärung der erzielten Mediationsvereinbarung vorsieht,[733] sucht man einen solchen Passus in der Endfassung des deutschen Mediationsgesetzes vergeblich. Dieses nimmt nur Rückgriff auf die bereits

---

729 So *Horstmeier*, Das neue Mediationsgesetz, S. 149.

730 *Assmann* in: Wieczorek/Schütze, Kommentar zur ZPO, § 278 Rn. 71; BT-Drucks. 17/8058 S. 21; siehe auch *Plassmann* AnwBl. 2012, S. 151 f.

731 *Steffek*, ZEuP 2013, S. 540.

732 Art. 8 Abs. 1 Mediationsrichtlinie.

733 Art. 12 ital. MediationsG.

bestehenden Regelungen in den §§ 796 ff. ZPO[734] und dürfte damit den Vorgaben der Mediationsrichtlinie nicht vollends gerecht werden.[735]

Zwar sah der Referenten- und Regierungsentwurf zum Mediationsgesetz anfänglich eine neue, zusätzliche Möglichkeit vor, die erzielte Mediationsvereinbarung auch für nichtjuristische Mediatoren für vollstreckbar zu erklären. Abhilfe sollte der angedachte § 796 d ZPO schaffen, wonach auf schriftlichen Antrag einer Partei oder beider Parteien und einhergehender Einwilligung der anderen die Mediationsvereinbarung hätte für vollstreckbar erklärt werden können.[736]

Da im weiteren Gesetzgebungsverfahren von einer expliziten Regelung allerdings wieder Abstand genommen wurde, gestaltet sich die Vollstreckbarkeit der im Rahmen einer Mediation erzielten Vereinbarung schwieriger als nach den italienischen Vorschriften.[737] In Betracht kommt dabei zunächst die Möglichkeit, die zwischen den Parteien getroffene Vereinbarung im Rahmen eines Prozessvergleiches gemäß § 794 Abs. 1 Nr. 1 ZPO beurkunden zu lassen. Voraussetzung ist also ein noch anhängiges gerichtliches Verfahren, das die Parteien entweder bereits eingeleitet haben oder noch initiieren müssen, um die zwischen ihnen getroffene Vereinbarung überhaupt vollstreckungsfähig zu gestalten. Unerheblich ist allerdings, welcher Natur dieses Verfahren ist. So kann ein Prozessvergleich nicht nur in regulären zivilrechtlichen Streitigkeiten geschlossen werden, sondern gleichermaßen auch in Verfahren vor den Verwaltungs- oder Strafgerichten.[738] In der Regel wird zum Abschluss des Prozessvergleiches zudem eine mündliche Verhandlung erforderlich sein.[739]

Unter die gleiche Norm wie der Prozessvergleich fällt auch der sogenannte Gütestellenvergleich, also ein Vergleich, den die Parteien vor einer durch die Landesjustizverwaltung eingerichteten oder anerkannten Gütestelle sowie einer durch Landesrecht bestimmten Gütestelle iSd § 15 a Abs. 6 EGZPO abgeschlossen haben. Voraussetzung ist, dass bei dieser Gütestelle auch zuvor das Mediationsverfahren stattgefunden hat. Es wäre also nicht ausreichend, der Gütestelle lediglich die zwischen den Parteien erarbeitete Mediationsvereinbarung

---

734 Für eine Übersicht der bestehenden Vollstreckungsmöglichkeiten s. auch *Greger* in: Recht der alternativen Konfliktlösung, § 2 Rn. 330 ff.

735 aA *Greger* in: Recht der alternativen Konfliktlösung, § 2 Rn. 331.

736 Referentenentwurf Art. 3 Nr. 3; vgl. auch *Horstmeier*, Das neue Mediationsgesetz, S. 79.

737 *Steffek*, ZEuP 2013, S. 549.

738 Vgl. hierzu auch *Greger* in: Recht der alternativen Konfliktlösung, § 2 Rn. 334.

739 *Greger* in: Recht der alternativen Konfliktlösung, § 2 Rn. 336.

vorzulegen. Sind die notwendigen Voraussetzungen aber erfüllt, kann die Vollstreckbarerklärung nach § 797a ZPO erfolgen.[740]

Ferner haben die Parteien auch noch die Möglichkeit, die zwischen ihnen getroffene Vereinbarung durch einen Notar gemäß § 796c ZPO für vollstreckbar erklären zu lassen.[741] Ein Vorteil liegt darin, dass die Parteien kein Gerichtsverfahren anstrengen müssen, nur um einen vollstreckbaren Titel zu erlangen. Allerdings entstehen für die Beurkundung weitere Kosten. Diese nur „mit dem Gewinn an Rechtssicherheit"[742] aufwiegen zu wollen, erscheint fraglich. Schließlich soll das Mediationsverfahren doch bestenfalls auch einen Kostenanreiz zu einem ordentlichen Gerichtsverfahren darstellen. Diesem Gedanken wird die Möglichkeit einer notariellen Beurkundung nur ansatzweise gerecht. Schließlich bemessen sich die Kosten der notariellen Beurkundung – ähnlich wie bei einem gerichtlichen Vergleich – nach dem Titulierungsinteresse[743] und sind damit für die Parteien in dem Zeitpunkt, in dem sie die Vereinbarung schließen, alles andere als vorhersehbar.

Schließlich können die Parteien ihre Vereinbarung durch mediierende Rechtsanwälte gemäß § 796a ZPO im Rahmen des sogenannten Anwaltsvergleichs für vollstreckbar erklären lassen.[744] Hiernach wird ein von Rechtsanwälten namens und in Vollmacht der von ihnen vertretenen Parteien abgeschlossener Vergleich auf Antrag einer Partei für vollstreckbar erklärt. Voraussetzung ist, dass sich der Schuldner darin der sofortigen Zwangsvollstreckung unterwirft und der Vergleich unter Angabe des Tages seines Zustandekommens bei einem Amtsgericht niedergelegt ist, bei dem eine der Parteien zur Zeit des Vergleichsabschlusses ihren allgemeinen Gerichtsstand hat. Bevor die Parteien von dieser Möglichkeit überhaupt Gebrauch machen können, sieht also auch diese Variante eine Reihe an im Vorwege zu erfüllenden Erfordernissen vor. Insbesondere hierin wird der Grund liegen, warum diese Variante der Vollstreckbarerklärung bisher eher ein Schattendasein führt.[745]

Ähnlich wie auch im Falle des Notarvergleiches müssen die Anwälte im Vorfeld nicht mit in das Mediationsverfahren eingebunden worden sein.[746] Ziel ist es

---

740 *Greger* in: Recht der alternativen Konfliktlösung, § 2 Rn. 337 ff.

741 *Horstmeier*, Das neue Mediationsgesetz, S. 79.

742 So *Greger* in: Recht der alternativen Konfliktlösung, § 2 Rn. 340.

743 *Greger* in: Recht der alternativen Konfliktlösung, § 2 Rn. 340.

744 *Horstmeier*, Das neue Mediationsgesetz, S. 79.

745 *Greger* in: Recht der alternativen Konfliktlösung, § 2 Rn. 344; für vermehrte Nutzung Leutner/Hacker NJW 2012, 1319.

746 *Greger* in: Recht der alternativen Konfliktlösung, § 2 Rn. 346.

auch in diesem Fall, dem Wunsch nach einer zügigen Vollstreckungsmöglichkeit Abhilfe zu schaffen.[747] Auf der Strecke bleiben damit aber insbesondere etwaige Einreden und Einwendungen, die dem Gläubiger im Zeitpunkt der Vollstreckbarerklärung möglicherweise schon entgegen gehalten werden könnten; die Anfechtungsmöglichkeiten sind also begrenzt.[748] Nicht zuletzt ist der Wunsch nach einer Vollstreckbarerklärung unter Zuhilfenahme von Rechtsanwälten abermals mit entsprechenden Kosten für die Parteien verbunden. Werden die Kosten nach dem Rechtsanwaltsvergütungsgesetz (RVG) berechnet, fallen neben den Gebühren für die Vertretung in Mediationsverfahren auch jeweils eine Gebühr für die erfolgte Einigung sowie für die Vollstreckbarerklärung an.[749] Hinzu kommt, dass der Anwaltsvergleich grenzüberschreitend nicht anerkannt ist,[750] er also spätestens dann seine Attraktivität verliert, sobald es um die Vollstreckung eigener Ansprüche im Ausland geht.

Demnach ist es für Mediatoren ohne juristische Ausbildung zwingend notwendig, die Unterstützung von Rechtsanwälten und Notaren in Anspruch zu nehmen.[751] Dies wiederum stellt für die Parteien alles andere als einen (Kosten-)Anreiz dar. Schließlich wären sie in diesem Fall dazu gezwungen, Rechtsanwälte doch an dem Mediationsverfahren zu beteiligen, obwohl eine Lösung der Streitigkeit auch ohne einen rechtsanwaltlichen Beistand möglich war.[752] Eigentlich aber sollte eine selbstbestimmte Konfliktlösung im Vordergrund stehen, die es den Parteien ermöglicht und erlaubt, nur dann anwaltliche Unterstützung in Anspruch zu nehmen, wenn der Einzelfall dies erfordert.[753]

Ähnelten sich die deutsche und die italienische Umsetzung in diesem Punkt anfänglich noch, umging der italienische Gesetzgeber dieses Problem mit der Novellierung seines Mediationsgesetzes, indem er die zwingende Anwesenheit des rechtsanwaltlichen Beistandes und die damit einhergehende Möglichkeit regelte,[754] dass der zwischen den Parteien geschlossene Vergleich durch die Unterzeichnung der Rechtsanwälte in einen vollstreckbaren Titel erwachsen kann.

Ob durch die deutsche Umsetzung dem Artikel 6 Absatz 1 der Mediationsrichtlinie Rechnung getragen wurde, wonach die Vollstreckbarerklärung auf

747 *Greger* in: Recht der alternativen Konfliktlösung, § 2 Rn. 348.
748 *Greger* in: Recht der alternativen Konfliktlösung, § 2 Rn. 348.
749 Siehe hierzu auch *Greger* in: Recht der alternativen Konfliktlösung, § 2 Rn. 350.
750 *Lörcher/Lörcher* in: Handbuch Mediation, S. 656.
751 *Horstmeier*, Das neue Mediationsgesetz, S. 80.
752 *Steffek*, ZEuP 2013, S. 549.
753 Vgl. auch *Steffek*, ZEuP 2013, S. 549.
754 Art. 16 Abs. 4-*bis* ital. MediationsG.

Antrag der Parteien – oder seitens einer Partei mit ausdrücklicher Zustimmung der anderen – sichergestellt werden soll, erscheint zunächst fraglich. Betrachtet man in diesem Zusammenhang jedoch auch den zweiten Absatz dieses Artikels der Richtlinie, so lässt sich feststellen, dass *„der Inhalt von einem Gericht oder einer anderen zuständigen öffentlichen Stelle durch ein Urteil oder eine Entscheidung oder in einer öffentlichen Urkunde nach dem Recht des Mitgliedstaates, in dem der Antrag gestellt wurde, vollstreckbar gemacht werden* [kann]."

Im Ergebnis ist der deutsche Gesetzgeber seiner Umsetzungspflicht des Artikels 6 daher – wenn auch nur bedingt – nachgekommen. Zwar hat er auf die Vollstreckbarerklärung nichtjuristischer Mediatoren verzichtet, er ist aber durchaus den Vorgaben der Mediationsrichtlinie[755] gefolgt und hat die Möglichkeit der Vollstreckbarerklärung zumindest durch dritte Stellen gewährleistet. Dennoch wird durch die notwendige Hinzuziehung von Anwälten, Notaren oder Gerichten – neben den ja ohnehin schon anwesenden Mediatoren – den Parteien ein weiterer Kostenfaktor auferlegt. Folgt man der Intention des deutschen Gesetzgebers, der die Mediation fördern will, würde dazu aber auch eine Lösung gehören, die den Parteien die Möglichkeit eröffnet, problem- und vor allem kostenlos an die Vollstreckbarerklärung zu gelangen. Hierfür ist es jedenfalls nicht ausreichend, „sich auf den bestehenden, gerade ausreichenden Regelungen auszuruhen"[756]. Vielmehr wäre es erforderlich, echte Anreize zu schaffen, um die Mediation von den Gerichtsverfahren abzuheben oder zumindest gleichzustellen. Dies wird auf Länge der Sicht nicht mit einem Rückgriff auf die bereits bestehenden Normen gelingen. Vielmehr wird es Regelungen bedürfen, die über die jetzigen Vollstreckungsvarianten hinausgehen.[757] Zu einer großen Hilfe bei der Vollstreckbarkeit haben die bisherigen Möglichkeiten bisher jedenfalls nicht geführt.[758] Nach wie vor fehlt es an einer kompakten und vor allem einheitlichen Regelung; momentan sehen sich die Parteien noch diversen Vorschriften und damit auch der Schwierigkeit gegenüber, aus der Vielzahl der bestehenden Möglichkeiten die jeweils richtige Wahl des Vollstreckbarkeitsinstruments zu finden.

Eine erleichternde Wirkung bringt hingegen die italienische Umsetzung mit sich, indem die Anwesenheit der Anwaltschaft zumindest bei den obligatorischen Mediationsversuchen nunmehr zwingend vorgeschrieben ist und dadurch die Inanspruchnahme einer anderweitigen Stelle zwecks Vollstreckbarerklärung

---

755 Art. 6 Abs. 2 Mediationsrichtlinie.

756 *Wentzel,* Internationale Mediation, S. 153.

757 So auch *Wentzel,* Internationale Mediation, S. 153.

758 So auch *Lörcher/Lörcher* in: Handbuch Mediation S. 656.

der erfolgten Einigung obsolet wird. Hierbei handelt es sich um einen Vorzug, der beim deutschen Gesetzgeber Anstoß zum Umdenken bewirken sollte.

9. Evaluierung

Die Mediation und damit auch das Mediationsgesetz unterliegen sowohl in Deutschland als auch in Italien einer stetigen Entwicklung. Es ist davon auszugehen, dass dieser Prozess auch in Zukunft nicht abreißen wird.[759] Unterstrichen wird diese These durch die Implementierung einer Evaluierungsmöglichkeit, die sich sowohl der deutsche als auch der italienische Gesetzgeber vorbehalten haben.

So hat die Bundesregierung dem Deutschen Bundestag bis zum 26. Juli 2017 auch unter Berücksichtigung der kostenrechtlichen Ländereröffnungsklauseln über die Auswirkungen dieses Gesetzes auf die Entwicklung der Mediation in Deutschland und über die Situation der Aus- und Fortbildung der Mediatoren zu berichten. Mit diesem Evaluierungsbericht wurde kürzlich das Institut für Gesetzesfolgenabschätzung und Evaluation (InGFA) am Deutschen Forschungsinstitut für öffentliche Verwaltung (FÖV) in Speyer, eine durch den Bund und alle Länder getragene Forschungseinrichtung, beauftragt. Ziel der Evaluierung ist es insbesondere, den aktuellen Stand der Mediation in Deutschland herauszuarbeiten. Dabei dürfte vornehmlich die Verbreitung der Mediation als alternatives Streitbeilegungsinstrument im Fokus stehen. Zudem soll in dem Bericht untersucht und bewertet werden, ob aus Gründen der Qualitätssicherung und des Verbraucherschutzes weitere gesetzgeberische Maßnahmen auf dem Gebiet der Aus- und Fortbildung von Mediatoren notwendig sind.[760] Dieser Fokus resultiert nicht zuletzt aus den zahlreichen und berechtigterweise geführten Diskussionen zu diesem Thema.[761]

Die vorgesehene Evaluierung ist also fünf Jahre nach Inkrafttreten des Mediationsgesetzes zu realisieren. Dies legt die Vermutung nahe, dass der deutsche Gesetzgeber mit der Einführung des Mediationsgesetztes zunächst nur den Weg für die erhoffte Entwicklung der Mediation in Deutschland ebnen wollte,[762] dieses Ziel aber nur durch eine Vielzahl von Faktoren zu dem gewünschten Ergebnis führen kann. Suggeriert wird zudem, dass nicht nur der Faktor Zeit eine

---

759 Zur Entwicklung in Deutschland siehe *Jänicke*, Wirtschaftsmediation in Deutschland und Frankreich, S. 27.

760 Art. 8 dt. MediationsG.

761 *Pielsticker* in: Mediationsgesetz, § 8, S. 251, Rn. 18 f.

762 *Pielsticker* in: Mediationsgesetz, § 8, S. 246, Rn. 1.

entscheidende Rolle im Hinblick auf die Implementierung der Mediation als eine gleichgestellte Alternative in der deutschen Rechtsordnung sowie im Bewusstsein der Parteien spielt. Notwendig könnten darüber hinaus auch mögliche Veränderungen und Ergänzungen des deutschen Mediationsgesetzes werden.[763]

Während das deutsche Mediationsgesetz bei seiner Evaluierungsvorschrift allgemein auf die Entwicklung der Mediation abstellt und insbesondere den Aspekt der Aus- und Fortbildung der Mediatoren hervorhebt, begnügt sich die italienische Fassung damit, die neu eingeführte Evaluierungsmöglichkeit nur im Rahmen des sogenannten „*primo incontro*" anzuwenden.[764] Hieraus kann der Rückschluss gezogen werden, dass Italien seine weiteren mediationsrechtlichen Vorschriften durchaus selbstbewusst vertritt, was aber auch – bedingt durch eine schnelle Umsetzung – mit einer längeren Testphase der Vorschriften zusammenhängen dürfte. Nicht nur in Anbetracht des umfangreichen Regelungskataloges, sondern auch im Hinblick auf die Situation des italienischen Justizsystems wäre eine Evaluierung des gesamten Inhaltes eher kontraproduktiv, da umfangreiche Änderungen unter Umständen die intendierte Entlastung des Systems behindern könnten. Dennoch sind Nachkorrekturen seitens des italienischen Gesetzgebers nicht ausgeschlossen, um die Entwicklung der Mediation im eigenen Land zu stärken. Hierfür bedürfte es allerdings keiner ausdrücklichen Evaluierungsregelung.

III. Ergebnis

Der deutsch-italienische Vergleich zeigt deutlich, dass für den Umfang und den Inhalt der Mediationsregularien in den einzelnen Ländern weniger der ursprüngliche Bekanntheitsgrad der Mediation maßgeblich ist als vielmehr die jeweilige Situation des eigenen Justizsystems. Sie ist ein entscheidender Faktor, wenn es um die Frage der Art und Weise der Umsetzung der Mediationsrichtlinie und der „relativen Attraktivität" der Mediation im eigenen Land geht. Wie gut oder schlecht die Mediation im jeweiligen Land aufgenommen wird, hängt also letztlich auch vom Funktionieren des eigenen Rechtssystems ab. Dies wird am Beispiel Italiens ganz deutlich: Je länger die Verfahren dauern, desto stärker wird auch der Wille des Gesetzgebers und der Wunsch der Bevölkerung sein, die entsprechenden Regularien strikter auszugestalten und damit eine Art „Privatisierung der Streitbewältigung" zu schaffen, um der Überlastung des

763 *Pielsticker* in: Mediationsgesetz, § 8, S. 246, Rn. 1.

764 Art. 5 Abs. 1-bis italienisches MediationsG.

Justizsystems entgegen treten zu können.[765] So sind auch die durch den angestellten Ländervergleich gezogenen Schlüsse und Ergebnisse in erster Linie den spezifischen Eigenarten der jeweiligen Justizsysteme geschuldet, die sich wie ein roter Faden durch die eigene Gestaltung ziehen. Das deutsch-italienische Beispiel zeigt, wie unterschiedliche rechtspolitische Ziele zu einer spiegelbildlich divergierenden Umsetzung der Mediationsrichtlinie führen können.

Der Vergleich zeigt aber auch, dass der gewählte Umfang der Regularien kein Indiz dafür ist, von welcher Streitbeilegungsbereitschaft der Bevölkerung der Gesetzgeber bei der Ausgestaltung der Mediation ausgegangen ist. Vielmehr spiegeln Umfang und Inhalt in erster Linie die (gefühlte) Notwendigkeit und den damit verbundenen Druck wider, mit dem die Mediation Einzug in die eigene Rechtsordnung halten soll.

Während die deutsche Umsetzung geprägt ist von der Privatautonomie der Parteien, die sich insbesondere in deren Selbstverantwortung und Selbstbestimmung niederschlägt,[766] steht dies fast im Gegensatz dazu, dass in erster Linie der Mediator selbst „Garant für die Prinzipien der Mediation“[767] sein soll. Nicht nur, dass dem Mediator damit eine Verpflichtung aufgebürdet wurde, die sich auch auf andere Schultern, insbesondere die der Parteien, verteilen ließe; es stellt diesen eigentlich unparteiischen Dritten auch zu sehr in den Vordergrund und nimmt den Fokus von den eigentlichen Protagonisten, den Parteien selbst. Aber nicht nur in diesem Bereich verfolgt Deutschland einen fast zu restriktiven Ansatz, zumindest dann, wenn das Ziel einer nachhaltigen Implementierung der Mediation erreicht werden soll.

Sicher, auch in Deutschland soll die Mediation durch das Mediationsgesetz gefördert werden. Allerdings ist davon auszugehen, dass eine umfassendere Lösung, wie Italien sie – zugegeben in sehr ausgeprägtem Maße – vorgenommen hat, schneller und möglicherweise auch effektiver zu diesem Ziel führt. Der italienische Gesetzgeber ist im Gegensatz zur deutschen Umsetzung kein (Auslegungs-)Risiko eingegangen, sondern regelt alle wichtigen Verfahrensaspekte einschließlich der entsprechenden Konsequenzen ganz eigenständig und vor allem losgelöst von der Person des Mediators. Dafür spiegelt sich bei der italienischen Umsetzung wiederholt der obligatorische Charakter wider, der Ausfluss der intendierten Entlastung des eigenen Rechtssystems ist. Die Aussparung des Aspektes der Freiwilligkeit bei der Mediationsdefinition in Artikel 1

765 *Steffek*, RabelsZ Bd. 74 (2010), S. 846.

766 *Gläßer* in: Festschrift für Dieter Martiny zum 70. Geburtstag, S. 746.

767 Zitiert nach *Kracht* in: Handbuch Mediation, S. 319.

des italienischen Mediationsgesetzes dürfte dabei nicht ganz zufällig geschehen sein.[768] Die Zielsetzung einer Entlastung der staatlichen Gerichte ist zwar auch in der Begründung zum deutschen Mediationsgesetz genannt,[769] allerdings mit einer offensichtlich ganz anderen Ausprägung,[770] bedingt durch eine völlig unterschiedliche Ausgangslage.

Die derzeit noch fehlende Popularität der Mediation in Deutschland darf allerdings auch nicht als Indiz gewertet werden, dass vermeintlich kein Bedarf an alternativen Streitbeilegungsverfahren besteht.[771] Sie ist nur in Anbetracht der zurückhaltenden Normierung kaum erstaunlich. Will der deutsche Gesetzgeber der Mediation zu mehr Aufmerksamkeit verhelfen, wird es notwendig sein, eine „Schnittstelle zwischen Justiz und alternativer Verfahren" zu schaffen. Denn je besser sich die Mediation in die bereits bestehenden Strukturen der Justiz einfügt, desto erfolgreicher ist ihre Umsetzung in der Praxis und desto mehr Popularität gewinnt sie. Gelingt dies nicht, entwickelt sie sich vielleicht eigenständig fort, wird aber niemals die gewünschte Anerkennung als Alternative zum Gerichtsverfahren erhalten.[772]

Um der Mediation und ihrem Verfahren in Deutschland zu einem ähnlichen Stellenwert zu verhelfen wie dem Gerichtsverfahren, wird es – wie bereits angeklungen – in erster Linie notwendig sein, mehr Anreize zu schaffen. Eine ganz entscheidende Rolle werden hierbei die Verfahrenskosten spielen. Aber auch die Qualifikation des Mediators sowie die Vollstreckbarkeit der erzielten Lösungen sind Punkte, denen sich der deutsche Gesetzgeber in naher Zukunft in Form konkreter Vorschriften widmen müsste, sofern er die Mediation tatsächlich als gleichgestellte Variante zum Gerichtsverfahren verstanden wissen will. Denn gerade aus diesen Faktoren wird auf Dauer ein großer Wettbewerbsnachteil gegenüber Gerichtsverfahren resultieren; bisher jedenfalls stellt sich die Mediation in Deutschland noch als ein intransparentes Verfahren betreffend Kosten und Qualitätsstandards für Mediatoren dar.[773] Solange die Parteien für alle Kosten selbst aufkommen müssen, wird es sich als schwierig erweisen, dass die Mediation im Bewusstsein der Bevölkerung als gangbare Alternative wahrgenommen

---

768 *Gläßer* in: Festschrift für Dieter Martiny zum 70. Geburtstag, S. 751.

769 Begründung des Gesetzesentwurfes der Bundesregierung, BT-Drucks. 17/5335, S. 11.

770 So auch *Gläßer* in: Festschrift für Dieter Martiny zum 70. Geburtstag, S. 754.

771 *Stein* in: Wege der Rechtskultur in Europa, S. 68.

772 *Greger* in: Recht der alternativen Konfliktlösung, A. Einleitung Rn. 19.

773 *Greger* in: Recht der alternativen Konfliktlösung, A. Einleitung Rn. 44.

wird. Bisher hat es der deutsche Gesetzgeber jedenfalls versäumt, mit entsprechenden Regelarien für eine Förderung der Mediation zu sorgen.[774]

Auch wenn die Mediation in Italien zunächst nur durch „Zwang" hat Einzug erhalten können – und zwar sowohl in die Rechtsordnung als auch in das Bewusstsein der Beteiligten –, wird sich die italienische Herangehensweise im Ergebnis als effektiver erweisen, wenn es um die nachhaltige und vor allem flächendeckende Eingliederung dieser alternativen Streitbeilegungsmethode geht.

Die durch die Gegenüberstellung der beiden Länder sichtbar gewordenen Divergenzen sind nicht zuletzt für den anstehenden Evaluierungsprozess unverzichtbar. Schließlich öffnen Vergleiche mit anderen Ländern und deren Herangehensweisen auch den Blick für denkbare Alternativen und Ansätze, die im eigenen Land vorher nicht gesehen oder bedacht wurden. Nur durch den Vergleich mit anderen Rechtsordnungen schärft sich der Blick für eigene Vorzüge, ermöglicht aber auch die Sicht auf eigene Unzulänglichkeiten. Wie der deutsch-italienische Vergleich zeigt, kann dabei insbesondere dann ein Erkenntnisgewinn geschaffen werden, wenn sich die Umsetzungen maximal konträr gegenüberstehen.

Dies wiederum setzt genau das voraus, was der europäische Gesetzgeber beim Erlass der Mediationsrichtlinie intendiert hat: Jeder Mitgliedstaat soll die Mediationsregularien an die länderspezifischen Eigenarten anpassen dürfen. Schließlich ist es für eine erfolgreiche Implementierung von größter Wichtigkeit, die Gegebenheiten des eigenen Landes zu berücksichtigen und das Mediationsmodell daran anzugleichen. Dabei resultieren gerade auch aus den unterschiedlichen Rechtskulturen der Länder und dem durchaus divergierenden Entwicklungsstand der Mediationsregularien die verschiedenen Vorschriften.[775]

Aus der Ausgestaltungsfreiheit resultiert dann aber auch, dass sich die Mediationsgesetze eines Landes naturgemäß nicht ohne weiteres auf ein anderes übertragen lassen.[776] Eine Vereinheitlichung der europäischen Mediationsgesetze wäre daher schon vor diesem Hintergrund kaum vorstellbar, sondern nur dann denkbar, würden sich die länderspezifischen Gegebenheiten der Rechtssysteme einander annähern. Bestehende Unterschiede sind aber nicht nur reizvoll, sondern ermöglichen auch den „Blick über den Tellerrand". Solange dabei das Wohl und insbesondere die Rechtssicherheit des „Mediationsverbrauchers" ausreichend berücksichtigt wird, sollte sich jedes Land seine landestypischen Eigenarten bewahren dürfen.

---

774 *Greger* in: Recht der alternativen Konfliktlösung, A. Einleitung Rn. 36 f.

775 *Steffek*, RabelsZ Bd. 74 (2010), S. 846.

776 So auch *Steffek*, RabelsZ Bd. 74 (2010), S. 846.

D. Die italienische Rechtskultur: Durch die Mediation im Wandel?

Am italienischen Beispiel wird deutlich, dass sich dieses Bewahren von Eigenheiten nicht zwangsläufig auch auf die eigene Rechtskultur beziehen sollte. Schließlich hängt die Frage, wie gut sich die Mediation in eine Rechtsordnung integrieren lässt und sich dort fortentwickeln kann, auch davon ab, wie die Rechtskultur des Landes ausgestaltet ist. Gelingt eine Eingliederung in die bisherige Landschaft der Streitbeilegungsmechanismen, geht damit auch eine Verbesserung der Streitkultur einher. Die Mediation sollte in diesem Kontext daher durchaus als „kulturbildende Maßnahme“[777] verstanden werden, und zwar im positivsten Sinne.

Welchen entscheidenden Faktor die italienische Rechtskultur bei der nachhaltigen Eingliederung der Mediation in die bestehende Rechtsordnung spielt, soll im folgenden Abschnitt untersucht werden.

I. Der Begriff der Rechtskultur

Richtig ist, dass Recht und Kultur seit jeher eng miteinander verknüpft sind,[778] auch wenn ihre Wesenszüge durchaus verschieden sind. So kann Kultur über ganz unterschiedliche Begriffsbestimmungen zugänglich gemacht werden, beispielsweise als „menschliche Eigentümlichkeit“, „Konstruktion des Denkenden“ oder auch als „Nationalkultur“.[779] Damit kann Kultur durchaus eine zeitgenössische Erscheinung sein, die dadurch auch einer gewissen Dynamik unterliegt. Aufgrund dieser Wandlungsfähigkeit, bedingt durch eine fehlende Bindung an strikte Regeln, ist Kultur in der Lage, sich von etwaig eingefahrenen Mustern loszusagen und sich eigenständig fort- und weiterzuentwickeln.

„Recht ist dabei nicht nur ein Teil der nationalen Kultur, sondern vielmehr der nationalen Identität“.[780] Im Gegensatz zur Kultur ist die Wandlungsfähigkeit des Rechts jedoch weniger ausgeprägt. Insbesondere bedingt durch seine Bindung an feste Vorgaben stellt sich die Wandlungs- und Anpassungsfähigkeit des Rechts als weitaus schwerfälliger dar. Oftmals beinhaltet dies auch das

777 Zitiert nach *Trossen*, Mediation (un)geregelt, S. 734.

778 Vgl. auch *Constantinesco*, Die rechtsvergleichende Wissenschaft, S. 515 ff.

779 Zitiert nach *Kriegel-Schmidt* in: Grundlagen und Methoden der Mediation, S. 128.

780 *Mankowski*, Rechtskultur, S. 512.

Phänomen, dass bisher bestehende Regularien in ihrer Tradition schlicht fortgeführt werden, ohne dem Wandel der Zeit und damit auch der Kultur Rechnung zu tragen.[781] Gleichwohl lässt sich das Recht als ein „Spiegel einer Gesellschaft und ihrer jeweiligen Kultur“[782] begreifen. Dabei dürfte der Auffassung beizupflichten sein, dass das Recht der Kultur folgt,[783] sich also an die kulturellen Eigenarten eines Landes anpasst und sich anhand deren Veränderungen (fort-) entwickelt, allerdings in einem anderen Tempo.

Nicht zuletzt aus diesen unterschiedlichen Tempi resultiert auch die Schwierigkeit, die beiden Begriffe Recht und Kultur in Einklang zu bringen und daraus eine einheitliche Definition der Rechtskultur abzuleiten. Zudem dürfte kaum eine andere juristische Begrifflichkeit so viele Umschreibungen aufweisen wie die Rechtskultur.[784] Klar ist aber, dass die Rechtskultur – wie auch die Kultur – verbunden ist mit Traditionen und Werten.[785] So steht die Rechtskultur für eine bestimmte Eigenart einer Rechtsordnung, es geht also um „Charakteristika, um Schlüsselfragen, um Ideologien und um Denkstile“.[786] Die Rechtskultur eines Landes sollte stets als das Resultat „moralischer, sozialer, kultureller und historischer Prägungen“ erachtet werden.[787] Aber auch Rechtsschutzkultur und Rechtsverfolgungs- beziehungsweise Rechtsdurchsetzungskultur, also die rechtsstaatlich verankerte Möglichkeit, seinen Anspruch erstreiten und im Anschluss vollstrecken zu dürfen, sind Bestandteile der Rechtskultur.[788]

Bei der Frage, wie das positive Recht eines Landes entsteht und gelebt wird, spielt die eigene Rechtskultur eine ganz maßgebliche Rolle. Je unterschiedlicher Kulturen sind, desto divergierender ist auch die Anwendung des Rechts und seine Auslegung im eigenen Land beziehungsweise Kulturkreis. Damit kann es nicht nur verschiedene Rechtskulturen geben;[789] daraus kann auch der Schluss gezogen werden, dass die Rechtskultur – wie auch die Kultur – einer gewissen Dynamik unterliegen kann und zwar in Abhängigkeit zu der ihr zugrundeliegenden Tradition.[790] Je festgefahrener diese Strukturen sind und je mehr an alten

---

781 Vgl. hierzu auch *Mankowski*, S. 7 f.
782 Zitiert nach *Mankowski*, Rechtskultur, S. 3.
783 *Constantinesco*, Die rechtsvergleichende Wissenschaft, S. 516.
784 Vgl. hierzu auch *Mankowski*, Rechtskultur, S. 1 ff.
785 *Mankowski*, Rechtskultur, S. 7.
786 *Mankowski*, Rechtskultur, S. 2.
787 *Mankowski*, Rechtskultur, S. 7 f.
788 *Mankowski*, Rechtskultur, S. 74 ff.
789 *Mankowski*, Rechtskultur, S. 2.
790 *Mankowski*, Rechtskultur, S. 150.

Traditionen festgehalten wird, desto größer ist allerdings auch die Gefahr einer Stagnation, mit dem Ergebnis, dass zeitgenössische Modernsierungen keinen Einzug in das Bewusstsein der Bevölkerung halten können.

Rechtskulturen können hingegen auch unterschiedlich wandlungsfähig sein. Diese Flexibilität hängt insbesondere davon ab, wie offen sich eine Rechtskultur gegenüber Neuerungen und Veränderungen zeigt, wie sehr sie also bestehenden Traditionen verhaftet und mit ihnen verbunden ist. Dies wiederum geht mit den die eigene Rechtskultur prägenden Menschen einher. Je einfacher sich diese von ihren alten Werten lossagen können und je offener sie für neue und moderne Herangehensweisen sind, desto liberaler und damit wandlungsfähiger zeigt sich auch die eigene Rechtskultur.

Je nach ihrer Ausprägung kann sich die Rechtskultur damit in einem gewissen Spannungsverhältnis zwischen bisherigen Traditionen und der Fähigkeit, sich neuen kulturellen Gegebenheiten anpassen zu können, befinden.

II. Mediation und italienische Rechtskultur

Dieses Spannungsverhältnis kann sich dadurch auch in dem Zusammenspiel von Mediation und Rechtskultur widerspiegeln; das italienische Beispiel zeigt dies recht deutlich. Schließlich sind insbesondere kulturelle Hintergründe maßgeblich dafür, wie einfach oder schwer sich die Etablierung und Förderung einer alternativen Streitbeilegungsmethode gestaltet, was nicht zuletzt für die Entwicklung der Konfliktkultur von maßgeblicher Bedeutung ist.[791] Naturgemäß erlangt die Mediation insbesondere dort Aufmerksamkeit, wo das Erreichen einer gerichtlichen Entscheidung mit Mühe und langer Wartezeit verbunden ist.[792] Das langfristige Ziel einer Mediation dürfte daher insbesondere in der Veränderung der Streit- und damit auch der Rechtskultur zu sehen sein.[793]

Die Berücksichtigung des kulturellen Faktors sollte aus diesem Grund bei der Suche nach der bestmöglichen Eingliederung in das vorhandene Rechtssystem ein lohnenswerter Ansatz sein.[794] Dabei ist „Kultur“ auch als ein Werkzeug zu verstehen, übliche Erscheinungen, Strukturen sowie bestimmte Muster – auch und insbesondere menschlichen Verhaltens – zu erkennen und zu nutzen,[795]

---

791 *Steffek* in: Recht der alternativen Konfliktlösung, A. Einleitung Rn. 15.

792 Siehe hierzu auch *Mankowski*, Rechtskultur, S. 423.

793 *Meyer/Boness* in: Mediation und Konfliktkultur, S. 37 f.

794 *Kriegel-Schmidt* in: Grundlagen und Methoden der Mediation, S. 126.

795 *Kriegel-Schmidt* in: Grundlagen und Methoden der Mediation, S. 127.

und es ermöglicht, die Tür zu einer breit aufgestellten Streitbeilegungslandschaft nebst Mediation als gleichberechtigte Alternative zu öffnen.

In Italien bedingen sowohl kulturelle als auch historische Gründe die immer wieder durchschlagende Neigung zum ordentlichen Gerichtsverfahren und die damit verbundene eher ablehnende Haltung gegenüber Verfahren der alternativen Streitbeilegung.[796] Dabei lässt sich der Wunsch, die eigene Rechtsposition auf Grundlage einer gerichtlichen Entscheidung durchzusetzen, nicht nur bis ins Römische Recht zurückverfolgen, sondern sich auch noch in den heutigen Ansichten wiederfinden.[797] Traditionell nehmen die Justiz und der mit ihr verbundene Richterspruch eine zentrale Rolle ein, die in erster Linie dazu dient, die eigenen Rechtspositionen mittels Rechtskraft durchzusetzen.[798] Es besteht daher seit jeher eine Anspruchsmentalität, die geprägt ist von einem „Denken in Ansprüchen, Forderungen und Positionen".[799]

Der in Artikel 24 der italienischen Verfassung geregelte Justizgewährungsanspruch, wonach jeder Bürger die Möglichkeit hat, seine eigenen Rechte und berechtigten Interessen auf gerichtlichem Wege geltend zu machen, wurde daher stets als ein Recht auf Zugang zu einem Richter und einer gerichtlichen Entscheidung gewertet.[800] Eine derartige Neigung, die sich über einen solch langen Zeitraum stets durchzusetzen wusste, hat natürlich auch Auswirkungen auf die Rechtskultur des eigenen Landes,[801] über deren Ausgestaltung letztlich auch die Anzahl anhängiger Klageverfahren Aufschluss geben kann.[802]

Was bei solch einem Vorgehen aber zumeist übersehen wird, ist der Umstand, dass die eigentlichen – womöglich viel umfassenderen – Interessen der Parteien nicht befriedigt werden können, da die Parteien im Rechtsstreit an ihren im Verfahren gestellten Antrag gebunden sind, der darauf gerichtet ist, die jeweilige Rechtsposition durchzusetzen.[803] Schließlich geht es in den Gerichtsverfahren zuvorderst nicht um eine ganzheitliche Lösung, sondern um die Klärung der einzelnen Rechtspositionen und Ansprüche, die konkret in Streit stehen.[804] Der

---

796 *Silvestri* in: Civil Litigation in China and Europe, S. 249.

797 *Depping/Platter* in: Jahrbuch für italienisches Recht, Band 24, 2012, S. 91.

798 *Caponi* in: Wege der Rechtskultur in Europa, S. 50.

799 Vgl. hierzu *Haft* in: Wege zur Globalisierung des Rechts. S. 259; zur Situation Italiens vgl. auch *Marinari* in: EU Mediation, S. 188.

800 *De Luca* in: New Developments in Civil and Commercial Mediation, S. 346.

801 *Mankowski*, Rechtskultur, S. 306.

802 *Mankowski*, Rechtskultur, S. 307.

803 *Haft* in: Wege zur Globalisierung des Rechts, S. 261.

804 *Bäumerich*, Güterichter und Mediatoren im Wettbewerb, S. 35 f.

eigentliche Konflikt bleibt daher im klassischen kontradiktorischen Verfahren oftmals hinter der jeweils behaupteten Rechtsposition verborgen.

Die kulturelle Prägung, Streitigkeiten in erster Linie gerichtlich klären zu lassen, spiegelt sich auch in Zahlen wider: So lag beispielsweise im Jahre 2009, also ein Jahr vor Einführung des italienischen Mediationsgesetzes, der italienische Index der Streitgeneigtheit[805], gemessen an den Verfahren erster Instanz, im Norden bei 13%, im Zentrum bei 20% und im Süden Italiens bei 40%;[806] wobei nach Jahren einer konstanten Steigerung ein leichter Rückgang zu verzeichnen ist.[807] Entsprechend schwierig musste sich auch die aktuelle Implementierung der Mediation gestalten, da es sich im Bewusstsein geradezu verfestigt zu haben schien, dass es nur durch das Erstreiten eines Urteils möglich sei, die eigenen Rechte zu wahren.[808] Nicht umsonst wurde in Italien mit dem Begriff „*Mediazione*" noch bis vor einigen Jahren lediglich die Maklertätigkeit in Verbindung gebracht anstatt eine Form der alternativen Streitbeilegung.[809]

Aufgrund dieser Prägung der italienischen Rechtskultur, bei der sich das Denken in Ansprüchen gegenüber dem Schlichtungsgedanken stets durchzusetzen wusste, konnten die Verfahren der alternativen Streitbeilegung zunächst keinen großen Zuspruch erwarten. Hinzu kommt, dass die italienische Rechtskultur nur zögerlich von den Gerichten Abstand nehmen will und damit Chancen zur Vermeidung von Gerichtsverfahren erheblich behindert.[810] Die Erkenntnis, dass die Mediation zu einer Verbesserung der eigenen Streitkultur führt, setzt Geduld aller Beteiligten voraus.

Zwar hat es im Laufe der Zeit auch immer wieder Phasen gegeben, in denen Schlichtungsansätze in Italien weiter in den Vordergrund getreten sind. Grund hierfür dürfte der Konsensgedanke sein, dessen Spuren sich ebenfalls bis ins Römische Recht zurückverfolgen lassen. Darauf werden auch die vielen Vorläufer der Mediation zu stützen sein. Trotz dieser Entwicklung und des

---

805 Der Index stellt das Verhältnis zwischen der Anzahl der jährlich vor dem Giudice di Pace und den ordentlichen Gerichten geführten Zivilverfahren erster Instanz und der durchschnittlichen Bevölkerung dar.

806 Siehe hierzu auch *Mankowski*, Rechtskultur, S. 342.

807 *Vaccà* in: La mediazione delle controversie, S. 3; im Original: „*Il dato culturale inerente la propensione al litigio da parte degli individui presenta non poco interesse: l'indice di litigiosità nel nostro Paese è infatti oggi assestato sul 13% al nord, il 20% al centro, ed il 40% al sud, con una leggera flessione dopo il costante incremento degli ultimi anni.*"

808 Siehe auch *Caponi* in: Wege der Rechtskultur in Europa, S. 49.

809 *De Luca* in: New Developments in Civil and Commercial Mediation, S. 347.

810 *De Palo/Oleson* in: Regulating Dispute Resolution, S. 248.

Umstandes, dass der italienische Gesetzgeber in den Jahren vor Einführung des Mediationsgesetzes mehr gesetzliche Vorgaben zur Mediation getroffen hat als jedes andere Land der Europäischen Union,[811] konnte sich dieses Verfahren bis zur Umsetzung der Mediationsrichtlinie nicht auf dem italienischen Markt für Streitbeilegung etablieren. Zunehmend wurde so das Interesse des italienischen Gesetzgebers gesteigert, bei seinen fortlaufenden Maßnahmen Quantität über Qualität zu stellen.[812] Zudem hat es Schlichtungsansätze bisher nur in Teilbereichen gegeben, ohne aber eine flächendeckende Lösung anzustreben und durchzusetzen. Diesen Lösungsweg hat der italienische Gesetzgeber erstmalig mit der Etablierung des italienischen Mediationsgesetzes eingeschlagen.

Mit dieser flächendeckenden Einführung der Mediation in die italienische Rechtsordnung, die mit der beschriebenen Anspruchsmentalität nicht in Einklang zu bringen war, zeigte sich eine Skepsis aller Beteiligten, die allerdings in beide Richtungen ging: Einerseits auf Seiten der Rechtsuchenden, die sowohl der neuen Gesetzgebung als auch den Fähigkeiten der Mediatoren misstrauisch gegenüberstanden, andererseits auf Seiten der Organe der Rechtspflege selbst. So hatten die Rechtsanwälte vor der Novellierung des italienischen Mediationsgesetzes lediglich die Aufgabe, ihre Mandanten über die Notwendigkeit der Durchführung eines Mediationsverfahrens zu informieren.[813] Auf diese Weise wurde die Angst geschürt, den Arbeitsplatz verlieren zu können, sofern die Mediation zur standardmäßigen Konfliktbeilegungsmethode „mutieren" würde.[814] Indem der italienische Gesetzgeber bei seiner jüngsten Novellierung dann dem Ruf der Anwaltschaft nachkam und deren Anwesenheit im Falle des obligatorischen Mediationsversuches zwingend vorschrieb, vollzog er den durchaus wichtigen Schritt, die Organe der Rechtspflege in das Verfahren einzubeziehen. Auch die anfänglich zu erkennende Einstellung der Richter, nicht mit genügend Nachdruck und Energie auf die Mediation hinzuweisen, war nicht verwunderlich.[815] Fest steht, dass die seit 1942 bestehende Zivilprozessordnung Italiens, bei der Schlichtungen beziehungsweise alternative Konfliktlösungsmethoden im

811 *De Palo*, Cross-Border Commercial Mediation: How legislation affects mediation use, abrufbar unter: www.europarl.europa.eu/comparl/juri/hearings/20071004/depalo5_en.pdf (zuletzt abgerufen am 10. Juni 2016).

812 *De Palo/Oleson* in: Regulating Dispute Resolution, S. 247.

813 *De Palo/Oleson* in: Regulating Dispute Resolution, S. 248.

814 *De Palo/Oleson* in: Regulating Dispute Resolution, S. 248.

815 *De Palo/Oleson* in: Regulating Dispute Resolution, S. 248.

Vergleich zu ihren Vorläufern einen weitaus geringeren Stellenwert einnehmen, durchaus auch die Rechtskultur im Land geprägt hat.[816]

III. Ergebnis

Veränderung bedeutet oft Konflikt, Konflikt bedeutet Chance.[817] Veränderung bedeutet also auch Chance. Und genau als solche sollte die Mediation, die durch das italienische Mediationsgesetz flächendeckend Einzug in die Rechtsordnung erhalten hat, auch verstanden werden. Nur dann wird die Mediation auch in Italien in der Lage sein, die eigene Rechtskultur zu verändern und damit auch zu einer Bereicherung der Streitkultur beizutragen.[818]

In Italien bestand lange Zeit keine Notwendigkeit, von alten Werten und Traditionen abzurücken und den Blick für Neuerungen zu öffnen. Trotz der zahlreichen Vorläufer der Mediation gab die vorherrschende Anspruchsmentalität alternativen Lösungsansätzen kaum Raum. Es scheint so, als basierte diese anfängliche Abgeneigtheit auf einer Vielzahl von Faktoren.[819] Im Ergebnis ist der historisch bedingte Beliebtheitsmangel wohl nicht nur kulturell, sondern auch politisch bedingt. Dies konnte durch den zeitlich begrenzten Erfolg der ursprünglichen Fassung des italienischen Mediationsgesetzes genauso dokumentiert werden wie durch den gescheiterten Versuch zwischen der Entscheidung des italienischen Verfassungsgerichts und der Novellierung des Mediationsgesetzes, den Bürger auch ohne Zwang in Richtung Mediation zu bewegen. Vielmehr haben die Rechtsuchenden bewiesen, dass sie es bisher vorgezogen haben, ihre Streitigkeiten ohne Rücksicht auf Zweckdienlichkeit vor Gericht zu lösen.[820]

Bei einer so ausgeprägt positiven Einstellung gegenüber Gerichtsverfahren wird es notwendig sein, nicht nur Mediationsleistungen zu fördern, sondern auch eine Änderung der Auswahlstruktur[821] und der Präferenzen zu erreichen, unter denen die streitenden Parteien das Gerichtsverfahren derzeit als die Standardoption sehen und den alternativen Streitbeilegungsmethoden mit Skepsis

---

816 Siehe auch *Caponi* in: Wege der Rechtskultur Europas, S. 50.

817 Siehe hierzu auch *Berning* in: Mediation und Konfliktkultur, S. 6 ff.

818 *Fischer* in: Recht und soziale Gerechtigkeit, S. 70.

819 *De Palo/Oleson* in: Regulating Dispute Resolution, S. 248.

820 *De Palo/Oleson* in: Regulating Dispute Resolution, S. 248.

821 Watkins, *A nudge to mediate: How adjustments in choice architecture can lead to better dispute resolution decisions,* in: *American Journal of Mediation,* (2010) 4, abrufbar unter: http://www.americanjournalofmediation.com/docs/A%20Nudge%20to%20Mediate.pdf (zuletzt abgerufen am 10. Juni 2016).

begegnen.[822] Schließlich bricht der Mediator nach altem Verständnis durch seine Rolle des allparteilichen Dritten mit der bisherigen Tradition, wonach eine zwischen Parteien bestehende Streitigkeit nur mit Hilfe einer gerichtlichen Entscheidung beigelegt werden kann.[823]

Mit dem Erlass des Mediationsgesetzes hat der italienische Gesetzgeber einen ersten wichtigen Beitrag dafür geleistet, dies zu ändern. Allerdings ist ein einfacher Gesetzgebungsakt für einen nachhaltigen Wandel allein nicht ausreichend, sondern kann nur Anstoß zum Umdenken geben. Grundvoraussetzung ist vielmehr, dass die Rechtskultur selbst ihre Wandlungsfähigkeit unter Beweis stellt. Ohne diese wird sich das Streitbeilegungsinstrument der Mediation weder im Bewusstsein der Bevölkerung noch nachhaltig in die Rechtsordnung etablieren lassen. Nur wenn es gelingt, alle Beteiligten – angefangen bei potentiellen Mediationssuchenden über die Anbieter der Mediationsstellen und Mediatoren bis hin zu den Angehörigen des Justizsystems – von der Mediation zu überzeugen, wird dies zu einer Veränderung der Rechtskultur führen können.

Anstoß zum Umdenken könnte insbesondere eine weitergehende Interpretation des Justizgewährungsanspruches nach Art. 24 der italienischen Verfassung geben, nach dem der Staat dazu verpflichtet ist, die Rechte des Einzelnen mittels Zugang zu den Gerichten in Form eines Klageanspruchs zu schützen. Möglich wird dies, wenn man das dem Art. 24 zugrunde gelegte Ziel betrachtet: So bestand die Intention des Gesetzgebers im Jahr 1948, dem Jahr des Inkrafttretens der italienischen Verfassung, sicherlich in erster Linie nicht darin, nur ein einziges Schutzwerkzeug beziehungsweise dessen alleinige Inanspruchnahme zu fördern. Vielmehr dürfte es ihm darum gegangen sein, den Schutz des einzelnen Bürgers und die tatsächliche Befriedigung der widerstreitenden Interessen zu gewährleisten.[824]

Eine zeitgenössischere, an die aktuellen Umstände angepasste Auslegung des Art. 24 der italienischen Verfassung, bei dem also in erster Linie der Schutz der

---

822 *De Palo/Oleson* in: Regulating Dispute Resolution, S. 248.

823 *Haft* in: Wege zur Globalisierung des Rechts, S. 268.

824 *Santi* in: La mediazione per la composizione delle controversie civili e commerciali, S. 38; im Original: „*I principi contenuti nella Costituzione, invero, esprimono, sulla carta, un impegno, da parte dello Stato, affinché questo garantisca una tutela effettiva dei diritti dei singoli attraverso l'esercizio dell'azione giudiziaria. L'obiettivo che si poneva il legislatore costituente, nel lontano 1948, non era da intendersi soltanto limitato alla predisposizione di un qualche strumento di tutela dei diritti del cittadino, ma era quello di garantire che alle singole situazioni ed ai diritti protetti corrispondessero adeguate forme di tutela, tali da assicurare la reale soddisfazione degli interessi sottesi a quelle situazioni.*“

Interessen des Einzelnen im Fokus steht, würde dazu führen, dass es weniger um den Weg geht, wie dieser Schutz erreicht werden kann, als vielmehr um die Beilegung der Streitigkeit an sich, und zwar staatlich garantiert. Diese Garantie bietet das italienische Mediationsgesetz. Schließlich kann die italienische Justiz dem Einzelnen aufgrund der überlasteten Gerichte und den damit einhergehenden langen Prozessdauern derzeit kein schnelles Verfahren und damit auch keinen umfassenden Schutz seiner jeweiligen Interessen garantieren. Es ist dann nur folgerichtig, den Bürgern eine Alternative zu bieten, vorliegend durch die flächendeckende Einführung einer für jedermann zugänglichen Konfliktbeilegungsmethode, der Mediation.

Unterstützt wird der Wandlungsprozess im Übrigen durch die Überlastung und die damit verbundene Ineffizienz der italienischen Gerichte. Schließlich kann auch ein „ineffektives Gerichtswesen die Rechtskultur prägen".[825] Bei der Definition dieser Ineffizienz spielen die Faktoren Zeit und Kosten eine maßgebliche Rolle.[826]

Schließlich wird auch der Aspekt der Freiwilligkeit des Mediationsverfahrens eine maßgebliche Rolle beim Wandel der Rechtskultur spielen. Zugegebenermaßen hat das Mediationsgesetz – insbesondere durch die Mediation als obligatorische Prozessvoraussetzung – einen Wandel unter Zwang angestoßen. Für einen tatsächlichen und nachhaltigen Prozess wird es aber immer mehr erforderlich werden, dass sich der Wandel auf freiwilliger Basis abspielt und dann auch nicht mehr als Bürde, sondern als Chance begriffen wird, die eigene Landschaft der Streitbeilegungsmechanismen und damit auch die eigene Streitkultur zu verbessern.

Nur eine ausgeglichene Streitkultur wird in der Lage sein, das Instrument der Mediation als gleichgestellte Alternative zu Gerichtsverfahren in die italienische Rechtsordnung einzubetten. Hierfür wird es erforderlich sein, dass sich Italien zunehmend von seiner traditionellen Streitkultur lossagt, die vornehmlich von einer gerichtlichen Durchsetzung des eigenen Anspruchs geprägt ist, und die hinter den Rechtspositionen liegenden Interessen der Parteien stärker in den Fokus nehmen. Hauptschlüssel für die effektive Eingliederung italienischer Mediationsgesetzgebung wird es sein, die italienische Rechtskultur dahingehend zu modernisieren, dass die gerichtliche Durchsetzung nicht mehr als das Nonplusultra angesehen wird, und den beteiligten Parteien aufzuzeigen, dass auch die Mediation nicht der neue Standard sein soll, sondern nur eine weitere Option.[827]

825 *Mankowski*, Rechtskultur, S. 342.

826 So z. B. auch *Mankowski*, Rechtskultur, S. 342.

827 *De Palo/Oleson* in: Regulating Dispute Resolution, S. 248.

Anders als in Deutschland wird der Gesetzgebungsakt in Italien bereits eine Anregung dazu gegeben haben, die eigene Streitkultur zu wandeln. Auch wenn es sich um eine durchaus strikte Umsetzung der Mediationsrichtlinie handelt, ist das italienische Mediationsgesetz dennoch in der Lage, den Blick für eine weitere Alternative auf dem Markt der Streitbeilegung zu öffnen. Denn ohne die Wahl des nach wie vor vorherrschenden obligatorischen Ansatzes hätte es in Italien eines weitaus längeren Zeitraums bedurft, um dieses Instrument der Streitbeilegung als Alternative aufzuzeigen und den Beteiligten zugänglich zu machen, wenn überhaupt. Eine rein fakultativ ausgestaltete Umsetzung der Mediationsrichtlinie hätte jedenfalls nicht zum gesetzgeberisch intendierten Erfolg der Entlastung der Justiz geführt.

Zudem sollte doch gerade die vorgeschriebene kurze Dauer des Mediationsverfahrens von drei Monaten zumindest ihren Teil dazu beitragen, dass die von der langen Prozessdauer ordentlicher Gerichtsverfahren zermürbten Parteien sich dem Mediationsverfahren öffnen. Denn unabhängig von den dargestellten traditionellen Aspekten wird sich jede Partei die Frage stellen, welcher Nutzen eigentlich hinter der Anstrengung eines Zivilprozesses steht. Hinzu kommt der Umstand, dass die heutige Rechtsprechung in erster Linie ein Dienstleistungsangebot für den Bürger darstellen sollte, seine Streitfälle nach rechtlichen Maßstäben beizulegen. Daraus wiederum folgt, dass das gewählte Instrument der Streitbeilegung nicht zwingend den staatlichen Einrichtungen vorbehalten sein muss, sondern ebenso auch von nichtstaatlicher Hand ausgeführt werden kann.[828] Schließlich könnte unter den Begriff des Dienstleisters dann auch der Mediator subsumiert werden.[829] Dies geht auch mit der oben beschriebenen weiten Auslegung des Justizgewährungsanspruches einher. Könnte sich der Bürger dieser Überlegung öffnen, kann dies zu einem Wandel der italienischen Rechtskultur führen und dadurch auch die Weiterentwicklung der italienischen Streitkultur begünstigen. Schließlich stellt die Mediation – sofern sie als Alternative angenommen wird und eine echte ADR-Kultur[830] geschaffen werden könnte – nicht nur in den Fällen, in denen Recht und Gerechtigkeit auseinanderklaffen,[831] einen Gewinn für die italienische Streitkultur dar.

Darüber hinaus gehende Interpretationsansätze, wonach das italienische Mediationsgesetz auch Veranlassung für einen Wandel von einer Streit- in eine

828 *Caponi* in: Wege der Rechtskultur in Europa, S. 51.

829 *Haft* in: Wege zur Globalisierung des Rechts, S. 266.

830 Zitiert nach *Silvestri* in: Civil Litigation in China and Europe, S. 251.

831 Vgl. zu Recht und Gerechtigkeit auch *Trenczek* in: Mediation und Konfliktmanagement, S. 440 ff.

Konsens- beziehungsweise „Friedenskultur“[832] geben soll, sollten allerdings vermieden werden. Eine derartige Entwicklung dürfte wenig wünschenswert sein. So umfasst die Streitkultur, die keine örtliche, sachliche oder personelle Bindung erfährt, sondern sich in jedem vorstellbaren Rahmen abspielen kann, schließlich alle Formen der verbalen Auseinandersetzung zwischen den Parteien, und damit auch die Mediation. Zudem baut auch die Mediation auf einer zwischen zwei Parteien bestehenden Streitigkeit auf, die damit die Grundvoraussetzung für die Lösung des Konflikts bildet. Dies gilt natürlich nicht nur für die Mediation, sondern auch für alle anderen Methoden der Streitbeilegung, seien sie gerichtlich oder außergerichtlicher Natur.

Wird diesen Auseinandersetzungen die Grundlage entzogen, führt dies zwangsläufig dazu, dass jedwede Streitbeilegungsmethode ihren Sinn und ihre Daseinsberechtigung verliert. Ist dies ein erstrebenswerter Gedanke? Wohl nicht. Dies resultiert nicht zuletzt aus dem Umstand, dass es überaus wichtig ist, nicht nur eine Streitkultur zu besitzen, sondern diese auch zu nutzen und auszuschöpfen. Ohne eine vernünftige Streitkultur wäre ein Mit- und Nebeneinander in der heutigen Gesellschaft weder vorstellbar noch wünschenswert. Streit bereinigt und klärt die Fronten. Im Ergebnis ist daher ein angemessener Umgang mit Auseinandersetzungen erstrebenswerter und auch wichtiger als Bemühungen, die nur darauf abzielen, um jeden Preis eine irgendwie geartete Einigung zu erzielen.[833] Ziel ist es also, die Streitkultur inhaltlich zu verbessern, und zwar ohne den Streit abzuschaffen, sondern im Sinne einer Stärkung des eigenen Streitverhaltens.[834]

Es sollte nicht vergessen werden, dass auch der europäische Gesetzgeber Mediation und Gerichtsverfahren als gleichgestellte Alternativen und die Mediation nicht als das einzig wahre Mittel der Streitbeilegung verstanden wissen will. Ein Übergang von der Streit- in eine Konsenskultur war im Übrigen auch nicht die Intention des italienischen Gesetzgebers. Zumindest gibt es hierfür keinerlei Anhaltspunkte. Dafür ist – nicht nur – die italienische Rechtsordnung zu sehr geprägt von traditionellen Werten, die ihren Niederschlag insbesondere in der dargestellten Anspruchsmentalität finden.

---

832 Zitiert nach *Trossen*, Mediation (un)geregelt, S. 734.

833 *Schüßler* in: Grundlagen und Methoden der Mediation, S. 72.

834 Vgl. auch *Trossen*, Mediation (un)geregelt), S. 733.

E. Abschließende Würdigung

„Mediation, Recht und Justiz – nur Gegeneinander, vielleicht Nebeneinander oder sogar legitimes Miteinander?“[835] An dieser Fragestellung lassen sich besonders deutlich der notwendige Implementierungsprozess der Mediation als eine echte Alternative zur gerichtlichen Streitbeilegung sowie die diesbezügliche Intention des europäischen Gesetzgebers aufzeigen.

I. Mediation und Recht

Mögen sich Mediation und (Prozess-)Recht anfänglich noch gegenübergestanden haben, ist es dem italienischen Gesetzgeber durch seine Umsetzung der Mediationsrichtlinie jedenfalls gelungen, den Weg zu einem Nebeneinander zu öffnen und damit zu den Wurzeln des Römischen Rechts zurückzukehren. Nicht zuletzt durch ihren gemeinsamen Nenner „Kultur“ erfahren Recht und Mediation eine gewisse Verbindung zueinander, die den Weg frei machen sollte, um beide Elemente aneinander anzunähern und im Ergebnis auch aneinander zu koppeln. Erst durch eine enge Verquickung wird es möglich sein, die Mediation derart zu integrieren, wie es der europäische Gesetzgeber beim Erlass der Mediationsrichtlinie intendierte. Für ein vollends gleichgestelltes Miteinander von Mediation und Gerichtsverfahren fehlt es in Italien derzeit allerdings noch an der der Mediation innewohnenden Freiwilligkeit. Momentan spiegeln sich bei der Durchführung der Mediation noch zu sehr die vom italienischen Gesetzgeber an die Hand gegebenen Vorgaben wider, das eigene Justizsystem mit allen zur Verfügung stehenden Mitteln zu entlasten.

Da die überfüllten Gerichtssäle ein Indiz dafür sind, dass die streitenden Parteien in den meisten Fällen eine Lösung vor den staatlichen Richtern suchen, wird es notwendig sein, dass alle Beteiligten weg von dieser Anspruchsmentalität und hin zu einem Denken geführt werden, das über die durch das Prozessrecht und das Gerichtsverfahren gebotenen Möglichkeiten hinausgeht. Dass dies auch in Italien grundsätzlich möglich ist, zeigen die Vorläufer der Mediation, die sich – ebenfalls wie die Anspruchsmentalität – bis ins Römische Recht zurückverfolgen lassen, sich allerdings aufgrund der Durchschlagskraft des Denkens in Ansprüchen und der zersplitterten Eingliederung in die Rechtsordnung nicht

835 Zitiert nach *Probst,* in: Festschrift für Dieter Reuter, S. 1310.

durchsetzen ließen. Eine flächendeckende Lösung erfolgte erst mit der Umsetzung der Mediationsrichtlinie.

Sicherlich sollte dadurch der Zugang zur alternativen Streitbeilegung erleichtert und die gütliche Beilegung von Streitigkeiten gefördert werden, indem zur Nutzung der Mediation angehalten und für ein ausgewogenes Verhältnis zwischen Mediation und Gerichtsverfahren gesorgt wird.[836] Ob der europäische Gesetzgeber mit der Bezeichnung der Erleichterung und Förderung allerdings die zwingende Durchsetzung der Mediation zwecks Verbesserung des eigenen Justizsystems intendierte oder zumindest umfasste, ist fraglich, auch wenn Italien durchaus eine Vorreiterposition bei der Anzahl der Verfahren im aktuellen europäischen Vergleich innehat.[837]

Zur Beantwortung dieser Frage sollte insbesondere auf Art. 288 AEUV sowie den dahinter stehenden Sinn und Zweck zurückgegriffen werden. Hiernach ist die Richtlinie für jeden Mitgliedstaat, an den sie gerichtet wird, hinsichtlich des zu erreichenden Ziels verbindlich, jedoch ist den innerstaatlichen Stellen die Wahl der Form und der Mittel überlassen. Richtlinien wenden sich also an die „Regierungen und Parlamente der einzelnen Mitgliedstaaten und damit nicht an Behörden, Gerichte oder sogar den Bürger selbst“.[838] Es ist daher davon auszugehen, dass der europäische Gesetzgeber beim Erlass der Mediationsrichtlinie und seiner bewusst weit gefassten Auslegungsgestaltung durchaus diverse Szenarien der Umsetzung im Blick hatte und sich dennoch für die gewählte Ausgestaltung der Richtlinie entschied. Damit hat er zumindest billigend in Kauf genommen, dass die Mitgliedstaaten – und zwar insbesondere solche mit überfüllten Gerichtssälen – die Umsetzung der Mediationsrichtlinie dazu nutzen werden, das eigene Justizsystem zu verbessern. Von einer Kompetenzüberschreitung des europäischen Gesetzgebers ist jedenfalls nicht auszugehen, da sich in der Ausgestaltung der Mediationsrichtlinie letztlich das widerspiegelt, was Ziel einer Richtlinie ist: Zum einen wird ein gewisser Grad an Rechtsvereinheitlichung im Sinne gleicher Grundsätze erreicht, zum anderen die Unabhängigkeit und Freiheit der einzelnen Staaten gewährleistet.[839] Letzteres dient dabei insbesondere der Berücksichtigung länderspezifischer Eigenarten des jeweiligen Landes und

836 Art. 1 Mediationsrichtlinie.

837 Vgl. „Rebooting the Mediation Directive“, abrufbar unter http://www.europarl.europa.eu/RegData/etudes/etudes/join/2014/493042/IPOL-JURI_ET%282014%29493042_EN.pdf (zuletzt abgerufen am 10. Juni 2016).

838 *Haltern*, Europarecht, S. 284; *Bumke* in: Europawissenschaft, S. 675.

839 *Haltern*, Europarecht, S. 284.

schafft die nötigen Freiräume, die jeder Mitgliedstaat benötigt, um die europäischen Vorgaben den eigenen Gegebenheiten anpassen zu können.[840]

Hätte der europäische Gesetzgeber eine Umsetzung, wie Italien sie gewählt hat, nicht intendiert oder sie zumindest nicht für richtlinienkonform gehalten, hätte es im Übrigen zahlreiche Anlässe für die Platzierung negativer Kritik gegeben: So hat beispielsweise das Europäische Parlament in seiner „Entschließung vom 13. September 2011 zu der Umsetzung der Richtlinie über Mediation in den Mitgliedstaaten, ihren Einfluss auf die Mediation und ihre Inanspruchnahme durch die Gerichte“[841] explizit das italienische Modell sowie das intendierte Ziel der Entlastung des italienischen Justizsystems aufgegriffen. Hinweise, die darauf schließen ließen, dass die italienische Umsetzung der Mediationsrichtlinie der europäischen Intention entgegen steht, enthalten die Ausführungen indes nicht. Bestätigt wird diese Auffassung beispielsweise auch im Urteil Alassini des Europäischen Gerichtshofes vom 18. März 2010 in den verbundenen Rechtssachen C-17/08, C-318/08, C-319/08 und C-320/08. Hierin heißt es:

> *„Die Grundsätze der Äquivalenz und der Effektivität sowie der Grundsatz des effektiven gerichtlichen Rechtsschutzes stehen einer nationalen Regelung, die für solche Streitfälle die vorherige Durchführung eines außergerichtlichen Streitbeilegungsverfahrens vorschreibt, gleichfalls nicht entgegen, wenn dieses Verfahren nicht zu einer die Parteien bindenden Entscheidung führt, keine wesentliche Verzögerung für die Erhebung einer Klage bewirkt, die Verjährung der betroffenen Ansprüche hemmt und für die Parteien keine oder nur geringe Kosten mit sich bringt, vorausgesetzt jedoch, dass die elektronische Kommunikation nicht das einzige Mittel des Zugangs zu diesem Streitbeilegungsverfahren bildet und dass Maßnahmen des vorläufigen Rechtsschutzes in Ausnahmefällen möglich sind, in denen die Dringlichkeit der Lage dies verlangt.“*[842]

Im Ergebnis also wird es allein darauf ankommen, ob das Mediationsgesetz den Justizgewährungsanspruch im Ergebnis noch gewährleisten kann oder nicht. Ist dies der Fall, wird sich auch nach Auffassung des europäischen Gesetzgebers jede Umsetzung der Mediationsrichtlinie im Rahmen der den Mitgliedstaaten übertragenen Kompetenzen bewegen. Von einer richtlinienkonformen Auslegung dürfte damit auch das italienische Mediationsmodell nebst obligatorischem Ansatz umfasst sein, sodass auch seitens des italienischen Gesetzgebers nicht

---

840 *Haltern*, Europarecht, S. 284; *Mayer* in: Europawissenschaft, S. 450.

841 Siehe B. II. 6 lit. a).

842 Abrufbar unter http://curia.europa.eu/juris/document/document.jsf?text=&docid=79647&pageIndex=0&doclang=DE&mode=req&dir=&occ=first&part=1 (zuletzt abgerufen am 15.4.2018).

von einer Verletzung des Justizgewährungsanspruches auszugehen ist.[843] Auch wenn es in der Tat nicht nur um eine Förderung einer alternativen Streitbeilegungsmethode an sich geht, sondern das italienische Mediationsgesetz in erster Linie genutzt wurde und wird, für eine Entlastung der überfüllten Gerichtsäle zu sorgen, bleibt es dem Bürger dennoch unbenommen, seinen Anspruch in Wege eines gerichtlichen Verfahrens geltend zu machen.

Dennoch mutet die Bezeichnung der *alternativen* Streitbeilegung im Beispiel Italien eher irreführend an, da von einer *echten* gleichgestellten Option nicht die Rede sein kann. Schließlich ist die italienische Umsetzung der Mediationsrichtlinie bisher keine Alternative zur ordentlichen Gerichtsbarkeit, sondern bildet eher selbst eine alternative Gerichtsbarkeit.[844] Das Wesen und die daraus resultierenden Vorteile der Mediation drohen durch den zwingenden Charakter der italienischen Umsetzung aus dem Fokus zu geraten, wodurch das rechte Maß zwischen Privatautonomie und staatlichem Zwang verfehlt wurde. Die Mediation in Italien läuft Gefahr, zu einem reinen Mittel zum Zweck zu verkümmern und damit nicht mehr das Kriterium einer gleichgestellten Alternative erfüllen zu können.

Für den vorherrschenden Entlastungswillen spricht auch die Anzahl der von der obligatorischen Mediation betroffenen Rechtsgebiete. Der italienische Gesetzgeber schuf der Justiz so die Möglichkeit, möglichst viele Verfahren schon vorprozessual zu beseitigen und auf diese Weise den direkten Weg zum ordentlichen Gerichtsverfahren zu erschweren. Dies wird auch durch den Umstand belegt, dass ein Teil der für die Pflichtmediation vorgesehenen Rechtsgebiete für eine Mediation nicht geeignet sein dürfte,[845] beispielsweise Streitigkeiten auf dem Gebiet des Banken- und Versicherungsrechts.

Ihr obligatorischer Charakter – der durch die Novellierung des italienischen Mediationsgesetzes auf den *„primo incontro“* verschoben, aber nicht abgeschafft wurde – hinterlässt nach wie vor den Eindruck, diesen „alternativen“ Weg bei einem Großteil der Verfahren beschreiten zu müssen. Der Aspekt der Freiwilligkeit gestaltet sich damit als sehr dehnbarer Begriff. An dieser Stelle werden einmal mehr die unterschiedliche Auslegungsmöglichkeit und die divergierende Gewichtung dieses Prinzips deutlich.[846] Wohl auch aus diesem Grund war der italienische Gesetzgeber von Anfang an bemüht, durch eine entsprechende Regelung im Mediationsgesetz die Informationen über das Mediationsverfahren

---

843 So auch *Greger/Steffek* in: Recht der alternativen Konfliktlösung, A. Einleitung Rn. 8.

844 *Queirolo/Carpaneto/Dominelli* in: Civil and Commercial Mediation in Europe, S. 279.

845 So auch *Gläßer* in: Festschrift für Dieter Martiny zum 70. Geburtstag, S. 755.

846 *Gläßer* in: Festschrift für Dieter Martiny zum 70. Geburtstag, S. 754.

und die einzelnen Anlaufstellen mittels entsprechender Werbung publik zu machen.[847] Die Intention des italienischen Gesetzgebers war es, die Verbreitung der Mediationskultur als Ansatz der Streitbeilegung und als neue Mentalität in größtmöglichem Maße voranzutreiben, um die gegenseitigen Erwartungen – unabhängig von den juristischen Positionen – zu befriedigen.[848] Vorgeschrieben wurde also nicht nur ein obligatorischer Ansatz, mittels dessen die Parteien die Mediation aufgezwungen bekommen. Der italienische Gesetzgeber wollte durch diese Regelung auch die anderen Varianten der Mediation fördern und weiter in den Fokus aller Beteiligten rücken.

So sollte doch gerade aus dem Zusammenwirken und dem Dialog von außergerichtlichem Streitbeilegungsverfahren und ordentlicher Gerichtsbarkeit der Anreiz und Gewinn aus beiden Verfahren gezogen werden. Denn je effizienter die zivile Gerichtsbarkeit ist, umso besser harmonisieren diese und die alternative Streitbeilegung, die aufgrund ihres Wesens solche Lücken schließen kann, zu der die ordentliche Gerichtsbarkeit nicht in der Lage ist.[849] Die Mediation wird nur dann ihr volles Potential ausschöpfen können, wenn sie sich aus Sicht der Beteiligten gelungen und nachhaltig im System der Streitbeilegungsmechanismen einfügt.[850]

Wer in Italiens Umsetzung der Mediationsrichtlinie insbesondere eine Beeinträchtigung des Zugangs zum Recht durch eine „kapazitätsgesteuerte Gerechtigkeit“[851] sieht, mit der der staatlich gesicherte Zugang zu den Gerichten nicht kompatibel sein kann,[852] sollte sich gleichermaßen die Frage stellen, ob die strikte Umsetzung für Italien nicht tatsächlich die einzige Möglichkeit war, die Zivilgerichtsbarkeit aus ihrer desolaten Lage zu befreien. In Anbetracht der bisherigen Entwicklungen besteht durchaus die begründete Hoffnung, dass die italienische Umsetzung der Erholung des eigenen Justizsystems dienen kann. Dies hätte wiederum aus europäischer Sicht die positive Folge, dass im

847 Artikel 21 ital. MediationsG.

848 *Covata* in: La mediazione per la compensazione delle controversie civili e commerciali, S. 379; im Original: „*Attraverso l'articolo in commento, il legislatore delegato intende promuovere la diffusione nel modo più ampio della cultura della mediazione, intesa come nuova mentalità, volta alla ricerca effettiva dei diversi interessi coinvolti, per una soddisfazione condivisa e fattiva delle reciproche aspettative, al di là delle posizioni giuridiche dichiarate.*“

849 *Caponi* in: Wege der Rechtskultur in Europa, S. 48.

850 Siehe hierzu auch *Hopt/Steffek*, Mediation, S. 79.

851 Zitiert nach *Probst*, JR 2008, 369, 369.

852 *Ewert*, Grenzüberschreitende Mediation in Zivil- und Handelssachen S. 27.

Falle grenzüberschreitender Streitigkeiten, bei denen ein Gerichtsstand in Italien begründet ist, Italien seinen abschreckenden Charakter aufgrund überlanger Verfahrensdauern mit der Zeit verlieren kann. Dies wäre für den europäischen Binnenmarkt ein nicht zu unterschätzender Faktor, der dazu beitragen könnte, dass die zwischenstaatlichen Handelsbeziehungen mit Italien gefördert werden und die anderen Mitgliedstaaten Italien und seinem Justizsystem als ernstzunehmendem Partner auf Augenhöhe gegenübertreten können.

Auch wenn der italienische Gesetzgeber mit seiner Umsetzung – zumindest bisher – dem Wesen der Mediation nicht vollends gerecht werden konnte, hat Italien damit nicht nur für die eigene Verbesserung des Justizsystems, sondern auch für den europäischen Rechtsverkehr einen positiven Beitrag geleistet. Das Modell, dessen sich Italien bedient hat, sollte daher auch nicht als Notlösung abgetan werden. Dies würde dem Umfang und vor allem auch der Stringenz, mit der der italienische Gesetzgeber alle Facetten der Mediation regelte, nicht gerecht werden.

Im Rechtsvergleich zeigt sich, dass die Mediation äußerst unterschiedlich und erkennbar mit divergierenden Zielen eingesetzt wird. Hierbei prallen die verschiedensten Entwicklungsstadien und Ansätze von Integrierungsprozessen aufeinander, die die Schaffung einheitlicher Standards einerseits erschweren, diese andererseits aber auch unerlässlich machen.[853] Denkt man in diesem Zusammenhang an einen einheitlichen europäischen Standard und nicht nur einen Rahmen, wie er bereits durch die Mediationsrichtlinie geschaffen wurde, knüpft dieser Gedanke unweigerlich an die länderspezifischen Eigenarten und Gegebenheiten an, da diese letztendlich die eigene Umsetzung leiten und bestimmen. Aufgrund der daraus resultierenden Ansätze gestaltet es sich als sehr schwierig, unter Berücksichtigung eines gezogenen Vergleiches einen einheitlichen europäischen Rahmen zu schaffen, der über die bisher bestehenden Regularien hinausgeht. Die im Ergebnis sehr restriktiven Vorgaben des europäischen Gesetzgebers können jedenfalls zu keinem einheitlichen Mediationsverständnis innerhalb Europas führen, wenn die Ansätze so stark voneinander abweichen, wie dies in der vorliegenden Arbeit am deutsch-italienischen Vergleich exemplarisch verdeutlicht wurde.[854] Zudem sollte in diesem Zusammenhang in Erwägung gezogen werden, dass auch die Notwendigkeit besteht, den EU-Bürgern auf ihre unterschiedlichen Belange (im eigenen Land) differenzierte Antworten

---

853 *Kirchhoff/Kraus* in: Mediation und Konfliktmanagement, S. 620.

854 *Gläßer* in: Festschrift für Dieter Martiny zum 70. Geburtstag, S. 757.

zu liefern, obgleich dies nicht einer Harmonisierung der europäischen ADR-Techniken entgegenstehen sollte.

Gerade in grenzüberschreitenden Fällen, auf die sich die Mediationsrichtlinie insbesondere bezieht, könnte allerdings das unterschiedliche Verständnis von Mediation und die divergierende Auffassung des Selbstverantwortungsprinzips sowie des Leitgedankens der Freiwilligkeit zu Herausforderungen insbesondere für die Mediatoren führen,[855] die die spezifischen Eigenheiten der jeweiligen Mitgliedstaaten berücksichtigen müssen. Nicht selten kann es zu kulturell bedingten Konflikten mit dem Mediator oder der anderen Partei kommen.[856] Daher könnten sich insbesondere die Bereiche Ausbildung, Regulierung und Praxis als Schlüssel für eine nachhaltige Einführung der Mediation in der Streitbeilegungslandschaft erweisen.

Neben dem Aspekt eines einheitlichen Rahmens gerade in grenzüberschreitenden Fällen können und sollten aus genau diesen länderspezifischen Unterschieden aber auch Vorteile und Nutzen im Hinblick auf die Entwicklung neuer Modelle und Herangehensweisen an die Mediation gezogen werden,[857] sodass auch in Zeiten der Globalisierung länderspezifische Eigenheiten bewahrt werden können. So schuf der europäische Gesetzgeber durch die Mediationsrichtlinie nachhaltig „rechtsstaatliche Mindeststandards“[858] und gab den Mitgliedstaaten auf diese Weise neue Impulse für die Weiterentwicklung der Mediation, sodass durch die flexiblen Vorgaben der Mediationsrichtlinie an landesspezifischen Eigenheiten festgehalten und auf bereits gesammelte Erfahrungen zurückgegriffen werden kann.[859]

Im Ergebnis lässt sich festhalten, dass sich Mediation und Recht in Italien bereits wesentlich näher stehen, als es auf den ersten Blick scheint.[860] Mit der Einführung des Mediationsgesetzes hat der italienische Gesetzgeber bereits einen wichtigen Schritt unternommen, um diese beiden Instrumente einander näher zu bringen. Um wirklich als alternative Streitbeilegungsmethode erfolgreich und vor allem nachhaltig zu sein, ist es notwendig, dass die Mediation nicht nur

855 *Gläßer* in: Festschrift für Dieter Martiny zum 70. Geburtstag, S. 757.

856 Vgl. auch *Barkai* in: Mediation Representation, S. 515.

857 *Reijerkerk/Lenz* in: Mediation und Konfliktmanagement, S. 629.

858 Zitiert nach *Hess* in: Freiwilligkeit, Zwang und Gerechtigkeit im Kontext der Mediation, S. 43.

859 *Hopt*, RabelsZ Bd. 74 (2010), S. 727.

860 Vgl. zum Verhältnis Mediation und Recht *Probst* in: Festschrift für Dieter Reuter, S. 1321.

materiell-, sondern auch prozessrechtlich Einzug in die Rechtsordnungen hält.[861] Insbesondere durch die Schaffung der Anreize und Vorteile, denen sich der Mediationsuchende – wenn auch teilweise gezwungenermaßen – gegenübersieht, sowie durch die organisatorische Verankerung hat der italienische Gesetzgeber den Weg geebnet, um die Mediation in Italien nachhaltig zu implementieren.[862] Nicht zuletzt werden ein ausreichender und umfassender Informationsfluss sowie eine notwendige Transparenz dazu verhelfen können, der Mediation als echte Alternative neben dem Gerichtsverfahren Geltung zu verschaffen.[863] Dies sollte nicht nur dann gelten, wenn sich die Parteien bereits in einem streitigen Verfahren gegenübersehen, sondern auch schon im Vorwege.[864]

Auch wenn die Mediation zunächst nur mit Hilfe des Zwangs Einzug in die italienische Rechtsordnung gehalten hat, konnten bereits erste positive Entwicklungen verzeichnet werden, selbst wenn die Mediation noch nicht gänzlich zur vollständigen Entlastung des Justizsystems beigetragen hat.[865] Gerade für diejenigen, die bisher aufgrund der langen Prozessdauer und-kosten auf die Durchführung eines streitigen Gerichtsverfahrens verzichtet haben, kann die Mediation – in erster Linie in Anbetracht der Kostenanreize – eine echte Alternative zum ordentlichen Zivilprozess sein.[866] Vergessen werden sollte in diesem Zusammenhang auch nicht der Umstand, dass insbesondere in der Rechtsfreiheit und Flexibilität der Mediation wichtige Grundpfeiler zu sehen sind, die

---

861 *Steffek,* ZEuP 2013, S. 562.

862 Vgl. zu den Voraussetzungen auch *Steffek,* ZEuP 2013, S. 562; *Hopt,* RabelsZ Bd. 74 (2010), S. 726.

863 Vgl. auch *Bruni,* La mediazione conviene, S. 290; im Original: „*[…] se le parti in disputa non sono state ben informate e non riconoscono nella mediazione l'unico e i miglior metodo atto a tentare la negoziale soluzione delle proprie dispute, non v'è mediazione che possa riuscire.*"

864 *Bruni,* La mediazione conviene, S. 290; im Original: „*[…] Ed allora fondamentale momento rimane quello che ha ad oggetto la predisposizione di meccanismi atti ad informare sulla mediazione tanto il cittadino quanto l'impresa, […] non solo prima di un procedimento giudiziario o nel momento in cui tali soggetti si recano – in quanto ne hanno necessità – da un legale, bensì in un momento precedente, in cui interagiscono gli uni con gli altri, quando ancora non sanno se diventeranno controparti […].*"

865 *Lupoi,* ZZPInt Bd. 19 (2014), S. 99.

866 *Vaccà* in: La mediazione delle controversie, S. 4; im Original: „*[…] esiste un'aera grigia, difficile da valutare, in cui vi è la rinuncia ad accedere alla giustizia per ragioni essenzialmente ascrivibili ai tempi ed a costi del giudizio civile ordinario: questo è l'ambito cui pertiene ontologicamente l'offerta dei servizi di composizione negoziata delle liti.*"

in der Lage sind, tiefer in die Materie einzutauchen, um eine möglicherweise umfassendere Lösung der Streitigkeit zu erzielen. Dies ist nur möglich, wenn sich die Parteien im Rahmen des Verfahrens nicht an die strengen gesetzlichen Vorgaben halten müssen.[867]

Obgleich die gesetzlich vorgesehene Evaluierung für ein realistisches Vorgehen und eine praxisnahe Einschätzung der Situation seitens des italienischen Gesetzgebers spricht, wird Italien sicherlich noch eine gewisse Zeit benötigen, bevor sich Mediation und Gerichtsverfahren auf Augenhöhe begegnen. Denn zumindest derzeit gilt noch die ganze Kraft der Entlastung des eigenen Justizsystems, selbst wenn bereits erste Erfolge erzielt werden konnten. Hierfür spricht auch der kürzlich erschienene Bericht der von Prof. Avv. Guido Alpa geleiteten Untersuchungskommission, die durch Ministerialdekret vom 7. März 2016 beim italienischen Justizministerium eingerichtet wurde[868]. Dabei wurde die Kommission damit beauftragt, unter Berücksichtigung der bisherigen Entwicklung Reformvorschläge zur weiteren Entjustifizierung zu erarbeiten, auch im Hinblick auf das bestehende Mediationsgesetz. Die Empfehlungen der Kommission reichen von der Ausweitung der Rechtsgebiete, bei deren Vorliegen ein *primo incontro* durchzuführen sei, über weitere Gebührenvergünstigungen bis zur Pflicht des anordnenden Richters, seine Verweisungsentscheidung zu begründen. Der weitreichendste Vorschlag der Kommission – obgleich sie dies nicht einstimmig befürwortet – besteht in der Verlängerung des obligatorisch durchzuführenden *primo incontro* bis zum 21. September 2023. Damit würde dem obligatorischen Mediationsversuch eine Testphase von insgesamt zehn Jahren eingeräumt werden.

Daraus kann geschlossen werden, dass die Mediation nicht nur aus Sicht der Kommission noch weiter als Entlastungswerkzeug genutzt werden sollte, weil das Instrument der rein freiwilligen Mediation noch nicht ausreicht, um die Ziviljustiz in ein ausgewogenes Gleichgewicht zu bringen. Sofern sich der Gesetzgeber für eine Verlängerung der obligatorischen Mediation entscheiden sollte, ginge damit dann aber auch die Konsequenz einher, dass die Mediation im öffentlichen Bewusstsein weiterhin noch nicht als echte Alternative wahrgenommen werden kann. Aus diesem Teufelskreis könnte der Gesetzgeber nur heraus finden, wenn er den Mut aufbringt, sich auf die Mediation und ihre Vorzüge zu

867 *Koch* in: Grenzüberschreitungen – Beiträge zum internationalen Verfahrensrecht und zur Schiedsgerichtsbarkeit, S. 401.

868 Abrufbar unter http://www.mondoadr.it/wp-content/uploads/TESTO-FINALE-Commissione-ALPA-Aggiornato.pdf.pdf (zuletzt abgerufen am 22. April 2017).

konzentrieren, einschließlich der entsprechenden Wahrnehmung im Bewusstsein der Bevölkerung.

II. Mediation und Justiz

Stellt man abschließend noch Mediation und Justiz einander gegenüber, lässt sich feststellen, dass sich diese beiden Elemente anfänglich noch konträr, alternativ oder subsidiär gegenüberstanden, sich aber im Laufe der vergangenen Jahre durchaus angenähert haben.[869] Auch wenn die Mediation – zumindest anfänglich – als reines Instrument der Krisenbewältigung intendiert war, lässt sich mit der Zeit immer stärker eine ernst gemeinte Eingliederung der Mediation in Italien erkennen, die bereits jetzt eine Wandlung des Verhältnisses zwischen gerichtlicher und außergerichtlicher Streitbeilegung bewirkt hat und auch weiterhin bewirken wird.[870]

Erfreulich ist dies insbesondere auch vor dem Hintergrund, dass die Mediation in Europa – „einst Wiege der Mediation"[871] – insgesamt eine gewisse Zeit benötigte, um sich als tatsächliche Alternative der Streitbeilegung zu reimplementieren, und zwar nicht nur im Bewusstsein etwaiger Beteiligter, sondern insbesondere auch in den europäischen Rechtsordnungen.[872] Zu beobachten ist diese Entwicklung nicht nur in Deutschland, wo die Mediation zunehmend Einzug in die Abläufe des ordentlichen Verfahrens erhielt, sondern auch in Italien.[873] Vor allem durch das obligatorische Informationsgespräch als zwingende Prozessvoraussetzung für ein späteres Verfahren verband der italienische Gesetzgeber beide Elemente fest miteinander. Neben der gerichtlich angeordneten Mediation im Laufe eines bereits anhängigen Zivilprozesses ist die notwendige Präsenz des Rechtsanwaltes zu nennen, dessen Platz ursprünglich der Zivilprozess ist.

Obwohl die Mediation als zwingende Prozessvoraussetzung – zumindest derzeit noch – an die Justiz gekoppelt ist, lässt sich festhalten, dass sich die Mediation auch in Italien zukünftig nicht innerhalb, sondern außerhalb der Gerichte abspielen wird. Alles andere würde nur zu dem führen, was der italienische Gesetzgeber mit dem Mediationsgesetz vermeiden wollte, nämlich einen weiteren

869 Vgl. *Greger* in: Die Zukunft der Mediation in Deutschland, S. 89.

870 *Hess* in: Freiwilligkeit, Zwang und Gerechtigkeit im Kontext Mediation, S. 43.

871 *Hehn* in: Handbuch Mediation, S. 93.

872 Vgl. hierzu auch *Hehn* in: Handbuch Mediation, S. 93.

873 Zur Entwicklung der Mediation siehe ausführlich *Hehn* in: Handbuch Mediation, S. 78 ff.

Zustrom zu den Gerichten. Allerdings sollte die Justiz die Grundgedanken der Mediation aufnehmen und in der Praxis umsetzen, um auch in bereits anhängigen oder notwendigerweise zu führenden Gerichtsverfahren mit allen zur Verfügung stehenden Methoden Ergebnisse erzielen zu können, die den Interessen aller Beteiligten Rechnung tragen.[874]

Im Rahmen der Umsetzung der Mediationsrichtlinie kommt im Zusammenspiel von Mediation und Justiz jedoch auch die Frage nach einer Art privatisierten Streitbeilegung auf. Aufgrund der starken Ausprägung und der strikten Regelungen des Mediationsgesetzes sind diesbezügliche Tendenzen durchaus zu erkennen. Diese Art der Privatisierung sollte allerdings nicht mit einer „Privatisierung der Rechtsfindung"[875] gleichgesetzt werden. Schließlich ginge nur mit Letzterer im Ergebnis auch eine Verlagerung der rechtsprechenden Gewalt einher, die wiederum zu einer Aufweichung der Gewaltenteilung führen würde. Aus dieser Verwischung der Konturen würde ein gewisses Spannungsverhältnis zwischen Justiz und Mediation entstehen,[876] aus dem dann wiederum wettbewerbsrechtliche Motivationen resultieren können,[877] die der Intention aller Gesetzgeber – die Mediation dem Gerichtsverfahren gleich zu stellen – vollends zuwider laufen würde.

Anders bei einer privatisierten Streitbewältigung: Zwar wird die Beilegung des Konfliktes von einer gerichtlichen Entscheidung zu den Parteien außerhalb der Gerichte verlagert und damit letztlich privatisiert.[878] Alles ist auf Konsens und damit auch auf eine Art „Entjustifizierung"[879] ausgerichtet. Hierin besteht aber auch der Sinn der Mediation und das ihr innewohnende Prinzip der Freiwilligkeit. Und natürlich spart sie auch Ressourcen ein. Allerdings erfolgt keine Rechtsprechung durch den Mediator. Vielmehr unterstützt er die Parteien darin, eigenständig eine einvernehmliche Lösung zu erzielen. Schließlich sind sich alle Gesetzgeber einig: Mediation und Gerichtsverfahren sollen in einem ausgewogenen Mit- und Nebeneinander agieren können, eine Verdrängung oder Suspendierung[880] des einen zu Gunsten des anderen Streitbeilegungsinstruments ist keineswegs intendiert.

---

874 *Greger* in: Die Zukunft der Mediation in Deutschland, S. 97.
875 Siehe hierzu *Mankowski*, Rechtskultur, S. 414.
876 *Mankowski*, Rechtskultur, S. 414.
877 *Mankowski*, Rechtskultur, S. 422.
878 Siehe auch *Mankowski*, Rechtskultur, S. 422.
879 Zitiert nach *Mankowski*, Rechtskultur, S. 423.
880 So *Fischer* in: Recht und soziale Gerechtigkeit, S. 70.

Hierfür spricht auch der Umstand, dass sich nicht jede Streitigkeit für ein Mediationsverfahren eignet.[881] Insbesondere in den Fällen, in denen es sich um Grundsatzfragen handelt, die in der Lage sind, eine präjudizielle Wirkung zu entfalten, sollte eine gerichtliche Klärung der Streitigkeit erwirkt werden.[882]

Aus dem Miteinander beider Verfahren folgt auch, dass der gesetzliche Richter bei den Gerichten zu verbleiben hat, einhergehend mit der Gewährung des Justizgewährungsanspruches. Die Mediation soll das Gerichtsverfahren lediglich zwecks Verbesserung der Streitkultur ergänzen.[883] Um eine Ergänzung im Sinne einer Alternative zu sein, ist es im Übrigen auch nicht entscheidend, ob die Streitigkeiten durch einen Richter oder die Parteien gelöst und damit beendet werden. Vielmehr besteht die Ergänzung in der Art und Weise dieser Beilegung, ob Konflikte auf gerichtlichem oder außergerichtlichem Wege gelöst werden.[884] Damit stehen Richterspruch und Mediationsvereinbarung auch in keinerlei Konkurrenz zueinander, wodurch es auch nicht zu einer Wettbewerbssituation zwischen diesen beiden Beendigungsszenarien kommen kann.

Im Ergebnis ist an einer Privatisierung einer Streitbewältigung nichts auszusetzen, solange sie nicht dazu führt, dass der Mediator die Rolle des Richters einnimmt. Im Übrigen ist die Privatisierung auch kein Phänomen, dass sich nur in Italien zeigt, sondern lässt sich letztlich auf alle Länder übertragen, in denen sich die Mediation außerhalb der Gerichte abspielt. Schließlich werden die Mediationsverfahren in diesen Fällen zumeist von privater Hand durchgeführt, selbst wenn eine Zuweisung seitens der Gerichte im Vorfeld erfolgt sein sollte. Würde die Privatisierung einer Streitbewältigung abgeschafft werden, würde dies auch das Ende außergerichtlicher Mediationsverfahren bedeuten, mit dem Ergebnis, dass der Sinn dieses Verfahrens ins Leere laufen und jedes auf ihr aufgebaute Mediationsgesetz seine Daseinsberechtigung verlieren würde.

III. Ausblick

Unter Berücksichtigung der dargestellten Entwicklung der Mediation in Italien wird die anfangs gestellte Leitfrage, ob sie als Mittel der Krisenbewältigung dienen sollte, wohl zunächst mit einem „Ja" beantwortet werden müssen. Nur dank der Einführung der Mediation als obligatorische Prozessvoraussetzung war es möglich, der wachsenden Überlastung der staatlichen Zivilgerichtsbarkeit

881 So auch *Steffek* in: Recht der alternativen Konfliktlösung, A. Einleitung Rn. 8.
882 Vgl. hierzu auch *Hager*, Konflikt und Konsens, S. 56.
883 *Greger* in: Recht der alternativen Konfliktlösung, A. Einleitung Rn. 2.
884 Abweichend *Greger* in: Recht der alternativen Konfliktlösung, A. Einleitung Rn. 1.

überhaupt entgegentreten zu können. Dabei ist die Intention, das (Zivil-)Justizsystem mit Hilfe außergerichtlicher Streitbeilegungsmechanismen zu entlasten, im Übrigen ja auch nicht neu, geschweige denn ein Phänomen, welches sich nur in Italien zeigt.[885]

Die Frage, ob mit der Umsetzung der Mediationsrichtlinie die Mediation die Funktion eines kompensierenden Allheilmittels gegen eine wachsende Überlastung der staatlichen Zivilgerichtsbarkeit übernehmen kann, muss jedoch zu Gunsten der Mediation verneint werden. Nicht von der Hand zu weisen ist jedoch der dahingehende Versuch des italienischen Gesetzgebers, der allerdings der europäisch intendierten Gleichwertigkeit und der Gleichstellung der Mediation zum ordentlichen Gerichtsverfahren nicht gerecht werden kann.

Nur wenn es Italien gelingt, dass die drei genannten Faktoren Mediation, Recht und Justiz ein gegenseitiges Gleichgewicht bilden und gleichberechtigte Partner bilden, wird die Mediation auch in Italien etabliert werden und sich entwickeln können[886] und infolgedessen nicht nur als Mittel der Gerichtsentlastung wahrgenommen werden.[887] Dann wird die Mediation nicht mehr selbst als zusätzliches Instrument der Justiz, sondern als echte und gleichgestellte Alternative fungieren,[888] die auch von den Parteien als solche erkannt wird.[889] Und erst dann wird es auch gelingen, einer echten Freiwilligkeit Rechnung zu tragen. Bis dahin wird stets der Entlastungsgedanke der italienischen Justiz im Vordergrund stehen, der mit dem Aspekt der Freiwilligkeit nicht in Einklang zu bringen ist, da er die Mediation schlicht prozessualisiert.[890] Bisher verhindert die Mediation in Italien diese Möglichkeit und die Entstehung vollends freiwilliger und deswegen nachhaltiger Konfliktlösungen zwischen den Parteien – zumindest in den Bereichen, in denen die Mediation als obligatorische Prozessvoraussetzung vorgesehen ist.[891]

---

885 Siehe zu den USA z. B. *Fischer* in: Recht und soziale Gerechtigkeit, S. 54 oder auch *Hopt/Steffek*, Mediation, S. 927 f.; zu Frankreich z. B. *Hopt/Steffek*, Mediation, S. 185; zu England z. B. *Hopt/Steffek*, Mediation, S, 261.

886 *De Palo/Cominelli* in: Global Trends in Mediation, S. 277.

887 Vgl. auch *Ewert*, Grenzüberschreitende Mediation in Zivil- und Handelssachen, S. 61.

888 *Vasapollo* in La nuova mediazione (regole e tecniche), S. 192; im Original: *„L'accesso alla mediazione, prospettato come strumento complementare e non alternativo rispetto la giurisdizione ha presentato non poche ombre."*

889 *Vasapollo* in La nuova mediazione (regole e tecniche), S. 193; im Original: *„Il successo della mediazione è strettamente connesso alla circostanza che le parti la scelgono consapevolmente come metodo alternativo al processo civile, […].*

890 *Vasapollo* in La nuova mediazione (regole e tecniche), S. 193; im Original: *„[…] è una mediazione non libera e assai processualizzata, […]."*

891 So auch *Bäumerich*, Güterichter und Mediatoren im Wettbewerb, S. 26.

Nicht umsonst nimmt der Aspekt der Freiwilligkeit einen so hohen Stellenwert im Rahmen des Mediationsverfahrens ein. So kann die italienische Umsetzung geradezu als Paradebeispiel für die Notwendigkeit herangezogen werden, dass das Element der Freiwilligkeit in keiner Weise beschnitten werden darf. Erfolgt dies dennoch, bedeutet dies nicht nur für das Verfahren sowie alle Beteiligten einen erheblichen Einschnitt, sondern führt auch unweigerlich zur Minderung des Erfolgsfaktors der Mediation. In allen Bereichen erfolgreich kann die Mediation daher nur sein, wenn die Freiwilligkeit der Parteien und des Verfahrens nicht eingeschränkt wird. Andernfalls verfehlt die Mediation im Ergebnis nicht nur ihr Ziel, sondern wird auch – zumindest in gewissem Umfang – zum Mittel zum Zweck degradiert.[892] Anreize und Sanktionen werden dann nicht mehr erforderlich sein. Die Einsparung von Justizressourcen wird in diesem Moment ganz automatisch zu einem erfreulichen Nebeneffekt.[893]

Zu dem intendierten Gleichgewicht zwischen Gerichtsverfahren und Mediation wird die bisherige Handhabe des italienischen Gesetzgebers nicht führen können, ebensowenig wie zu einer erfolgreichen Entlastung des Justizsystems. Bestätigt hat diese Einschätzung schon Giuseppe Pisanelli, der zu dem zutreffenden Schluss kam, dass eine alternative Streitbeilegung zwischen den Parteien nicht erzwungen werden kann, da sonst die Gefahr bestehe, dass das genaue Gegenteil erreicht werde und die gütliche Einigung – wird sie als obligatorische Prozessvoraussetzung genutzt – zu einer reinen Formalität verkomme.[894] Im Ergebnis wirkt sich dies nicht nur hinderlich für die Förderung der Mediation aus, sondern schmälert auch ihr Ansehen, und zwar insbesondere bei der Bevölkerung.

Sobald Italien also seine „Zwangsprivatisierung von Streitentscheidungen“[895] aufgibt und mehr und mehr die Balance zwischen der der Mediation innewohnenden Privatautonomie einerseits und staatlichem Zwang andererseits findet, wird diese ganz maßgeblich zu einer erfolgreichen Eingliederung der Mediation ins System der Streitbeilegungsmechanismen in Form einer nachhaltigen und vor allem flächendeckenden Regelung beitragen.[896] Einer „Zwangsbeglückung“[897] wird es dann nicht mehr bedürfen.

892 So auch *Lupoi*, ZZPInt Bd. 19 (2014), S. 108.
893 *Fischer* in: Recht und soziale Gerechtigkeit, S. 57.
894 Siehe hierzu z. B. auch *Mankowski*, Rechtskultur, S. 427.
895 Zitiert nach *Mankowski*, Rechtskultur, S. 427.
896 *Roth* in: Freiwilligkeit, Zwang und Gerechtigkeit im Kontext der Mediation, S. 109.
897 Zitiert nach *Probst* aus einer E-Mail an die Verfasserin vom 10. April 2014.

F. Nachtrag

Stand dieser Dissertation ist April 2017. Seitdem sind die nachfolgenden Entwicklungen eingetreten, die nicht mehr im Text berücksichtigt werden konnten.

I. Urteil des Europäischen Gerichtshofes vom 14.6.2017 - C-75/16

Aufgrund eines Vorabentscheidungsersuchens nach Art. 267 AEUV, eingereicht vom Tribunale Ordinario di Verona mit Datum vom 28. Januar 2015, hatte sich der Europäische Gerichtshof im Verfahren Livio Menini u.a. gegen die Banco Popolare Società Cooperativa (Rechtssache C-75/16) insbesondere mit der Auslegung und Vereinbarkeit von EU-Mediationsrichtlinie und EU-ADR-Richtlinie zu befassen.

So stand nach Auffassung des vorlegenden Gerichts nicht zweifelsfrei fest, ob der Umstand, dass die Richtlinie 2013/11 ausdrücklich die Richtlinie 2008/52 anführt, impliziere, dass die EU-ADR- Richtlinie den Mitgliedstaaten die Möglichkeit vorbehalten wollte, statt des von der Richtlinie 2013/11 im Bereich von Rechtsstreitigkeiten mit Verbraucherbeteiligung vorgesehenen Verfahrens der alternativen Streitbeilegung auf ein verpflichtendes Mediationsverfahren zurückzugreifen. Da Art. 5 Abs. 2 der Richtlinie 2008/52 den Mitgliedstaaten gestatte, die Mediation als eine Zulässigkeitsvoraussetzung für Klagen vorzusehen, komme ihm nämlich kein zwingender Charakter zu, so dass diese Wahl im Ermessen der Mitgliedstaaten verbleibe. In diesem Zusammenhang vertrat das Tribunale Ordinario di Verona die Auffassung, dass die Bestimmungen des italienischen Rechts im Bereich der verpflichtenden Mediation gegen die Richtlinie 2013/11 verstoßen würden. Mit dieser sei nämlich eine einheitliche, ausschließliche und harmonisierte Regelung für Rechtsstreitigkeiten mit Verbraucherbeteiligung eingeführt worden, die die Mitgliedstaaten bei der Erreichung des mit dieser Richtlinie verfolgten Ziels binde. Die Richtlinie müsse daher auch für die in der Richtlinie 2008/52 vorgesehenen Verfahren gelten.

Mit Urteil vom 14. Juni 2017 entschied der EuGH, dass die Richtlinie 2013/11/EU des Europäischen Parlaments und des Rates vom 21. Mai 2013 über die alternative Beilegung verbraucherrechtlicher Streitigkeiten und zur Änderung der Verordnung (EG) Nr. 2006/2004 und der Richtlinie 2009/22/EG (Richtlinie über alternative Streitbeilegung in Verbraucherangelegenheiten) dahingehend auszulegen sei, dass sie nationalen Rechtsvorschriften wie den im Ausgangsverfahren in Rede stehenden nicht entgegensteht, die in den in Art. 2 Abs. 1 dieser Richtlinie genannten Rechtsstreitigkeiten die Einleitung eines Mediationsverfahrens als Zulässigkeitsvoraussetzung einer gerichtlichen Klage in Bezug auf diese Streitigkeiten vorsehen. Voraussetzung hierfür sei allerdings, dass ein solches Erfordernis die Parteien nicht daran hindere, ihr Recht auf Zugang zum Gerichtssystem auszuüben.

Der EuGH stellte in diesem Zusammenhang klar, dass die Freiwilligkeit der Mediation entsprechend dem 13. Erwägungsgrund der Richtlinie 2008/52 nicht in der Freiheit der Parteien bestünde, dieses Verfahren in Anspruch zu nehmen oder nicht, sondern darin, dass „die Parteien selbst für das Verfahren verantwortlich sind und es nach ihrer eigenen Vorstellung organisieren und jederzeit beenden können". Daher käme es nicht auf den verpflichtenden oder freiwilligen Charakter der Mediationsregelung, sondern auf den Umstand an, dass das Recht der Parteien auf Zugang zum Gerichtssystem gewahrt bleibe. Hierzu behielten die Mitgliedstaaten ihre volle Gesetzgebungsautonomie, sofern sie die praktische Wirksamkeit der Richtlinie 2013/11 gewährleisten. Die mediazione obbligatoria sei damit nicht geeignet, die Verwirklichung des Ziels der Richtlinie 2013/11 zu beeinträchtigen. In diesem Kontext verwies der EuGH auch noch einmal auf sein Urteil vom 18. März 2010, Alassini u.a., C-317/08 bis C-320/08, im Rahmen dessen er bereits diese Auslegung vertrat. Zudem sei es ständige Rechtsprechung des Gerichtshofes, dass Grundrechte nicht zwangsläufig schrankenlos zu gewähren sind.

II. Aufhebung der vorübergehenden Regelung zur *mediazione obbligatoria*

Mit dem Gesetz Nr. 96 vom 21. Juni 2017 wurde der bis dato vorübergehende Charakter der mediazione obbligatoria in Italien abgeschafft. Dies hat zu einer Streichung des Art. 5 Abs. 1-bis Satz 3 a.F. des italienischen Mediationsgesetzes geführt, wonach die Vorschrift des Art. 5 Abs. 1-bis a.F. zunächst eine Wirksamkeit von vier Jahren entfalten sollte und damit einer gewissen Testphase unterzogen wurde. Ergänzt wurde im Gegenzug der Art. 5 Abs. 1-bis Satz 3 n.F., wonach das Justizministerium ab dem Jahr 2018 jährlich an die Kammern im Hinblick auf Wirkung und Ergebnisse der Anwendung des Art. 5 Abs. 1-bis zu berichten hat.

III. Beurteilung dieser Entwicklungen im Kontext der Dissertation

Sowohl die Entscheidung des Europäischen Gerichtshofes vom 14. Juni 2017 in der Rechtssache C-75/16 als auch die Änderung des Art. 5 Abs. 1-bis des italienischen Mediationsgesetzes sprechen eine eindeutige Sprache und fügen sich in das Gesamtbild der bisherigen Entwicklung.

1. EuGH-Entscheidung vom 14.6.2017

Auch wenn der Europäische Gerichtshof in seinem Urteil aus verfahrensrechtlichen Gründen keine Prüfung der Mediationsrichtlinie vornahm, sind die Entscheidungsgründe doch für die Auslegung der Mediationsrichtlinie von Bedeutung. Dies betrifft insbesondere die Vereinbarkeit des Merkmals der Freiwilligkeit mit dem Mediationsversuch als zwingende Prozessvoraussetzung.

Mit dem Hinweis des EuGH zum Justizgewährungsanspruch wurde dem italienischen Gesetzgeber mittelbar noch einmal bestätigt, dass die Vorgabe eines Mediationsversuches als zwingende Prozessvoraussetzung auch aus Sicht des Europäischen Gerichtshofes durchaus eine gangbare Variante darstellt. Klar ist aber auch, dass den Parteien durch einen Mediationsversuch als zwingende Prozessvoraussetzung zu keinem Zeitpunkt die Möglichkeit genommen werden darf, ihren Anspruch gerichtlich geltend machen zu können. Solange Italien mit seinem Mediationsgesetz diese Vorgaben erfüllt, wird man – zumindest derzeitig – von einer richtlinienkonformen Umsetzung ausgehen können.

2. Änderung des Art. 5 Abs. 1-bis des italienischen Mediationsgesetzes

Und auch der italienische Gesetzgeber ist mit der Änderung des italienischen Mediationsgesetzes seiner bisherigen Linie treu geblieben.

Die Abschaffung des Testcharakters und die gleichzeitige Implementierung einer finalen Regelung zur *mediazione obbligatoria* bedeutet dreierlei: Zum einen verdeutlicht der italienische Gesetzgeber mit diesem Schritt, dass der bisherige Zeitraum von knapp acht Jahren noch nicht ausreichend war, um das marode Ziviljustizsystem zu reformieren. Es zeigt gleichzeitig aber auch, dass es durchaus vielversprechend ist, weiter an diesem „Instrument" der alternativen Streitbeilegung festzuhalten, nicht zuletzt aufgrund der bereits zu verzeichnenden Erfolge. Schließlich lässt es auch auf eine zukunftsgerichtete Vorgehensweise des Gesetzgebers schließen, der das Potential der Mediation erkannt hat und weiter ausschöpfen möchte.

Auch wenn der Umsetzungsprozess der Mediationsrichtlinie – insbesondere zu Beginn – von Reformbestrebungen des eigenen Justizapparates geprägt war, so spricht der Übergang in eine finale Regelung zur *mediazione obbligatoria* auch für die Motivation, die Mediation zukünftig als gleichgestellte Alternative implementieren zu wollen. Die Entlastung und Effizienzsteigerung des Justizapparates wird dann zu einem gelungenen Nebeneffekt.

Anhang 1

Richtlinie 2008/52/EG des Europäischen Parlaments und des Rates
vom 21. Mai 2008
über bestimmte Aspekte der Mediation in Zivil- und Handelssachen[898]

898 Abrufbar unter https://eur-lex.europa.eu/LexUriServ/LexUriServ.do?uri=OJ:L:2008:136:0003:0008:de:PDF; zuletzt abgerufen am 3. Juli 2018.

RICHTLINIEN

RICHTLINIE 2008/52/EG DES EUROPÄISCHEN PARLAMENTS UND DES RATES

vom 21. Mai 2008

über bestimmte Aspekte der Mediation in Zivil- und Handelssachen

DAS EUROPÄISCHE PARLAMENT UND DER RAT DER EUROPÄISCHEN UNION —

gestützt auf den Vertrag zur Gründung der Europäischen Gemeinschaft, insbesondere auf Artikel 61 Buchstabe c und Artikel 67 Absatz 5 zweiter Gedankenstrich,

auf Vorschlag der Kommission,

nach Stellungnahme des Europäischen Wirtschafts- und Sozialausschusses ([1]),

gemäß dem Verfahren des Artikels 251 des Vertrags ([2]),

in Erwägung nachstehender Gründe:

(1) Die Gemeinschaft hat sich zum Ziel gesetzt, einen Raum der Freiheit, der Sicherheit und des Rechts, in dem der freie Personenverkehr gewährleistet ist, zu erhalten und weiterzuentwickeln. Hierzu muss die Gemeinschaft unter anderem im Bereich der justiziellen Zusammenarbeit in Zivilsachen die für das reibungslose Funktionieren des Binnenmarkts erforderlichen Maßnahmen erlassen.

(2) Das Prinzip des Zugangs zum Recht ist von grundlegender Bedeutung; im Hinblick auf die Erleichterung eines besseren Zugangs zum Recht hat der Europäische Rat die Mitgliedstaaten auf seiner Tagung in Tampere am 15. und 16. Oktober 1999 aufgefordert, alternative außergerichtliche Verfahren zu schaffen.

(3) Im Mai 2000 nahm der Rat Schlussfolgerungen über alternative Streitbeilegungsverfahren im Zivil- und Handelsrecht an, in denen er festhielt, dass die Aufstellung grundlegender Prinzipien in diesem Bereich einen wesentlichen Schritt darstellt, der die Entwicklung und angemessene Anwendung außergerichtlicher Streitbeilegungsverfahren in Zivil- und Handelssachen und somit einen einfacheren und verbesserten Zugang zum Recht ermöglichen soll.

([1]) ABl. C 286 vom 17.11.2005, S. 1.

([2]) Stellungnahme des Europäischen Parlaments vom 29. März 2007 (ABl. C 27 E vom 31.1.2008, S. 129), Gemeinsamer Standpunkt des Rates vom 28. Februar 2008 (noch nicht im Amtsblatt veröffentlicht) und Standpunkt des Europäischen Parlaments vom 23. April 2008 (noch nicht im Amtsblatt veröffentlicht).

(4) Im April 2002 legte die Kommission ein Grünbuch über alternative Verfahren zur Streitbeilegung im Zivil- und Handelsrecht vor, in dem die bestehende Situation im Bereich der alternativen Verfahren der Streitbeilegung in der Europäischen Union darlegt wird und mit dem umfassende Konsultationen mit den Mitgliedstaaten und interessierten Parteien über mögliche Maßnahmen zur Förderung der Nutzung der Mediation eingeleitet werden.

(5) Das Ziel der Sicherstellung eines besseren Zugangs zum Recht als Teil der Strategie der Europäischen Union zur Schaffung eines Raums der Freiheit, der Sicherheit und des Rechts sollte den Zugang sowohl zu gerichtlichen als auch zu außergerichtlichen Verfahren der Streitbeilegung umfassen. Diese Richtlinie sollte insbesondere in Bezug auf die Verfügbarkeit von Mediationsdiensten zum reibungslosen Funktionieren des Binnenmarkts beitragen.

(6) Die Mediation kann durch auf die Bedürfnisse der Parteien zugeschnittene Verfahren eine kostengünstige und rasche außergerichtliche Streitbeilegung in Zivil- und Handelssachen bieten. Vereinbarungen, die im Mediationsverfahren erzielt wurden, werden eher freiwillig eingehalten und wahren eher eine wohlwollende und zukunftsfähige Beziehung zwischen den Parteien. Diese Vorteile werden in Fällen mit grenzüberschreitenden Elementen noch deutlicher.

(7) Um die Nutzung der Mediation weiter zu fördern und sicherzustellen, dass die Parteien, die die Mediation in Anspruch nehmen, sich auf einen vorhersehbaren rechtlichen Rahmen verlassen können, ist es erforderlich, Rahmenregeln einzuführen, in denen insbesondere die wesentlichen Aspekte des Zivilprozessrechts behandelt werden.

(8) Die Bestimmungen dieser Richtlinie sollten nur für die Mediation bei grenzüberschreitenden Streitigkeiten gelten; den Mitgliedstaaten sollte es jedoch freistehen, diese Bestimmungen auch auf interne Mediationsverfahren anzuwenden.

(9) Diese Richtlinie sollte dem Einsatz moderner Kommunikationstechnologien im Mediationsverfahren in keiner Weise entgegenstehen.

(10) Diese Richtlinie sollte für Verfahren gelten, bei denen zwei oder mehr Parteien einer grenzüberschreitenden Streitigkeit mit Hilfe eines Mediators auf freiwilliger Basis selbst versuchen, eine gütliche Einigung über die Beilegung ihrer Streitigkeit zu erzielen. Sie sollte für Zivil- und Handelssachen gelten. Sie sollte jedoch nicht für Rechte und Pflichten gelten, über die die Parteien nach dem einschlägigen anwendbaren Recht nicht selbst verfügen können. Derartige Rechte und Pflichten finden sich besonders häufig im Familienrecht und im Arbeitsrecht.

(11) Diese Richtlinie sollte weder für vorvertragliche Verhandlungen gelten noch für schiedsrichterliche Verfahren, wie beispielsweise bestimmte gerichtliche Schlichtungsverfahren, Verbraucherbeschwerdeverfahren, Schiedsverfahren oder Schiedsgutachten, noch für Verfahren, die von Personen oder Stellen abgewickelt werden, die eine förmliche Empfehlung zur Streitbeilegung abgeben, unabhängig davon, ob diese rechtlich verbindlich ist oder nicht.

(12) Diese Richtlinie sollte für Fälle gelten, in denen ein Gericht die Parteien auf die Mediation verweist oder in denen nach nationalem Recht die Mediation vorgeschrieben ist. Ferner sollte diese Richtlinie dort, wo nach nationalem Recht ein Richter als Mediator tätig werden kann, auch für die Mediation durch einen Richter gelten, der nicht für ein Gerichtsverfahren in der oder den Streitsachen zuständig ist. Diese Richtlinie sollte sich jedoch nicht auf Bemühungen zur Streitbelegung durch das angerufene Gericht oder den angerufenen Richter im Rahmen des Gerichtsverfahrens über die betreffende Streitsache oder auf Fälle erstrecken, in denen das befasste Gericht oder der befasste Richter eine sachkundige Person zur Unterstützung oder Beratung heranzieht.

(13) Die in dieser Richtlinie vorgesehene Mediation sollte ein auf Freiwilligkeit beruhendes Verfahren in dem Sinne sein, dass die Parteien selbst für das Verfahren verantwortlich sind und es nach ihrer eigenen Vorstellung organisieren und jederzeit beenden können. Nach nationalem Recht sollte es den Gerichten jedoch möglich sein, Fristen für ein Mediationsverfahren zu setzen. Außerdem sollten die Gerichte die Parteien auf die Möglichkeit der Mediation hinweisen können, wann immer dies zweckmäßig ist.

(14) Diese Richtlinie sollte nationale Rechtsvorschriften, nach denen die Inanspruchnahme der Mediation verpflichtend oder mit Anreizen oder Sanktionen verbunden ist, unberührt lassen, sofern diese Rechtsvorschriften die Parteien nicht daran hindern, ihr Recht auf Zugang zum Gerichtssystem wahrzunehmen. Ebenso sollte diese Richtlinie bestehende, auf Selbstverantwortlichkeit der Parteien beruhende Mediationssysteme unberührt lassen, insoweit sie Aspekte betreffen, die nicht unter diese Richtlinie fallen.

(15) Im Interesse der Rechtssicherheit sollte in dieser Richtlinie angegeben werden, welcher Zeitpunkt für die Feststellung maßgeblich ist, ob eine Streitigkeit, die die Parteien durch Mediation beizulegen versuchen, eine grenzüberschreitende Streitigkeit ist. Wurde keine schriftliche Vereinbarung getroffen, so sollte davon ausgegangen werden, dass die Parteien zu dem Zeitpunkt einer Inanspruchnahme der Mediation zustimmen, zu dem sie spezifische Schritte unternehmen, um das Mediationsverfahren einzuleiten.

(16) Um das nötige gegenseitige Vertrauen in Bezug auf die Vertraulichkeit, die Wirkung auf Verjährungsfristen sowie die Anerkennung und Vollstreckung von im Mediationsverfahren erzielten Vereinbarungen sicherzustellen, sollten die Mitgliedstaaten die Aus- und Fortbildung von Mediatoren und die Einrichtung wirksamer Mechanismen zur Qualitätskontrolle in Bezug auf die Erbringung von Mediationsdiensten mit allen ihnen geeignet erscheinenden Mitteln fördern.

(17) Die Mitgliedstaaten sollten derartige Mechanismen festlegen, die auch den Rückgriff auf marktgestützte Lösungen einschließen können, aber sie sollten nicht verpflichtet sein, diesbezüglich Finanzmittel bereitzustellen. Die Mechanismen sollten darauf abzielen, die Flexibilität des Mediationsverfahrens und die Autonomie der Parteien zu wahren und sicherzustellen, dass die Mediation auf wirksame, unparteiische und sachkundige Weise durchgeführt wird. Die Mediatoren sollten auf den Europäischen Verhaltenskodex für Mediatoren hingewiesen werden, der im Internet auch der breiten Öffentlichkeit zur Verfügung gestellt werden sollte.

(18) Im Bereich des Verbraucherschutzes hat die Kommission eine förmliche Empfehlung [1] mit Mindestqualitätskriterien angenommen, die an der einvernehmlichen Beilegung von Verbraucherstreitigkeiten beteiligte außergerichtliche Einrichtungen ihren Nutzern bieten sollten. Alle Mediatoren oder Organisationen, die in den Anwendungsbereich dieser Empfehlung fallen, sollten angehalten werden, die Grundsätze der Empfehlung zu beachten. Um die Verbreitung von Informationen über diese Einrichtungen zu erleichtern, sollte die Kommission eine Datenbank über außergerichtliche Verfahren einrichten, die nach Ansicht der Mitgliedstaaten die Grundsätze der genannten Empfehlung erfüllen.

(19) Die Mediation sollte nicht als geringerwertige Alternative zu Gerichtsverfahren in dem Sinne betrachtet werden, dass die Einhaltung von im Mediationsverfahren erzielten Vereinbarungen vom guten Willen der Parteien abhinge. Die Mitgliedstaaten sollten daher sicherstellen, dass die Parteien einer im Mediationsverfahren erzielten schriftlichen Vereinbarung veranlassen können, dass der Inhalt der Vereinbarung vollstreckbar gemacht wird. Ein Mitgliedstaat sollte es nur dann ablehnen können, eine Vereinbarung vollstreckbar zu machen, wenn deren Inhalt seinem Recht, einschließlich seines internationalen Privatrechts, zuwiderläuft oder die Vollstreckbarkeit des Inhalts der spezifischen Vereinbarung in seinem Recht nicht vorgesehen ist. Dies könnte der Fall sein, wenn die in der Vereinbarung bezeichnete Verpflichtung ihrem Wesen nach nicht vollstreckungsfähig ist.

[1] Empfehlung 2001/310/EG der Kommission vom 4. April 2001 über die Grundsätze für an der einvernehmlichen Beilegung von Verbraucherrechtsstreitigkeiten beteiligte außergerichtliche Einrichtungen (ABl. L 109 vom 19.4.2001, S. 56).

(20) Der Inhalt einer im Mediationsverfahren erzielten Vereinbarung, die in einem Mitgliedstaat vollstreckbar gemacht wurde, sollte gemäß dem anwendbaren Gemeinschaftsrecht oder nationalen Recht in den anderen Mitgliedstaaten anerkannt und für vollstreckbar erklärt werden. Dies könnte beispielsweise auf der Grundlage der Verordnung (EG) Nr. 44/2001 des Rates vom 22. Dezember 2000 über die gerichtliche Zuständigkeit und die Anerkennung und Vollstreckung von Entscheidungen in Zivil- und Handelssachen [1] oder der Verordnung (EG) Nr. 2201/2003 des Rates vom 27. November 2003 über die Zuständigkeit und die Anerkennung und Vollstreckung von Entscheidungen in Ehesachen und in Verfahren betreffend die elterliche Verantwortung [2] erfolgen.

(21) In der Verordnung (EG) Nr. 2201/2003 ist ausdrücklich vorgesehen, dass Vereinbarungen zwischen den Parteien in dem Mitgliedstaat, in dem sie geschlossen wurden, vollstreckbar sein müssen, wenn sie in einem anderen Mitgliedstaat vollstreckbar sein sollen. In Fällen, in denen der Inhalt einer im Mediationsverfahren erzielten Vereinbarung über eine familienrechtliche Streitigkeit in dem Mitgliedstaat, in dem die Vereinbarung geschlossen und ihre Vollstreckbarkeit beantragt wurde, nicht vollstreckbar ist, sollte diese Richtlinie die Parteien daher nicht dazu veranlassen, das Recht dieses Mitgliedstaats zu umgehen, indem sie ihre Vereinbarung in einem anderen Mitgliedstaat vollstreckbar machen lassen.

(22) Die Vorschriften der Mitgliedstaaten für die Vollstreckung von im Mediationsverfahren erzielten Vereinbarungen sollten von dieser Richtlinie unberührt bleiben.

(23) Die Vertraulichkeit des Mediationsverfahrens ist wichtig und daher sollte in dieser Richtlinie ein Mindestmaß an Kompatibilität der zivilrechtlichen Verfahrensvorschriften hinsichtlich der Wahrung der Vertraulichkeit der Mediation in nachfolgenden zivil- und handelsrechtlichen Gerichts- oder Schiedsverfahren vorgesehen werden.

(24) Um die Parteien dazu anzuregen, die Mediation in Anspruch zu nehmen, sollten die Mitgliedstaaten gewährleisten, dass ihre Regeln über Verjährungsfristen die Parteien bei einem Scheitern der Mediation nicht daran hindern, ein Gericht oder ein Schiedsgericht anzurufen. Die Mitgliedstaaten sollten dies sicherstellen, auch wenn mit dieser Richtlinie die nationalen Regeln über Verjährungsfristen nicht harmonisiert werden. Die Bestimmungen über Verjährungsfristen in von den Mitgliedstaaten umgesetzten internationalen Übereinkünften, z. B. im Bereich des Verkehrsrechts, sollten von dieser Richtlinie nicht berührt werden.

[1] ABl. L 12 vom 16.1.2001, S. 1. Zuletzt geändert durch die Verordnung (EG) Nr. 1791/2006 (ABl. L 363 vom 20.12.2006, S. 1).
[2] ABl. L 338 vom 23.12.2003, S. 1. Geändert durch die Verordnung (EG) Nr. 2116/2004 (ABl. L 367 vom 14.12.2004, S. 1).

(25) Die Mitgliedstaaten sollten darauf hinwirken, dass der breiten Öffentlichkeit Informationen darüber zur Verfügung gestellt werden, wie mit Mediatoren und Organisationen, die Mediationsdienste erbringen, Kontakt aufgenommen werden kann. Sie sollten ferner die Angehörigen der Rechtsberufe dazu anregen, ihre Mandanten über die Möglichkeit der Mediation zu unterrichten.

(26) Nach Nummer 34 der Interinstitutionellen Vereinbarung über bessere Rechtsetzung [3] werden die Mitgliedstaaten angehalten, für ihre eigenen Zwecke und im Interesse der Gemeinschaft eigene Tabellen aufzustellen, aus denen im Rahmen des Möglichen die Entsprechungen zwischen dieser Richtlinie und den Umsetzungsmaßnahmen zu entnehmen sind, und diese zu veröffentlichen.

(27) Diese Richtlinie soll der Förderung der Grundrechte dienen und berücksichtigt die Grundsätze, die insbesondere mit der Charta der Grundrechte der Europäischen Union anerkannt wurden.

(28) Da das Ziel dieser Richtlinie auf Ebene der Mitgliedstaaten nicht ausreichend verwirklicht werden kann und daher wegen des Umfangs oder der Wirkungen der Maßnahme besser auf Gemeinschaftsebene zu verwirklichen ist, kann die Gemeinschaft im Einklang mit dem in Artikel 5 des Vertrags niedergelegten Subsidiaritätsprinzip tätig werden. Entsprechend dem in demselben Artikel niedergelegten Grundsatz der Verhältnismäßigkeit geht diese Richtlinie nicht über das für die Erreichung dieses Ziels erforderliche Maß hinaus.

(29) Gemäß Artikel 3 des dem Vertrag über die Europäische Union und dem Vertrag zur Gründung der Europäischen Gemeinschaft beigefügten Protokolls über die Position des Vereinigten Königreichs und Irlands haben das Vereinigte Königreich und Irland mitgeteilt, dass sie sich an der Annahme und Anwendung dieser Richtlinie beteiligen möchten.

(30) Gemäß den Artikeln 1 und 2 des dem Vertrag über die Europäische Union und dem Vertrag zur Gründung der Europäischen Gemeinschaft beigefügten Protokolls über die Position Dänemarks beteiligt sich Dänemark nicht an der Annahme dieser Richtlinie, die für Dänemark nicht bindend oder anwendbar ist —

[3] ABl. C 321 vom 31.12.2003, S. 1.

HABEN FOLGENDE RICHTLINIE ERLASSEN:

Artikel 1

Ziel und Anwendungsbereich

(1) Ziel dieser Richtlinie ist es, den Zugang zur alternativen Streitbeilegung zu erleichtern und die gütliche Beilegung von Streitigkeiten zu fördern, indem zur Nutzung der Mediation angehalten und für ein ausgewogenes Verhältnis zwischen Mediation und Gerichtsverfahren gesorgt wird.

(2) Diese Richtlinie gilt bei grenzüberschreitenden Streitigkeiten für Zivil- und Handelssachen, nicht jedoch für Rechte und Pflichten, über die die Parteien nach dem einschlägigen anwendbaren Recht nicht verfügen können. Sie gilt insbesondere nicht für Steuer- und Zollsachen sowie verwaltungsrechtliche Angelegenheiten oder die Haftung des Staates für Handlungen oder Unterlassungen im Rahmen der Ausübung hoheitlicher Rechte („acta iure imperii").

(3) In dieser Richtlinie bezeichnet der Ausdruck „Mitgliedstaat" die Mitgliedstaaten mit Ausnahme Dänemarks.

Artikel 2

Grenzüberschreitende Streitigkeiten

(1) Eine grenzüberschreitende Streitigkeit im Sinne dieser Richtlinie liegt vor, wenn mindestens eine der Parteien zu dem Zeitpunkt, zu dem

a) die Parteien vereinbaren, die Mediation zu nutzen, nachdem die Streitigkeit entstanden ist,

b) die Mediation von einem Gericht angeordnet wird,

c) nach nationalem Recht eine Pflicht zur Nutzung der Mediation entsteht, oder

d) eine Aufforderung an die Parteien im Sinne des Artikels 5 ergeht,

ihren Wohnsitz oder gewöhnlichen Aufenthalt in einem anderen Mitgliedstaat als dem einer der anderen Parteien hat.

(2) Ungeachtet des Absatzes 1 ist eine grenzüberschreitende Streitigkeit im Sinne der Artikel 7 und 8 auch eine Streitigkeit, bei der nach einer Mediation zwischen den Parteien ein Gerichts- oder ein Schiedsverfahren in einem anderen Mitgliedstaat als demjenigen eingeleitet wird, in dem die Parteien zu dem in Absatz 1 Buchstaben a, b oder c genannten Zeitpunkt ihren Wohnsitz oder gewöhnlichen Aufenthalt hatten.

(3) Der Wohnsitz im Sinne der Absätze 1 und 2 bestimmt sich nach den Artikeln 59 und 60 der Verordnung (EG) Nr. 44/2001.

Artikel 3

Begriffsbestimmungen

Im Sinne dieser Richtlinie bezeichnet der Ausdruck

a) „Mediation" ein strukturiertes Verfahren unabhängig von seiner Bezeichnung, in dem zwei oder mehr Streitparteien mit Hilfe eines Mediators auf freiwilliger Basis selbst versuchen, eine Vereinbarung über die Beilegung ihrer Streitigkeiten zu erzielen. Dieses Verfahren kann von den Parteien eingeleitet oder von einem Gericht vorgeschlagen oder angeordnet werden oder nach dem Recht eines Mitgliedstaats vorgeschrieben sein.

Es schließt die Mediation durch einen Richter ein, der nicht für ein Gerichtsverfahren in der betreffenden Streitsache zuständig ist. Nicht eingeschlossen sind Bemühungen zur Streitbeilegung des angerufenen Gerichts oder Richters während des Gerichtsverfahrens über die betreffende Streitsache;

b) „Mediator" eine dritte Person, die ersucht wird, eine Mediation auf wirksame, unparteiische und sachkundige Weise durchzuführen, unabhängig von ihrer Bezeichnung oder ihrem Beruf in dem betreffenden Mitgliedstaat und der Art und Weise, in der sie für die Durchführung der Mediation benannt oder mit dieser betraut wurde.

Artikel 4

Sicherstellung der Qualität der Mediation

(1) Die Mitgliedstaaten fördern mit allen ihnen geeignet erscheinenden Mitteln die Entwicklung und Einhaltung von freiwilligen Verhaltenskodizes durch Mediatoren und Organisationen, die Mediationsdienste erbringen, sowie andere wirksame Verfahren zur Qualitätskontrolle für die Erbringung von Mediationsdiensten.

(2) Die Mitgliedstaaten fördern die Aus- und Fortbildung von Mediatoren, um sicherzustellen, dass die Mediation für die Parteien wirksam, unparteiisch und sachkundig durchgeführt wird.

Artikel 5

Inanspruchnahme der Mediation

(1) Ein Gericht, das mit einer Klage befasst wird, kann gegebenenfalls und unter Berücksichtigung aller Umstände des Falles die Parteien auffordern, die Mediation zur Streitbeilegung in Anspruch zu nehmen. Das Gericht kann die Parteien auch auffordern, an einer Informationsveranstaltung über die Nutzung der Mediation teilzunehmen, wenn solche Veranstaltungen durchgeführt werden und leicht zugänglich sind.

(2) Diese Richtlinie lässt nationale Rechtsvorschriften unberührt, nach denen die Inanspruchnahme der Mediation vor oder nach Einleitung eines Gerichtsverfahrens verpflichtend oder mit Anreizen oder Sanktionen verbunden ist, sofern diese Rechtsvorschriften die Parteien nicht daran hindern, ihr Recht auf Zugang zum Gerichtssystem wahrzunehmen.

Artikel 6

Vollstreckbarkeit einer im Mediationsverfahren erzielten Vereinbarung

(1) Die Mitgliedstaaten stellen sicher, dass von den Parteien — oder von einer Partei mit ausdrücklicher Zustimmung der anderen — beantragt werden kann, dass der Inhalt einer im Mediationsverfahren erzielten schriftlichen Vereinbarung vollstreckbar gemacht wird. Der Inhalt einer solchen Vereinbarung wird vollstreckbar gemacht, es sei denn, in dem betreffenden Fall steht der Inhalt der Vereinbarung dem Recht des Mitgliedstaats, in dem der Antrag gestellt wurde, entgegen oder das Recht dieses Mitgliedstaats sieht die Vollstreckbarkeit des Inhalts nicht vor.

(2) Der Inhalt der Vereinbarung kann von einem Gericht oder einer anderen zuständigen öffentlichen Stelle durch ein Urteil oder eine Entscheidung oder in einer öffentlichen Urkunde nach dem Recht des Mitgliedstaats, in dem der Antrag gestellt wurde, vollstreckbar gemacht werden.

(3) Die Mitgliedstaaten teilen der Kommission mit, welche Gerichte oder sonstigen öffentlichen Stellen zuständig sind, einen Antrag nach den Absätzen 1 und 2 entgegenzunehmen.

(4) Die Vorschriften für die Anerkennung und Vollstreckung einer nach Absatz 1 vollstreckbar gemachten Vereinbarung in einem anderen Mitgliedstaat werden durch diesen Artikel nicht berührt.

Artikel 7

Vertraulichkeit der Mediation

(1) Da die Mediation in einer Weise erfolgen soll, die die Vertraulichkeit wahrt, gewährleisten die Mitgliedstaaten, sofern die Parteien nichts anderes vereinbaren, dass weder Mediatoren noch in die Durchführung des Mediationsverfahrens eingebundene Personen gezwungen sind, in Gerichts- oder Schiedsverfahren in Zivil- und Handelssachen Aussagen zu Informationen zu machen, die sich aus einem Mediationsverfahren oder im Zusammenhang mit einem solchen ergeben, es sei denn,

a) dies ist aus vorrangigen Gründen der öffentlichen Ordnung (ordre public) des betreffenden Mitgliedstaats geboten, um insbesondere den Schutz des Kindeswohls zu gewährleisten oder eine Beeinträchtigung der physischen oder psychischen Integrität einer Person abzuwenden, oder

b) die Offenlegung des Inhalts der im Mediationsverfahren erzielten Vereinbarung ist zur Umsetzung oder Vollstreckung dieser Vereinbarung erforderlich.

(2) Absatz 1 steht dem Erlass strengerer Maßnahmen durch die Mitgliedstaaten zum Schutz der Vertraulichkeit der Mediation nicht entgegen.

Artikel 8

Auswirkung der Mediation auf Verjährungsfristen

(1) Die Mitgliedstaaten stellen sicher, dass die Parteien, die eine Streitigkeit im Wege der Mediation beizulegen versucht haben, im Anschluss daran nicht durch das Ablaufen der Verjährungsfristen während des Mediationsverfahrens daran gehindert werden, ein Gerichts- oder Schiedsverfahren hinsichtlich derselben Streitigkeit einzuleiten.

(2) Bestimmungen über Verjährungsfristen in internationalen Übereinkommen, denen Mitgliedstaaten angehören, bleiben von Absatz 1 unberührt.

Artikel 9

Information der breiten Öffentlichkeit

Die Mitgliedstaaten fördern mit allen ihnen geeignet erscheinenden Mitteln, insbesondere über das Internet, die Bereitstellung von Informationen für die breite Öffentlichkeit darüber, wie mit Mediatoren und Organisationen, die Mediationsdienste erbringen, Kontakt aufgenommen werden kann.

Artikel 10

Informationen über zuständige Gerichte und öffentliche Stellen

Die Kommission macht die Angaben über die zuständigen Gerichte und öffentlichen Stellen, die ihr die Mitgliedstaaten gemäß Artikel 6 Absatz 3 mitteilen, mit allen geeigneten Mitteln öffentlich zugänglich.

Artikel 11

Überprüfung

Die Kommission legt dem Europäischen Parlament, dem Rat und dem Europäischen Wirtschafts- und Sozialausschuss bis zum 21. Mai 2016 einen Bericht über die Anwendung dieser Richtlinie vor. In dem Bericht wird auf die Entwicklung der Mediation in der gesamten Europäischen Union sowie auf die Auswirkungen dieser Richtlinie in den Mitgliedstaaten eingegangen. Dem Bericht sind, soweit erforderlich, Vorschläge zur Anpassung dieser Richtlinie beizufügen.

Artikel 12

Umsetzung

(1) Die Mitgliedstaaten setzen vor dem 21. Mai 2011 die Rechts- und Verwaltungsvorschriften in Kraft, die erforderlich sind, um dieser Richtlinie nachzukommen; hiervon ausgenommen ist Artikel 10, dem spätestens bis zum 21. November 2010 nachzukommen ist. Sie setzen die Kommission unverzüglich davon in Kenntnis.

Wenn die Mitgliedstaaten diese Vorschriften erlassen, nehmen sie in den entsprechenden Vorschriften selbst oder durch einen Hinweis bei der amtlichen Veröffentlichung auf diese Richtlinie Bezug. Die Mitgliedstaaten regeln die Einzelheiten der Bezugnahme.

(2) Die Mitgliedstaaten teilen der Kommission den Wortlaut der wichtigsten nationalen Rechtsvorschriften mit, die sie auf dem unter diese Richtlinie fallenden Gebiet erlassen.

Artikel 13

Inkrafttreten

Diese Richtlinie tritt am zwanzigsten Tag nach ihrer Veröffentlichung im *Amtsblatt der Europäischen Union* in Kraft.

Artikel 14

Adressaten

Diese Richtlinie ist an die Mitgliedstaaten gerichtet.

Geschehen zu Straßburg am 21. Mai 2008.

In Namen des Europäischen Parlaments
Der Präsident
H.-G. PÖTTERING

Im Namen des Rates
Der Präsident
J. LENARČIČ

Anhang 2

Synopse des Gesetzesdekretes Nr. 28 vom 4. März 2010
- Italienisches Mediationsgesetz -[899]

und
Übersetzung in die deutsche Sprache[900]

899 Abrufbar unter http://www.consiglionazionaleforense.it; zuletzt abgerufen am 25. Juni 2014.

900 Autor: Maria von Gyldenfeldt.

CONSIGLIO NAZIONALE FORENSE

PRESSO IL MINISTERO DELLA GIUSTIZIA
Ufficio studi

DECRETO LEGISLATIVO 4 MARZO 2010, N. 28
Attuazione dell'articolo 60 della legge 18 giugno 2009, n. 69, in materia di mediazione finalizzata alla conciliazione delle controversie civili e commerciali.

Testo coordinato con le modifiche introdotte con il D.L. 21 giugno 2013, n. 69, convertito, con modificazioni, dalla L. 9 agosto 2013, n. 98*.

N.b.: le aggiunte sono riportate in **grassetto** e le eliminazioni sono ~~barrate~~.

Decreto legislativo n. 28/2010 *(I passi ~~barrati~~ sono quelli censurati dalla Corte Cost. 272/2012)*	**Decreto legislativo n. 28/2010** *(Testo consolidato con le modifiche risultanti dalla L.n. 9/2013 di conversione del D.L. 69/2013)*
CAPO I **DISPOSIZIONI GENERALI**	**CAPO I** **DISPOSIZIONI GENERALI**
Art. 1 **Definizioni** 1. Ai fini del presente decreto legislativo, si intende per: a) mediazione: l'attività, comunque denominata, svolta da un terzo imparziale e finalizzata ad assistere due o più soggetti sia nella ricerca di un accordo amichevole per la composizione di una controversia, sia nella formulazione di una proposta per la risoluzione della stessa; b) mediatore: la persona o le persone fisiche che, individualmente o collegialmente, svolgono la mediazione rimanendo prive, in ogni caso, del potere di rendere giudizi o decisioni vincolanti per i destinatari del servizio medesimo;	**Art. 1** **Definizioni** 1. Ai fini del presente decreto legislativo, si intende per: a) mediazione: l'attività, comunque denominata, svolta da un terzo imparziale e finalizzata ad assistere due o più soggetti nella ricerca di un accordo amichevole per la composizione di una controversia, ~~sia nella~~ **anche con** formulazione di una proposta per la risoluzione della stessa; b) mediatore: la persona o le persone fisiche che, individualmente o collegialmente, svolgono la mediazione rimanendo prive, in ogni caso, del potere di rendere giudizi o decisioni vincolanti per i destinatari del servizio medesimo;

* Il presente documento è stato redatto da Marina Chiarelli e Cecilia Zoppè con la supervisione di Giuseppe Colavitti e Silvia Izzo.

Roma – via del Governo Vecchio, 3 – tel. 06.977488 – fax 06.97748829
ufficiostudi@consiglionazionaleforense.it

c) conciliazione: la composizione di una controversia a seguito dello svolgimento della mediazione;	c) conciliazione: la composizione di una controversia a seguito dello svolgimento della mediazione;
d) organismo: l'ente pubblico o privato, presso il quale può svolgersi il procedimento di mediazione ai sensi del presente decreto; e) registro: il registro degli organismi istituito con decreto del Ministro della giustizia ai sensi dell'articolo 16 del presente decreto, nonché, sino all'emanazione di tale decreto, il registro degli organismi istituito con il decreto del Ministro della giustizia 23 luglio 2004, n. 222.	d) organismo: l'ente pubblico o privato, presso il quale può svolgersi il procedimento di mediazione ai sensi del presente decreto; e) registro: il registro degli organismi istituito con decreto del Ministro della giustizia ai sensi dell'articolo 16 del presente decreto, nonché, sino all'emanazione di tale decreto, il registro degli organismi istituito con il decreto del Ministro della giustizia 23 luglio 2004, n. 222.
Art. 2 **Controversie oggetto di mediazione** 1. Chiunque può accedere alla mediazione per la conciliazione di una controversia civile e commerciale vertente su diritti disponibili, secondo le disposizioni del presente decreto. 2. Il presente decreto non preclude le negoziazioni volontarie e paritetiche relative alle controversie civili e commerciali, ne' le procedure di reclamo previste dalle carte dei servizi.	**Art. 2** **Controversie oggetto di mediazione** 1. Chiunque può accedere alla mediazione per la conciliazione di una controversia civile e commerciale vertente su diritti disponibili, secondo le disposizioni del presente decreto. 2. Il presente decreto non preclude le negoziazioni volontarie e paritetiche relative alle controversie civili e commerciali, ne' le procedure di reclamo previste dalle carte dei servizi.
CAPO II **DEL PROCEDIMENTO DI MEDIAZIONE**	**CAPO II** **DEL PROCEDIMENTO DI MEDIAZIONE**
Art. 3 **Disciplina applicabile e forma degli atti**	**Art. 3** **Disciplina applicabile e forma degli atti**

Roma – via del Governo Vecchio, 3 – tel. 06.977488 – fax 06.97748829
ufficiostudi@consiglionazionaleforense.it

1.Al procedimento di mediazione si applica il regolamento dell'organismo scelto dalle parti. 2. Il regolamento deve in ogni caso garantire la riservatezza del procedimento ai sensi dell'articolo 9, nonché modalità di nomina del mediatore che ne assicurano l'imparzialità e l'idoneità al corretto e sollecito espletamento dell'incarico. 3. Gli atti del procedimento di mediazione non sono soggetti a formalità. 4. La mediazione può svolgersi secondo modalità telematiche previste dal regolamento dell'organismo.	1. Al procedimento di mediazione si applica il regolamento dell'organismo scelto dalle parti. 2. Il regolamento deve in ogni caso garantire la riservatezza del procedimento ai sensi dell'articolo 9, nonché modalità di nomina del mediatore che ne assicurano l'imparzialità e l'idoneità al corretto e sollecito espletamento dell'incarico. 3. Gli atti del procedimento di mediazione non sono soggetti a formalità. 4. La mediazione può svolgersi secondo modalità telematiche previste dal regolamento dell'organismo.
Art. 4 **Accesso alla mediazione** 1. La domanda di mediazione relativa alle controversie di cui all'articolo 2 e' presentata mediante deposito di un'istanza presso un organismo. In caso di più domande relative alla stessa controversia, la mediazione si svolge davanti all'organismo presso il quale è stata presentata la prima domanda. Per determinare il tempo della domanda si ha riguardo alla data della ricezione della comunicazione.	**Art. 4** **Accesso alla mediazione** 1. La domanda di mediazione relativa alle controversie di cui all'articolo 2 è presentata mediante deposito di un'istanza presso un organismo **nel luogo del giudice territorialmente competente per la controversia.** In caso di più domande relative alla stessa controversia, la mediazione si svolge davanti all'organismo ~~presso il quale è stata presentata la prima domanda~~ **territorialmente competente presso il quale è stata presentata la prima domanda.** Per determinare il tempo della domanda si ha riguardo alla data ~~della ricezione della comunicazione~~ **del deposito**

	dell'istanza.
2. L'istanza deve indicare l'organismo, le parti, l'oggetto e le ragioni della pretesa.	2. L'istanza deve indicare l'organismo, le parti, l'oggetto e le ragioni della pretesa.
3. All'atto del conferimento dell'incarico, l'avvocato e' tenuto a informare l'assistito della possibilità di avvalersi del procedimento di mediazione disciplinato dal presente decreto e delle agevolazioni fiscali di cui agli articoli 17 e 20. ~~L'avvocato informa altresì l'assistito dei casi in cui l'esperimento del procedimento di mediazione e' condizione di procedibilità della domanda giudiziale.~~ L'informazione deve essere fornita chiaramente e per iscritto. In caso di violazione degli obblighi di informazione, il contratto tra l'avvocato e l'assistito e' annullabile. Il documento che contiene l'informazione e' sottoscritto dall'assistito e deve essere allegato all'atto introduttivo dell'eventuale giudizio. Il giudice che verifica la mancata allegazione del documento, ~~se non provvede ai sensi dell'articolo 5, comma 1~~, informa la parte della facoltà di chiedere la mediazione.	3. All'atto del conferimento dell'incarico, l'avvocato è tenuto a informare l'assistito della possibilità di avvalersi del procedimento di mediazione disciplinato dal presente decreto e delle agevolazioni fiscali di cui agli articoli 17 e 20. **L'avvocato informa altresì l'assistito dei casi in cui l'esperimento del procedimento di mediazione è condizione di procedibilità della domanda giudiziale**. L'informazione deve essere fornita chiaramente e per iscritto. In caso di violazione degli obblighi di informazione, il contratto tra l'avvocato e l'assistito è annullabile. Il documento che contiene l'informazione è sottoscritto dall'assistito e deve essere allegato all'atto introduttivo dell'eventuale giudizio. Il giudice che verifica la mancata allegazione del documento, **se non provvede ai sensi dell'articolo 5, comma~~-1~~ 1-bis**, informa la parte della facoltà di chiedere la mediazione.
Art. 5 **Condizione di procedibilità e rapporti con il processo**	**Art. 5** **Condizione di procedibilità e rapporti con il processo**
~~1.Chi intende esercitare in giudizio un'azione relativa ad una controversia in materia di condominio, diritti reali, divisione, successioni ereditarie, patti di famiglia, locazione, comodato, affitto di aziende, risarcimento del danno derivante dalla circolazione di veicoli e natanti, da responsabilità medica e da~~	1. ~~Chi intende esercitare in giudizio un'azione relativa ad una controversia in materia di condominio, diritti reali, divisione, successioni ereditarie, patti di famiglia, locazione, comodato, affitto di aziende, risarcimento del danno derivante dalla circolazione di veicoli e natanti, da responsabilità medica e da~~

~~diffamazione con il mezzo della stampa o con altro mezzo di pubblicità, contratti assicurativi, bancari e finanziari, e' tenuto preliminarmente a esperire il procedimento di mediazione ai sensi del presente decreto ovvero il procedimento di conciliazione previsto dal decreto legislativo 8 ottobre 2007, n. 179, ovvero il procedimento istituito in attuazione dell'articolo 128-bis del testo unico delle leggi in materia bancaria e creditizia di cui al decreto legislativo 1° settembre 1993, n. 385, e successive modificazioni, per le materie ivi regolate. L'esperimento del procedimento di mediazione e' condizione di procedibilità della domanda giudiziale. L'improcedibilità deve essere eccepita dal convenuto, a pena di decadenza, o rilevata d'ufficio dal giudice, non oltre la prima udienza. Il giudice ove rilevi che la mediazione e' già iniziata, ma non si e' conclusa, fissa la successiva udienza dopo la scadenza del termine di cui all'articolo 6. Allo stesso modo provvede quando la mediazione non e' stata esperita, assegnando contestualmente alle parti il termine di quindici giorni per la presentazione della domanda di mediazione. Il presente comma non si applica alle azioni previste dagli articoli 37, 140 e 140-bis del codice del consumo di cui al decreto legislativo 6 settembre 2005, n. 206, e successive modificazioni~~	~~diffamazione con il mezzo della stampa o con altro mezzo di pubblicità, contratti assicurativi, bancari e finanziari, e' tenuto preliminarmente a esperire il procedimento di mediazione ai sensi del presente decreto ovvero il procedimento di conciliazione previsto dal decreto legislativo 8 ottobre 2007, n. 179, ovvero il procedimento istituito in attuazione dell'articolo 128-bis del testo unico delle leggi in materia bancaria e creditizia di cui al decreto legislativo 1° settembre 1993, n. 385, e successive modificazioni, per le materie ivi regolate. L'esperimento del procedimento di mediazione è condizione di procedibilità della domanda giudiziale. L'improcedibilità deve essere eccepita dal convenuto, a pena di decadenza, o rilevata d'ufficio dal giudice, non oltre la prima udienza. Il giudice ove rilevi che la mediazione è già iniziata, ma non si e' conclusa, fissa la successiva udienza dopo la scadenza del termine di cui all'articolo 6. Allo stesso modo provvede quando la mediazione non e' stata esperita, assegnando contestualmente alle parti il termine di quindici giorni per la presentazione della domanda di mediazione. Il presente comma non si applica alle azioni previste dagli articoli 37, 140 e 140-bis del codice del consumo di cui al decreto legislativo 6 settembre 2005, n. 206, e successive modificazioni.~~[1] **1-bis. Chi intende esercitare in giudizio un'azione relativa a una controversia in materia di condominio, diritti reali, divisione, successioni ereditarie, patti di famiglia, locazione, comodato, affitto di**

[1] Con modalità alquanto inconsueta il Legislatore, anziché abrogare il comma 1, dichiarato illegittimo dalla sentenza della Corte costituzionale n.272/2012 ha aggiunto un nuovo comma 1bis.

	aziende, risarcimento del danno derivante da responsabilità medica e sanitaria e da diffamazione con il mezzo della stampa o con altro mezzo di pubblicità, contratti assicurativi, bancari e finanziari, è tenuto, assistito dall'avvocato, preliminarmente a esperire il procedimento di mediazione ai sensi del presente decreto ovvero il procedimento di conciliazione previsto dal decreto legislativo 8 ottobre 2007, n. 179, ovvero il procedimento istituito in attuazione dell'articolo 128-bis del testo unico delle leggi in materia bancaria e creditizia di cui al decreto legislativo 1° settembre 1993, n. 385, e successive modificazioni, per le materie ivi regolate. L'esperimento del procedimento di mediazione è condizione di procedibilità della domanda giudiziale. La presente disposizione ha efficacia per i quattro anni successivi alla data della sua entrata in vigore. Al termine di due anni dalla medesima data di entrata in vigore è attivato su iniziativa del Ministero della giustizia il monitoraggio degli esiti di tale sperimentazione. L'improcedibilità deve essere eccepita dal convenuto, a pena di decadenza, o rilevata d'ufficio dal giudice, non oltre la prima udienza. Il giudice ove rilevi che la mediazione è già iniziata, ma non si è conclusa, fissa la successiva udienza dopo la scadenza del termine di cui all'articolo 6. Allo stesso modo provvede quando la mediazione non è stata esperita, assegnando contestualmente alle parti il termine di quindici giorni per la presentazione della domanda di mediazione. Il presente comma non si applica alle azioni previste dagli articoli 37, 140 e 140-bis del codice del consumo di cui al decreto

	legislativo 6 settembre 2005, n. 206, e successive modificazioni.
2.~~Fermo quanto previsto dal comma 1 e~~ Salvo quanto disposto dai commi 3 e 4, il giudice, anche in sede di giudizio di appello, valutata la natura della causa, lo stato dell'istruzione e il comportamento delle parti, può invitare le stesse a procedere alla mediazione. L'invito deve essere rivolto alle parti prima dell'udienza di precisazione delle conclusioni ovvero, quando tale udienza non e' prevista, prima della discussione della causa. Se le parti aderiscono all'invito, il giudice fissa la successiva udienza dopo la scadenza del termine di cui all'articolo 6 e, quando la mediazione non e' già stata avviata, assegna contestualmente alle parti il termine di quindici giorni per la presentazione della domanda di mediazione.	2. **Fermo quanto previsto dal comma 1-bis** e salvo quanto disposto dai commi 3 e 4, il giudice, anche in sede di giudizio di appello, valutata la natura della causa, lo stato dell'istruzione e il comportamento delle parti, ~~può invitare le stesse a procedere alla mediazione. L'invito deve essere rivolto alle parti prima dell'udienza di precisazione delle conclusioni ovvero, quando tale udienza non e' prevista, prima della discussione della causa.~~ **può disporre l'esperimento del procedimento di mediazione; in tal caso, l'esperimento del procedimento di mediazione è condizione di procedibilità della domanda giudiziale, anche in sede di appello. Il provvedimento di cui al periodo precedente è adottato prima dell'udienza di precisazione delle conclusioni ovvero, quando tale udienza non e' prevista, prima della discussione della causa**~~.~~ ~~Se le parti aderiscono all'invito~~, il giudice fissa la successiva udienza dopo la scadenza del termine di cui all'articolo 6 e, quando la mediazione non è già stata avviata, assegna contestualmente alle parti il termine di quindici giorni per la presentazione della domanda di mediazione.
	2-bis. Quando l'esperimento del procedimento di mediazione è condizione di procedibilità della domanda giudiziale la condizione si considera avverata se il primo incontro dinanzi al mediatore si conclude senza l'accordo.

3. Lo svolgimento della mediazione non preclude in ogni caso la concessione dei provvedimenti urgenti e cautelari, ne' la trascrizione della domanda giudiziale.	3. Lo svolgimento della mediazione non preclude in ogni caso la concessione dei provvedimenti urgenti e cautelari, ne' la trascrizione della domanda giudiziale.
4. ~~I commi 1 e~~ 2 non si applicano:	4. I commi ~~1~~ **1-bis** e 2 non si applicano:
a) nei procedimenti per ingiunzione, inclusa l'opposizione, fino alla pronuncia sulle istanze di concessione e sospensione della provvisoria esecuzione;	a) nei procedimenti per ingiunzione, inclusa l'opposizione, fino alla pronuncia sulle istanze di concessione e sospensione della provvisoria esecuzione;
b) nei procedimenti per convalida di licenza o sfratto, fino al mutamento del rito di cui all'articolo 667 del codice di procedura civile;	b) nei procedimenti per convalida di licenza o sfratto, fino al mutamento del rito di cui all'articolo 667 del codice di procedura civile;
c) nei procedimenti possessori, fino alla pronuncia dei provvedimenti di cui all'articolo 703, terzo comma, del codice di procedura civile;	**c) nei procedimenti di consulenza tecnica preventiva ai fini della composizione della lite, di cui all'articolo 696-bis del codice di procedura civile**
d) nei procedimenti di opposizione o incidentali di cognizione relativi all'esecuzione forzata;	~~c)~~ **d)** nei procedimenti possessori, fino alla pronuncia dei provvedimenti di cui all'articolo 703, terzo comma, del codice di procedura civile
e) nei procedimenti in camera di consiglio;	~~d)~~ **e)** nei procedimenti di opposizione o incidentali di cognizione relativi all'esecuzione forzata
f) nell'azione civile esercitata nel processo penale.	~~e)~~ **f)** nei procedimenti in camera di consiglio;
	~~f)~~ **g)** nell'azione civile esercitata nel processo penale.
5. ~~Fermo quanto previsto dal comma 1 e~~ Salvo	5. **Fermo quanto previsto dal comma 1-bis** e

Roma – via del Governo Vecchio, 3 – tel. 06.977488 – fax 06.97748829
ufficiostudi@consiglionazionaleforense.it

quanto disposto dai commi 3 e 4, se il contratto, lo statuto ovvero l'atto costitutivo dell'ente prevedono una clausola di mediazione o conciliazione e il tentativo non risulta esperito, il giudice o l'arbitro, su eccezione di parte, proposta nella prima difesa, assegna alle parti il termine di quindici giorni per la presentazione della domanda di mediazione e fissa la successiva udienza dopo la scadenza del termine di cui all'articolo 6. Allo stesso modo il giudice o l'arbitro fissa la successiva udienza quando la mediazione o il tentativo di conciliazione sono iniziati, ma non conclusi. La domanda e' presentata davanti all'organismo indicato dalla clausola, se iscritto nel registro, ovvero, in mancanza, davanti ad un altro organismo iscritto, fermo il rispetto del criterio di cui all'articolo 4, comma 1. In ogni caso, le parti possono concordare, successivamente al contratto o allo statuto o all'atto costitutivo, l'individuazione di un diverso organismo iscritto.	salvo quanto disposto dai commi 3 e 4, se il contratto, lo statuto ovvero l'atto costitutivo dell'ente prevedono una clausola di mediazione o conciliazione e il tentativo non risulta esperito, il giudice o l'arbitro, su eccezione di parte, proposta nella prima difesa, assegna alle parti il termine di quindici giorni per la presentazione della domanda di mediazione e fissa la successiva udienza dopo la scadenza del termine di cui all'articolo 6. Allo stesso modo il giudice o l'arbitro fissa la successiva udienza quando la mediazione o il tentativo di conciliazione sono iniziati, ma non conclusi. La domanda è presentata davanti all'organismo indicato dalla clausola, se iscritto nel registro, ovvero, in mancanza, davanti ad un altro organismo iscritto, fermo il rispetto del criterio di cui all'articolo 4, comma 1. In ogni caso, le parti possono concordare, successivamente al contratto o allo statuto o all'atto costitutivo, l'individuazione di un diverso organismo iscritto.
6. Dal momento della comunicazione alle altre parti, la domanda di mediazione produce sulla prescrizione gli effetti della domanda giudiziale. Dalla stessa data, la domanda di mediazione impedisce altresì la decadenza per una sola volta, ma se il tentativo fallisce la domanda giudiziale deve essere proposta entro il medesimo termine di decadenza, decorrente dal deposito del verbale di cui all'articolo 11 presso la segreteria dell'organismo.	6. Dal momento della comunicazione alle altre parti, la domanda di mediazione produce sulla prescrizione gli effetti della domanda giudiziale. Dalla stessa data, la domanda di mediazione impedisce altresì la decadenza per una sola volta, ma se il tentativo fallisce la domanda giudiziale deve essere proposta entro il medesimo termine di decadenza, decorrente dal deposito del verbale di cui all'articolo 11 presso la segreteria dell'organismo.
Art. 6 **Durata** 1. Il procedimento di mediazione ha una durata non superiore a quattro mesi.	**Art. 6** **Durata** 1. Il procedimento di mediazione ha una durata non superiore a ~~quattro~~ **tre** mesi.

Roma – via del Governo Vecchio, 3 – tel. 06.977488 – fax 06.97748829
ufficiostudi@consiglionazionaleforense.it

2.Il termine di cui al comma 1 decorre dalla data di deposito della domanda di mediazione, ovvero dalla scadenza di quello fissato dal giudice per il deposito della stessa ~~e, anche nei casi in cui il giudice dispone il rinvio della causa ai sensi del quarto o del quinto periodo del comma 1 dell'articolo 5~~, non e' soggetto a sospensione feriale.	2. Il termine di cui al comma 1 decorre dalla data di deposito della domanda di mediazione, ovvero dalla scadenza di quello fissato dal giudice per il deposito della stessa **e, anche nei casi in cui il giudice dispone il rinvio della causa ai sensi del** ~~quarto o del quinto~~ **sesto e settimo periodo del comma** ~~1~~ **1 bis dell'articolo 5 ovvero ai sensi del comma 2 dell'art. 5**, non è soggetto a sospensione feriale.
Art. 7 **Effetti sulla ragionevole durata del processo** 1. Il periodo di cui all'articolo 6 ~~e il periodo del rinvio disposto dal giudice ai sensi dell'articolo 5, comma 1,~~ non si computan~~o~~ ai fini di cui all'articolo 2 della legge 24 marzo 2001, n. 89.	**Art. 7** **Effetti sulla ragionevole durata del processo** 1. Il periodo di cui all'articolo 6 **e il periodo del rinvio disposto dal giudice ai sensi dell'articolo 5, comma** ~~1~~ **1 bis e 2** , non si computano ai fini di cui all'articolo 2 della legge 24 marzo 2001, n. 89.
Art. 8 **Procedimento** 1. All'atto della presentazione della domanda di mediazione, il responsabile dell'organismo designa un mediatore e fissa il primo incontro tra le parti non oltre quindici giorni dal deposito della domanda. La domanda e la data del primo incontro sono comunicate all'altra parte con ogni mezzo idoneo ad assicurarne la ricezione, anche a cura della parte istante. Nelle controversie che richiedono specifiche competenze tecniche, l'organismo può nominare uno o più mediatori ausiliari.	**Art. 8** **Procedimento** 1. All'atto della presentazione della domanda di mediazione, il responsabile dell'organismo designa un mediatore e fissa il primo incontro tra le parti non oltre ~~quindici~~ **trenta** giorni dal deposito della domanda. La domanda e la data del primo incontro sono comunicate all'altra parte con ogni mezzo idoneo ad assicurarne la ricezione, anche a cura della parte istante. **Al primo incontro e agli incontri successivi fino al termine della procedura le parti devono partecipare con l'assistenza dell'avvocato. Durante il primo incontro il mediatore chiarisce alle parti la funzione e le modalità di svolgimento della mediazione. Il mediatore, sempre nello stesso primo incontro, invita poi le parti e i loro avvocati a esprimersi sulla possibilità di iniziare la procedura di mediazione e, nel caso positivo procede con lo svolgimento.** Nelle controversie che richiedono specifiche competenze tecniche, l'organismo può

	nominare uno o più mediatori ausiliari.
2. Il procedimento si svolge senza formalità presso la sede dell'organismo di mediazione o nel luogo indicato dal regolamento di procedura dell'organismo.	2. Il procedimento si svolge senza formalità presso la sede dell'organismo di mediazione o nel luogo indicato dal regolamento di procedura dell'organismo.
3. Il mediatore si adopera affinché le parti raggiungano un accordo amichevole di definizione della controversia.	3. Il mediatore si adopera affinché le parti raggiungano un accordo amichevole di definizione della controversia.
4. Quando non può procedere ai sensi del comma 1, ultimo periodo, il mediatore può avvalersi di esperti iscritti negli albi dei consulenti presso i tribunali. Il regolamento di procedura dell'organismo deve prevedere le modalità di calcolo e liquidazione dei compensi spettanti agli esperti.	4. Quando non può procedere ai sensi del comma 1, ultimo periodo, il mediatore può avvalersi di esperti iscritti negli albi dei consulenti presso i tribunali. Il regolamento di procedura dell'organismo deve prevedere le modalità di calcolo e liquidazione dei compensi spettanti agli esperti.
	4 bis. Dalla mancata partecipazione senza giustificato motivo al procedimento di mediazione, il giudice può desumere argomenti di prova nel successivo giudizio ai sensi dell'articolo 116, secondo comma, del codice di procedura civile. Il giudice condanna la parte costituita che, nei casi previsti dall'articolo 5, non ha partecipato al procedimento senza giustificato motivo, al versamento all'entrata del bilancio dello Stato di una somma di importo corrispondente al contributo unificato dovuto per il giudizio.
~~5. Dalla mancata partecipazione senza giustificato motivo al procedimento di mediazione il giudice può desumere argomenti di prova nel successivo giudizio ai sensi dell'articolo 116, secondo comma, del codice di procedura civile. Il giudice condanna la parte costituita che, nei casi previsti dall'articolo 5, non ha partecipato al procedimento senza giustificato motivo, al versamento all'entrata del bilancio dello Stato di una somma di~~	~~5. Dalla mancata partecipazione senza giustificato motivo al procedimento di mediazione il giudice può desumere argomenti di prova nel successivo giudizio ai sensi dell'articolo 116, secondo comma, del codice di procedura civile. Il giudice condanna la parte costituita che, nei casi previsti dall'articolo 5, non ha partecipato al procedimento senza giustificato motivo, al versamento all'entrata del bilancio dello Stato di una somma di~~

Roma – via del Governo Vecchio, 3 – tel. 06.977488 – fax 06.97748829
ufficiostudi@consiglionazionaleforense.it

~~importo corrispondente al contributo unificato dovuto per il giudizio.~~	~~importo corrispondente al contributo unificato dovuto per il giudizio~~[2].
Art. 9 **Dovere di riservatezza** 1. Chiunque presta la propria opera o il proprio servizio nell'organismo o comunque nell'ambito del procedimento di mediazione e' tenuto all'obbligo di riservatezza rispetto alle dichiarazioni rese e alle informazioni acquisite durante il procedimento medesimo. 2. Rispetto alle dichiarazioni rese e alle informazioni acquisite nel corso delle sessioni separate e salvo consenso della parte dichiarante o dalla quale provengono le informazioni, il mediatore e' altresì tenuto alla riservatezza nei confronti delle altre parti.	**Art. 9** **Dovere di riservatezza** 1. Chiunque presta la propria opera o il proprio servizio nell'organismo o comunque nell'ambito del procedimento di mediazione e' tenuto all'obbligo di riservatezza rispetto alle dichiarazioni rese e alle informazioni acquisite durante il procedimento medesimo. 2. Rispetto alle dichiarazioni rese e alle informazioni acquisite nel corso delle sessioni separate e salvo consenso della parte dichiarante o dalla quale provengono le informazioni, il mediatore e' altresì tenuto alla riservatezza nei confronti delle altre parti.
Art. 10 **Inutilizzabilità e segreto professionale** 1. Le dichiarazioni rese o le informazioni acquisite nel corso del procedimento di mediazione non possono essere utilizzate nel giudizio avente il medesimo oggetto anche parziale, iniziato, riassunto o proseguito dopo l'insuccesso della mediazione, salvo consenso della parte dichiarante o dalla quale provengono le informazioni. Sul contenuto delle stesse dichiarazioni e informazioni non e' ammessa prova testimoniale e non può essere deferito giuramento decisorio. 2. Il mediatore non può essere tenuto a deporre sul contenuto delle dichiarazioni rese e delle informazioni acquisite nel procedimento di mediazione, ne' davanti all'autorità giudiziaria	**Art. 10** **Inutilizzabilità e segreto professionale** 1. Le dichiarazioni rese o le informazioni acquisite nel corso del procedimento di mediazione non possono essere utilizzate nel giudizio avente il medesimo oggetto anche parziale, iniziato, riassunto o proseguito dopo l'insuccesso della mediazione, salvo consenso della parte dichiarante o dalla quale provengono le informazioni. Sul contenuto delle stesse dichiarazioni e informazioni non e' ammessa prova testimoniale e non può essere deferito giuramento decisorio. 2. Il mediatore non può essere tenuto a deporre sul contenuto delle dichiarazioni rese e delle informazioni acquisite nel procedimento di mediazione, ne' davanti all'autorità giudiziaria

[2] Il comma è stato dichiarato illegittimo dalla Corte costituzionale con la sentenza n. 272/2012.

ne' davanti ad altra autorità. Al mediatore si applicano le disposizioni dell'articolo 200 del codice di procedura penale e si estendono le garanzie previste per il difensore dalle disposizioni dell'articolo 103 del codice di procedura penale in quanto applicabili.	ne' davanti ad altra autorità. Al mediatore si applicano le disposizioni dell'articolo 200 del codice di procedura penale e si estendono le garanzie previste per il difensore dalle disposizioni dell'articolo 103 del codice di procedura penale in quanto applicabili.
Art. 11 **Conciliazione** 1.Se e' raggiunto un accordo amichevole, il mediatore forma processo verbale al quale e' allegato il testo dell'accordo medesimo. Quando l'accordo non e' raggiunto, il mediatore può formulare una proposta di conciliazione. In ogni caso, il mediatore formula una proposta di conciliazione se le parti gliene fanno concorde richiesta in qualunque momento del procedimento. ~~Prima della formulazione della proposta, il mediatore informa le parti delle possibili conseguenze di cui all'articolo 13~~.	**Art. 11** **Conciliazione** 1. Se e' raggiunto un accordo amichevole, il mediatore forma processo verbale al quale e' allegato il testo dell'accordo medesimo. Quando l'accordo non e' raggiunto, il mediatore può formulare una proposta di conciliazione. In ogni caso, il mediatore formula una proposta di conciliazione se le parti gliene fanno concorde richiesta in qualunque momento del procedimento. **Prima della formulazione della proposta, il mediatore informa le parti delle possibili conseguenze di cui all'articolo 13.**
2. La proposta di conciliazione e' comunicata alle parti per iscritto. Le parti fanno pervenire al mediatore, per iscritto ed entro sette giorni, l'accettazione o il rifiuto della proposta. In mancanza di risposta nel termine, la proposta si ha per rifiutata. Salvo diverso accordo delle parti, la proposta non puo' contenere alcun riferimento alle dichiarazioni rese o alle informazioni acquisite nel corso del procedimento.	2. La proposta di conciliazione e' comunicata alle parti per iscritto. Le parti fanno pervenire al mediatore, per iscritto ed entro sette giorni, l'accettazione o il rifiuto della proposta. In mancanza di risposta nel termine, la proposta si ha per rifiutata. Salvo diverso accordo delle parti, la proposta non puo' contenere alcun riferimento alle dichiarazioni rese o alle informazioni acquisite nel corso del procedimento.
3. Se e' raggiunto l'accordo amichevole di cui al comma 1 ovvero se tutte le parti aderiscono alla proposta del mediatore, si forma processo verbale che deve essere sottoscritto dalle parti e dal mediatore, il quale certifica l'autografia della sottoscrizione delle parti o la loro impossibilita' di sottoscrivere. Se con l'accordo le parti concludono uno dei contratti o compiono uno degli atti previsti dall'articolo 2643 del codice civile, per procedere alla	3. Se e' raggiunto l'accordo amichevole di cui al comma 1 ovvero se tutte le parti aderiscono alla proposta del mediatore, si forma processo verbale che deve essere sottoscritto dalle parti e dal mediatore, il quale certifica l'autografia della sottoscrizione delle parti o la loro impossibilita' di sottoscrivere. Se con l'accordo le parti concludono uno dei contratti o compiono uno degli atti previsti dall'articolo 2643 del codice civile, per procedere alla

trascrizione dello stesso la sottoscrizione del processo verbale deve essere autenticata da un pubblico ufficiale a cio' autorizzato. L'accordo raggiunto, anche a seguito della proposta, puo' prevedere il pagamento di una somma di denaro per ogni violazione o inosservanza degli obblighi stabiliti ovvero per il ritardo nelloro adempimento. 4. Se la conciliazione non riesce, il mediatore forma processo verbale con l'indicazione della proposta; il verbale e' sottoscritto dalle parti e dal mediatore, il quale certifica l'autografia della sottoscrizione delle parti o la loro impossibilita' di sottoscrivere. Nello stesso verbale, il mediatore da' atto della mancata partecipazione di una delle parti al procedimento di mediazione. 5. Il processo verbale e' depositato presso la segreteria dell'organismo e di esso e' rilasciata copia alle parti che lo richiedono.	trascrizione dello stesso la sottoscrizione del processo verbale deve essere autenticata da un pubblico ufficiale a cio' autorizzato. L'accordo raggiunto, anche a seguito della proposta, puo' prevedere il pagamento di una somma di denaro per ogni violazione o inosservanza degli obblighi stabiliti ovvero per il ritardo nel loro adempimento. 4. Se la conciliazione non riesce, il mediatore forma processo verbale con l'indicazione della proposta; il verbale e' sottoscritto dalle parti e dal mediatore, il quale certifica l'autografia della sottoscrizione delle parti o la loro impossibilita' di sottoscrivere. Nello stesso verbale, il mediatore da' atto della mancata partecipazione di una delle parti al procedimento di mediazione. 5. Il processo verbale e' depositato presso la segreteria dell'organismo e di esso e' rilasciata copia alle parti che lo richiedono.
Art. 12 **Efficacia esecutiva ed esecuzione** 1. Il verbale di accordo, il cui contenuto non e' contrario all'ordine pubblico o a norme imperative, e' omologato, su istanza di parte e previo accertamento anche della regolarità formale, con decreto del presidente del tribunale nel cui circondario ha sede l'organismo. Nelle controversie transfrontaliere di cui all'articolo 2 della direttiva 2008/52/CE del Parlamento europeo e del Consiglio, del 21 maggio 2008, il verbale e' omologato dal presidente del tribunale nel cui circondario l'accordo deve avere esecuzione.	**Art. 12** **Efficacia esecutiva ed esecuzione** 1. ~~Il verbale di accordo, il cui contenuto non e' contrario all'ordine pubblico o a norme imperative, e' omologato, su istanza di parte e previo accertamento anche della regolarita' formale, con decreto del presidente del tribunale nel cui circondario ha sede l'organismo.~~ **Ove tutte le parti aderenti alla mediazione siano assistite da un avvocato, l'accordo che sia stato sottoscritto dalle parti e dagli stessi avvocati costituisce titolo esecutivo per l'espropriazione forzata, l'esecuzione per consegna o rilascio, l'esecuzione degli obblighi di fare e non fare, nonché per l'scrizione dell'ipoteca giudiziale. Gli avvocati attestano e certificano la conformità dell'accordo alle norme imperative e all'ordine pubblico. In tutti gli altri casi l'accordo allegato al verbale è omologato, su istanza di parte, con decreto del presidente del tribunale, previo accertamento della regolarità formale e del**

2. Il verbale di cui al comma 1 costituisce titolo esecutivo per l'espropriazione forzata, per l'esecuzione in forma specifica e per l'iscrizione di ipoteca giudiziale.	**rispetto delle norme imperative e dell'ordine pubblico.** Nelle controversi transfrontaliere di cui all'art. 2 della direttiva 2008/52/CE del Parlamento europeo e del Consiglio del 21 maggio 2008, il verbale è omologato dal presidente del tribunale nel cui circondario l'accordo deve avere esecuzione. 2. Il verbale di cui al comma 1 costituisce titolo esecutivo per l'espropriazione forzata, per l'esecuzione in forma specifica e per l'iscrizione di ipoteca giudiziale.
~~**Art. 13**~~ ~~**Spese processuali**~~ ~~1. Quando il provvedimento che definisce il giudizio corrisponde interamente al contenuto della proposta, il giudice esclude la ripetizione delle spese sostenute dalla parte vincitrice che ha rifiutato la proposta, riferibili al periodo successivo alla formulazione della stessa, e la condanna al rimborso delle spese sostenute dalla parte soccombente relative allo stesso periodo, nonché al versamento all'entrata del bilancio dello Stato di un'ulteriore somma di importo corrispondente al contributo unificato dovuto.~~ Resta ferma l'applicabilità degli articoli 92 e 96 del codice di procedura civile. ~~Le disposizioni di cui al presente comma si applicano altresì alle spese per l'indennità corrisposta al mediatore e per il compenso dovuto all'esperto di cui all'articolo 8, comma 4.~~ ~~2. Quando il provvedimento che definisce il giudizio non corrisponde interamente al contenuto della proposta, il giudice, se ricorrono gravi ed eccezionali ragioni, può nondimeno escludere la ripetizione delle spese sostenute dalla parte vincitrice per l'indennità corrisposta al mediatore e per il compenso~~	**Art. 13** **Spese processuali** **1. Quando il provvedimento che definisce il giudizio corrisponde interamente al contenuto della proposta, il giudice esclude la ripetizione delle spese sostenute dalla parte vincitrice che ha rifiutato la proposta, riferibili al periodo successivo alla formulazione della stessa, e la condanna al rimborso delle spese sostenute dalla parte soccombente relative allo stesso periodo, nonché al versamento all'entrata del bilancio dello Stato di un'ulteriore somma di importo corrispondente al contributo unificato dovuto.** Resta ferma l'applicabilità degli articoli 92 e 96 del codice di procedura civile. **Le disposizioni di cui al presente comma si applicano altresì alle spese per l'indennità corrisposta al mediatore e per il compenso dovuto all'esperto di cui all'articolo 8, comma 4.** **2. Quando il provvedimento che definisce il giudizio non corrisponde interamente al contenuto della proposta, il giudice, se ricorrono gravi ed eccezionali ragioni, può nondimeno escludere la ripetizione delle spese sostenute dalla parte vincitrice per l'indennità corrisposta al mediatore e per il**

~~dovuto all'esperto di cui all'articolo 8, comma 4. Il giudice deve indicare esplicitamente, nella motivazione, le ragioni del provvedimento sulle spese di cui al periodo precedente.~~ ~~3. Salvo diverso accordo le disposizioni precedenti non si applicano ai procedimenti davanti agli arbitri~~	**compenso dovuto all'esperto di cui all'articolo 8, comma 4. Il giudice deve indicare esplicitamente, nella motivazione, le ragioni del provvedimento sulle spese di cui al periodo precedente.** **3. Salvo diverso accordo, le disposizioni precedenti non si applicano ai procedimenti davanti agli arbitri.**
Art. 14 **Obblighi del mediatore** 1. Al mediatore e ai suoi ausiliari e' fatto divieto di assumere diritti o obblighi connessi, direttamente o indirettamente, con gli affari trattati, fatta eccezione per quelli strettamente inerenti alla prestazione dell'opera o del servizio; e' fatto loro divieto di percepire compensi direttamente dalle parti. 2. Al mediatore e' fatto, altresì, obbligo di: a) sottoscrivere, per ciascun affare per il quale e' designato, una dichiarazione di imparzialità secondo le formule previste dal regolamento di procedura applicabile, nonché gli ulteriori impegni eventualmente previsti dal medesimo regolamento; b) informare immediatamente l'organismo e le parti delle ragioni di possibile pregiudizio all'imparzialità nello svolgimento della mediazione; c) formulare le proposte di conciliazione nel rispetto del limite dell'ordine pubblico e delle norme imperative; d) corrispondere immediatamente a ogni richiesta organizzativa del responsabile dell'organismo. 3. Su istanza di parte, il responsabile dell'organismo provvede alla eventuale sostituzione del mediatore. Il regolamento individua la diversa competenza a decidere sull'istanza, quando la mediazione e' svolta dal responsabile dell'organismo.	**Art. 14** **Obblighi del mediatore** 1. Al mediatore e ai suoi ausiliari e' fatto divieto di assumere diritti o obblighi connessi, direttamente o indirettamente, con gli affari trattati, fatta eccezione per quelli strettamente inerenti alla prestazione dell'opera o del servizio; e' fatto loro divieto di percepire compensi direttamente dalle parti. 2. Al mediatore e' fatto, altresì, obbligo di: a) sottoscrivere, per ciascun affare per il quale e' designato, una dichiarazione di imparzialità secondo le formule previste dal regolamento di procedura applicabile, nonché gli ulteriori impegni eventualmente previsti dal medesimo regolamento; b) informare immediatamente l'organismo e le parti delle ragioni di possibile pregiudizio all'imparzialità nello svolgimento della mediazione; c) formulare le proposte di conciliazione nel rispetto del limite dell'ordine pubblico e delle norme imperative; d) corrispondere immediatamente a ogni richiesta organizzativa del responsabile dell'organismo. 3. Su istanza di parte, il responsabile dell'organismo provvede alla eventuale sostituzione del mediatore. Il regolamento individua la diversa competenza a decidere sull'istanza, quando la mediazione e' svolta dal responsabile dell'organismo.

Art. 15 **Mediazione nell'azione di classe** 1. Quando e' esercitata l'azione di classe prevista dall'articolo 140-bis del codice del consumo, di cui al decreto legislativo 6 settembre 2005, n. 206, e successive modificazioni, la conciliazione, intervenuta dopo la scadenza del termine per l'adesione, ha effetto anche nei confronti degli aderenti che vi abbiano espressamente consentito.	**Art. 15** **Mediazione nell'azione di classe** 1. Quando e' esercitata l'azione di classe prevista dall'articolo 140-bis del codice del consumo, di cui al decreto legislativo 6 settembre 2005, n. 206, e successive modificazioni, la conciliazione, intervenuta dopo la scadenza del termine per l'adesione, ha effetto anche nei confronti degli aderenti che vi abbiano espressamente consentito.
CAPO III **ORGANISMI DI MEDIAZIONE**	**CAPO III** **ORGANISMI DI MEDIAZIONE**
Art. 16 **Organismi di mediazione e registro. Elenco dei formatori** 1. Gli enti pubblici o privati, che diano garanzie di serietà ed efficienza, sono abilitati a costituire organismi deputati, su istanza della parte interessata, a gestire il procedimento di mediazione nelle materie di cui all'articolo 2 del presente decreto. Gli organismi devono essere iscritti nel registro. 2. La formazione del registro e la sua revisione, l'iscrizione, la sospensione e la cancellazione degli iscritti, l'istituzione di separate sezioni del registro per la trattazione degli affari che richiedono specifiche competenz anche in materia di consumo e internazionali, nonché la determinazione dell indennità spettanti agli organismi sono disciplinati con appositi decreti del Ministro della giustizia, di concerto, relativamente alla materia del consumo, con il Ministro dello sviluppo economico. Fino all'adozione di tali decreti si applicano, in quanto compatibili, le disposizioni dei decreti del Ministro della giustizia 23 luglio 2004, n. 222 e 23 luglio 2004, n. 223. A tali disposizioni si conformano,sino alla medesima data, gli organismi di composizione extragiudiziale previsti dall'articolo 141 del codice del	**Art. 16** **Organismi di mediazione e registro. Elenco dei formatori** 1. Gli enti pubblici o privati, che diano garanzie di serieta' ed efficienza, sono abilitati a costituire organismi deputati, su istanza della parte interessata, a gestire il procedimento di mediazione nelle materie di cui all'articolo 2 del presente decreto. Gli organismi devono essere iscritti nel registro. 2. La formazione del registro e la sua revisione, l'iscrizione, la sospensione e la cancellazione degli iscritti, l'istituzione di separate sezioni del registro per la trattazione degli affari che richiedono specifiche competenze anche in materia di consumo e internazionali, nonche' la determinazione delle indennita' spettanti agli organismi sono disciplinati con appositi decreti del Ministro della giustizia, di concerto, relativamente alla materia del consumo, con il Ministro dello sviluppo economico. Fino all'adozione di tali decreti si applicano, in quanto compatibili, le disposizioni dei decreti del Ministro della giustizia 23 luglio 2004, n. 222 e 23 luglio 2004, n. 223. A tali disposizioni si conformano, sino alla medesima data, gli organismi di composizione extragiudiziale previsti dall'articolo 141 del codice del consumo, di cui al decreto legislativo 6

consumo, di cui al decreto legislativo 6 settembre 2005, n. 206, e successive modificazioni.	settembre 2005, n. 206, e successive modificazioni.
3. L'organismo, unitamente alla domanda di iscrizione nel registro, deposita presso il Ministero della giustizia il proprio regolamento di procedura e il codice etico, comunicando ogni successiva variazione. Nel regolamento devono essere previste, fermo quanto stabilito dal presente decreto, le procedure telematiche eventualmente utilizzate dall'organismo, in modo da garantire la sicurezza delle comunicazioni e il rispetto della riservatezza dei dati. Al regolamento devono essere allegate le tabelle delle indennità spettanti agli organismi costituiti da enti privati, proposte per l'approvazione a norma dell'articolo 17. Ai fini dell'iscrizione nel registro il Ministero della giustizia valuta l'idoneità del regolamento.	3. L'organismo, unitamente alla domanda di iscrizione nel registro, deposita presso il Ministero della giustizia il proprio regolamento di procedura e il codice etico, comunicando ogni successiva variazione. Nel regolamento devono essere previste, fermo quanto stabilito dal presente decreto, le procedure telematiche eventualmente utilizzate dall'organismo, in modo da garantire la sicurezza delle comunicazioni e il rispetto della riservatezza dei dati. Al regolamento devono essere allegate le tabelle delle indennita' spettanti agli organismi costituiti da enti privati, proposte per l'approvazione a norma dell'articolo 17. Ai fini dell'iscrizione nel registro il Ministero della giustizia valuta l'idoneita' del regolamento.
4. La vigilanza sul registro è esercitata dal Ministero della giustizia e, con riferimento alla sezione per la trattazione degli affari i materia di consumo di cui al comma 2, anche dal Ministero dello sviluppo economico.	4. La vigilanza sul registro e' esercitata dal Ministero della giustizia e, con riferimento alla sezione per la trattazione degli affari in materia di consumo di cui al comma 2, anche dal Ministero dello sviluppo economico.
	4 bis. Gli avvocati iscritti all'albo sono di diritto mediatori. Gli avvocati iscritti ad organismi di mediazione devono essere adeguatamente formati in materia di mediazione e mantenere la propria preparazione con percorsi di aggiornamento teorico – pratici a ciò finalizzati, nel rispetto di quanto previsto dall'art. 55 bis del codice deontologico forense. Dall'attuazione della presente disposizione non devono derivare nuovi o maggiori oneri a carico della finanza pubblica.

5. Presso il Ministero della giustizia è istituito, con decreto ministeriale, l'elenco dei formatori per la mediazione. Il decreto stabilisce i criteri per l'iscrizione, la sospensione e la cancellazione degli iscritti, nonché per lo svolgimento dell'attività di formazione, in modo da garantire elevati livelli di formazione dei mediatori. Con lo stesso decreto, è stabilita la data a decorrere dalla quale la partecipazione all'attività di formazione di cui al presente comma costituisce per il mediatore requisito di qualificazione professionale. 6. L'istituzione e la tenuta del registro e dell'elenco dei formatori avvengono nell'ambito delle risorse umane, finanziarie e strumentali già esistenti, e disponibili a legislazione vigente, presso il Ministero della giustizia e il Ministero dello sviluppo economico, per la parte di rispettiva competenza, e, comunque, senza nuovi o maggiori oneri per il bilancio dello Stato.	5. Presso il Ministero della giustizia e' istituito, con decreto ministeriale, l'elenco dei formatori per la mediazione. Il decreto stabilisce i criteri per l'iscrizione, la sospensione e la cancellazione degli iscritti, nonche' per lo svolgimento dell'attivita' di formazione, in modo da garantire elevati livelli di formazione dei mediatori. Con lo stesso decreto, e' stabilita la data a decorrere dalla quale la partecipazione all'attivita' di formazione di cui al presente comma costituisce per il mediatore requisito di qualificazione professionale. 6. L'istituzione e la tenuta del registro e dell'elenco dei formatori avvengono nell'ambito delle risorse umane, finanziarie e strumentali gia' esistenti, e disponibili a legislazione vigente, presso il Ministero della giustizia e il Ministero dello sviluppo economico, per la parte di rispettiva competenza, e, comunque, senza nuovi o maggiori oneri per il bilancio dello Stato.
Art. 17 **Risorse, regime tributario e indennità** 1. In attuazione dell'articolo 60, comma 3, lettera o), della legge 18 giugno 2009, n. 69, le agevolazioni fiscali previste dal presente articolo, commi 2 e 3, e dall'articolo 20, rientrano tra le finalità del Ministero della giustizia finanziabili con la parte delle risorse affluite al «Fondo Unico Giustizia» attribuite al predetto Ministero, ai sensi del comma 7 dell'articolo 2, lettera b), del decreto-legge 16 settembre 2008, n. 143, convertito, con modificazioni, dalla legge 13 novembre 2008, n. 181, e dei commi 3 e 4 dell'articolo 7 del decreto del Ministro dell'economia e delle finanze 30 luglio 2009, n. 127. 2. Tutti gli atti, documenti e provvedimenti	**Art. 17** **Risorse, regime tributario e indennità** 1. In attuazione dell'articolo 60, comma 3, lettera o), della legge 18 giugno 2009, n. 69, le agevolazioni fiscali previste dal presente articolo, commi 2 e 3, e dall'articolo 20, rientrano tra le finalita' del Ministero della giustizia finanziabili con la parte delle risorse affluite al «Fondo Unico Giustizia» attribuite al predetto Ministero, ai sensi del comma 7 dell'articolo 2, lettera b), del decreto-legge 16 settembre 2008, n. 143, convertito, con modificazioni, dalla legge 13 novembre 2008, n. 181, e dei commi 3 e 4 dell'articolo 7 del decreto del Ministro dell'economia e delle finanze 30 luglio 2009, n. 127. 2. Tutti gli atti, documenti e provvedimenti

relativi al procedimento di mediazione sono esenti dall'imposta di bollo e da ogni spesa, tassa o diritto di qualsiasi specie e natura.	relativi al procedimento di mediazione sono esenti dall'imposta di bollo e da ogni spesa, tassa o diritto di qualsiasi specie e natura.
3. Il verbale di accordo e' esente dall'imposta di registro entro il limite di valore di 50.000 euro, altrimenti l'imposta e' dovuta per la parte eccedente.	3. Il verbale di accordo e' esente dall'imposta di registro entro il limite di valore di 50.000 euro, altrimenti l'imposta e' dovuta per la parte eccedente.
4.Con il decreto di cui all'articolo 16, comma 2, sono determinati:	4. **Fermo restando quanto previsto dai commi 5 bis e 5 ter del presente articolo,** con il decreto di cui all'art. 16 comma 2 sono determinati
a) l'ammontare minimo e massimo delle indennità spettanti agli organismi pubblici, il criterio di calcolo e le modalità di ripartizione tra le parti;	a) l'ammontare minimo e massimo delle indennita' spettanti agli organismi pubblici, il criterio di calcolo e le modalita' di ripartizione tra le parti;
b) i criteri per l'approvazione delle tabelle delle indennità proposte dagli organismi costituiti da enti privati;	b) i criteri per l'approvazione delle tabelle delle indennita' proposte dagli organismi costituiti da enti privati;
c) le maggiorazioni massime delle indennità dovute, non superiori al venticinque per cento, nell'ipotesi di successo della mediazione;	c) le maggiorazioni massime delle indennita' dovute, non superiori al venticinque per cento, nell'ipotesi di successo della mediazione;
~~d) le riduzioni minime delle indennità dovute nelle ipotesi in cui la mediazione e' condizione di procedibilità ai sensi dell'articolo 5, comma 1.~~	**d) le riduzioni minime delle indennita' dovute nelle ipotesi in cui la mediazione e' condizione di procedibilita' ai sensi dell'articolo 5, comma ~~1~~—1 bis ovvero è disposta dal giudice ai sensi dell'art. 5 comma 2.**
~~5. Quando la mediazione e' condizione di procedibilita' della domanda ai sensi dell'articolo 5, comma 1, all'organismo non e' dovuta alcuna indennita' dalla parte che si trova nelle condizioni per l'ammissione al patrocinio a spese dello Stato, ai sensi dell'articolo 76 (L) del testo unico delle disposizioni legislative e regolamentari in materia di spese di giustizia di cui al decreto del Presidente della Repubblica~~	~~5. Quando la mediazione e' condizione di procedibilita' della domanda ai sensi dell'articolo 5, comma 1, all'organismo non e' dovuta alcuna indennita' dalla parte che si trova nelle condizioni per l'ammissione al patrocinio a spese dello Stato, ai sensi dell'articolo 76 (L) del testo unico delle disposizioni legislative e regolamentari in materia di spese di giustizia di cui al decreto del Presidente della Repubblica~~

~~del 30 maggio 2002, n. 115. A tale fine la parte e' tenuta a depositare presso l'organismo apposita dichiarazione sostitutiva dell'atto di notorieta', la cui sottoscrizione puo' essere autenticata dal medesimo mediatore, nonche' a produrre, a pena di inammissibilita', se l'organismo lo richiede, la documentazione necessaria a comprovare la veridicità diquanto dichiarato.~~	~~del 30 maggio 2002, n. 115. A tale fine la parte e' tenuta a depositare presso l'organismo apposita dichiarazione sostitutiva dell'atto di notorieta', la cui sottoscrizione puo' essere autenticata dal medesimo mediatore, nonche' a produrre, a pena di inammissibilita', se l'organismo lo richiede, la documentazione necessaria a comprovare la veridicità diquanto dichiarato~~[3].
	5 bis . Quando la mediazione e' condizione di procedibilita' della domanda ai sensi dell'articolo 5, comma 1 bis, ovvero è disposta dal giudice ai sensi dell'art. 5, comma 2, del presente decreto, all'organismo non è dovuta alcuna indennita' dalla parte che si trova nelle condizioni per l'ammissione al patrocinio a spese dello Stato, ai sensi dell'articolo 76 (L) del testo unico delle disposizioni legislative e regolamentari in materia di spese di giustizia, di cui al decreto del Presidente della Repubblica del 30 maggio 2002, n. 115 e successive modificazioni. A tale fine la parte e' tenuta a depositare presso l'organismo apposita dichiarazione sostitutiva dell'atto di notorieta', la cui sottoscrizione puo' essere autenticata dal medesimo mediatore, nonche' a produrre, a pena di inammissibilita', se l'organismo lo richiede, la documentazione necessaria a comprovare la veridicita' di quanto dichiarato. **5 ter. Nel caso di mancato accordo all'esito del primo incontro nessun compenso è dovuto per l'organismo di mediazione.**
6. Il Ministero della giustizia provvede, nell'ambito delle proprie attività istituzionali, almonitoraggio delle mediazioni concernenti i soggetti esonerati dal pagamento dell'indennità di mediazione. Dei risultati di tale monitoraggio	6. Il Ministero della giustizia provvede, nell'ambito delle proprie attivita' istituzionali, al monitoraggio delle mediazioni concernenti i soggetti esonerati dal pagamento dell'indennita' di mediazione. Dei risultati di tale

[3] Come già indicato nella nota sub) 1, il Legislatore anziché abrogare il comma 5, dichiarato illegittimo dalla sentenza della Corte costituzionale n. 272/2012, ha aggiunto un nuovo comma 5 bis.

si tiene conto per la determinazione, con il decreto di cui all'articolo 16, comma 2, delle indennità spettanti agli organismi pubblici, in modo da coprire anche il costo dell'attività prestata a favore dei soggetti aventi diritto all'esonero.	monitoraggio si tiene conto per la determinazione, con il decreto di cui all'articolo 16, comma 2, delle indennita' spettanti agli organismi pubblici, in modo da coprire anche il costo dell'attivita' prestata a favore dei soggetti aventi diritto all'esonero.
7. L'ammontare dell'indennità può essere rideterminato ogni tre anni in relazione alla variazione, accertata dall'Istituto Nazionale di Statistica, dell'indice dei prezzi al consumo per le famiglie di operai e impiegati, verificatasi nel triennio precedente.	7. L'ammontare dell'indennita' puo' essere rideterminato ogni tre anni in relazione alla variazione, accertata dall'Istituto Nazionale di Statistica, dell'indice dei prezzi al consumo per le famiglie di operai e impiegati, verificatasi nel triennio precedente.
8. Alla copertura degli oneri derivanti dalle disposizioni dei commi 2 e 3, valutati in 5,9 milioni di euro per l'anno 2010 e 7,018 milioni di euro a decorrere dall'anno 2011, si provvede mediante corrispondente riduzione della quota delle risorse del «Fondo unico giustizia» di cui all'articolo 2, comma 7, lettera b) del decreto-legge 16 settembre,2008, n. 143, convertito, con modificazioni, dalla legge 13 novembre 2008, n. 181, che, a tale fine, resta acquisita all'entrata del bilancio dello Stato.	8. Alla copertura degli oneri derivanti dalle disposizioni dei commi 2 e 3, valutati in 5,9 milioni di euro per l'anno 2010 e 7,018 milioni di euro a decorrere dall'anno 2011, si provvede mediante corrispondente riduzione della quota delle risorse del «Fondo unico giustizia» di cui all'articolo 2, comma 7, lettera b) del decreto-legge 16 settembre 2008, n. 143, convertito, con modificazioni, dalla legge 13 novembre 2008, n. 181, che, a tale fine, resta acquisita all'entrata del bilancio dello Stato.
9. Il Ministro dell'economia e delle finanze provvede al monitoraggio degli oneri di cui ai commi 2 e 3 ed in caso si verifichino scostamenti rispetto alle previsioni di cui al comma 8, resta acquisito all'entrata l'ulteriore importo necessario a garantire la copertura finanziaria del maggiore onere a valere sulla stessa quota del Fondo unico giustizia di cui al comma 8.	9. Il Ministro dell'economia e delle finanze provvede al monitoraggio degli oneri di cui ai commi 2 e 3 ed in caso si verifichino scostamenti rispetto alle previsioni di cui al comma 8, resta acquisito all'entrata l'ulteriore importo necessario a garantire la copertura finanziaria del maggiore onere a valere sulla stessa quota del Fondo unico giustizia di cui al comma 8.
Art. 18 **Organismi presso i tribunali**	**Art. 18** **Organismi presso i tribunali**
1. I consigli degli ordini degli avvocati possono istituire organismi presso ciascun tribunale, avvalendosi di proprio personale e utilizzando i	1. I consigli degli ordini degli avvocati possono istituire organismi presso ciascun tribunale, avvalendosi di proprio personale e utilizzando i

locali loro messi a disposizione dal presidente del tribunale. Gli organismi presso i tribunali sono iscritti al registro a semplice domanda, nel rispetto dei criteri stabiliti dai decreti di cui all'articolo 16.	locali loro messi a disposizione dal presidente del tribunale. Gli organismi presso i tribunali sono iscritti al registro a semplice domanda, nel rispetto dei criteri stabiliti dai decreti di cui all'articolo 16.
Art. 19 **Organismi presso i consigli degli ordini professionali e presso le camere di commercio**	**Art. 19** **Organismi presso i consigli degli ordini professionali e presso le camere di commercio**
1. I consigli degli ordini professionali possono istituire, per le materie riservate alla loro competenza, previa autorizzazione del Ministero della giustizia, organismi speciali, avvalendosi di proprio personale e utilizzando locali nella propria disponibilità.	1. I consigli degli ordini professionali possono istituire, per le materie riservate alla loro competenza, previa autorizzazione del Ministero della giustizia, organismi speciali, avvalendosi di proprio personale e utilizzando locali nella propria disponibilita'.
2. Gli organismi di cui al comma 1 e gli organismi istituiti ai sensi dell'articolo 2, comma 4, della legge 29 dicembre 1993, n. 580, dalle camere di commercio, industria, artigianato e agricoltura sono iscritti al registro a semplice domanda, nel rispetto dei criteri stabiliti dai decreti di cui all'articolo 16.	2. Gli organismi di cui al comma 1 e gli organismi istituiti ai sensi dell'articolo 2, comma 4, della legge 29 dicembre 1993, n. 580, dalle camere di commercio, industria, artigianato e agricoltura sono iscritti al registro a semplice domanda, nel rispetto dei criteri stabiliti dai decreti di cui all'articolo 16.
CAPO IV **DISPOSIZIONI IN MATERIA FISCALE E INFORMATIVA**	**CAPO IV** **DISPOSIZIONI IN MATERIA FISCALE E INFORMATIVA**
Art. 20 **Credito d'imposta**	**Art. 20** **Credito d'imposta**
1. Alle parti che corrispondono l'indennità ai soggetti abilitati a svolgere il procedimento di mediazione presso gli organismi riconosciuto, in caso di successo della mediazione, un credito d'imposta commisurato all'indennità stessa, fino a concorrenza di euro cinquecento,	1. Alle parti che corrispondono l'indennita' ai soggetti abilitati a svolgere il procedimento di mediazione presso gli organismi e' riconosciuto, in caso di successo della mediazione, un credito d'imposta commisurato all' indennita' stessa, fino a concorrenza di euro

determinato secondo quanto disposto dai commi 2 e 3. In caso di insuccesso della mediazione, il credito d'imposta è ridotto della metà. 2. A decorrere dall'anno 2011, con decreto del Ministro della giustizia, entro il 30 aprile di ciascun anno, è determinato l'ammontare delle risorse a valere sulla quota del «Fondo unico giustizia» di cui all'articolo 2, comma 7, lettera b), del decreto-legge 16 settembre 2008, n. 143, convertito, con modificazioni, dalla legge 13 novembre 2008, n. 181, destinato alla copertura delle minori entrate derivanti dalla concessione del credito d'imposta di cui al comma 1 relativo alle mediazioni concluse nell'anno precedente. Con il medesimo decreto è individuato il credito d'imposta effettivamente spettante in relazione all'importo di ciascuna mediazione in misura proporzionale alle risorse stanziate e, comunque, nei limiti dell'importo indicato al comma 1. 3. Il Ministero della giustizia comunica all'interessato l'importo del credito d'imposta spettante entro 30 giorni dal termine indicato al comma 2 per la sua determinazione e trasmette, in via telematica, all'Agenzia delle entrate l'elenco dei beneficiari e i relativi importi a ciascuno comunicati. 4. Il credito d'imposta deve essere indicato, a pena di decadenza, nella dichiarazione dei redditi ed è utilizzabile a decorrere dalla data di ricevimento della comunicazione di cui al comma 3, in compensazione ai sensi dell'articolo 17 del decreto legislativo 9 luglio 1997, n. 241, nonché, da parte delle persone fisiche non titolari di redditi d'impresa o di lavoro autonomo, in diminuzione delle imposte sui redditi. Il credito d'imposta non da luogo a rimborso e non concorre alla formazione del reddito ai fini delle imposte sui redditi, né del valore della produzione netta ai fini dell'imposta regionale sulle attività	cinquecento, determinato secondo quanto disposto dai commi 2 e 3. In caso di insuccesso della mediazione, il credito d'imposta e' ridotto della meta'. 2. A decorrere dall'anno 2011, con decreto del Ministro della giustizia, entro il 30 aprile di ciascun anno, e' determinato l'ammontare delle risorse a valere sulla quota del «Fondo unico giustizia» di cui all'articolo 2, comma 7, lettera b), del decreto-legge 16 settembre 2008, n. 143, convertito, con modificazioni, dalla legge 13 novembre 2008, n. 181, destinato alla copertura delle minori entrate derivanti dalla concessione del credito d'imposta di cui al comma 1 relativo alle mediazioni concluse nell'anno precedente. Con il medesimo decreto e' individuato il credito d'imposta effettivamente spettante in relazione all'importo di ciascuna mediazione in misura proporzionale alle risorse stanziate e, comunque, nei limiti dell'importo indicato al comma 1. 3. Il Ministero della giustizia comunica all'interessato l'importo del credito d'imposta spettante entro 30 giorni dal termine indicato al comma 2 per la sua determinazione e trasmette, in via telematica, all'Agenzia delle entrate l'elenco dei beneficiari e i relativi importi a ciascuno comunicati. 4. Il credito d'imposta deve essere indicato, a pena di decadenza, nella dichiarazione dei redditi ed e' utilizzabile a decorrere dalla data di ricevimento della comunicazione di cui al comma 3, in compensazione ai sensi dell'articolo 17 del decreto legislativo 9 luglio 1997, n. 241, nonche', da parte delle persone fisiche non titolari di redditi d'impresa o di lavoro autonomo, in diminuzione delle imposte sui redditi. Il credito d'imposta non da' luogo a rimborso e non concorre alla formazione del reddito ai fini delle imposte sui redditi, ne' del valore della produzione netta ai fini dell'imposta regionale sulle attivita' produttive

produttive e non rileva ai fini del rapporto di cui agli articoli 61 e 109, comma 5, del testo unico delle imposte sui redditi, di cui al decreto del Presidente della Repubblica 22 dicembre 1986, n. 917.

5. Ai fini della copertura finanziaria delle minori entrate derivanti dal presente articolo il Ministero della giustizia provvede annualmente al versamento dell'importo corrispondente all'ammontare delle risorse destinate ai crediti d'imposta sulla contabilità speciale n. 1778 «Agenzia delle entrate - Fondi di bilancio».

CAPO V ABROGAZIONI; COORDINAMENTI E DISPOSIZIONI TRANSITORIE

Art. 21
Informazioni al pubblico

1. Il Ministero della giustizia cura, attraverso il Dipartimento per l'informazione e l'editoria della Presidenza del Consiglio dei Ministri e con i fondi previsti dalla legge 7 giugno 2000, n. 150, la divulgazione al pubblico attraverso apposite campagne pubblicitarie, in particolare via internet, di informazioni sul procedimento di mediazione e sugli organismi abilitati a svolgerlo.

Art. 22
Obblighi di segnalazione per la prevenzione del sistema finanziario a scopo di riciclaggio e di finanziamento del terrorismo

1. All'articolo 10, comma 2, lettera e), del decreto legislativo 21 novembre 2007, n. 231, dopo il numero 5) è aggiunto il seguente: «5-bis) mediazione, ai sensi dell'articolo 60 della legge 18 giugno 2009, n. 69;».

e non rileva ai fini del rapporto di cui agli articoli 61 e 109, comma 5, del testo unico delle imposte sui redditi, di cui al decreto del Presidente della Repubblica 22 dicembre 1986, n. 917.

5. Ai fini della copertura finanziaria delle minori entrate derivanti dal presente articolo il Ministero della giustizia provvede annualmente al versamento dell'importo corrispondente all'ammontare delle risorse destinate ai crediti d'imposta sulla contabilita' speciale n. 1778 «Agenzia delle entrate - Fondi di bilancio».

CAPO V ABROGAZIONI; COORDINAMENTI E DISPOSIZIONI TRANSITORIE

Art. 21
Informazioni al pubblico

1. Il Ministero della giustizia cura, attraverso il Dipartimento per l'informazione e l'editoria della Presidenza del Consiglio dei Ministri e con i fondi previsti dalla legge 7 giugno 2000, n. 150, la divulgazione al pubblico attraverso apposite campagne pubblicitarie, in particolare via internet, di informazioni sul procedimento di mediazione e sugli organismi abilitati a svolgerlo.

Art. 22
Obblighi di segnalazione per la prevenzione del sistema finanziario a scopo di riciclaggio e di finanziamento del terrorismo

1. All'articolo 10, comma 2, lettera e), del decreto legislativo 21 novembre 2007, n. 231, dopo il numero 5) e' aggiunto il seguente: «5-bis) mediazione, ai sensi dell'articolo 60 della legge 18 giugno 2009, n. 69;».

Art. 23 **Abrogazioni** 1. Sono abrogati gli articoli da 38 a 40 del decreto legislativo 17 gennaio 2003, n. 5, e i rinvii operati dalla legge a tali articoli si intendono riferiti alle corrispondenti disposizioni del presente decreto. 2. Restano ferme le disposizioni che prevedono i procedimenti obbligatori di conciliazione e mediazione, comunque denominati, nonché le disposizioni concernenti i procedimenti di conciliazione relativi alle controversie di cui all'articolo 409 del codice di procedura civile. I procedimenti di cui al periodo precedente sono esperiti in luogo di quelli previsti dal presente decreto. . ~~**Art. 24**~~ **Disposizioni transitorie e finali** ~~1. Le disposizioni di cui all'articolo 5, comma 1, acquistano efficacia decorsi dodici mesi dalla data di entrata in vigore del presente decreto e si applicano ai processi successivamente iniziati. Il presente decreto, munito del sigillo dello Stato, sara' inserito nella Raccolta ufficiale degli atti normativi della Repubblica italiana. E' fatto obbligo a chiunque spetti di osservarlo e di farlo osservare.~~	**Art. 23** **Abrogazioni** 1. Sono abrogati gli articoli da 38 a 40 del decreto legislativo 17 gennaio 2003, n. 5, e i rinvii operati dalla legge a tali articoli si intendono riferiti alle corrispondenti disposizioni del presente decreto. 2. Restano ferme le disposizioni che prevedono i procedimenti obbligatori di conciliazione e mediazione, comunque denominati, nonche' le disposizioni concernenti i procedimenti di conciliazione relativi alle controversie di cui all'articolo 409 del codice di procedura civile. I procedimenti di cui al periodo precedente sono esperiti in luogo di quelli previsti dal presente decreto.

Roma, 11 settembre 2013

Roma – via del Governo Vecchio, 3 – tel. 06.977488 – fax 06.97748829
ufficiostudi@consiglionazionaleforense.it

Übersetzung des Gesetzesdekretes Nr. 28 vom 24.03.2010, modifiziert durch das Gesetz Nr. 98 vom 09.08.2013

Anfängliche Fassung	Neue Fassung
Abschnitt 1 **Grundlegende Bestimmungen**	**Abschnitt 1** **Grundlegende Bestimmungen**
Art. 1 **Definitionen**	**Art. 1** **Definitionen**
1. Im Sinne dieses Gesetzesdekretes bezeichnet der Ausdruck:	1. Im Sinne dieses Gesetzesdekretes bezeichnet der Ausdruck:
a) Mediation: die Tätigkeit, die unabhängig von ihrer Bezeichnung, von einem unparteiischen Dritten ausgeübt wird und darauf gerichtet ist, zwei oder mehrere Personen sowohl bei der Suche nach einer gütlichen Streitbeilegung zur Schlichtung einer Streitigkeit, als auch bei der Formulierung eines Einigungsvorschlages zwecks Beilegung derselbigen zu unterstützen;	a) Mediation: die Tätigkeit, die unabhängig von ihrer Bezeichnung, von einem unparteiischen Dritten ausgeübt wird und darauf gerichtet ist, zwei oder mehrere Personen sowohl bei der Suche nach einer gütlichen Streitbeilegung zur Schlichtung einer Streitigkeit, ~~als auch bei~~ **auch mit** der Formulierung eines Einigungsvorschlages zwecks Beilegung derselbigen zu unterstützen;
b) Mediator: die Person oder die natürlichen Personen, die einzeln oder kollektiv eine Mediation durchführen, ohne dabei in keinem Fall für die Parteien Urteile oder Entscheidungen zu treffen, die für die Adressaten derselben Dienstleistung bindend sind;	b) Mediator: die Person oder die natürlichen Personen, die einzeln oder kollektiv eine Mediation durchführen, ohne dabei in jedem Fall für die Parteien Urteile oder Entscheidungen zu treffen, die für die Adressaten derselben Dienstleistung bindend sind;
c) Schlichtung: die Beilegung einer Streitigkeit nach Durchführung einer Mediation;	c) Schlichtung: die Beilegung einer Streitigkeit nach Durchführung einer Mediation;
d) Mediationsstelle: die öffentliche oder private Stelle, bei der das Mediationsverfahren nach dem vorliegenden Dekret durchgeführt werden kann;	d) Mediationsstelle: die öffentliche oder private Stelle, bei der das Mediationsverfahren nach dem vorliegenden Dekret durchgeführt werden kann;
e) Register: das Register der gegründeten Mediationsstellen mit Dekret des Justizministeriums gemäß Art. 16 dieses Dekretes sowie bis zum Erlass dieses Dekretes das Register der gegründeten Mediationsstellen mit Dekret des Justizministeriums Nr. 222 vom 23. Juli 2004.	e) Register: das Register der gegründeten Mediationsstellen mit Dekret des Justizministeriums gemäß Art. 16 dieses Dekretes sowie bis zum Erlass dieses Dekretes das Register der gegründeten Mediationsstellen mit Dekret des Justizministeriums Nr. 222 vom 23. Juli 2004.

Art. 2 **Gegenstand der Mediation** 1. Jeder kann von der Mediation zur Schlichtung einer zivilen oder wirtschaftlichen Streitigkeit Gebrauch machen, sofern es sich um disponible Rechtsgüter im Sinne der Regelungen dieses Dekretes handelt. 2. Dieses Dekret soll nicht die freiwilligen und gleichberechtigten Verhandlungen bei zivilen und wirtschaftlichen Streitigkeiten, noch die Beschwerdeverfahren, die von der Charta der öffentlichen Dienstleistungsanbieter vorgesehen sind, versperren. **ABSCHNITT II** **DAS MEDIATIONSVERFAHREN** **Art. 3** **Anwendbare Regelungen und Form der Dokumente** 1. Auf das Mediationsverfahren findet die Verfahrensordnung der Mediationsstelle Anwendung, die von den Parteien gewählt wurde. 2. Die Verfahrensordnung muss in jedem Fall die Vertraulichkeit des Verfahrens gemäß Art. 9 sowie die Modalitäten der Auswahl des Mediators garantieren, die dadurch die Unparteilichkeit und die Geeignetheit zur Durchführung der korrekten und schleunigen Durchführung des Auftrages. 3. Die Dokumente des Mediationsverfahrens sind an keine Formalitäten gebunden. 4. Die Mediation kann mittels Telekommunikation durchgeführt werden, die von der Ordnung der Mediationsstelle vorgesehen ist.	**Art. 2** **Gegenstand der Mediation** 1. Jeder kann von der Mediation zur Schlichtung einer zivilen oder wirtschaftlichen Streitigkeit Gebrauch machen, sofern es sich um disponible Rechtsgüter im Sinne der Regelungen dieses Dekretes handelt. 2. Dieses Dekret soll nicht die freiwilligen und gleichberechtigten Verhandlungen bei zivilen und wirtschaftlichen Streitigkeiten, noch die Beschwerdeverfahren, die von der Charta der öffentlichen Dienstleistungsanbieter vorgesehen sind, versperren. **ABSCHNITT II** **DAS MEDIATIONSVERFAHREN** **Art. 3** **Anwendbare Regelungen und Form der Dokumente** 1. Auf das Mediationsverfahren findet die Verfahrensordnung der Mediationsstelle Anwendung, die von den Parteien gewählt wurde. 2. Die Verfahrensordnung muss in jedem Fall die Vertraulichkeit des Verfahrens gemäß Artikel sowie die Modalitäten der Auswahl des Mediators garantieren, die dadurch die Unparteilichkeit und die Geeignetheit zur Durchführung der korrekten und schleunigen Durchführung des Auftrages. 3. Die Dokumente des Mediationsverfahrens sind an keine Formalitäten gebunden. 4. Die Mediation kann mittels Telekommunikation durchgeführt werden, die von der Ordnung der Mediationsstelle vorgesehen ist.

Art. 4 **Zugang zur Mediation**	**Art. 4** **Zugang zur Mediation**
1. Der Mediationsantrag bezüglich der Streitigkeiten des Artikels 2 wird mittels Hinterlegung eines Antrages bei der Mediationsstelle vorgenommen. Im Falle mehrerer Anträge hinsichtlich derselben Streitigkeit wird das Mediationsverfahren bei der Mediationsstelle durchgeführt, bei der der erste Antrag hinterlegt wurde. Um das Datum des Antrages zu bestimmen, wird auf das Datum des Erhaltes der Mitteilung abgestellt.	1. Der Mediationsantrag bezüglich der Streitigkeiten des Artikels 2 wird mittels Hinterlegung eines Antrages bei der Mediationsstelle vorgenommen, **in dem Bezirk des Gerichtes, welches für die Streitigkeit zuständig wäre.** Im Falle mehrerer Anträge hinsichtlich derselben Streitigkeit wird das Mediationsverfahren bei der Mediationsstelle durchgeführt, ~~bei der der erste Antrag hinterlegt wurde.~~ **welche örtlich zuständig ist und bei der der erste Antrag eingereicht wurde.** Um das Datum des Antrages zu bestimmen, wird auf das Datum ~~des Erhaltes der Mitteilung~~ **der Hinterlegung des Antrages** abgestellt.
2. Der Antrag muss die Mediationsstelle, die Parteien, den Gegenstand und die Gründe für den Anspruch beinhalten.	2. Der Antrag muss die Mediationsstelle, die Parteien, den Gegenstand und die Gründe für den Anspruch beinhalten.
3. Mit der Vollmacht ist der Rechtsanwalt gehalten, seinen Mandanten von der Möglichkeit zu unterrichten, von dem in diesem Dekret geregelten Mediationsverfahren und den Steuererleichterungen der Artikel 17 und 20 Gebrauch zu machen. Der Rechtsanwalt informiert seinen Mandanten ebenfalls in den Fällen, in denen die Mediation als zwingende Prozessvoraussetzung vorgeschrieben ist. Die Information muss klar und schriftlich erfolgen. Im Falle der Verletzung der Informationspflichten ist der Vertrag zwischen dem Rechtsanwalt und seinem Mandanten aufhebbar. Das Dokument, das die Information enthält, ist von dem Mandanten zu unterzeichnen und dem Einführungsschriftsatz eines etwaigen Verfahrens beizufügen. Der Richter, der die fehlende Beifügung des Dokumentes überprüft, informiert die Partei über die Möglichkeit, die Durchführung einer Mediation zu beantragen, wenn nicht gemäß Artikel 5 Absatz 1 verfahren wird.	3. Mit der Vollmacht ist der Rechtsanwalt gehalten, seinen Mandanten von der Möglichkeit zu unterrichten, von dem in diesem Dekret geregelten Mediationsverfahren und den Steuererleichterungen der Artikel 17 und 20 Gebrauch zu machen. Der Rechtsanwalt informiert seinen Mandanten ebenfalls in den Fällen, in denen die Mediation als zwingende Prozessvoraussetzung vorgeschrieben ist. Die Information muss klar und schriftlich erfolgen. Im Falle der Verletzung der Informationspflichten ist der Vertrag zwischen dem Rechtsanwalt und seinem Mandanten aufhebbar. Das Dokument, das die Information enthält, ist von dem Mandanten zu unterzeichnen und dem Einführungsschriftsatz eines etwaigen Verfahrens beizufügen. Der Richter, der die fehlende Beifügung des Dokumentes überprüft, informiert die Partei über die Möglichkeit, die Durchführung einer Mediation zu beantragen, wenn nicht gemäß Artikel 5 Absatz ~~1~~ **1-bis** verfahren wird.

Art. 5 Prozessvoraussetzung und -verhältnis	Art. 5 Prozessvoraussetzung und -verhältnis
1. Wer ein Klageverfahren anstrebt, das eine Streitigkeit im Bereich des Wohnungseigentumsrechts, Sachenrechts, Teilungen, der erb-, familien- und mietrechtlichen Ansprüche, der Leihe, Verpachtung, der Gefährdungshaftung bei dem Führen von Fahrzeugen und Schiffen, von Arzthaftungsangelegenheiten, die Verletzung von Presserechten, Versicherungs-, Banken- und Finanzierungsverträge zum Gegenstand hat, muss zunächst ein Mediationsverfahren nach diesem Dekret oder ein Schlichtungsverfahren gemäß Gesetzesdekret Nr. 176 vom 8. Oktober 2007 oder ein Verfahren nach Art. 128 der einheitlichen Gesetzestexte im Banken- und Kreditwesen gemäß Gesetzesdekret Nr. 385 vom 1.9.1993 und seinen nachfolgenden Änderungen hinsichtlich der dort geregelten Bereiche durchführen. Der Versuch der Durchführung einer Mediation ist Prozessvoraussetzung für ein Klageverfahren. Die Nichtdurchführbarkeit muss von der beizutretenden Partei eingewandt werden, bei sonstigem Ausschluss, oder von Amts wegen vom Gericht bis zum ersten Verhandlungstag festgestellt werden. In den Fällen, in denen das Gericht feststellt, dass ein Mediationsverfahren bereits eingeleitet, aber noch nicht beendet wurde, beraumt es den nächsten Verhandlungstermin nach Ablauf der Frist des Art. 6 an. So ist auch zu verfahren, wenn ein Mediationsverfahren noch nicht eingeleitet wurde; dann wird den Parteien gleichzeitig eine Frist von fünfzehn Tagen gesetzt, innerhalb derer ein Mediationsantrag zu stellen ist. Dieser Absatz findet keine Anwendung auf die Klagen der Artikel 37, 140 und 141bis des Verbrauchergesetzbuches des Legislativdekretes Nr. 206 vom 6.9.2005 und seine nachfolgenden Änderungen.	1. gestrichen

	1-bis. Wer ein Klageverfahren anstrebt, das eine Streitigkeit im Bereich des Wohnungseigentumsrechts, Sachenrechts, Teilungen, der erb-, familien- und mietrechtlichen Ansprüche, der Leihe, Verpachtung, Arzthaftungsangelegenheiten und Schäden im Bereich des Gesundheitswesens, die Verletzung von Presserechten, Versicherungs-, Banken- und Finanzierungsverträge zum Gegenstand hat, muss zunächst in anwaltlicher Unterstützung ein Mediationsverfahren nach diesem Dekret oder ein Schlichtungsverfahren gemäß Gesetzesdekret Nr. 176 vom 8. Oktober 2007 oder ein Verfahren nach Art. 128 der einheitlichen Gesetzestexte im Banken- und Kreditwesen gemäß Gesetzesdekret Nr. 385 vom 1.9.1993 und seinen nachfolgenden Änderungen hinsichtlich der dort geregelten Bereiche durchführen. Der Versuch der Durchführung einer Mediation ist Prozessvoraussetzung für ein Klageverfahren. Diese Vorschrift entfaltet Wirksamkeit für einen Zeitraum von vier Jahren nach Inkrafttreten. Zwei Jahre nach Inkrafttreten wird auf Initiative des Justizministeriums eine Überprüfung der Ergebnisse der Testphase durchgeführt. Die Nichtdurchführbarkeit muss von der beizutretenden Partei eingewandt werden, bei sonstigem Ausschluss, oder von Amts wegen vom Gericht bis zum ersten Verhandlungstag festgestellt werden. In den Fällen, in denen das Gericht feststellt, dass ein Mediationsverfahren bereits eingeleitet, aber noch nicht beendet wurde, beraumt es den nächsten Verhandlungstermin nach Ablauf der Frist des Art. 6 an. So ist auch zu verfahren, wenn ein Mediationsverfahren noch nicht eingeleitet wurde; dann wird den Parteien gleichzeitig eine Frist von fünfzehn Tagen gesetzt, innerhalb derer ein Mediationsantrag zu stellen ist. Dieser Absatz findet keine Anwendung auf die Klagen der Artikel 37, 140 und 141bis des Verbrauchergesetzbuches des Legislativdekretes Nr. 206 vom 6.9.2005 und seine nachfolgenden Änderungen.

2. Ungeachtet der Regelungen des ersten Absatzes und vorbehaltlich der Regelungen der Absätze 3 und 4 kann das Gericht, auch in der zweiten Instanz, nach Einschätzung der Angelegenheit, dem Stand der Ermittlungen und dem Verhalten der Parteien diesen gegenüber die Durchführung eines Mediationsverfahrens anregen. Der Vorschlag muss an die Parteien vor der Verhandlung zugehen, in der die Schlussanträge präzisiert werden, oder, wenn diese Verhandlung nicht vorgesehen ist, vor der Erörterung des Streitstandes. Wenn die Parteien dem Vorschlag folgen, beraumt das Gericht den Termin für die nächste Verhandlung nach Ablauf der Frist des Art. 6 an; wenn ein Mediationsverfahren noch nicht eingeleitet wurde, wird den Parteien eine gleichzeitig eine Frist von fünfzehn Tagen gesetzt, in der der Mediationsantrag zu stellen ist.	2. Ungeachtet der Regelungen des ~~ersten~~ Absatzes **1-bis** und vorbehaltlich der Regelungen der Absätze 3 und 4 kann das Gericht, auch in der zweiten Instanz, nach Einschätzung der Angelegenheit, dem Stand der Ermittlungen und dem Verhalten der Parteien ~~diesen die Durchführung eines Mediationsverfahrens anregen. Der Vorschlag muss an die Parteien vor der Verhandlung zugehen, in der die Schlussanträge präzisiert werden, oder, wenn diese Verhandlung nicht vorgesehen ist, vor Erörterung des Streitstandes.~~ **die Durchführung eines Mediationsversuches anordnen; in diesem Fall ist der Mediationsversuch Prozessvoraussetzung für ein Klageverfahren, auch in zweiter Instanz. Das Vorgehen des vorangegangenen Satzes ist vor der Verhandlung, in der die Schlussanträge präzisiert werden, oder, wenn diese Verhandlung nicht vorgesehen ist, vor der Erörterung des Streitstandes.** ~~Wenn die Parteien dem Vorschlag folgen, beraumt das~~ **Das** Gericht **bestimmt** den Termin für die nächste Verhandlung nach Ablauf der Frist des Art. 6 an; wenn ein Mediationsverfahren noch nicht eingeleitet wurde, wird den Parteien eine gleichzeitig eine Frist von fünfzehn Tagen gesetzt, in der der Mediationsantrag zu stellen ist.
	2-bis. Wenn die Durchführung des Mediationsversuches Prozessvoraussetzung für ein Klageverfahren ist, gilt diese als erfüllt, wenn das erste Treffen vor dem Mediator ohne eine Einigung endet.
3. Die Durchführung der Mediation versperrt in keinem Fall die Genehmigung von Eil- und Sicherungsmaßnahmen, noch die Eintragung eines gerichtlich geltend gemachten Anspruchs.	3. Die Durchführung der Mediation versperrt in keinem Fall die Genehmigung von Eil- und Sicherungsmaßnahmen, noch die Eintragung eines gerichtlich geltend gemachten Anspruchs.
4. Die Absätze 1 und 2 finden keine Anwendung auf: a) Mahnverfahren, einschließlich der Einsprüche, bis zum Ausspruch der Gewährung oder der Aussetzung der vorläufigen Vollstreckbarkeit; b) Bestätigungsverfahren zur Zwangsräumung oder besitzrechtlichen Verfahren des Art. 667 der Zivilprozessordnung;	4. Die Absätze ~~1~~ **1-bis** und 2 finden keine Anwendung auf: a) Mahnverfahren, einschließlich der Einsprüche, bis zum Ausspruch der Gewährung oder der Aussetzung der vorläufigen Vollstreckbarkeit; b) Bestätigungsverfahren zur Zwangsräumung oder besitzrechtlichen Verfahren des Art. 667 der Zivilprozessordnung;

c) besitzrechtlichen Verfahren bis zum Ausspruch der Maßnahmen des Art. 703 Abs. 3 der Zivilprozessordnung; d) zwangsvollstreckungsrechtlichen Einspruch- der Erkenntnisverfahren; e) Verfahren der Camera di consiglio; f) Adhäsionsverfahren.	c) **Verfahren der präventiven technischen Beratung zwecks Streitbeilegung gemäß Art. 696-bis Zivilprozessordnung** ~~c)~~ **d)** besitzrechtlichen Verfahren bis zum Ausspruch der Maßnahmen des Art. 703 Abs. 3 der Zivilprozessordnung; ~~d)~~ **e)** zwangsvollstreckungsrechtlichen Einspruch- der Erkenntnisverfahren; ~~e)~~ **f)** Verfahren der Camera di consiglio; ~~f)~~ **g)** Adhäsionsverfahren.
5. Unbeschadet des Absatzes 1 und der Absätze 3 und 4 und wenn der Vertrag, die Satzung oder der Gründungsvertrag der juristischen Person eine Mediations- oder Schlichtungsklausel vorsehen, setzt das Gericht den Parteien auf Einrede einer Partei im Verteidigungsschriftsatz eine Frist von 15 Tagen, innerhalb derer der Mediationsantrag zu stellen ist und setzt den nächsten Verhandlungstermin auf den Zeitraum nach Ablauf der Frist des Art. 6. In der gleichen Weise haben das Gericht oder das Schiedsgericht zu verfahren, wenn ein Mediations- oder Schlichtungsverfahren eingeleitet, aber noch nicht abgeschlossen wurde. Der Antrag ist bei der in der Klausel festgelegten Mediationsstelle zu stellen, wenn diese im Register eingetragen ist; wenn nicht, dann ist der Antrag bei einer anderen registrierten Stelle unter Berücksichtigung des Kriteriums des Art. 4 Abs. 1 zu stellen. In jedem Fall können die Parteien nach Vertragsabschluss oder der Satzung oder dem Gründungsvertrag eine andere eingetragene Stelle bestimmen.	5. Unbeschadet des Absatzes ~~1~~ **1-bis** und der Absätze 3 und 4 und wenn der Vertrag, die Satzung oder der Gründungsvertrag der juristischen Person eine Mediations- oder Schlichtungsklausel vorsehen, setzt das Gericht den Parteien auf Einrede einer Partei im Verteidigungsschriftsatz eine Frist von 15 Tagen, innerhalb derer der Mediationsantrag zu stellen ist und setzt den nächsten Verhandlungstermin auf den Zeitraum nach Ablauf der Frist des Art. 6. In der gleichen Weise haben das Gericht oder das Schiedsgericht zu verfahren, wenn ein Mediations- oder Schlichtungsverfahren eingeleitet, aber noch nicht abgeschlossen wurde. Der Antrag ist bei der in der Klausel festgelegten Mediationsstelle zu stellen, wenn diese im Register eingetragen ist; wenn nicht, dann ist der Antrag bei einer anderen registrierten Stelle unter Berücksichtigung des Kriteriums des Art. 4 Abs. 1 zu stellen. In jedem Fall können die Parteien nach Vertragsabschluss oder der Satzung oder dem Gründungsvertrag eine andere eingetragene Stelle bestimmen.
6. Ab dem Moment der Mittelung an die andere Partei, entfaltet der Mediationsantrag dieselben Verjährungswirkungen wie ein Klageverfahren. Ab demselben Zeitpunkt verhindert der Mediationsantrag einmalig auch den Fristablauf; aber, wenn der Versuch scheitert, muss der Klageantrag innerhalb derselben Frist eingereicht werden, gerechnet ab der Hinterlegung des Protokolls des Art. 11 bei der Geschäftsstelle der Mediationsstelle.	6. Ab dem Moment der Mittelung an die andere Partei, entfaltet der Mediationsantrag dieselben Verjährungswirkungen wie ein Klageverfahren. Ab demselben Zeitpunkt verhindert der Mediationsantrag einmalig auch den Fristablauf; aber, wenn der Versuch scheitert, muss der Klageantrag innerhalb derselben Frist eingereicht werden, gerechnet ab der Hinterlegung des Protokolls des Art. 11 bei der Geschäftsstelle der Mediationsstelle.

Art. 6 **Verfahrensdauer** 1. Das Mediationsverfahren hat eine Dauer von nicht mehr als vier Monaten. 2. Die Frist des Absatzes 1 beginnt mit der Hinterlegung des Mediationsantrages oder mit Ablauf der Frist, die vom Gericht für die Hinterlegung festgesetzt wurde, und auch in den Fällen, in denen das Gericht gemäß des vierten und fünften Satzes des Art. 5 Absatz 1 die Sache verweist, unterliegt die Frist nicht der Ferien bedingten Unterbrechung.	**Art. 6** **Verfahrensdauer** 1. Das Mediationsverfahren hat eine Dauer von nicht mehr als ~~vier~~ **drei** Monaten. 2. Die Frist des Absatzes 1 beginnt mit der Hinterlegung des Mediationsantrages oder mit Ablauf der Frist, die vom Gericht für die Hinterlegung festgesetzt wurde, und auch in den Fällen, in denen das Gericht gemäß des ~~vierten und fünften~~ **sechsten und siebten** Satzes des Art. 5 Absatz ~~1~~ **1-bis oder gemäß Artikel 5 Abs. 2** die Sache verweist, unterliegt die Frist nicht der Ferien bedingten Unterbrechung.
Art. 7 **Auswirkungen auf die zumutbare Prozessdauer** 1. Der Zeitraum des Art. 6 und der Zeitraum der vom Gericht angeordneten Verweisung gemäß Art. 5 Abs. 1 werden zwecks der Regelungen des Art. 2 des Gesetzes Nr. 89 vom 24. März 2001 angerechnet.	**Art. 7** **Auswirkungen auf die zumutbare Prozessdauer** 1. Der Zeitraum des Art. 6 und der Zeitraum der vom Gericht angeordneten Verweisung gemäß Art. 5 Abs. ~~1~~ **1-bis und 2** werden zwecks der Regelungen des Art. 2 des Gesetzes Nr. 89 vom 24. März 2001 angerechnet.
Art. 8 **Verfahren** 1. Auf den Mediationsantrag ernennt der Verantwortliche der Mediationsstelle einen Mediator und bestimmt innerhalb von fünfzehn Tagen ab Antragshinterlegung einen Termin für ein erstes Gespräch zwischen den Parteien. Der Antrag und der Tag des ersten Gespräches werden der anderen Partei mit jedem geeigneten Mittel mitgeteilt, um eine Zustellung zu gewährleisten, auch für die beantragende Partei. Für diejenigen Streitigkeiten, die besondere technische Kompetenzen erfordern, kann die Mediationsstelle einen oder mehrere Hilfsmediatoren ernennen.	**Art. 8** **Verfahren** 1. Auf den Mediationsantrag ernennt der Verantwortliche der Mediationsstelle einen Mediator und bestimmt innerhalb von ~~fünfzehn~~ **dreißig** Tagen ab Antragshinterlegung einen Termin für ein erstes Gespräch zwischen den Parteien. Der Antrag und der Tag des ersten Gespräches werden der anderen Partei mit jedem geeigneten Mittel mitgeteilt, um eine Zustellung zu gewährleisten, auch für die beantragende Partei. **Bei dem ersten und allen nachfolgenden Treffen bis zum Abschluss des Verfahrens müssen die Parteien mit der Unterstützung eines Rechtsanwalts teilnehmen. Während des ersten Treffens erklärt der Mediator den Parteien die Funktion und die Durchführungsmodalitäten der Mediation. Ebenfalls im Rahmen des ersten Treffens lädt der Mediator die Parteien und ihre Rechtsanwälte ein, sich zu der Möglichkeit der Einleitung eines Mediationsverfahrens zu erklären**

	und geht bei Bestätigung zur Durchführung über. Für diejenigen Streitigkeiten, die besondere technische Kompetenzen erfordern, kann die Mediationsstelle einen oder mehrere Hilfsmediatoren ernennen.
2. Das Verfahren wird formlos bei der Mediationsstelle oder an dem Ort durchgeführt, der von der Verfahrensordnung der Mediationsstelle festgelegt wurde.	2. Das Verfahren wird formlos bei der Mediationsstelle oder an dem Ort durchgeführt, der von der Verfahrensordnung der Mediationsstelle festgelegt wurde.
3. Der Mediator ist solange tätig, bis die Parteien eine die Streitigkeit abschließende gütliche Einigung erzielen.	3. Der Mediator ist solange tätig, bis die Parteien eine die Streitigkeit abschließende gütliche Einigung erzielen.
4. Wenn nicht wie in Abs. 1, letzter Satz, verfahren werden kann, kann sich der Mediator an Experten wenden, die in den bei den Gerichten geführten Registern eingetragen sind. Die Verfahrensordnung der Mediationsstelle muss die Modalitäten für die Berechnung und die Begleichung der an die Experten zu zahlenden Kosten vorsehen.	4. Wenn nicht wie in Absatz 1, letzter Satz, verfahren werden kann, kann sich der Mediator an Experten wenden, die in den bei den Gerichten geführten Registern eingetragen sind. Die Verfahrensordnung der Mediationsstelle muss die Modalitäten für die Berechnung und die Begleichung der an die Experten zu zahlenden Kosten vorsehen.
	4-bis. Im Falle einer unbegründeten Nichtteilnahme an dem Mediationsverfahren kann das Gericht Beweisargumente im folgenden Urteil gemäß Art. 116 Abs. 2 der Zivilprozessordnung ableiten. Das Gericht verurteilt die Partei in den von Art. 5 vorgesehenen Fällen, in denen eine Nichtteilnahme ohne rechtfertigenden Grund stattfand, zur Zahlung eines Betrages an die Staatskasse, der dem normierten Betrag für ein Urteil entspricht.
5. Im Falle einer unbegründeten Nichtteilnahme an dem Mediationsverfahren kann das Gericht Beweisargumente im folgenden Urteil gemäß Art. 116 Abs. 2 der Zivilprozessordnung ableiten. Das Gericht verurteilt die Partei in den von Art. 5 vorgesehenen Fällen, in denen eine Nichtteilnahme ohne rechtfertigenden Grund stattfand, zur Zahlung eines Betrages an die Staatskasse, der dem normierten Betrag für ein Urteil entspricht.	5. gestrichen

Art. 9 **Pflicht zur Verschwiegenheit**	**Art. 9** **Pflicht zur Verschwiegenheit**
1. Jeder, der seine Tätigkeit oder Dienstleistung bei der Mediationsstelle oder jedenfalls im Bereich des Mediationsverfahrens durchführt, ist zur Verschwiegenheit hinsichtlich der während des Mediationsverfahrens vorgenommenen Erklärungen und gewonnenen Informationen verpflichtet.	1. Jeder, der seine Tätigkeit oder Dienstleistung bei der Mediationsstelle oder jedenfalls im Bereich des Mediationsverfahrens durchführt ist zur Verschwiegenheit hinsichtlich der während des Mediationsverfahrens vorgenommenen Erklärungen und gewonnenen Informationen verpflichtet.
2. Hinsichtlich der vorgenommenen Erklärungen und gewonnenen Informationen im Rahmen der Einzelsitzungen und vorbehaltlich des Einverständnisses der erklärenden Partei oder seitens der Partei, von der die Informationen stammen, ist der Mediator ebenfalls zur Verschwiegenheit gegenüber der anderen Parteien verpflichtet.	2. Hinsichtlich der vorgenommenen Erklärungen und gewonnenen Informationen im Rahmen der Einzelsitzungen und vorbehaltlich des Einverständnisses der erklärenden Partei oder seitens der Partei, von der die Informationen stammen, ist der Mediator ebenfalls zur Verschwiegenheit gegenüber der anderen Parteien verpflichtet.
Art. 10 **Unverwertbarkeit und Berufsgeheimnis**	**Art. 10** **Unverwertbarkeit und Berufsgeheimnis**
1. Die während eines Mediationsverfahrens vorgenommenen Erklärungen und die gewonnenen Informationen können nicht in einem Gerichtsverfahren genutzt werden, das denselben und den teilweise gleichen Streitgegenstand hat und nach einem gescheiterten Mediationsverfahren begonnen, wieder aufgenommen oder weitergeführt wird, vorbehaltlich der erklärenden Partei oder der Partei, von der die Informationen stammen. Hinsichtlich des Inhaltes dieser Erklärungen und Informationen ist der Zeugenbeweis nicht zugelassen und kann nicht durch Meineid bezeugt werden.	1. Die während eines Mediationsverfahrens vorgenommenen Erklärungen und die gewonnenen Informationen können nicht in einem Gerichtsverfahren genutzt werden, das denselben und den teilweise gleichen Streitgegenstand hat und nach einem gescheiterten Mediationsverfahren begonnen, wieder aufgenommen oder weitergeführt wird, vorbehaltlich der erklärenden Partei oder der Partei, von der die Informationen stammen. Hinsichtlich des Inhaltes dieser Erklärungen und Informationen ist der Zeugenbeweis nicht zugelassen und kann nicht durch Meineid bezeugt werden.
2. Der Mediator kann nicht dazu verpflichtet werden, zum Inhalt der während des Mediationsverfahrens vorgenommenen Erklärungen und gewonnenen Informationen auszusagen, weder vor Gericht, noch vor einer anderen Behörde. Auf den Mediator finden die Vorschriften des Art. 200 der Strafprozessordnung Anwendung und die für den Verteidiger vorgesehenen Garantien des Art. 103 Strafprozessordnung, soweit sie anwendbar sind.	2. Der Mediator kann nicht dazu verpflichtet werden, zum Inhalt der während des Mediationsverfahrens vorgenommenen Erklärungen und gewonnenen Informationen auszusagen, weder vor Gericht, noch vor einer anderen Behörde. Auf den Mediator finden die Vorschriften des Art. 200 der Strafprozessordnung Anwendung und die für den Verteidiger vorgesehenen Garantien des Art. 103 Strafprozessordnung, soweit sie anwendbar sind.

Art. 11 **Schlichtung**	**Art. 11** **Schlichtung**
1. Wenn eine gütliche Einigung erreicht wurde, fertigt der Mediator ein Protokoll an, an welches der Inhalt dieser Einigung beigefügt wird. Wenn eine gütliche Einigung nicht erreicht wurde, kann der Mediator einen Einigungsvorschlag unterbreiten. In jedem Fall unterbreitet der Mediator einen Einigungsvorschlag, wenn die Parteien dies gemeinsam erbeten, zu jedem Verfahrenszeitpunkt. Vor der Formulierung eines Vorschlages informiert der Mediator die Parteien über die möglichen Konsequenzen des Art. 13.	1. Wenn eine gütliche Einigung erreicht wurde, fertigt der Mediator ein Protokoll an, an welches der Inhalt dieser Einigung beigefügt wird. Wenn eine gütliche Einigung nicht erreicht wurde, kann der Mediator einen Einigungsvorschlag unterbreiten. In jedem Fall unterbreitet der Mediator einen Einigungsvorschlag, wenn die Parteien dies gemeinsam erbeten, zu jedem Verfahrenszeitpunkt. Vor der Formulierung eines Vorschlages informiert der Mediator die Parteien über die möglichen Konsequenzen des Art. 13.
2. Der Vorschlag wir den Parteien schriftlich mitgeteilt. Die Parteien lassen dem Mediator ihre Zustimmung oder Ablehnung des Vorschlages schriftlich und innerhalb von sieben Tagen zukommen. Im Falle einer fehlenden Rückmeldung innerhalb der Frist, gilt der Vorschlag als abgelehnt. Vorbehaltlich anders lautender Einigung zwischen den Parteien kann der Vorschlag keine Bezugnahme auf während des Verfahrens vorgenommene Erklärungen oder gewonnene Informationen beinhalten.	2. Der Vorschlag wir den Parteien schriftlich mitgeteilt. Die Parteien lassen dem Mediator ihre Zustimmung oder Ablehnung des Vorschlages schriftlich und innerhalb von sieben Tagen zukommen. Im Falle einer fehlenden Rückmeldung innerhalb der Frist, gilt der Vorschlag als abgelehnt. Vorbehaltlich anders lautender Einigung zwischen den Parteien kann der Vorschlag keine Bezugnahme auf während des Verfahrens vorgenommene Erklärungen oder gewonnene Informationen beinhalten.
3. Wenn eine Einigung nach Absatz 1 oder aufgrund der Zustimmung zum Vorschlag seitens beider Parteien erreicht wurde, wird ein Verfahrensprotokoll erstellt, welches von den Parteien und dem Mediator unterzeichnet wird, letzter bestätigt die eigenhändige Unterzeichnung der Parteien oder deren Unmöglichkeit zu unterzeichnen. Wenn die Parteien mit der Einigung einen der Verträge abschließen oder eine der Rechtshandlungen erfüllen, die in Art. 2643 Zivilprozessordung vorgesehen sind, muss das Verfahrensprotokoll für die Eintragung desselbigen von einer öffentlichen, hierzu befähigten Stelle beglaubigt werden. Die, auch infolge eines Vorschlages, erzielte Einigung kann die Zahlung einer Geldsumme für jeden Fall der Verletzung oder Nichtbeachtung der geregelten Verpflichtungen oder für die entsprechende verspätete Erfüllung vorsehen.	3. Wenn eine Einigung nach Absatz 1 oder aufgrund der Zustimmung zum Vorschlag seitens beider Parteien erreicht wurde, wird ein Verfahrensprotokoll erstellt, welches von den Parteien und dem Mediator unterzeichnet wird, letzter bestätigt die eigenhändige Unterzeichnung der Parteien oder deren Unmöglichkeit zu unterzeichnen. Wenn die Parteien mit der Einigung einen der Verträge abschließen oder eine der Rechtshandlungen erfüllen, die in Art. 2643 Zivilprozessordung vorgesehen sind, muss das Verfahrensprotokoll für die Eintragung desselbigen von einer öffentlichen, hierzu befähigten Stelle beglaubigt werden. Die, auch infolge eines Vorschlages, erzielte Einigung kann die Zahlung einer Geldsumme für jeden Fall der Verletzung oder Nichtbeachtung der geregelten Verpflichtungen oder für die entsprechende verspätete Erfüllung vorsehen.

4. Wenn die Schlichtung nicht gelingt, erstellt der Mediator ein Verfahrensprotokoll unter Angabe des Vorschlages; das Verfahrensprotokoll wird von den Parteien und dem Mediator unterzeichnet, der die eigenhändige Unterzeichnung der Parteien oder deren Unmöglichkeit, zu unterzeichnen, bestätigt. In demselben Protokoll informiert der Mediator über die fehlende Teilnahme am Mediationsverfahren seitens einer der Parteien.	4. Wenn die Schlichtung nicht gelingt, erstellt der Mediator ein Verfahrensprotokoll unter Angabe des Vorschlages; das Verfahrensprotokoll wird von den Parteien und dem Mediator unterzeichnet, der die eigenhändige Unterzeichnung der Parteien oder deren Unmöglichkeit, zu unterzeichnen, bestätigt. In demselben Protokoll informiert der Mediator über die fehlende Teilnahme am Mediationsverfahren seitens einer der Parteien.
5. Das Verfahrensprotokoll wird bei der Geschäftsstelle der Mediationsstelle hinterlegt und den Parteien eine entsprechende Kopie überreicht, soweit sie dies wünschen.	5. Das Verfahrensprotokoll wird bei der Geschäftsstelle der Mediationsstelle hinterlegt und den Parteien eine entsprechende Kopie überreicht, soweit sie dies wünschen.
Art. 12 Vollstreckungsrechtliche Wirkung und Vollstreckung	**Art. 12 Vollstreckungsrechtliche Wirkung und Vollstreckung**
1. Das Verfahrensprotokoll, dessen Inhalt nicht der öffentlichen Ordnung oder zwingenden Normen entgegensteht, wird auf Antrag einer Partei und vorbehaltlich der Bestätigung auch hinsichtlich der formellen Gesetzmäßigkeit von dem Präsidenten des Gerichts per Beschluss als vollstreckbarer Titel bestätigt, in dessen Gerichtsbezirk die Mediationsstelle ihren Sitz hat. In grenzüberschreitenden Streitigkeiten des Art. 2 der Richtlinie 2008/52/EU des europäischen Parlamentes und des Rates vom 21. Mai 2008 wird das Protokoll von dem Präsidenten des Gerichts als vollstreckbarer Titel bestätigt, in dessen Gerichtsbezirk die Vollstreckung vorgenommen werden soll.	1. ~~Das Verfahrensprotokoll, dessen Inhalt nicht der öffentlichen Ordnung oder zwingenden Normen entgegensteht, wird auf Antrag einer Partei und vorbehaltlich der Bestätigung auch hinsichtlich der formellen Gesetzmäßigkeit von dem Präsidenten des Gerichts per Beschluss als vollstreckbarer Titel bestätigt, in dessen Gerichtsbezirk die Mediationsstelle ihren Sitz hat.~~ **Bei den Verfahren, in denen alle an der Mediation beteiligten Parteien von einem Rechtsanwalt begleitet werden, stellt die Vereinbarung, die von den Parteien und den Rechtsanwälten unterschrieben wurde, einen vollstreckbaren Titel für eine Zwangsenteignung, bei der Zwangsvollstreckung betreffend Übergabe oder Erlass sowie auf Handlungen oder Unterlassen gerichtete Maßnahmen sowie bei der Eintragung einer gerichtlichen Hypothek dar. Die Rechtsanwälte legen dar und bestätigen die Konformität der Vereinbarung mit den zwingenden Vorschriften und der öffentlichen Ordnung. In allen anderen Fällen ist die an das Protokoll beigefügte Einigung als vollstreckbarer Titel zu bestätigen, und zwar auf Antrag einer**

	Partei und durch Beschluss des Gerichtspräsidenten, vorausgesetzt die formale Ordnungsmäßigkeit und die Berücksichtigung der zwingenden Normen und der öffentlichen Ordnung werden bestätigt. In grenzüberschreitenden Streitigkeiten des Art. 2 der Richtlinie 2008/52/EU des europäischen Parlamentes und des Rates vom 21. Mai 2008 wird das Protokoll von dem Präsidenten des Gerichts als vollstreckbarer Titel bestätigt, in dessen Gerichtsbezirk die Vollstreckung vorgenommen werden soll.
2. Das Protokoll nach Absatz 1 stellt einen vollstreckbaren Titel für die Zwangsenteignung, für die besondere Zwangsenteignung und die Eintragung einer gerichtlichen Hypothek dar.	2. Das Protokoll nach Absatz 1 stellt einen vollstreckbaren Titel für die Zwangsenteignung, für die besondere Zwangsenteignung und die Eintragung einer gerichtlichen Hypothek dar.
Art. 13 **Verfahrenskosten**	**Art. 13** **Verfahrenskosten**
1. Wenn die Maßnahme, die das Gerichtsverfahren beendet, vollständig mit dem Inhalt des Vorschlages übereinstimmt, schließt das Gericht die Erstattung der Kosten, die sich auf den Zeitraum nach dem Vorschlag beziehen und von der obsiegenden Partei getragen wurden, die die den Vorschlag abgelehnt hat, aus und verurteilt sie zur Zahlung der Kosten, die die unterliegenden Partei in diesem Zeitraum getragen hat sowie zur Zahlung eines Betrages zu Gunsten der Staatskasse, der dem einheitlichen geschuldeten Beitrag entspricht. Die Anwendbarkeit der Artikel 92 und 96 der Zivilprozessordnung bleibt unberührt. Die Regelungen des ersten Absatzes werden auch hinsichtlich der Kosten für die Vergütung des Mediators und des Experten des Art. 8 Abs. 4 angewandt.	1. Wenn die Maßnahme, die das Gerichtsverfahren beendet, vollständig mit dem Inhalt des Vorschlages übereinstimmt, schließt das Gericht die Erstattung der Kosten, die sich auf den Zeitraum nach dem Vorschlag beziehen und von der obsiegenden Partei getragen wurden, die die den Vorschlag abgelehnt hat, aus und verurteilt sie zur Zahlung der Kosten, die die unterliegenden Partei in diesem Zeitraum getragen hat sowie zur Zahlung eines Betrages zu Gunsten der Staatskasse, der dem einheitlichen geschuldeten Beitrag entspricht. Die Anwendbarkeit der Artikel 92 und 96 der Zivilprozessordnung bleibt unberührt. Die Regelungen des ersten Absatzes werden auch hinsichtlich der Kosten für die Vergütung des Mediators und des Experten des Art. 8 Abs. 4 angewandt.

2. Wenn die den Prozess beendende Maßnahme nicht vollständig mit dem Inhalt des Vorschlages übereinstimmt, kann das Gericht gleichwohl die Erstattung der von der obsiegenden Partei getragenen Kosten für die Vergütung des Mediators und des Experten des Art. 8 Abs. 4 ausschließen, wenn schwerwiegende und besondere Gründe dies erfordern. Das Gericht muss in den Entscheidungsgründen die Gründe für die Anordnung des Kostenausspruches gemäß des vorangegangenen Satzes ausdrücklich angeben.	2. Wenn die den Prozess beendende Maßnahme nicht vollständig mit dem Inhalt des Vorschlages übereinstimmt, kann das Gericht gleichwohl die Erstattung der von der obsiegenden Partei getragenen Kosten für die Vergütung des Mediators und des Experten des Art. 8 Abs. 4 ausschließen, wenn schwerwiegende und besondere Gründe dies erfordern. Das Gericht muss in den Entscheidungsgründen die Gründe für die Anordnung des Kostenausspruches gemäß des vorangegangenen Satzes ausdrücklich angeben.
3. Vorbehaltlich abweichender Vereinbarung werden die vorangegangenen Regelungen nicht auf die Verfahren vor den Schiedsgerichten angewandt.	3. Vorbehaltlich abweichender Vereinbarung werden die vorangegangenen Regelungen nicht auf die Verfahren vor den Schiedsgerichten angewandt.
Art. 14 **Pflichten des Mediators**	**Art. 14** **Pflichten des Mediators**
1. Dem Mediator und seinen Hilfspersonen ist es untersagt, Rechte oder Pflichten, direkte oder indirekte, die mit den verhandelten Angelegenheiten verbunden sind, zu übernehmen, ausgenommen solche, die strikt mit der Tätigkeit oder der Dienstleistung verbunden sind; es ist ihnen untersagt, eine Vergütung direkt von den Parteien entgegenzunehmen.	1. Dem Mediator und seinen Hilfspersonen ist es untersagt, Rechte oder Pflichten, direkte oder indirekte, die mit den verhandelten Angelegenheiten verbunden sind, zu übernehmen, ausgenommen solche, die strikt mit der Tätigkeit oder der Dienstleistung verbunden sind; es ist ihnen untersagt, eine Vergütung direkt von den Parteien entgegenzunehmen.
2. Der Mediator ist zudem verpflichtet: a) für jede Angelegenheit, für die er ernannt wurde, eine Unparteilichkeitserklärung nach dem von der anwendbaren Verfahrensordnung vorgesehenen Inhalt sowie weitere eventuell von derselben Verfahrensordnung vorgesehene Verpflichtungen zu unterzeichnen; b) die Mediationsstelle und die Parteien unverzüglich über die Gründe einer möglichen Beeinträchtigung der Unparteilichkeit bei der Durchführung der Mediation zu informieren; c) die Vorschläge zur Schlichtung unter Berücksichtigung der Grenzen der öffentlichen Ordnung und der zwingenden Vorschriften zu formulieren; d) jeder organisatorischer Aufforderung des Verantwortlichen der Mediationsstelle unverzüglich nachzukommen.	2. Der Mediator ist zudem verpflichtet: a) für jede Angelegenheit, für die er ernannt wurde, eine Unparteilichkeitserklärung nach dem von der anwendbaren Verfahrensordnung vorgesehenen Inhalt sowie weitere eventuell von derselben Verfahrensordnung vorgesehene Verpflichtungen zu unterzeichnen; b) die Mediationsstelle und die Parteien unverzüglich über die Gründe einer möglichen Beeinträchtigung der Unparteilichkeit bei der Durchführung der Mediation zu informieren; c) die Vorschläge zur Schlichtung unter Berücksichtigung der Grenzen der öffentlichen Ordnung und der zwingenden Vorschriften zu formulieren; d) jeder organisatorischer Aufforderung des Verantwortlichen der Mediationsstelle unverzüglich nachzukommen.

3. Auf Antrag einer Partei kümmert sich der Verantwortliche um eine etwaige Auswechslung des Mediators. Die Verfahrensordnung gibt die abweichende Zuständigkeit an, auf Antrag zu entscheiden, wenn die Mediation von dem Verantwortlichen der Mediationsstelle durchgeführt wird.	3. Auf Antrag einer Partei kümmert sich der Verantwortliche um eine etwaige Auswechslung des Mediators. Die Verfahrensordnung gibt die abweichende Zuständigkeit an, auf Antrag zu entscheiden, wenn die Mediation von dem Verantwortlichen der Mediationsstelle durchgeführt wird.
Art. 15 **Mediation in der Sammelklage**	**Art. 15** **Mediation in der Sammelklage**
1. Wenn eine Sammelklage nach Art. 140-bis des Verbrauchergesetzbuches gemäß Legislativdekret Nr. 206 vom 6. September 2005 und seinen folgenden Modifizierungen betrieben wird, hat die Schlichtung, die nach dem Ablauf der Frist für den Beitritt geschlossen wird, auch Wirkung gegenüber den anderen Parteien, die dem ausdrücklich zugestimmt haben.	1. Wenn eine Sammelklage nach Art. 140-bis des Verbrauchergesetzbuches gemäß Legislativdekret Nr. 206 vom 6. September 2005 und seinen folgenden Modifizierungen betrieben wird, hat die Schlichtung, die nach dem Ablauf der Frist für den Beitritt geschlossen wird, auch Wirkung gegenüber den anderen Parteien, die dem ausdrücklich zugestimmt haben.
ABSCHNITT III **MEDIATIONSSTELLEN**	**ABSCHNITT III** **MEDIATIONSSTELLEN**
Art. 16 **Mediationsstellen und Register. Liste der Ausbildungsstellen**	**Art. 16** **Mediationsstellen und Register. Liste der Ausbildungsstellen**
1. Die öffentlichen und privaten Stellen, die Vertrauenswürdigkeit und Effizienz garantieren, sind berechtigt, auf Antrag des betroffenen Teils abgeordnete Mediationsstellen zu gründen, um Mediationsverfahren im Sinne des Art. 2 dieses Dekretes durchzuführen. Die Mediationsstellen müssen im Register eingetragen sein.	1. Die öffentlichen und privaten Stellen, die Vertrauenswürdigkeit und Effizienz garantieren, sind berechtigt, auf Antrag des betroffenen Teils abgeordnete Mediationsstellen zu gründen, um Mediationsverfahren im Sinne des Art. 2 dieses Dekretes durchzuführen. Die Mediationsstellen müssen im Register eingetragen sein.
2. Die Ausgestaltung des Registers, seine Überprüfung, die Eintragung, die Aussetzung und die Streichung der Eingetragenen, die Gründung separater Abteilungen des Registers für die Verhandlung der Angelegenheiten, die besondere Kompetenzen auch im Bereich des Verbraucher- und internationalen Rechts erfordern, sowie die Festlegung der Vergütung der Mediationsstellen sind mittels entsprechender Dekrete des Justizministeriums unter Mitwirkung des Ministeriums für die wirtschaftliche Entwicklung	2. Die Ausgestaltung des Registers, seine Überprüfung, die Eintragung, die Aussetzung und die Streichung der Eingetragenen, die Gründung separater Abteilungen des Registers für die Verhandlung der Angelegenheiten, die besondere Kompetenzen auch im Bereich des Verbraucher- und internationalen Rechts erfordern, sowie die Festlegung der Vergütung der Mediationsstellen sind mittels entsprechender Dekrete des Justizministeriums unter Mitwirkung des Ministeriums für die wirtschaftliche Entwicklung

bei Fragen des Verbraucherrechts geregelt. Bis zur Anwendung dieser Dekrete werden, soweit vereinbar, die Vorschriften der Dekrete des Justizministeriums Nr. 222 und 223 vom 23. Juli 2004 angewandt. An diese Regelungen werden bis zu demselben Tag die Stellen für außergerichtliche Streitbeilegung gemäß Art. 141 Verbrauchergesetzbuch gemäß Legislativdekret Nr. 206 vom 6. September 2005 und seinen folgenden Modifizierungen angeglichen.	bei Fragen des Verbraucherrechts geregelt. Bis zur Anwendung dieser Dekrete werden, soweit vereinbar, die Vorschriften der Dekrete des Justizministeriums Nr. 222 und 223 vom 23. Juli 2004 angewandt. An diese Regelungen werden bis zu demselben Tag die Stellen für außergerichtliche Streitbeilegung gemäß Art. 141 Verbrauchergesetzbuch gemäß Legislativdekret Nr. 206 vom 6. September 2005 und seinen folgenden Modifizierungen angeglichen.
3. Die Mediationsstelle hinterlegt zusammen mit dem Antrag auf Eintragung im Register beim Justizministerium die eigene Verfahrensordnung und den Pflichtenkodex, wobei jede Änderung mitzuteilen ist. In der Verfahrensordnung müssen vorbehaltlich anderer Regelungen dieses Dekretes eventuell von der Mediationsstelle genutzte Telekommunikationsverfahren vorgesehen sein, um die Sicherheit der Mitteilungen und die Berücksichtigung des Datenschutzes zu garantieren. An die Verfahrensordnung müssen die Tabellen der Vergütung für die von privaten Behörden gegründeten Mediationsstellen beigefügt werden, die gemäß Art. 17 zur Zustimmung vorgeschlagen wurden. Zwecks Eintragung im Register bewertet das Justizministerium die Geeignetheit der Verfahrensordnung.	3. Die Mediationsstelle hinterlegt zusammen mit dem Antrag auf Eintragung im Register beim Justizministerium die eigene Verfahrensordnung und den Pflichtenkodex, wobei jede Änderung mitzuteilen ist. In der Verfahrensordnung müssen vorbehaltlich anderer Regelungen dieses Dekretes eventuell von der Mediationsstelle genutzte Telekommunikationsverfahren vorgesehen sein, um die Sicherheit der Mitteilungen und die Berücksichtigung des Datenschutzes zu garantieren. An die Verfahrensordnung müssen die Tabellen der Vergütung für die von privaten Behörden gegründeten Mediationsstellen beigefügt werden, die gemäß Art. 17 zur Zustimmung vorgeschlagen wurden. Zwecks Eintragung im Register bewertet das Justizministerium die Geeignetheit der Verfahrensordnung.
4. Die Überwachung des Registers wird vom Justizministerium durchgeführt und mit Bezug auf die Abteilung für die Verhandlung der Angelegenheit im Bereich des Verbraucherschutzes gemäß Absatz 2 auch vom Ministerium für wirtschaftliche Entwicklung.	4. Die Überwachung des Registers wird vom Justizministerium durchgeführt und mit Bezug auf die Abteilung für die Verhandlung der Angelegenheit im Bereich des Verbraucherschutzes gemäß Absatz 2 auch vom Ministerium für wirtschaftliche Entwicklung.
	4-bis. Die bei der Kammer eingetragenen Rechtsanwälte sind Mediatoren von Rechts wegen. Die bei den Mediationsstellen eingetragenen Rechtsanwälte müssen entsprechend im Bereich der Mediation ausgebildet sein und das eigene Wissen mittels theoretisch-praktischer hierauf gerichteter Fortbildungskurse unter Berücksichtigung des Art. 55-bis der Berufsordnung der Rechtsanwälte aufrechterhalten. Aus der Umsetzung dieser Regelung dürfen nicht neue oder höhere Belastungen für die öffentlichen Finanzen resultieren.

5. Beim Justizministerium ist per Ministerialdekret eine Liste der Mediatorenausbilder zu errichten. Das Dekret legt die Kriterien für die Eintragung, die Aussetzung und die Löschung der eingetragenen Stellen sowie für die Durchführung der Ausbildungstätigkeit fest, um eine höheres Ausbildungsniveau der Mediatoren zu garantieren. Mit demselben Dekret ist der Tag festgelegt, ab dem die Ausbildungsteilnahme des ersten Absatzes für den Mediator eine berufliche Qualifikation darstellt.	5. Beim Justizministerium ist per Ministerialdekret eine Liste der Mediatorenausbilder zu errichten. Das Dekret legt die Kriterien für die Eintragung, die Aussetzung und die Löschung der eingetragenen Stellen sowie für die Durchführung der Ausbildungstätigkeit fest, um eine höheres Ausbildungsniveau der Mediatoren zu garantieren. Mit demselben Dekret ist der Tag festgelegt, ab dem die Ausbildungsteilnahme des ersten Absatzes für den Mediator eine berufliche Qualifikation darstellt.
6. Die Errichtung und die Führung des Registers und der Liste der Ausbildungsstellen erfolgen im Bereich der humanen, finanziellen und instrumentellen bereits existenten und durch die geltende Rechtsprechung verfügbaren Ressourcen beim Justizministerium und beim Ministerium für wirtschaftliche Entwicklung in der jeweils zuständigen Abteilung und daher ohne neue oder größere Belastungen für den Staatshaushalt.	6. Die Errichtung und die Führung des Registers und der Liste der Ausbildungsstellen erfolgen im Bereich der humanen, finanziellen und instrumentellen bereits existenten und durch die geltende Rechtsprechung verfügbaren Ressourcen beim Justizministerium und beim Ministerium für wirtschaftliche Entwicklung in der jeweils zuständigen Abteilung und daher ohne neue oder größere Belastungen für den Staatshaushalt.
Art. 17 **Ressourcen, steuerliche Regelung und Vergütung**	**Art. 17** **Ressourcen, steuerliche Regelung und Vergütung**
1. In Umsetzung des Art. 30 Abs. 3 lett. o) des Gesetzes Nr. 69 vom 18. Juni 2009 werden die von diesem Artikel in den Absätzen 2 und 3 und des Art. 20 vorgesehenen Steuererleichterungen zwischen die finanzierbaren Zielsetzungen des Justizministeriums bei den Ressourcen, die dem dem Justizministerium gehörenden „Fondo Unico Giustizia" zufließen gemäß Absatz 7 des Art. 2 lett. b) des Gesetzesdekretes Nr. 143 vom 16. September 2008, mit Modifizierungen umgewandelt von dem Gesetz Nr. 181 vom 13. November 2008 und die Absätze 3 und 4 des Artikels 7 des Dekretes des Wirtschafts- und Finanzministeriums Nr. 127 vom 30. Juli 2009 eingefügt.	1. In Umsetzung des Art. 30 Abs. 3 lett. o) des Gesetzes Nr. 69 vom 18. Juni 2009 werden die von diesem Artikel in den Absätzen 2 und 3 und des Art. 20 vorgesehenen Steuererleichterungen zwischen die finanzierbaren Zielsetzungen des Justizministeriums bei den Ressourcen, die dem dem Justizministerium gehörenden „Fondo Unico Giustizia" zufließen gemäß Absatz 7 des Art. 2 lett. b) des Gesetzesdekretes Nr. 143 vom 16. September 2008, mit Modifizierungen umgewandelt von dem Gesetz Nr. 181 vom 13. November 2008 und der Absätze 3 und 4 des Artikels 7 des Dekretes des Wirtschafts- und Finanzministeriums Nr. 127 vom 30. Juli 2009 eingefügt.
2. Alle Urkunden, Dokumente und Maßnahmen des Mediationsverfahrens sind von der Stempelsteuer und jedweden Kosten, Steuern oder Rechten jeglicher Art befreit.	2. Alle Urkunden, Dokumente und Maßnahmen des Mediationsverfahrens sind von der Stempelsteuer und jedweden Kosten, Steuern oder Rechten jeglicher Art befreit.

3. Das Einigungsprotokoll ist bis zu einem Wert von 50.000 EUR von der Registersteuer befreit, ansonsten ist die Steuer für den überschießenden Betrag geschuldet.	3. Das Einigungsprotokoll ist bis zu einem Wert von 50.000 EUR von der Registersteuer befreit, ansonsten ist die Steuer für den überschießenden Betrag geschuldet.
4. Mit Dekret des Art. 16 Abs. 2 sind festgelegt:	4. **Unberührt der Absätze 5-bis und 5-ter dieses Artikels** sind mit Dekret des Art. 16 Abs. 2 festgelegt:
a) die Minimal- und Maximalbeträge der Vergütungen für die öffentlichen Mediationsstellen, das Berechnungskriterium und die Erstattungsmodalitäten unter den Parteien; b) die Kriterien für die Zustimmung der Vergütungstabellen, die von den Mediationsstellen vorgeschlagen wurden, die von privaten Einrichtungen gegründet wurden; c) die maximale geschuldete Vergütungserhöhung, die nicht über 25% im Falle eines erfolgreichen Ausgangs des Mediationsverfahrens liegt; d) die Mindestreduzierungen der zu zahlenden Vergütung in den Fällen, in denen die Mediation Prozessvoraussetzung im Sinne des Art. 5 Absatz 1 ist.	a) die Minimal- und Maximalbeträge der Vergütungen für die öffentlichen Mediationsstellen, das Berechnungskriterium und die Erstattungsmodalitäten unter den Parteien; b) die Kriterien für die Zustimmung der Vergütungstabellen, die von den Mediationsstellen vorgeschlagen wurden, die von privaten Einrichtungen gegründet wurden; c) die maximale geschuldete Vergütungserhöhung, die nicht über 25% im Falle eines erfolgreichen Ausgangs des Mediationsverfahrens; d) die Mindestreduzierungen der zu zahlenden Vergütung in den Fällen, in denen die Mediation Prozessvoraussetzung im Sinne des Art. 5 Absatz ~~1~~ **1-bis oder gerichtlich angeordnet gemäß Art. 5 Abs. 2** ist.
5. Wenn das Mediationsverfahren Prozessvoraussetzung für eine Klage im Sinne des Art. 5 Abs. 1 ist, ist seitens der Partei, die die Voraussetzungen der Prozesskostenhilfe gemäß Art. 76 (L) des Gerichtskostengesetzes entsprechend dem Präsidentendekret Nr. 115 vom 30. Mai 2002 erfüllt, eine Vergütung an die Mediationsstelle nicht zu zahlen. Zu diesem Zweck ist die Parte angehalten, bei der entsprechenden Mediationsstelle eine Erklärung als Ersatz einer notariellen Beurkundung zu hinterlegen, dessen Unterzeichnung von demselben Mediator bestätigt wird; wenn die Mediationsstelle dies fordert, ist die Partei ferner gehalten, bei sonstiger Unzulässigkeit, die notwendigen Unterlagen beizubringen, die die Richtigkeit der vorgenommenen Erklärung nachweisen.	5. gestrichen

	5-bis. Wenn die Mediation Prozessvoraussetzung für eine Klage im Sinne des Art. 5 Abs. 1-bis oder gerichtlich angeordnet gemäß Art. 5 Abs. 2 dieses Dekretes ist, ist seitens der Partei, die die Voraussetzungen der Prozesskostenhilfe gemäß Art. 76 (L) des Gerichtskostengesetzes entsprechend dem Präsidentendekret Nr. 115 vom 30. Mai 2002 erfüllt, eine Vergütung an die Mediationsstelle nicht zu zahlen. Zu diesem Zweck ist die Partei angehalten, bei der entsprechenden Mediationsstelle eine Erklärung als Ersatz einer notariellen Beurkundung zu hinterlegen, dessen Unterzeichnung von demselben Mediator bestätigt wird; wenn die Mediationsstelle dies fordert, ist die Partei ferner gehalten, bei sonstiger Unzulässigkeit, die notwendigen Unterlagen beizubringen, die die Richtigkeit der vorgenommenen Erklärung nachweisen.
	5-ter. Bei fehlender Einigung am Ende des ersten Treffens ist eine Vergütung an die Mediationsstelle nicht zu zahlen.
6. Das Justizministerium sorgt im Bereich der eigenen institutionellen Tätigkeit für die Überwachung der Mediationen, die Personen betreffen, die von der Zahlung der Vergütung für die Mediation befreit sind. Die Ergebnisse dieser Überwachung werden mit Dekret des Art. 16 Abs. 2 für die Festsetzung der Vergütungen für die öffentlichen Mediationsstellen herangezogen, um auch die Kosten für die geleistete Tätigkeit zu Gunsten der Parteien, die von der Zahlung befreit sind, zu decken.	6. Das Justizministerium sorgt im Bereich der eigenen institutionellen Tätigkeit für die Überwachung der Mediationen, die Personen betreffen, die von der Zahlung der Vergütung für die Mediation befreit sind. Die Ergebnisse dieser Überwachung werden mit Dekret des Art. 16 Abs. 2 für die Festsetzung der Vergütungen für die öffentlichen Mediationsstellen herangezogen, um auch die Kosten für die geleistete Tätigkeit zu Gunsten der Parteien, die von der Zahlung befreit sind, zu decken.
7. Der Vergütungsbetrag kann alle drei Jahre in Bezug auf die vom nationalen Statistikinstitut angenommene Änderung des Preisindexes für den Konsum der Arbeiter- und Angestelltenfamilien, der in den letzten drei Jahren festgestellt wird, festgelegt werden.	7. Der Vergütungsbetrag kann alle drei Jahre in Bezug auf die vom nationalen Statistikinstitut angenommene Änderung des Preisindexes für den Konsum der Arbeiter- und Angestelltenfamilien, der in den letzten drei Jahren festgestellt wird, festgelegt werden.

8. Zur Deckung der Belastungen, die sich aus den Regelungen der Absätze 2 und 3 ergeben und für das Jahr 2010 auf 5,9 Millionen Euro und auf 7,018 Millionen Euro ab dem Jahr 2011 geschätzt werden, wird eine entsprechende Reduzierung des Ressourcenanteils des „Fondo unico giustizia" des Art. 2 Abs. 7 lett. b) des Gesetzesdekretes Nr. 143 vom 16. September 2008, umgewandelt mit Modifizierungen von Gesetz Nr. 181 vom 13. November 2008, vorgenommen und bleibt so dem Staatshaushalt erhalten.	8. Zur Deckung der Belastungen, die sich aus den Regelungen der Absätze 2 und 3 ergeben und für das Jahr 2010 auf 5,9 Millionen Euro und auf 7,018 Millionen Euro ab dem Jahr 2011 geschätzt werden, wird eine entsprechende Reduzierung des Ressourcenanteils des „Fondo unico giustizia" des Art. 2 Abs. 7 lett. b) des Gesetzesdekretes Nr. 143 vom 16. September 2008, umgewandelt mit Modifizierungen von Gesetz Nr. 181 vom 13. November 2008, vorgenommen und bleibt so dem Staatshaushalt erhalten.
9. Das Ministerium für Wirtschaft und Finanzen sorgt für die Überwachung der Belastungen der Absätze 2 und 3 und für den Fall, dass Abweichungen im Hinblick auf die Prognose des Absatzes 8 festgestellt werden, verbleibt der notwendige Betrag in der Staatskasse, um die finanzielle Deckung der größeren Belastung zu garantieren, die dieselbe Quote des „Fondo unico Giustizia" des Art. 8 betrifft.	9. Das Ministerium für Wirtschaft und Finanzen sorgt für die Überwachung der Belastungen der Absätze 2 und 3 und für den Fall, dass Abweichungen im Hinblick auf die Prognose des Absatzes 8 festgestellt werden, verbleibt der notwendige Betrag in der Staatskasse, um die finanzielle Deckung der größeren Belastung zu garantieren, die dieselbe Quote des „Fondo unico Giustizia" des Art. 8 betrifft.
Art. 18 **Mediationsstellen bei den Gerichten**	**Art. 18** **Mediationsstellen bei den Gerichten**
1. Die Räte der Anwaltschaften können Mediationsstellen an jedem Gericht einrichten, indem sich des eigenen Personals bedient wird und die Räumlichkeiten genutzt werden, die ihnen vom Gerichtspräsidenten zur Verfügung gestellt werden. Die Mediationsstellen bei den Gerichten sind im Register auf einfachen Antrag unter Berücksichtigung der in den Dekreten des Art. 16 festgelegten Kriterien einzurichten.	1. Die Räte der Anwaltschaften können Mediationsstellen an jedem Gericht einrichten, indem sich des eigenen Personals bedient wird und die Räumlichkeiten genutzt werden, die ihnen vom Gerichtspräsidenten zur Verfügung gestellt werden. Die Mediationsstellen bei den Gerichten sind im Register auf einfachen Antrag unter Berücksichtigung der in den Dekreten des Art. 16 festgelegten Kriterien einzurichten.
Art. 19 **Mediationsstellen bei den Räten der beruflichen Vereinigungen und bei den Handelskammern**	**Art. 19** **Mediationsstellen bei den Räten der beruflichen Vereinigungen und bei den Handelskammern**
1. Die Räte der beruflichen Vereinigungen können für die für ihre Kompetenzen vorgesehenen Bereiche und vorbehaltlich der Zustimmung des Justizministeriums spezielle Mediationsstellen einrichten und sich des eigenen Personals bedienen und die eigenen zur Verfügung stehenden Räumlichkeiten nutzen.	1. Die Räte der beruflichen Vereinigungen können für die für ihre Kompetenzen vorgesehenen Bereiche und vorbehaltlich der Zustimmung des Justizministeriums spezielle Mediationsstellen einrichten und sich des eigenen Personals bedienen und die eigenen zur Verfügung stehenden Räumlichkeiten nutzen.

2. Die Mediationsstellen des Absatzes 1 und die Mediationsstellen gemäß Art. 2 Abs. 4 des Gesetzes Nr. 580 vom 29. Dezember 1993 der Kammern für Handel, Industrie, Handwerk und Landwirtschaft sind auf einfachen Antrag unter Berücksichtigung der in Art. 16 festgelegten Kriterien im Register eingetragen.	2. Die Mediationsstellen des Absatzes 1 und die Mediationsstellen gemäß Art. 2 Abs. 4 des Gesetzes Nr. 580 vom 29. Dezember 1993 der Kammern für Handel, Industrie, Handwerk und Landwirtschaft sind auf einfachen Antrag unter Berücksichtigung der in Art. 16 festgelegten Kriterien im Register eingetragen.
ABSCHNITT IV STEUERLICHE UND INFORMATIONS- VORSCHRIFTEN	**ABSCHNITT IV STEUERLICHE UND INFORMATIONSVORSCHRIFTEN**
Art. 20 Steuergutschrift	**Art. 20 Steuergutschrift**
1. Für die Parteien, die die Vergütung an die zur Durchführung des Mediationsverfahrens geeigneten Personen bei den Mediationsstellen zahlen, ist im Falle einer erfolgreichen Mediation eine Steuergutschrift zuerkannt, der an die Vergütung bis zu einem Betrag von 500 Euro angeglichen ist und entsprechend den Regelungen der Absätze 2 und 3 festgelegt wird. Misslingt die Mediation, wird die Steuergutschrift auf die Hälfte reduziert.	1. Für die Parteien, die die Vergütung an die zur Durchführung des Mediationsverfahrens geeigneten Personen bei den Mediationsstellen zahlen, ist im Falle einer erfolgreichen Mediation eine Steuergutschrift zuerkannt, der an die Vergütung bis zu einem Betrag von 500 Euro angeglichen ist und entsprechend den Regelungen der Absätze 2 und 3 festgelegt wird. Misslingt die Mediation, wird die Steuergutschrift auf die Hälfte reduziert.
2. Ab dem Jahr 2011 ist mit dem Dekret des Justizministeriums bis zum 30. April eines jeden Jahres der Betrag der Ressourcen festgelegt, betreffend die Quote des „Fondo unico Giustizia" des Art. 2 Abs. 7 lett. b) des Gesetzesdekretes Nr. 143 vom 16. September 2008, umgewandelt mit Modifizierungen von Gesetz Nr. 181 vom 13. September 2008 über die Deckung der geringeren Eingänge, die von der Gewährung der Steuergutschrift gemäß Absatz 1 und sich auf abgeschlossene Mediationen im vorangegangenen Jahr. Mit demselben Dekret wird die tatsächlich zu gewährende Steuergutschrift in Relation zu dem Betrag einer jeden Mediation im Verhältnis zu den zur Verfügung gestellten Ressourcen und somit in den Grenzen des in Abs. 1 genannten Betrages festgelegt.	2. Ab dem Jahr 2011 ist mit dem Dekret des Justizministeriums bis zum 30. April eines jeden Jahres der Betrag der Ressourcen festgelegt, betreffend die Quote des „Fondo unico Giustizia" des Art. 2 Abs. 7 lett. b) des Gesetzesdekretes Nr. 143 vom 16. September 2008, umgewandelt mit Modifizierungen von Gesetz Nr. 181 vom 13. September 2008 über die Deckung der geringeren Eingänge, die von der Gewährung der Steuergutschrift gemäß Absatz 1 und sich auf abgeschlossene Mediationen im vorangegangenen Jahr. Mit demselben Dekret wird die tatsächlich zu gewährende Steuergutschrift in Relation zu dem Betrag einer jeden Mediation im Verhältnis zu den zur Verfügung gestellten Ressourcen und somit in den Grenzen des in Abs. 1 genannten Betrages festgelegt.

3. Das Justizministerium kommuniziert an die betroffene Person den Betrag der zu zahlenden Steuergutschrift innerhalb von 30 Tagen ab dem in Absatz 2 für ihre Festlegung genannten Termin und übermittelt an das Finanzamt die Liste der Begünstigten und die entsprechenden Beträge, die jedem mitgeteilt wurden.	3. Das Justizministerium kommuniziert an die betroffene Person den Betrag der zu zahlenden Steuergutschrift innerhalb von 30 Tagen ab dem in Absatz 2 für ihre Festlegung genannten Termin und übermittelt an das Finanzamt die Liste der Begünstigten und die entsprechenden Beträge, die jedem mitgeteilt wurden.
4. Die Steuergutschrift muss bei sonstigem Ausschluss in der Einkommens-steuererklärung angegeben werden und ist nutzbar ab dem Zeitpunkt, in dem die Mitteilung des Absatzes 3 erhalten wurde, als Kompensation gemäß Art. 17 des Legislativdekretes Nr. 241 vom 9. Juli 1997, sowie abgesehen von den natürlichen Personen, die kein Einkommen aus einer unternehmerischen oder selbständigen Tätigkeit haben, in Kürzung der Einkommenssteuer. Die Steuergutschrift gibt einer Erstattung keinen Raum und steht nicht in Konkurrenz mit der Einkommensbildung zwecks Einkommenssteuer, noch des Wertes der Nettoproduktion zwecks der regionalen Steuer auf die Produktionstätigkeit und taucht zwecks des Berichtes der Art. 61 und 109 Abs. 5 des Einkommenssteuergesetzes des Präsidentendekretes Nr. 917 vom 22. Dezember 1986 nicht auf.	4. Die Steuergutschrift muss bei sonstigem Ausschluss in der Einkommens-steuererklärung angegeben werden und ist nutzbar ab dem Zeitpunkt, in dem die Mitteilung des Absatzes 3 erhalten wurde, als Kompensation gemäß Art. 17 des Legislativdekretes Nr. 241 vom 9. Juli 1997, sowie abgesehen von den natürlichen Personen, die kein Einkommen aus einer unternehmerischen oder selbständigen Tätigkeit haben, in Kürzung der Einkommenssteuer. Die Steuergutschrift gibt einer Erstattung keinen Raum und steht nicht in Konkurrenz mit der Einkommensbildung zwecks Einkommenssteuer, noch des Wertes der Nettoproduktion zwecks der regionalen Steuer auf die Produktionstätigkeit und taucht zwecks des Berichtes der Art. 61 und 109 Abs. 5 des Einkommenssteuergesetzes des Präsidentendekretes Nr. 917 vom 22. Dezember 1986 nicht auf.
5. Zwecks finanzieller Deckung der geringeren Einnahmen, die aus diesem Artikel resultieren, sorgt das Justizministerium jährlich für die Zahlung des Betrages, der dem Betrag für die Ressourcen entspricht, die aus dem speziellen Haushalt Nr. 1778 „Agenzia delle entrate – Fondi di bilancio“ für die Steuergutschriften vorgesehen sind.	5. Zwecks finanzieller Deckung der geringeren Einnahmen, die aus dem diesen Artikel resultieren, sorgt das Justizministerium jährlich für die Zahlung des Betrages, der dem Betrag für die Ressourcen entspricht, die aus dem speziellen Haushalt Nr. 1778 „Agenzia delle entrate – Fondi di bilancio“ für die Steuergutschriften vorgesehen sind.

ABSCHNITT V AUSSEKRAFTTRETEN; KOORDINIERUNGEN UND ÜBERGANGS-REGELUNGEN	**ABSCHNITT V AUSSEKRAFTTRETEN; KOORDINIERUNGEN UND ÜBERGANGS-REGELUNGEN**
Art. 21 Öffentliche Informationen	**Art. 21 Öffentliche Informationen**
1. Das Justizministerium kümmert sich durch den Fachbereich für Information und Verlagswesen des Präsidiums des Ministerrates und mit den Fonds, die durch Gesetz Nr. 150 vom 7. Juni 2000 vorgesehen sind, um die Verbreitung von Informationen über das Mediationsverfahren und die zu ihrer Durchführung geeigneten Stellen gegenüber der Öffentlichkeit mittels geeigneter Werbekampagnen, insbesondere über das Internet.	1. Das Justizministerium kümmert sich durch den Fachbereich für Information und Verlagswesen des Präsidiums des Ministerrates und mit den Fonds, die durch Gesetz Nr. 150 vom 7. Juni 2000 vorgesehen sind, um die Verbreitung von Informationen über das Mediationsverfahren und die zu ihrer Durchführung geeigneten Stellen gegenüber der Öffentlichkeit mittels geeigneter Werbekampagnen, insbesondere über das Internet
Art. 22 Hinweispflichten zum präventiven Schutz des Finanzsystems gegen Geldwäsche und Terrorismusfinanzierung	**Art. 22 Hinweispflichten zum präventiven Schutz des Finanzsystems gegen Geldwäsche und Terrorismusfinanzierung**
1. In Art. 10 Abs. 2 lett. e) des Legislativdekretes Nr. 231 vom 21. November 2007 wird nach Nr. 5 der folgende eingefügt: „5-bis) Mediation gemäß Art. 60 des Gesetzes Nr. 69 vom 18. Juni 2009;“.	1. In Art. 10 Abs. 2 lett. e) des Legislativdekretes Nr. 231 vom 21. November 2007 wird nach Nr. 5 der folgende eingefügt: „5-bis) Mediation gemäß Art. 60 des Gesetzes Nr. 69 vom 18. Juni 2009;“.
Art. 23 Außerkrafttreten	**Art. 23 Außerkrafttreten**
1. Die Art. 38-40 des Legislativdekretes Nr. 5 vom 17. Juni 2003 werden abgeschafft und die Verweise des Gesetzes auf diese Artikel verstehen sich als Bezug auf die entsprechenden Regelungen dieses Dekretes.	1. Die Art. 38-40 des Legislativdekretes Nr. 5 vom 17. Juni 2003 werden abgeschafft und die Verweise des Gesetzes auf diese Artikel verstehen sich als Bezug auf die entsprechenden Regelungen dieses Dekretes.
2. Die Regelungen, die die obligatorischen Schlichtungs- und Mediationsverfahren, unabhängig von ihrer Bezeichnung, vorsehen sowie die Vorschriften betreffend die Schlichtungsverfahren hinsichtlich der Streitigkeiten des Art. 409 der Zivilprozessordnung bleiben unberührt. Die Verfahren des ersten Satzes werden anstelle der von diesem Dekret vorgesehenen angewandt.	2. Die Regelungen, die die obligatorischen Schlichtungs- und Mediationsverfahren, unabhängig von ihrer Bezeichnung, vorsehen sowie die Vorschriften betreffend die Schlichtungsverfahren hinsichtlich der Streitigkeiten des Art. 409 der Zivilprozessordnung bleiben unberührt. Die Verfahren des ersten Satzes werden anstelle der von diesem Dekret vorgesehenen angewandt.

Art. 24 **Übergangs- und Schlussbestimmungen**	Art. 24 **Übergangs- und Schlussbestimmungen**
1. Die Vorschriften des Art. 5 Abs. 1 entfalten zwölf Monate nach Inkrafttreten dieses Dekretes Wirksamkeit und werden auf nachfolgend eingeleitete Verfahren angewandt. Dieses mit dem Siegel des Staates versehene Dekret wird in die Gesetzessammlung der Republik Italien aufgenommen. Jeder, den es betrifft, ist verpflichtet, es zu beachten oder beachten zu lassen.	1. gestrichen

Anhang 3

Dekret Nr. 180 vom 18. Oktober 2010
modifiziert durch das Dekret Nr. 145 vom 6. Juli 2011[901]

und
Übersetzung in die deutsche Sprache[902]

901 Abrufbar unter http://www.ordineavvocati.ss.it/docs/mediazioneTestoCoordinato180-2010_145-2011.pdf; zuletzt abgerufen am 3. Juli 2018.

902 Autor: Maria von Gyldenfeldt.

Il testo del Regolamento di mediazione di cui al D.M. 180/2010, coordinato con le modifiche apportate dal D.M. 145 del 2011 (in vigore dal 26 agosto 2011)

DECRETO MINISTERO DELLA GIUSTIZIA 18 OTTOBRE 2010 N. 180

Regolamento recante la determinazione dei criteri e delle modalita' di iscrizione e tenuta del registro degli organismi di mediazione e dell'elenco dei formatori per la mediazione, nonche' l'approvazione delle indennita' spettanti agli organismi, ai sensi dell'articolo 16 del decreto legislativo 4 marzo 2010, n. 28

Capo I - Disposizioni generali

Articolo 1 - Definizioni

1. Ai fini del presente decreto si intende per:
a) «Ministero»: il Ministero della giustizia;
b) «decreto legislativo»: il decreto legislativo 4 marzo 2010, n. 28;
c) «mediazione»: l'attivita', comunque denominata, svolta da un terzo imparziale e finalizzata ad assistere due o piu' soggetti sia nella ricerca di un accordo amichevole per la composizione di una controversia, sia nella formulazione di una proposta per la risoluzione della stessa;
d) «mediatore»: la persona o le persone fisiche che, individualmente o collegialmente, svolgono la mediazione rimanendo prive, in ogni caso, del potere di rendere giudizi o decisioni vincolanti per i destinatari del servizio medesimo;
e) «conciliazione»: la composizione di una controversia a seguito dello svolgimento della mediazione;
f) «organismo»: l'ente pubblico o privato, ovvero la sua articolazione, presso cui puo' svolgersi il procedimento di mediazione ai sensi del decreto legislativo;
g) «regolamento»: l'atto contenente l'autonoma disciplina della procedura di mediazione e dei relativi costi, adottato dall'organismo;
h) «indennita'»: l'importo posto a carico degli utenti per la fruizione del servizio di mediazione fornito dagli organismi;
i) «registro»: il registro degli organismi istituito presso il Ministero;
l) «responsabile»: il responsabile della tenuta del registro e dell'elenco;
m) «formatore»: la persona o le persone fisiche che svolgono l'attivita' di formazione dei mediatori;
n) «enti di formazione»: gli enti pubblici e privati, ovvero le loro articolazioni, presso cui si svolge l'attivita' di formazione dei mediatori;
o) «responsabile scientifico»: la persona o le persone fisiche che svolgono i compiti di cui all'articolo 18, comma 2, lettera i), assicurando l'idoneita' dell'attivita' svolta dagli enti di formazione;
p) «elenco»: l'elenco degli enti di formazione istituito presso il Ministero;
q) «ente pubblico»: la persona giuridica di diritto pubblico interno, comunitario, internazionale o straniero;
r) «ente privato»: qualsiasi soggetto di diritto privato, diverso dalla persona fisica;
s) «CCIAA»: le camere di commercio, industria, artigianato e agricoltura.

Articolo 2 - Oggetto
1. Il presente decreto disciplina:
a) l'istituzione del registro presso il Ministero;
b) i criteri e le modalita' di iscrizione nel registro, nonche' la vigilanza, il monitoraggio, la sospensione e la cancellazione dei singoli organismi dal registro;
c) l'istituzione dell'elenco presso il Ministero;
d) i criteri e le modalita' di iscrizione nell'elenco, nonche' la vigilanza, il monitoraggio, la sospensione e la cancellazione degli enti di formazione dall'elenco;
e) l'ammontare minimo e massimo e il criterio di calcolo delle indennita' spettanti agli organismi costituiti da enti pubblici di diritto interno, nonche' i criteri per l'approvazione delle tabelle delle indennita' proposte dagli organismi costituiti dagli enti privati.

Capo II - Registro degli organismi

Articolo 3 - Registro
1. E' istituito il registro degli organismi abilitati a svolgere la mediazione.
2. Il registro e' tenuto presso il Ministero nell'ambito delle risorse umane, finanziarie e strumentali gia' esistenti presso il Dipartimento per gli affari di giustizia; ne e' responsabile il direttore generale della giustizia civile, ovvero persona da lui delegata con qualifica dirigenziale **o con qualifica di magistrato** nell'ambito della direzione generale. **Il direttore generale della giustizia civile, al fine di esercitare la vigilanza, si puo' avvalere dell'Ispettorato generale del Ministero della giustizia.** Ai fini della vigilanza sulla sezione del registro per la trattazione degli affari in materia di rapporti di consumo di cui al comma 3, parte i), sezione C e parte ii), sezione C, il responsabile esercita i poteri di cui al presente decreto sentito il Ministero dello sviluppo economico. (1)
3. Il registro e' articolato in modo da contenere le seguenti annotazioni:
parte i): enti pubblici;
sezione A: elenco dei mediatori;
sezione B: elenco dei mediatori esperti nella materia internazionale;
sezione C: elenco dei mediatori esperti nella materia dei rapporti di consumo;
parte ii): enti privati;
sezione A: elenco dei mediatori;
sezione B: elenco dei mediatori esperti nella materia internazionale;
sezione C: elenco dei mediatori esperti nella materia dei rapporti di consumo;
sezione D: elenco dei soci, associati, amministratori, rappresentanti degli organismi.
4. Il responsabile cura il continuo aggiornamento dei dati.
5. La gestione del registro avviene con modalita' informatiche che assicurano la possibilita' di rapida elaborazione di dati con finalita' connessa ai compiti di tenuta di cui al presente decreto.
6. Gli elenchi dei mediatori sono pubblici; l'accesso alle altre annotazioni e' regolato dalle vigenti disposizioni di legge.

---

(1) Comma modificato dall'art.1 del DM 6/7/2011, n.145.

Articolo 4 - Criteri per l'iscrizione nel registro
1. Nel registro sono iscritti, a domanda, gli organismi di mediazione costituiti da enti pubblici e privati.
2. Il responsabile verifica la professionalita' e l'efficienza dei richiedenti e, in particolare:
a) la capacita' finanziaria e organizzativa del richiedente, nonche' la compatibilita' dell'attivita' di mediazione con l'oggetto sociale o lo scopo associativo; ai fini della dimostrazione della capacita' finanziaria, il richiedente deve possedere un capitale non inferiore a quello la cui sottoscrizione e' necessaria alla costituzione di una societa' a

responsabilita' limitata; ai fini della dimostrazione della capacita' organizzativa, il richiedente deve attestare di poter svolgere l'attivita' di mediazione in almeno due regioni italiane o in almeno due province della medesima regione, anche attraverso gli accordi di cui all'articolo 7, comma 2, lettera c);
b) il possesso da parte del richiedente di una polizza assicurativa di importo non inferiore a 500.000,00 euro per la responsabilita' a qualunque titolo derivante dallo svolgimento dell'attivita' di mediazione;
c) i requisiti di onorabilita' dei soci, associati, amministratori o rappresentanti dei predetti enti, conformi a quelli fissati dall'articolo 13 del decreto legislativo 24 febbraio 1998, n. 58;
d) la trasparenza amministrativa e contabile dell'organismo, ivi compreso il rapporto giuridico ed economico tra l'organismo e l'ente di cui eventualmente costituisca articolazione interna al fine della dimostrazione della necessaria autonomia finanziaria e funzionale;
e) le garanzie di indipendenza, imparzialita' e riservatezza nello svolgimento del servizio di mediazione, nonche' la conformita' del regolamento alla legge e al presente decreto, anche per quanto attiene al rapporto giuridico con i mediatori;
f) il numero dei mediatori, non inferiore a cinque, che hanno dichiarato la disponibilita' a svolgere le funzioni di mediazione per il richiedente;
g) la sede dell'organismo.
3. Il responsabile verifica altresi':
a) i requisiti di qualificazione dei mediatori, i quali devono possedere un titolo di studio non inferiore al diploma di laurea universitaria triennale ovvero, in alternativa, devono essere iscritti a un ordine o collegio professionale;
b) il possesso, da parte dei mediatori, di una specifica formazione e di uno specifico aggiornamento almeno biennale, acquisiti presso gli enti di formazione in base all'articolo 18, nonche' la partecipazione, da parte dei mediatori, nel biennio di aggiornamento e in forma di tirocinio assistito, ad almeno venti casi di mediazione svolti presso organismi iscritti; (1)
c) il possesso, da parte dei mediatori, dei seguenti requisiti di onorabilita':
a. non avere riportato condanne definitive per delitti non colposi o a pena detentiva non sospesa;
b. non essere incorso nell'interdizione perpetua o temporanea dai pubblici uffici;
c. non essere stato sottoposto a misure di prevenzione o di sicurezza; d. non avere riportato sanzioni disciplinari diverse dall'avvertimento;
d) la documentazione idonea a comprovare le conoscenze linguistiche necessarie, per i mediatori che intendono iscriversi negli elenchi di cui all'articolo 3, comma 3, parte i), sezione B e parte ii), sezione B.
4. Gli organismi costituiti, anche in forma associata, dalle CCIAA e dai consigli degli ordini professionali sono iscritti su semplice domanda, all'esito della verifica della sussistenza del solo requisito di cui al comma 2, lettera b), per l'organismo e dei requisiti di cui al comma 3, per i mediatori. Per gli organismi costituiti da consigli degli ordini professionali diversi dai consigli degli ordini degli avvocati, l'iscrizione e' sempre subordinata alla verifica del rilascio dell'autorizzazione da parte del responsabile, ai sensi dell'articolo 19 del decreto legislativo. Nei casi di cui al primo e al secondo periodo del presente comma, e' fatto salvo quanto previsto dall'articolo 10.
5. Il possesso dei requisiti di cui ai commi 2 e 3, eccetto che per quello di cui al comma 2, lettera b), puo' essere attestato dall'interessato mediante autocertificazione. Il possesso del requisito di cui al comma 2, lettera b), e' attestato mediante la produzione di copia della polizza assicurativa.

---

(1) Lettera sostituita dall'art. 2 del DM 6/7/2011, n.145

Articolo 5 - Procedimento di iscrizione
1. Il responsabile approva il modello della domanda di iscrizione e fissa le modalita' di svolgimento delle verifiche, con l'indicazione degli atti, dei documenti e dei dati di cui la domanda deve essere corredata; delle determinazioni relative e' data adeguata pubblicita', anche attraverso il sito internet del Ministero. Alla domanda e', in ogni caso, allegato il regolamento di procedura, con la scheda di valutazione di cui all'articolo 7, comma 5, lettera b), e la tabella delle indennita' redatta secondo i criteri stabiliti nell'articolo 16; per gli enti privati l'iscrizione nel registro comporta l'approvazione delle tariffe.
2. La domanda e i relativi allegati, compilati secondo il modello predisposto, sono trasmessi al Ministero, anche in via telematica, con modalita' che assicurano la certezza dell'avvenuto ricevimento.
3. Il procedimento di iscrizione deve essere concluso entro quaranta giorni, decorrenti dalla data di ricevimento della domanda. La richiesta di integrazione della domanda o dei suoi allegati puo' essere effettuata dal responsabile per una sola volta. Dalla data in cui risulta pervenuta la documentazione integrativa richiesta, decorre un nuovo termine di venti giorni.
4. Quando e' scaduto il termine di cui al primo o al terzo periodo del comma 3 senza che il responsabile abbia provveduto, si procede comunque all'iscrizione.

Articolo 6 - Requisiti per l'esercizio delle funzioni di mediatore
1. Il richiedente e' tenuto ad allegare alla domanda di iscrizione l'elenco dei mediatori che si dichiarano disponibili allo svolgimento del servizio.
2. L'elenco dei mediatori e' corredato:
a) della dichiarazione di disponibilita', sottoscritta dal mediatore e contenente l'indicazione della sezione del registro alla quale questi chiede di essere iscritto;
b) del curriculum sintetico di ciascun mediatore, con indicazione specifica dei requisiti di cui all'articolo 4, comma 3, lettere a) e b);
c) dell'attestazione di possesso dei requisiti di cui all'articolo 4, comma 3, lettera c); d) di documentazione idonea a comprovare le conoscenze linguistiche necessarie all'iscrizione nell'elenco dei mediatori esperti nella materia internazionale.
3. Nessuno puo' dichiararsi disponibile a svolgere le funzioni di mediatore per piu' di cinque organismi.
4. Le violazioni degli obblighi inerenti le dichiarazioni previste dal presente articolo, commesse da pubblici dipendenti o da professionisti iscritti ad albi o collegi professionali, costituiscono illecito disciplinare sanzionabile ai sensi delle rispettive normative deontologiche. Il responsabile e' tenuto a informarne gli organi competenti.

Articolo 7 - Regolamento di procedura
1. Il regolamento contiene l'indicazione del luogo dove si svolge il procedimento, che e' derogabile con il consenso di tutte le parti, del mediatore e del responsabile dell'organismo. 2. L'organismo puo' prevedere nel regolamento:
a) che il mediatore deve in ogni caso convocare personalmente le parti;
b) che, in caso di formulazione della proposta ai sensi dell'articolo 11 del decreto legislativo, la stessa puo' provenire da un mediatore diverso da quello che ha condotto sino ad allora la mediazione e sulla base delle sole informazioni che le parti intendono offrire al mediatore proponente, e che la proposta medesima puo' essere formulata dal mediatore anche in caso di mancata partecipazione di una o piu' parti al procedimento di mediazione;
c) la possibilita' di avvalersi delle strutture, del personale e dei mediatori di altri organismi con i quali abbia raggiunto a tal fine un accordo, anche per singoli affari di mediazione, nonche' di utilizzare i risultati delle negoziazioni paritetiche basate su protocolli di intesa tra le associazioni riconosciute ai sensi dell'articolo 137 del Codice del Consumo e le imprese,

o loro associazioni, e aventi per oggetto la medesima controversia;
d) la formazione di separati elenchi dei mediatori suddivisi per specializzazioni in materie giuridiche;
e) che la mediazione svolta dall'organismo medesimo e' limitata a specifiche materie, chiaramente individuate.
3. Il regolamento stabilisce le cause di incompatibilita' allo svolgimento dell'incarico da parte del mediatore e disciplina le conseguenze sui procedimenti in corso della sospensione o della cancellazione dell'organismo dal registro ai sensi dell'articolo 10.
4. Il regolamento non puo' prevedere che l'accesso alla mediazione si svolge esclusivamente attraverso modalita' telematiche.
5. Il regolamento deve, in ogni caso, prevedere:
a) che il procedimento di mediazione puo' avere inizio solo dopo la sottoscrizione da parte del mediatore designato della dichiarazione di imparzialita' di cui all'articolo 14, comma 2, lettera a), del decreto legislativo;
b) che, al termine del procedimento di mediazione, a ogni parte del procedimento viene consegnata idonea scheda per la valutazione del servizio; il modello della scheda deve essere allegato al regolamento, e copia della stessa, con la sottoscrizione della parte e l'indicazione delle sue generalita', deve essere trasmessa per via telematica al responsabile, con modalita' che assicurano la certezza dell'avvenuto ricevimento;
c) la possibilita' di comune indicazione del mediatore ad opera delle parti, ai fini della sua eventuale designazione da parte dell'organismo.
d) che, nei casi di cui all'articolo 5, comma 1, del decreto legislativo, il mediatore svolge l'incontro con la parte istante anche in mancanza di adesione della parte chiamata in mediazione, e la segreteria dell'organismo puo' rilasciare attestato di conclusione del procedimento solo all'esito del verbale di mancata partecipazione della medesima parte chiamata e mancato accordo, formato dal mediatore ai sensi dell'articolo 11, comma 4, del decreto legislativo; (1)
e) criteri inderogabili per l'assegnazione degli affari di mediazione predeterminati e rispettosi della specifica competenza professionale del mediatore designato, desunta anche dalla tipologia di laurea universitaria posseduta. (1)
6. Fermo quanto previsto dall'articolo 9, comma 2, del decreto legislativo, il regolamento garantisce il diritto di accesso delle parti agli atti del procedimento di mediazione, che il responsabile dell'organismo e' tenuto a custodire in apposito fascicolo debitamente registrato e numerato nell'ambito del registro degli affari di mediazione. Il diritto di accesso ha per oggetto gli atti depositati dalle parti nelle sessioni comuni ovvero, per ciascuna parte, gli atti depositati nella propria sessione separata.
7. Non sono consentite comunicazioni riservate delle parti al solo mediatore, eccetto quelle effettuate in occasione delle sessioni separate. 8. I dati raccolti sono trattati nel rispetto delle disposizioni del decreto legislativo 30 giugno 2003, n. 196, recante «Codice in materia di protezione dei dati personali».

---

(1) Lettera aggiunta dall'3 del DM 6/7/2011, n.145.

Articolo 8 - Obblighi degli iscritti
1. L'organismo iscritto e' obbligato a comunicare immediatamente al responsabile tutte le vicende modificative dei requisiti, dei dati e degli elenchi comunicati ai fini dell'iscrizione, compreso l'adempimento dell'obbligo di aggiornamento formativo dei mediatori.
2. Il responsabile dell'organismo e' tenuto a rilasciare alle parti che gliene fanno richiesta il verbale di accordo di cui all'articolo 11, comma 3, del decreto legislativo, anche ai fini dell'istanza di omologazione del verbale medesimo.
3. Il responsabile dell'organismo trasmette altresi' la proposta del mediatore di cui all'articolo 11 del decreto legislativo, su richiesta del giudice che provvede ai sensi

dell'articolo 13 dello stesso decreto legislativo.
4. **L'organismo iscritto e' obbligato a consentire, gratuitamente e disciplinandolo nel proprio regolamento, il tirocinio assistito di cui all'articolo 4, comma 3, lettera b).** (1)

---

(1) Comma aggiunto dall'art.4 del DM 6/7/2011, n.145.

Articolo 9 - Effetti dell'iscrizione
1. Il provvedimento di iscrizione e' comunicato al richiedente con il numero d'ordine attribuito nel registro.
2. A seguito dell'iscrizione, l'organismo e il mediatore designato non possono, se non per giustificato motivo, rifiutarsi di svolgere la mediazione.
3. Dalla data della comunicazione di cui al comma 1, l'organismo e' tenuto, negli atti, nella corrispondenza, nonche' nelle forme di pubblicita' consentite, a fare menzione del numero d'ordine.
4. A far data dal secondo anno di iscrizione, entro il 31 marzo di ogni anno successivo, ogni organismo trasmette al responsabile il rendiconto della gestione su modelli predisposti dal Ministero e disponibili sul relativo sito internet.

Articolo 10 - Sospensione e cancellazione dal registro
1. Se, dopo l'iscrizione, sopravvengono o risultano nuovi fatti che l'avrebbero impedita, ovvero in caso di violazione degli obblighi di comunicazione di cui agli articoli 8 e 20 o di reiterata violazione degli obblighi del mediatore, il responsabile dispone la sospensione e, nei casi piu' gravi, la cancellazione dal registro.
2. Fermo quanto previsto dal comma 1, il responsabile dispone altresi' la cancellazione degli organismi che hanno svolto meno di dieci procedimenti di mediazione in un biennio.
3. La cancellazione di cui ai commi 1 e 2 impedisce all'organismo di ottenere una nuova iscrizione, prima che sia decorso un anno.
4. Spetta al responsabile, per le finalita' di cui ai commi 1 e 2, l'esercizio del potere di controllo, anche mediante acquisizione di atti e notizie, che viene esercitato nei modi e nei tempi stabiliti da circolari o atti amministrativi equipollenti, di cui viene curato il preventivo recapito, anche soltanto in via telematica, ai singoli organismi interessati.

Articolo 11 - Monitoraggio
1. Il Ministero procede annualmente, anche attraverso i responsabili degli organismi e congiuntamente con il Ministero dello sviluppo economico per i procedimenti di mediazione inerenti gli affari in materia di rapporti di consumo, al monitoraggio statistico dei procedimenti di mediazione svolti presso gli organismi medesimi. I dati statistici vengono separatamente riferiti alla mediazione obbligatoria, volontaria e demandata dal giudice. Per ciascuna di tali categorie sono indicati i casi di successo della mediazione e i casi di esonero dal pagamento dell'indennita' ai sensi dell'articolo 17, comma 5, del decreto legislativo.
2. Il Ministero procede altresi' alla raccolta, presso gli uffici giudiziari, dei dati relativi all'applicazione, nel processo, dell'articolo 13, comma 1, del decreto legislativo.
3. I dati raccolti ai sensi dei commi 1 e 2 sono utilizzati anche ai fini della determinazione delle indennita' spettanti agli organismi pubblici.

Capo III - Servizio di mediazione e prestazione del mediatore

Articolo 12 - Registro degli affari di mediazione
1. Ciascun organismo e' tenuto a istituire un registro, anche informatico, degli affari di mediazione, con le annotazioni relative al numero d'ordine progressivo, i dati identificativi

delle parti, l'oggetto della mediazione, il mediatore designato, la durata del procedimento e il relativo esito.
2. A norma dell'articolo 2961, primo comma, del codice civile, e' fatto obbligo all'organismo di conservare copia degli atti dei procedimenti trattati per almeno un triennio dalla data della loro conclusione.

Articolo 13 - Obblighi di comunicazione al responsabile
1. Il giudice che nega l'omologazione, provvedendo ai sensi dell'articolo 12 del decreto legislativo, trasmette al responsabile e all'organismo copia del provvedimento di diniego.

Articolo 14 - Natura della prestazione
1. Il mediatore designato esegue personalmente la sua prestazione.

Articolo 15 - Divieti inerenti al servizio di mediazione
1. Salvo quanto previsto dall'articolo 4, comma 2, lettera b), l'organismo non puo' assumere diritti e obblighi connessi con gli affari trattati dai mediatori che operano presso di se', anche in virtu' di accordi conclusi ai sensi dell'articolo 7, comma 2, lettera c).

Capo IV - Indennita'

Articolo 16 - Criteri di determinazione dell'indennità
1. L'indennita' comprende le spese di avvio del procedimento e le spese di mediazione.
2. Per le spese di avvio, a valere sull'indennita' complessiva, e' dovuto da ciascuna parte un importo di euro 40,00 che e' versato dall'istante al momento del deposito della domanda di mediazione e dalla parte chiamata alla mediazione al momento della sua adesione al procedimento.
3. Per le spese di mediazione e' dovuto da ciascuna parte l'importo indicato nella tabella A allegata al presente decreto.
4 . L'importo massimo delle spese di mediazione per ciascun scaglione di riferimento, come determinato a norma della medesima tabella A:
a) puo' essere aumentato in misura non superiore a un quinto tenuto conto della particolare importanza, complessita' o difficolta' dell'affare;
b) deve essere aumentato in misura non superiore a **un quarto** in caso di successo della mediazione; (1)
c) deve essere aumentato di un quinto nel caso di formulazione della proposta ai sensi dell'articolo 11 del decreto legislativo;
d) nelle materie di cui all'articolo 5, comma 1, del decreto legislativo, deve essere ridotto di un terzo per i primi sei scaglioni, e della meta' per i restanti, salva la riduzione prevista dalla lettera e) del presente comma, e non si applica alcun altro aumento tra quelli previsti dal presente articolo a eccezione di quello previsto dalla lettera b) del presente comma; (2)
e) deve essere ridotto a euro quaranta per il primo scaglione e ad euro cinquanta per tutti gli altri scaglioni, ferma restando l'applicazione della lettera c) del presente comma quando nessuna delle controparti di quella che ha introdotto la mediazione, partecipa al procedimento. (1)
5. Si considerano importi minimi quelli dovuti come massimi per il valore della lite ricompreso nello scaglione immediatamente precedente a quello effettivamente applicabile; l'importo minimo relativo al primo scaglione e' liberamente determinato.
6. Gli importi dovuti per il singolo scaglione non si sommano in nessun caso tra loro.
7. Il valore della lite e' indicato nella domanda di mediazione a norma del codice di procedura civile.
8. Qualora il valore risulti indeterminato, indeterminabile, o vi sia una notevole divergenza tra le parti sulla stima, l'organismo decide il valore di riferimento, sino al limite di euro

250.000, e lo comunica alle parti. **In ogni caso, se all'esito del procedimento di mediazione il valore risulta diverso, l'importo dell'indennita' e' dovuto secondo il corrispondente scaglione di riferimento.**(3)
9. Le spese di mediazione sono corrisposte prima dell'inizio del primo incontro di mediazione in misura non inferiore alla meta'. **Il regolamento di procedura dell'organismo puo' prevedere che le indennita' debbano essere corrisposte per intero prima del rilascio del verbale di accordo di cui all'articolo 11 del decreto legislativo. In ogni caso, nelle ipotesi di cui all'articolo 5, comma 1, del decreto legislativo, l'organismo e il mediatore non possono rifiutarsi di svolgere la mediazione.** (4)
10. Le spese di mediazione comprendono anche l'onorario del mediatore per l'intero procedimento di mediazione, indipendentemente dal numero di incontri svolti. Esse rimangono fisse anche nel caso di mutamento del mediatore nel corso del procedimento ovvero di nomina di un collegio di mediatori, di nomina di uno o piu' mediatori ausiliari, ovvero di nomina di un diverso mediatore per la formulazione della proposta ai sensi dell'articolo 11 del decreto legislativo.
11. Le spese di mediazione indicate sono dovute in solido da ciascuna parte che ha aderito al procedimento.
12. Ai fini della corresponsione dell'indennita', quando piu' soggetti rappresentano un unico centro d'interessi si considerano come un'unica parte.
13. Gli organismi diversi da quelli costituiti dagli enti di diritto pubblico interno stabiliscono gli importi di cui al comma 3, ma restano fermi gli importi fissati dal comma 4, lettera d), per le materie di cui all'articolo 5, comma 1, del decreto legislativo. Resta altresi' ferma ogni altra disposizione di cui al presente articolo.
14. Gli importi minimi delle indennita' per ciascun scaglione di riferimento, come determinati a norma della tabella A allegata al presente decreto, sono derogabili. (5)

______

(1) Lettera modificata dall'art.5 del DM 6/7/2011, n.145.
(2) Lettera sostituita dall'art.5 del DM 6/7/2011, n.145.
(3) Comma sostituito dall'art.5 del DM 6/7/2011, n.145.
(4) Il seondo periodo del presente comma è stato aggiunto dall'art.5 del DM 6/7/2011, n.145.
(5) Comma aggiunto dall'art.5 del DM 6/7/2011, n.145.

Capo V - Enti di formazione e formatori

Articolo 17 - Elenco degli enti di formazione

1. E' istituito l'elenco degli enti di formazione abilitati a svolgere l'attivita' di formazione dei mediatori.
2. L'elenco e' tenuto presso il Ministero nell'ambito delle risorse umane, finanziarie e strumentali gia' esistenti presso il Dipartimento per gli affari di giustizia; ne e' responsabile il direttore generale della giustizia civile, ovvero persona da lui delegata con qualifica dirigenziale **o con qualifica di magistrato** nell'ambito della direzione generale. **Il direttore generale della giustizia civile, al fine di esercitare la vigilanza, si puo' avvalere dell'Ispettorato generale del Ministero della giustizia.** (1)
3. L'elenco e' articolato in modo da contenere almeno le seguenti annotazioni:
parte i): enti pubblici;
sezione A: elenco dei formatori;
sezione B: elenco dei responsabili scientifici;
parte ii): enti privati;
sezione A: elenco dei formatori;
sezione B: elenco dei responsabili scientifici;
sezione C: elenco dei soci, associati, amministratori, rappresentanti degli enti.
4. Il responsabile cura il continuo aggiornamento dei dati.

5. La gestione dell'elenco avviene con modalita' informatiche che assicurano la possibilita' di rapida elaborazione di dati con finalita' connessa ai compiti di tenuta di cui al presente decreto.
6. Gli elenchi dei formatori e dei responsabili scientifici sono pubblici; l'accesso alle altre annotazioni e' regolato dalle vigenti disposizioni di legge.

---

(1) Comma modificato dall'art.1 del DM 6/7/2011, n.145.

Articolo 18 - Criteri per l'iscrizione nell'elenco
1. Nell'elenco sono iscritti, a domanda, gli organismi di formazione costituiti da enti pubblici e privati.
2. Il responsabile verifica l'idoneita' dei richiedenti e, in particolare:
a) la capacita' finanziaria e organizzativa del richiedente, nonche' la compatibilita' dell'attivita' di formazione con l'oggetto sociale o lo scopo associativo; ai fini della dimostrazione della capacita' finanziaria, il richiedente deve possedere un capitale non inferiore a quello la cui sottoscrizione e' necessaria alla costituzione di una societa' a responsabilita' limitata;
b) i requisiti di onorabilita' dei soci, associati, amministratori o rappresentanti dei predetti enti, conformi a quelli fissati dall'articolo 13 del decreto legislativo 24 febbraio 1998, n. 58;
c) la trasparenza amministrativa e contabile dell'ente, ivi compreso il rapporto giuridico ed economico tra l'organismo e l'ente di cui eventualmente costituisca articolazione interna al fine della dimostrazione della necessaria autonomia finanziaria e funzionale;
d) il numero dei formatori, non inferiore a cinque, che svolgono l'attivita' di formazione presso il richiedente;
e) la sede dell'organismo, con l'indicazione delle strutture amministrative e logistiche per lo svolgimento dell'attivita' didattica;
f) la previsione e la istituzione di un percorso formativo, di durata complessiva non inferiore a 50 ore, articolato in corsi teorici e pratici, con un massimo di trenta partecipanti per corso, comprensivi di sessioni simulate partecipate dai discenti, e in una prova finale di valutazione della durata minima di quattro ore, articolata distintamente per la parte teorica e pratica; i corsi teorici e pratici devono avere per oggetto le seguenti materie: normativa nazionale, comunitaria e internazionale in materia di mediazione e conciliazione, metodologia delle procedure facilitative e aggiudicative di negoziazione e di mediazione e relative tecniche di gestione del conflitto e di interazione comunicativa, anche con riferimento alla mediazione demandata dal giudice, efficacia e operativita' delle clausole contrattuali di mediazione e conciliazione, forma, contenuto ed effetti della domanda di mediazione e dell'accordo di conciliazione, compiti e responsabilita' del mediatore;
g) la previsione e l'istituzione di un distinto percorso di aggiornamento formativo, di durata complessiva non inferiore a 18 ore biennali, articolato in corsi teorici e pratici avanzati, comprensivi di sessioni simulate partecipate dai discenti ovvero, in alternativa, di sessioni di mediazione; i corsi di aggiornamento devono avere per oggetto le materie di cui alla lettera f);
h) che l'esistenza, la durata e le caratteristiche dei percorsi di formazione e di aggiornamento formativo di cui alle lettere f) e g) siano rese note, anche mediante la loro pubblicazione sul sito internet dell'ente di formazione;
i) l'individuazione, da parte del richiedente, di un responsabile scientifico di chiara fama ed esperienza in materia di mediazione, conciliazione o risoluzione alternativa delle controversie, che attesti la completezza e l'adeguatezza del percorso formativo e di aggiornamento.
3. Il responsabile verifica altresi':
a) i requisiti di qualificazione dei formatori, i quali devono provare l'idoneita' alla formazione, attestando: per i docenti dei corsi teorici, di aver pubblicato almeno tre

contributi scientifici in materia di mediazione, conciliazione o risoluzione alternativa delle controversie; per i docenti dei corsi pratici, di aver operato, in qualita' di mediatore, presso organismi di mediazione o conciliazione in almeno tre procedure; per tutti i docenti, di avere svolto attivita' di docenza in corsi o seminari in materia di mediazione, conciliazione o risoluzione alternativa delle controversie presso ordini professionali, enti pubblici o loro organi, universita' pubbliche o private riconosciute, nazionali o straniere, nonche' di impegnarsi a partecipare in qualita' di discente presso i medesimi enti ad almeno 16 ore di aggiornamento nel corso di un biennio;
b) il possesso, da parte dei formatori, dei requisiti di onorabilita' previsti dall'articolo 4, comma 3, lettera c).

Articolo 19 - Procedimento d'iscrizione e vigilanza
1. Al procedimento di iscrizione nell'elenco, alla tenuta dello stesso, alla sospensione e alla cancellazione degli iscritti si applicano gli articoli 5, 6, 8, 9, 10 e 12, in quanto compatibili.

Capo VI - Disciplina transitoria ed entrata in vigore

Articolo 20 - Disciplina transitoria
1. Si considerano iscritti di diritto al registro gli organismi gia' iscritti nel registro previsto dal decreto del Ministro della giustizia 23 luglio 2004, n. 222. Salvo quanto previsto dal comma 2, il responsabile, **dopo aver provveduto all'iscrizione di cui al periodo precedente**, verifica il possesso in capo a tali organismi dei requisiti previsti dall'articolo 4 e comunica agli stessi le eventuali integrazioni o modifiche necessarie. Se l'organismo ottempera alle richieste del responsabile entro trenta giorni dal ricevimento della comunicazione, l'iscrizione si intende confermata; in difetto di tale ottemperanza, l'iscrizione si intende decaduta. (1)
2. I mediatori abilitati a prestare la loro opera presso gli organismi di cui al comma 1 devono acquisire, entro **dodici mesi** dalla data di entrata in vigore del presente decreto, i requisiti anche formativi in esso previsti per l'esercizio della mediazione o, in alternativa, attestare di aver svolto almeno venti procedure di mediazione, conciliazione o negoziazione volontaria e paritetica, in qualsiasi materia, di cui almeno cinque concluse con successo anche parziale. Gli stessi mediatori, fino alla scadenza dei **dodici mesi** di cui al periodo precedente, possono continuare a esercitare l'attivita' di mediazione. Dell'avvenuta acquisizione dei requisiti gli organismi di cui al comma 1 danno immediata comunicazione al responsabile. (1)
3. Si considerano iscritti di diritto all'elenco gli enti abilitati a tenere i corsi di formazione, gia' accreditati presso il Ministero ai sensi del decreto del Ministro della giustizia 23 luglio 2004, n. 222. Salvo quanto previsto dal comma 4, il responsabile, **dopo aver provveduto all'iscrizione di cui al periodo precedente**, verifica il possesso in capo a tali enti dei requisiti previsti dall'articolo 18 e comunica agli stessi le eventuali integrazioni o modifiche necessarie. Se l'ente ottempera alle richieste del responsabile entro trenta giorni dal ricevimento della comunicazione, l'iscrizione si intende confermata; in difetto di tale ottemperanza, l'iscrizione si intende decaduta. (1)
4. I formatori abilitati a prestare la loro attivita' presso gli enti di cui al comma 3 devono acquisire, entro **dodici mesi** dalla data di entrata in vigore del presente decreto, i requisiti di aggiornamento indicati nell'articolo 18. Gli stessi formatori, fino alla scadenza dei **dodici mesi** di cui al periodo precedente, possono continuare a esercitare l'attivita' di formazione. Dell'avvenuto aggiornamento gli enti di cui al comma 3 danno immediata comunicazione al responsabile.

---

(1) Comma modificato dall'art.6 del DM 6/7/2011, n.145.

Articolo 21 - Entrata in vigore
1. Il presente decreto entra in vigore il giorno successivo a quello della sua pubblicazione nella Gazzetta Ufficiale della Repubblica italiana.
Il presente decreto, munito del sigillo dello Stato, sara' inserito nella Raccolta ufficiale degli atti normativi della Repubblica italiana. E' fatto obbligo a chiunque spetti di osservarlo e di farlo osservare.

Tabella A (articolo 16, comma 4)

Valore della lite	- Spesa (per ciascuna parte)	- In caso di procedimento in contumacia
Fino a Euro 1.000	Euro 65	Euro 40
da Euro 1.001 a Euro 5.000	Euro 130	Euro 50
da Euro 5.001 a Euro 10.000	Euro 240	Euro 50
da Euro 10.001 a Euro 25.000	Euro 360	Euro 50
da Euro 25.001 a Euro 50.000	Euro 600	Euro 50
da Euro 50.001 a Euro 250.000	Euro 1.000	Euro 50
da Euro 250.001 a Euro 500.000	Euro 2.000	Euro 50
da Euro 500.001 a Euro 2.500.000	Euro 3.800	Euro 50
da Euro 2.500.001 a Euro 5.000.000	Euro 5.200	Euro 50
Oltre Euro 5.000.000	Euro 9.200	Euro 50

Übersetzung des Dekretes 180/2010 modifiziert durch das Dekret 145/2011

Abschnitt I – Grundlegende Bestimmungen
Art. 1 – Definitionen

1. Im Sinne dieses Dekretes bezeichnet der Ausdruck:
a) „Ministerium“: das Justizministerium;
b) „Legislativdekret“: das Legislativdekret Nr. 28 vom 4. März 2010;
c) „Mediation“: die Tätigkeit, die unabhängig von ihrer Bezeichnung, von einem unparteiischen Dritten ausgeübt wird und darauf gerichtet ist, zwei oder mehrere Personen sowohl bei der Suche nach einer gütlichen Streitbeilegung zur Schlichtung einer Streitigkeit, als auch bei der Formulierung eines Einigungsvorschlages zwecks Beilegung derselbigen zu unterstützen;
d) „Mediator“: die natürliche oder die natürlichen Personen, die einzeln oder kollektiv eine Mediation durchführen, ohne dabei in keinem Fall für die Parteien Urteile oder Entscheidungen zu treffen, die für die Adressaten derselben Dienstleistung bindend sind;
e) „Schlichtung“: die Beilegung einer Streitigkeit nach Durchführung einer Mediation;
f) „Mediationsstelle“: die öffentliche oder private Stelle, bei der das Mediationsverfahren nach dem vorliegenden Dekret durchgeführt werden kann;
g) „Verfahrensordnung“: das Schriftstück, welches die unabhängige Regelung des Mediationsverfahren und der entsprechenden Kosten regelt und von der Mediationsstelle angewandt wird;
h) „Vergütung“: der Betrag, der von den die Mediation in Anspruch nehmenden Personen für die Nutzung der Mediation gezahlt wird, die von den Mediationsstellen erbracht wird;
i) „Register“: das Register der Mediationsstellen, welches bei dem Ministerium eingerichtet ist;
l) „Verantwortlicher“: der für die Erhaltung des Registers und der Liste Verantwortlicher;
m) „Ausbilder“: die Person oder die natürlichen Personen, die die Mediatorenausbildung durchführen;
n) „Ausbildungsstellen“: die öffentlichen oder privaten Stellen, oder ihre angegliederten Stellen, bei denen die Mediatorenausbildung durchgeführt wird;
o) „Wissenschaftlicher Verantwortlicher“: die natürlich oder die natürlichen Personen, die die Aufgaben des Art. 18 Abs. 2 lett. i) ausführen, indem sie

die Geeignetheit der Tätigkeit, die von den Ausbildungsstellen durchgeführt wird, versichern;

p) „Liste“: die Liste der Ausbildungsstellen, die beim Ministerium eingerichtet ist;

q) „Öffentliche Stelle“: die juristische Person des öffentlichen, Gemeinschafts-, internationalen oder ausländischen Rechts;

r) „Private Stelle“: jede Person des Privatrechts, die keine natürliche Person ist;

s) „CCIAA“: die Kammern für Handel, Industrie, Handwerk und Landwirtschaft.

Art. 2 – Gegenstand

1. Dieses Dekret regelt:

a) die Errichtung des Registers beim Ministerium;

b) die Kriterien und Modalitäten der Registereintragung sowie die Überwachung, Kontrolle, Unterbrechung und Löschung der einzelnen Mediationsstellen aus dem Register;

c) die Errichtung der Liste beim Ministerium;

d) die Kriterien und Modalitäten der Eintragung in die Liste sowie die Überwachung, Kontrolle, Unterbrechung und Löschung der einzelnen Ausbildungsstellen aus der Liste;

e) den Minimal- und Maximalbetrag der Vergütung und das Berechnungskriterium der Vergütung, die die Mediationsstellen erhalten, die von öffentlichen Stellen gegründet wurden, sowie die Kriterien für die Genehmigung der Vergütungstabelle, die von den Mediationsstellen vorgeschlagen werden, die von privaten Stellen gegründet wurden.

Abschnitt II – Register der Mediationsstellen

Art. 3 – Register

1. Es ist ein Register der Mediationsstellen eingerichtet, die dazu zugelassen sind, die Mediation durchzuführen.
2. Das Register wird beim Ministerium im Bereich der Human-, Finanz- und Instrumentalressourcen eingerichtet, die bereits im Fachbereich für Justizangelegenheiten vorhanden sind; hierfür ist der Generaldirektor der Ziviljustiz verantwortlich oder eine von ihm bevollmächtigte Person, die eine Führungs- oder Richterqualifikation im Bereich der generellen Direktion innehat. Der Generaldirektor der Ziviljustiz kann sich zwecks Überwachungsausübung des Generalinspektors des Justizministeriums bedienen. Zwecks Überwachung der Abteilung des Registers für die Abhandlung der Angelegenheiten

im Bereich des Verbraucherrechts des Absatzes 3, Teil i), Referat C, führt der Verantwortliche nachdem er das Ministerium für wirtschaftliche Entwicklung zu Rate gezogen hat, die Kompetenzen dieses Dekretes aus.

3. Das Register ist wie folgt aufgeteilt:
   Teil I): Öffentliche Stellen;
   Abteilung A: Liste der Mediatoren;
   Abteilung B: Liste der im internationalen Bereich spezialisierten Mediatoren;
   Abteilung C: Liste der im Bereich des Verbraucherrechts spezialisierten Mediatoren;
   Teil II): Private Stellen;
   Abteilung A: Liste der Mediatoren;
   Abteilung B: Liste der im internationalen Bereich spezialisierten Mediatoren;
   Abteilung C: Liste der im Bereich des Verbraucherrechts spezialisierten Mediatoren;
   Abteilung D: Liste der Gesellschafter, Mitglieder und Vertreter der Mediationsstellen.
4. Der Verantwortliche übernimmt die fortlaufende Aktualisierung der Daten.
5. Die Registerführung findet auf elektronischem Wege, der die Möglichkeit einer schnellen Datenerfassung zum Zwecke der Aufgaben zur Erhaltung im Sinne dieses Dekretes, statt.
6. Die Listen der Mediatoren sind öffentlich; der Zugang zu den anderen Eintragungen ist von den geltenden gesetzlichen Vorschriften geregelt.

Art. 4 – Kriterien für die Regsitereintragung

1. Auf Antrag sind im Register die Mediationsstellen eingetragen, die von öffentlichen und privaten Stellen gegründet wurden.
2. Der Verantwortliche verifiziert die Professionalität und die Effizienz der Antragsteller und insbesondere:

a) die finanzielle und organisatorische Fähigkeit des Antragstellers sowie die Kompatibilität der Mediationstätigkeit mit dem Gesellschaftsgegenstand und dem verbundenen Zweck; um die finanzielle Fähigkeit darzulegen, muss der Antragsteller ein Kapital besitzen, welches nicht geringer ist, als das, welches für die Gründung einer Gesellschaft mit beschränkter Haftung notwendig ist; um die organisatorische Fähigkeit darzulegen, muss der Antragsteller bestätigen, die Mediation in mindestens zwei Regionen Italiens oder in mindestens zwei Provinzen derselben Region durchführen zu können, auch mittels der Vereinbarungen des Art. 7 Abs. 2, lett. c);

b) den Besitz einer Haftpflichtversicherung des Antragstellers, die einen Mindestbetrag von 500.000,00 EUR aufweisen muss und jede etwaige Forderung betrifft, die aus der Durchführung der Mediationstätigkeit resultiert;
c) die Voraussetzungen der Ehrbarkeit der Gesellschafter, Mitglieder, Verwalter und Vertreter der vorgenannten Stellen, und zwar konform zu den Voraussetzungen des Art. 13 des Legislativdekretes Nr. 58 vom 24. Februar 1998:
d) die Verwaltungs- und Rechnungstransparenz der Mediationsstelle, einschließlich die rechtliche und wirtschaftliche Beziehung zwischen der Mediationsstelle und der Stelle, zu der sie eventuell gehört, um die notwendige finanzielle und funktionelle Unabhängigkeit darzulegen;
e) die Garantien der Unabhängigkeit, Unparteilichkeit und Vertraulichkeit bei der Durchführung der Mediation sowie die Konformität der Verfahrensordnung zu den gesetzlichen Vorschriften und diesem Dekret, auch was die rechtliche Beziehung zu den Mediatoren betrifft;
f) die Anzahl der Mediatoren, die nicht unter fünf liegen darf, und die ihre Verfügbarkeit erklärt haben, die Aufgabe der Mediation für den Antragsteller auszuüben;
g) den Sitz der Mediationsstelle.
3. Der Verantwortliche verifiziert zudem:
a) die Voraussetzungen der Qualifikation der Mediatoren, die mindestens im Besitz eines Abschlusses nach einem dreijährigen Universitätsstudium oder bei einer berufständischen Vereinigung eingeschrieben sein müssen;
b) dass die Mediatoren eine spezielle Ausbildung oder zweijährliche Fortbildung besitzen, die bei den Ausbildungsstellen des Art. 18 erworben wurden, sowie an mindestens zwanzig Mediationsfällen, die bei den eingetragenen Mediationsstellen durchgeführt wurden, innerhalb eines Zweijahreszeitraumes und in Form eines begleitenden Praktikums teilnehmen;
c) dass die Mediatoren die folgenden Voraussetzungen der Ehrbarkeit erfüllen:
a. nicht rechtskräftige Verurteilungen hinsichtlich nicht fahrlässiger Delikte oder solcher mit Freiheitsstrafe, die nicht auf Bewährung ausgesetzt wurden, zu verbüßen;
b. nicht dauerhaft oder zeitweise von den öffentlichen Behörden entmündigt zu sein;
c. nicht Präventions- oder Sicherungsmaßnahmen unterzogen zu sein;
d. nicht Disziplinarmaßnahmen, die keine Ermahnung sind, unterzogen zu sein;

d) die Dokumentation, die geeignet ist, die notwendigen sprachlichen Voraussetzungen für die Mediatoren nachzuweisen, die sich in den Listen des Art. 3 Abs. 3, Teil 1), Abteilung B und Teil II), Abteilung B eintragen möchten.

4. Die Mediationsstellen, die – auch in beteiligter Form – von den CCIAA und den berufsständischen Vereinigungen gegründet worden sind, sind auf einfachen Antrag in die Listen einzutragen, nachdem das Vorliegen allein der Voraussetzung des Abs. 2, lett. b) für die Mediationsstelle und die Voraussetzungen des Abs. 3 für die Mediatoren verifiziert wurde. Für die Mediationsstellen, die von berufsständischen Einrichtungen gegründet worden sind, die keine Anwaltskammer sind, erfolgt die Eintragung immer nach der Verifizierung des Genehmigungserlasses des Verantwortlichen gemäß Art. 19 des Legislativdekretes. In den Fällen des ersten und zweiten Satzes dieses Absatzes sind die Regelungen des Art. 10 vorbehalten.
5. Das Vorhandensein der Voraussetzungen der Absätze 2 und 3, ausgenommen Abs. 2 lett. b), kann von dem Antragsteller mittels Selbsterklärung nachgewiesen werden. Das Vorhandensein der Voraussetzung des Abs. 2 lett. b) ist mittels einer Kopie der Versicherungspolice nachzuweisen.

Art. 5 – Vorgang der Eintragung

1. Der Verantwortliche genehmigt die Form des Antrages auf Eintragung und legt die Modalitäten der Verifizierungsdurchführung unter Angabe der Urkunden, Dokumente und Daten fest, mit denen der Antrag versehen sein muss; die entsprechenden Vorschriften werden angemessen veröffentlicht, auch mittels der Internetseite des Ministeriums. In jedem Fall ist dem Antrag die Verfahrensordnung mit dem Bewertungszettel des Art. 7 Abs. 5 lett. b) und die Vergütungstabelle, die entsprechend den in Art. 16 festgelegten Kriterien erstellt wurde, beizufügen; für die privaten Stellen ist für die Eintragung im Register die Genehmigung der Tarife notwendig.
2. Der Antrag und die dazugehörigen Anlagen, die in der vorgeschriebenen Form ausgefüllt wurden, sind dem Ministerium – auch auf elektronischem Wege – so zu übermitteln, dass eine erfolgte Zustellung gesichert ist.
3. Der Vorgang der Eintragung muss innerhalb von 40 Tagen abgeschlossen sein, die Frist beginnt ab dem Tag der Zustellung des Antrages. Die Forderung nach Ergänzung des Antrages oder seiner Anlagen kann von dem Verantwortlichen nur ein Mal gestellt werden. Ab dem Tag, an dem die angeforderten ergänzenden Unterlagen eingegangen sind, beginnt eine neue Frist von 40 Tagen.

4. Wenn die Frist des ersten und dritten Satzes des Abs. 3 abläuft, ohne das sich der Verantwortliche darum gekümmert hat, erfolgt die Eintragung.

Art. 6 – Voraussetzungen für die Durchführung der Mediatorentätigkeit

1. Der Antragsteller muss dem Eintragungsantrag die Liste der Mediatoren beifügen, die sich zur Durchführung der Tätigkeit bereit erklären.
2. Der Liste der Mediatoren ist beigefügt:
a) die Verfügbarkeitserklärung, die von dem Mediator unterzeichnet ist und die Angabe der Registerabteilung enthält, deren Eintragung er begehrt;
b) ein knapper Lebenslauf jedes Mediators, mit der genauen Angabe der Voraussetzungen des Art. 4 Abs. 3 lett. a) und b);
c) der Nachweis des Vorhandenseins der Voraussetzungen des Art. 4 Abs. 3 lett. c);
d) die Unterlagen, die geeignet sind, die notwendigen Sprachvoraussetzungen für die Eintragung in die Liste der im internationalen Bereich spezialisierten Mediatoren nachzuweisen.
3. Niemand kann sich für die Durchführung der Mediatorentätigkeit bei mehr als fünf Mediationsstellen verfügbar erklären.
4. Die Verletzungen der Pflichten, die die vorgeschriebenen Erklärungen dieses Artikels betreffen und von Angestellten des öffentlichen Dienstes oder von Mitgliedern berufsständischer Vereinigungen begangen wurden, stellen einen sanktionierbaren Disziplinarverstoß gemäß den entsprechenden Berufsvorschriften dar. Der Verantwortliche hat die zuständigen Organe hiervon zu unterrichten.

Art. 7 – Verfahrensordnung

1. Die Verfahrensordnung enthält die Angabe des Ortes, wo das Verfahren durchgeführt wird, der mit Zustimmung aller Parteien, des Mediators und der Verantwortlichen der Mediationsstelle abänderbar ist.
2. Die Mediationsstelle kann in der Verfahrensordnung vorsehen:
a) dass der Mediator die Parteien in jedem Fall persönlich laden muss;
b) dass im Falle einer Vorschlagsformulierung gemäß Art. 11 des Legislativdekretes diese von einem anderen als dem bisher zuständigen Mediator und nur auf der Grundlage der Informationen vorgenommen werden kann, die die Parteien dem vorschlagenden Mediator offerieren möchten, und dass derselbe Vorschlag auch von dem Mediator vorgenommen werden kann, wenn eine oder mehrere Parteien an dem Mediationsverfahren nicht teilnehmen;

c) die Möglichkeit, sich der Strukturen, des Personals und der Mediatoren anderer Mediationsstellen zu bedienen, mit denen zu diesem Zweck eine Vereinbarung getroffen wurde, auch für einzelne Mediationsangelegenheiten, sowie die Möglichkeit, die Ergebnisse gleichgestellter Verhandlungen zu nutzen, die auf Protokollen beruhen, die zwischen den anerkannten Vereinigungen gemäß Art. 137 Verbrauchergesetzbuch und den Unternehmen oder ihren Vereinigungen vereinbart wurden, und den gleichen Streitgegenstand haben;
d) die Errichtung separater Listen der Mediatoren, die in Spezialisierungen in den Rechtsgebieten aufgeteilt sind;
e) dass die Mediation, die von derselben Mediationsstelle durchgeführt wird, auf bestimmte, klar umrissene Bereiche begrenzt ist.
3. Die Verfahrensordnung legt die Gründe für die Unmöglichkeit der Ausführung des Auftrages seitens des Mediators fest und regelt die Auswirkungen auf die Verfahren, die sich in der Unterbrechung oder der Löschung der Mediationsstelle aus dem Register gemäß Art. 10 befinden.
4. Die Verfahrensordnung kann nicht vorsehen, dass der Zugang zur Mediation ausschließlich mittels elektronischer Modalitäten durchgeführt werden kann.
5. Die Verfahrensordnung muss in jedem Fall vorsehen:
a) dass das Mediationsverfahren nur nach Unterzeichnung der Unparteilichkeitserklärung des Art. 14 Abs. 2 lett. a) des Legislativdekretes seitens des ernannten Mediators begonnen werden kann;
b) dass am Ende des Mediationsverfahrens jeder Partei ein für die Bewertung der Tätigkeit geeigneter Bogen überreicht wird; die Form des Bogens muss der Verfahrensordnung beigefügt werden und eine entsprechende Kopie mit der Unterschrift der Partei und der Angabe ihrer Personalien auf elektronischem Wege dem Verantwortlichen so übermittelt werden, dass eine erfolgte Zustellung sichergestellt ist;
c) die Möglichkeit einer gemeinsamen Angabe des Mediators durch die Parteien zwecks möglicher Ernennung durch die Mediationsstelle;
d) dass in den Fällen des Art. 5 Abs. 1 des Legislativdekretes der Mediator das Treffen mit der den Antrag stellenden Partei auch bei fehlender Zustimmung der beizutretenden Partei durchführt und die Geschäftsstelle der Mediationsstelle einen Beendigungsnachweis der Mediation allein auf dem Ergebnis des Protokolls der fehlenden Teilnahme der beizutretenden Partei und der fehlenden Einigung erlassen kann, das vom Mediator gemäß Art. 11 Abs. 4 des Legislativdekretes angefertigt wird;

e) die unabänderbaren Kriterien für die Zuteilung der vorher festgelegten und von der speziellen beruflichen Kompetenz des ernannten Mediators, die auch von der Art seiner universitären Abschlüsse abgeleitet wird, einzuhalten sind.

6. Unberührt der Regelung des Art. 9 Abs. 2 des Legislativdekretes garantiert die Verfahrensordnung das Recht zum Zugang der Parteien zu den Dokumenten des Mediationsverfahrens, die der Verantwortliche der Mediationsstelle in dafür vorgesehenen ordnungsgemäß registrierten und nummerierten Akten im Bereich des Registers für Mediationsverfahren verwahrt. Gegenstand des Zugangsrechts sind die von den Parteien in den gemeinsamen Sitzungen hinterlegten Unterlagen oder die für jede Partei in den Einzelsitzungen hinterlegten Dokumente.
7. Es sind keine Mitteilungen erlaubt, die nur an den Mediator gerichtet sind, ausgenommen solche, die im Rahmen einer Einzelsitzung übergeben werden.
8. Die gesammelten Daten sind unter Berücksichtigung der Regelungen des Legislativdekretes Nr. 196 vom 30. Juni 2003, welches das „Datenschutzgesetz" hervorgebracht hat, zu behandeln.

Art. 8 – Pflichten der Eingetragenen

1. Die eingetragene Mediationsstelle ist verpflichtet, dem Verantwortlichen unverzüglich alle Geschehnisse, die die zwecks Eintragung mitgeteilten Voraussetzungen, Daten und Listen abändern, einschließlich die Erfüllung der Fortbildungspflicht der Mediatoren, ändern, mitzuteilen.
2. Der Verantwortliche hat den Parteien auf Antrag das Einigungsprotokoll gemäß Art. 11 Abs. 3 des Legislativdekretes, auch zwecks Antrag auf Bestätigung als vollstreckbarer Titel, auszustellen.
3. Der Verantwortliche der Mediationsstelle übermittelt ferner auf Antrag des Richters, der gemäß Art. 13 des Legislativdekretes verfährt, den Vorschlag des Mediators des Art. 11 des Legislativdekretes.
4. Die eingetragene Mediationsstelle ist verpflichtet, kostenlos uns dies in der eigenen Verfahrensordnung regelnd, einen aushelfenden Praktikanten gemäß Art. 4 Abs. 3 lett. b) zuzulassen.

Art. 9 – Auswirkungen der Eintragung

1. Die Durchführung der Eintragung ist dem Antragsteller mit der im Register zugeordneten Ordnungsnummer mitzuteilen.
2. Nach der Eintragung können die Mediationsstelle und der ernannte Mediator sich nicht weigern, die Mediation durchzuführen, außer es liegt ein rechtfertigender Grund vor.

3. Ab dem Zeitpunkt der Mitteilung des Abs. 1 hat die Mediationsstelle in den Akten, in der Korrespondenz sowie bei den erlaubten Werbemaßnahmen die Ordnungsnummer zu nennen.
4. Ab dem zweiten Jahr der Eintragung übermittelt jede Mediationsstelle bis zum 31. März des Folgejahres an den Verantwortlichen den Bericht der Anwendung der vom Ministerium vorgeschlagenen und auf der entsprechenden Internetseite verfügbaren Modelle.

Art. 10 – Unterbrechung und Löschung vom Register

1. Wenn nach der Eintragung neue Umstände erscheinen oder auftauchen, die die Eintragung verhindert hätten, oder im Falle der Verletzung der Mitteilungspflichten der Art. 8 oder 20 oder bei wiederholter Verletzung der Pflichten des Mediators, ordnet der Verantwortliche die Unterbrechung, und in schwereren Fällen, die Löschung aus dem Register an.
2. Unberührt der Regelung des Abs. 1 ordnet der Verantwortliche ferner die Löschung der Mediationsstellen an, die in einem Zweijahreszeitraum weniger als zehn Mediationsverfahren durchgeführt haben.
3. Die Löschung der Absätze 1 und 2 verwehrt es den Mediationsstellen, eine erneute Eintragung nicht nach Ablauf eines Jahres zu erreichen.
4. Zwecks Erreichung der Absätze 1 und 2 ist der Verantwortliche für die Durchführung der Kontrollkompetenzen zuständig, auch mittels Erfassung der Urkunden und Notizen, die in den von Rundschreiben oder gleichwertigen Verwaltungsakten festgelegten Formen und Zeiten durchgeführt wird, für deren präventive Zustellung, auch nur auf elektronischem Wege, an die einzelnen betroffenen Mediationsstellen gesorgt wird.

Art. 11 – Kontrolle

1. Das Ministerium führt jährlich, auch durch die Verantwortlichen der Mediationsstellen und gemeinsam mit dem Ministerium für wirtschaftliche Entwicklung für die Mediationsverfahren, die die Angelegenheiten im verbraucherrechtlichen Bereich betreffen, eine statistische Überwachung der Mediationsverfahren durch, die bei den Mediationsstellen durchgeführt wurden. Die statistischen Daten werden separat auf die obligatorische, freiwillige und gerichtlich angeordnete Mediation bezogen. Für jede dieser Kategorien sind die Fälle aufgezeigt, in denen die Mediation erfolgreich war, und in denen auf die Zahlung der Vergütung gemäß Art. 17 Abs. 5 des Legislativdekretes verzichtet wurde.

2. Das Ministerium führt ferner die Sammlung der bei den Gerichten im Verfahren gesammelten Daten bezüglich der Anwendung des Art. 13 Abs. 1 des Legislativdekretes.
3. Die gemäß der Absätze 1 und 2 gesammelten Daten werden auch zwecks Festlegung der Vergütung für die öffentlichen Mediationsstellen gesammelt.

Abschnitt III – Mediationstätigkeit und Leistung des Mediators

Art. 12 – Register der Mediationsangelegenheiten

1. Jedes Mediationsstelle hat ein Register, auch in elektronischer Form, der Mediationsangelegenheiten mit den entsprechenden Anmerkungen zur fortlaufenden Ordnungsnummer, den persönlichen Daten der Parteien, den Gegenstand der Mediation, den ernannten Mediator, die Dauer des Verfahrens und den entsprechende Ausgang zu erstellen.
2. Gemäß Art. 2961 Abs. 1 Zivilgesetzbuch ist es die Pflicht der Mediationsstelle, eine Kopie der Dokumente der verhandelten Verfahren für mindestens drei Jahre nach deren Abschluss aufzubewahren.

Art. 13 – Mitteilungspflichten gegenüber dem Verantwortlichen

1. Der Richter, der die Bestätigung als vollstreckbaren Titel ablehnt und somit gemäß Art. 12 des Legislativdekretes vorgeht, übermittelt an den Verantwortlichen und an die Mediationsstelle eine Kopie der ablehnenden Anordnung.

Art. 14 – Natur der Leistung

1. Der ernannte Mediator führt seine Leistung persönlich durch.

Art. 15 – Verbote bei der Mediationstätigkeit

1. Vorbehaltlich der Regelung des Art. 4 Abs. 2 lett. b) kann die Mediationsstelle Rechte und Pflichten anwenden, die an Angelegenheiten gebunden sind, die von Mediatoren verhandelt werden, die bei ihr arbeiten, auch kraft der geschlossenen Vereinbarungen gemäß Art. 7 Abs. 2 lett. c).

Abschnitt IV – Vergütung

Art. 16 – Kriterien für die Festlegung der Vergütung

1. Die Vergütung umfasst die Kosten für die Verfahrenseinleitung und die Kosten für die Mediation.
2. Für die verfahrenseinleitenden Kosten, die Teil der Gesamtvergütung sind, ist von jeder Partei ein Betrag in Höhe von 40,00 EUR zu zahlen, der von der

den Antrag stellenden Partei im Zeitpunkt der Hinterlegung des Mediationsantrages und von der beizutretenden Partei im Zeitpunkt ihres Verfahrensbeitritts zu zahlen ist.

3. Für die Kosten der Mediation ist von jeder Partei der in der Tabelle A aufgeführte Betrag zu zahlen, die diesem Dekret als Anlage beigefügt ist.
4. Der Maximalbetrag der Mediationskosten für jede entsprechende Gebührenspalte wie mittels derselben Tabelle festgelegt:

a) kann nicht mehr als um ein Fünftel unter Berücksichtigung der besonderen Wichtigkeit, Komplexität oder Schwierigkeit der Angelegenheit erhöht werden;
b) muss erhöht werden um nicht mehr als ein Viertel im Falle einer erfolgreich durchgeführten Mediation;
c) muss um ein Fünftel im Falle einer Vorschlagsformulierung gemäß Art. 11 des Legislativdekretes erhöht werden;
d) muss in den Fällen des Art. 5 Abs. 1 des Legislativdekretes um ein Drittel bei den ersten sechs Gebührenspalten, und um die Hälfte bei den übrigen reduziert werden, vorbehaltlich der unter lett. a) vorgesehenen Reduzierung dieses Absatzes, und es wird keine weitere Erhöhung unter den in diesem Artikel Vorgesehenen angewandt, mit Ausnahme der Regelung des lett. b) dieses Absatzes;
e) muss auf 40,00 EUR für die erste Gebührenspalte und auf 50,00 EUR für die anderen Gebührenspalten reduziert werden, unberührt der Anwendung des lett. c) dieses Absatzes, wenn keine der Partei, die die Mediation eingeleitet hat, an dem Verfahren teilnimmt.

5. Die geschuldeten Minimalbeträge werden als Maximalbeträge für den in der Gebührenspalte wieder erfassten Streitwert erachtet, die unmittelbar vor derjenigen eingeordnet ist, die tatsächlich anwendbar ist; der Minimalbetrag für die erste Gebührenspalte ist frei festgesetzt.
6. Dir für die einzelnen Gebührenspalten geschuldeten Beträge summieren sich in keinem Fall.
7. Der Gegenstandswert ist in dem Mediationsantrag entsprechend den Vorschriften des Zivilgesetzbuches anzugeben.
8. Wenn der Wert nicht bestimmt oder bestimmbar ist oder eine beachtliche Divergenz bei der Schätzung seitens der Parteien vorliegt, entscheidet die Mediationsstelle über den entsprechenden Wert bis zu einem Betrag von 250.000,00 EUR und teilt ihn den Parteien mit. Wenn sich bei Abschluss des Mediationsverfahrens ein anderer Wert ergibt, ist der Vergütungsbetrag in jedem Fall nach der entsprechenden Gebührenspalte zu zahlen.

9. Die Mediationskosten sind vor dem ersten Mediationstreffen mindestens in Höhe der Hälfte zu zahlen. Die Verfahrensordnung der Mediationsstelle kann vorsehen, dass die Vergütungen in voller Höhe vor Ausfertigung des Einigungsprotokolls gemäß Art. 11 des Legislativdekretes zu zahlen sind. In den Fällen des Art. 5 Abs. 1 des Legislativdekretes können sich die Mediationsstelle und der Mediator in jedem Fall nicht verweigern, die Mediation durchzuführen.
10. Die Mediationskosten umfassen auch das Honorar des Mediators für das gesamte Mediationsverfahren, unabhängig von der Anzahl der durchgeführten Treffen. Diese bleiben bestehen, auch im Falle eines Mediatorenwechsels im Laufe des Verfahrens oder der Ernennung mehrerer Mediatoren, der Ernennung eines oder mehrerer Hilfsmediatoren oder der Ernennung eines anderen Mediators für die Formulierung eines Vorschlages gemäß Art. 11 des Legislativdekretes.
11. Die aufgezeigten Kosten der Mediation sind gesamtschuldnerisch von jeder Partei geschuldet, die dem Verfahren beitritt.
12. Zwecks Begleichung der Vergütung werden mehrere Personen, die denselben Interessenkern vertreten, als eine Partei angesehen.
13. Die Mediationsstellen, die nicht von Stellen des öffentlichen Rechts gegründet wurden, legen die Beträge des Absatzes 3 fest, aber es bleibt bei den von Absatz 4 lett. d) für die Rechtsgebiete des Art. 5 Abs. 1 des Legislativdekretes festgelegten Beträge. Ferner bleibt jede andere Regelung dieses Artikels unberührt.
14. Die Minimalbeträge der Vergütung für jede entsprechende Gebührenspalte, wie sie von der Tabelle A, die diesem Dekret als Anlage beigefügt ist, festgelegt sind, sind abdingbar.

Abschnitt V – Ausbildungsstellen und Ausbilder

Art. 17 – Liste der Ausbildungsstellen

1. Es ist eine Liste der Ausbildungsstellen errichtet, die geeignet sind, die Ausbildung der Mediatoren vorzunehmen.
2. Die Liste wird beim Ministerium im Bereich der Human-, Finanz- und Instrumentalressourcen, die bereits im Fachbereich für Justizangelegenheiten vorhanden sind, geführt; hierfür ist der Generaldirektor der Ziviljustiz verantwortlich, oder eine von ihm bevollmächtigte Person, die eine Führungs- oder Richterqualifikation im Bereich der generellen Direktion innehat. Der Generaldirektor der Ziviljustiz kann sich zwecks Überwachungsausübung des Generalinspektors des Justizministeriums bedienen.

3. Die Liste ist wie folgt aufgeteilt:
   Teil I): Öffentliche Stellen;
   Abteilung A: Liste der Mediatoren;
   Abteilung B: Liste der im wissenschaftlichen Bereich spezialisierten Verantwortlichen;
   Teil II): Private Stellen;
   Abteilung A: Liste der Mediatoren;
   Abteilung B: Liste der im wissenschaftlichen Bereich spezialisierten Verantwortlichen;
   Abteilung C: Liste der Gesellschafter, Mitglieder und Vertreter der Mediationsstellen.
4. Der Verantwortliche übernimmt die fortlaufende Aktualisierung der Daten.
5. Die Registerführung findet auf informationstechnischem Wege statt, der die Möglichkeit einer schnellen Erfassung der Daten zum Zwecke der Aufgaben der Erhaltung im Sinne dieses Dekretes statt.
6. Die Listen der Ausbilder und der wissenschaftlichen Verantwortlichen sind öffentlich; der Zugang zu den anderen Eintragungen ist von den geltenden gesetzlichen Vorschriften geregelt.

Art. 18 – Kriterien für die Eintragung in der Liste

1. Auf Antrag sind im Register die Ausbildungsstellen eingetragen, die von öffentlichen und privaten Stellen gegründet wurden.
2. Der Verantwortliche verifiziert die Professionalität und die Effizienz der Antragsteller und insbesondere:

a) die finanzielle und organisatorische Fähigkeit des Antragstellers sowie die Kompatibilität der Ausbildungstätigkeit mit dem Gesellschaftsgegenstand und dem verbundenen Zweck; um die finanzielle Fähigkeit darzulegen, muss der Antragsteller ein Kapital besitzen, welches nicht geringer ist, als das, welches für die Gründung einer Gesellschaft mit beschränkter Haftung notwendig ist;
b) die Voraussetzungen der Ehrbarkeit der Gesellschafter, Mitglieder, Verwalter und Vertreter der vorgenannten Stellen, und zwar konform zu den Voraussetzungen des Art. 13 des Legislativdekretes Nr. 58 vom 24. Februar 1998:
c) die Verwaltungs- und Rechnungstransparenz der Stelle, einschließlich die rechtliche und wirtschaftliche Beziehung zwischen der Mediationsstelle und der Stelle, zu der sie eventuell gehört, um die notwendige finanzielle und funktionelle Unabhängigkeit darzulegen;

d) die Anzahl der Ausbilder, die nicht unter fünf liegen darf, die die Ausbildung für den Antragsteller auszuüben;
e) den Sitz der Ausbildungsstelle unter Angabe der administrativen und logistischen Strukturen für die Durchführung der didaktischen Tätigkeit;
f) die Regelung und Einrichtung eines Ausbildungsgangs von einer Dauer von nicht weniger als 50 Stunden, untergliedert in theoretische und praktische Kurse mit einer Maximalzahl von 30 Teilnehmern pro Kurs, einschließlich der simulierten Sitzungen, an denen die Ausbilder teilnehmen, und in eine zu bewertende Abschlussprüfung, deren Dauer mindestens vier Stunden betragen muss und unterteilt in Theorie und Praxis ist; die theoretischen und praktischen Kurse müssen die folgenden Bereich abdecken: nationale, gemeinschaftsrechtliche und internationale Vorschriften im Bereich der Mediation und Schlichtung, Methodologie der vereinfachten und ergänzenden Verfahren der Verhandlung und Mediation und die entsprechenden Techniken zur Leitung des Konfliktes und zur kommunikativen Interaktion, auch mit Bezug auf die gerichtlich angeordnete Mediation, Wirksamkeit und Funktionieren der vertraglichen Mediations- und Schlichtungsklauseln, Form, Inhalt und Auswirkungen des Mediationsantrages und der Schlichtungsvereinbarung, Aufgaben und Verantwortung des Mediators;
g) die Regelung und Einrichtung eines separaten Fortbildungskurses von einer Dauer von nicht weniger als 18 Stunden pro Zweijahreszeitraum, untergliedert in theoretische und praktische Fortgeschrittenenkurse, einschließlich der simulierten Sitzungen, an denen die Fortbilder teilnehmen oder, alternativ der Mediationssitzungen; die Fortbildungskurse müssen die unter f) genannten Bereiche abdecken;
h) dass die Existenz, die Dauer und die Eigenschaften der unter f) und g) genannten Aus- und Fortbildungskurse zur Kenntnis genommen wurden, auch mittels deren Veröffentlichung auf der Internetseite der Ausbildungsstelle;
i) die Ernennung seitens des Antragstellers eines wissenschaftlichen Verantwortlichen mit gutem Ruf und Erfahrung im Bereich der Mediation, Schlichtung und alternativer Streitbeilegung, der die Vollständigkeit und Angemessenheit des Aus- und Fortbildungskurses bestätigt.

3. Der Verantwortliche verifiziert zudem:

a) die Voraussetzungen der Qualifikation der Ausbilder, die ihre Geeignetheit zur Ausbildung darlegen müssen, indem sie Folgendes nachweisen: für die theoretischen Kurse, dass sie mindestens drei wissenschaftliche Beiträge im Bereich der Mediation, Schlichtung oder der alternativen Streitbeilegung veröffentlicht haben; für die Dozenten der praktischen Kurse, dass sie bei

Mediations- oder Schlichtungsstellen in der Eigenschaft als Mediator bei mindestens drei Verfahren tätig waren; für die Dozenten, dass sie die Dozententätigkeit in Kursen oder Seminaren im Bereich der Mediation, Schlichtung oder alternativen Streitbeilegung bei Berufsvereinigungen, öffentlichen Stellen oder deren Organen, öffentlichen oder privaten anerkannten Universitäten, nationalen und ausländischen, durchgeführt haben, sowie dass sie sich verpflichten, in der Eigenschaft als Lehrer bei denselben Stellen mindestens 16 Fortbildungsstunden im Laufe eines Zweijahreszeitraumes teilzunehmen;

b) den Besitz der Ehrbarkeitsvoraussetzungen seitens der Ausbilder, die von Art. 4 Abs. 3 lett. c) vorgesehen sind.

Art. 19 – Vorgang der Eintragung und Überwachung

1. Auf den Vorgang der Eintragung in die Liste, ihre Pflege, auf die Unterbrechung und Löschung der Eingetragenen werden, soweit vereinbar, die Art. 5, 6, 8, 9, 10 und 12 angewandt.

Abschnitt VI – Übergangsregelungen und Inkrafttreten

Art. 20 – Übergangsregelungen

1. Die bereits in dem von Dekret des Justizministeriums Nr. 222 vom 23. Juli 2004 vorgesehenen Register eingetragenen Mediationsstellen werden als Eingetragene von Gesetzes wegen erachtet. Unbeschadet des Absatzes 2 verifiziert der Verantwortliche nach Eintragung gemäß des vorangegangenen Absatzes den Besitz der unter Art. 4 vorgesehenen Voraussetzungen der Mediationsstellen und teilt diesen die etwaig notwendigen Ergänzungen oder Änderungen mit. Wenn die Mediationsstelle die Forderungen des Verantwortlichen innerhalb von dreißig Tagen ab Zustellung der Mitteilung befolgt, gilt die Eintragung als bestätigt; bei fehlender Befolgung wird die Eintragung als abgelaufen erachtet.
2. Die Mediatoren, die befähigt sind, ihre Tätigkeit bei den Mediationsstellen des Absatzes 1 durchzuführen, müssen innerhalb von zwölf Monaten ab Inkrafttreten dieses Dekretes die Voraussetzungen auch betreffend die Ausbildung, die in dem Dekret vorgesehen sind, für die Durchführung der Mediation, Schlichtung oder freiwillige oder gleichgestellte Verhandlungen, von denen mindestens fünf mit Erfolg oder Teilerfolg abgeschlossen worden sind, auf jedem Gebiet erwerben. Dieselben Mediatoren können bis zum Ablauf von zwölf Monaten gemäß des vorangegangenen Satzes weiterhin ihre Mediationstätigkeit ausüben. Sobald die Mediationsstellen die Voraussetzungen des Absatzes 1 erworben haben, teilen sie dies umgehend dem Verantwortlichen mit.

3. Die bereits in dem von Dekret des Justizministeriums Nr. 222 vom 23. Juli 2004 vorgesehenen Register eingetragenen Stellen, die befähigt sind, Ausbildungskurse zu halten, werden als Eingetragene von Gesetzes wegen erachtet. Unbeschadet des Absatzes 4 verifiziert der Verantwortliche nach Eintragung gemäß des vorangegangenen Absatzes den Besitz der unter Art. 18 vorgesehenen Voraussetzungen dieser Stellen und teilt diesen die etwaig notwendigen Ergänzungen oder Änderungen mit. Wenn die Stelle die Forderungen des Verantwortlichen innerhalb von dreißig Tagen ab Zustellung der Mitteilung befolgt, gilt die Eintragung als bestätigt; bei fehlender Befolgung wird die Eintragung als abgelaufen erachtet.
4. Die Ausbilder, die befähigt sind, ihre Tätigkeit bei den Stellen des Absatzes 3 durchzuführen, müssen innerhalb von zwölf Monaten ab Inkrafttreten dieses Dekretes die Voraussetzungen Fortbildungen gemäß Art. 18 erwerben. Dieselben Ausbilder können bis zum Ablauf von zwölf Monaten gemäß des vorangegangenen Satzes weiterhin ihre Ausbildungstätigkeit ausüben. Sobald die Stellen die Fortbildungen gemäß Abs. 3 erworben haben, teilen sie dies umgehend dem Verantwortlichen mit.

Art. 21 – Inkrafttreten

1. Dieses Dekret tritt an dem Tag in Kraft, der auf den Tag der Veröffentlichung in dem Amtsblatt der Republik Italien folgt. Dieses Dekret, versehen mit dem Siegel des Staates, wird in die Gesetzessammlung der Republik Italien eingefügt. Jeder, den es betrifft, ist verpflichtet, es zu beachten oder beachten zu lassen.

Tabelle A (Art. 16 Abs. 4)

Gegenstandswert	Kosten (für jede Partei)	Kosten bei Nichterscheinen
Bis 1.000 EUR	65 EUR	40 EUR
Von 1.001 bis 5.000 EUR	130 EUR	50 EUR
Von 5.001 bis 10.000 EUR	240 EUR	50 EUR
Von 10.001 bis 25.000 EUR	360 EUR	50 EUR
Von 25.001 bis 50.000 EUR	600 EUR	50 EUR
Von 50.001 bis 250.000 EUR	1.000 EUR	50 EUR
Von 250.001 bis 500.000 EUR	2.000 EUR	50 EUR
Von 500.001 bis 2.500.000 EUR	3.800 EUR	50 EUR
Von 2.500.001 bis 5.000.000 EUR	5.200 EUR	50 EUR
Über 5.000.000 EUR	9.200 EUR	50 EUR

Anhang 4

Gesetz zur Förderung der Mediation
und anderer Verfahren der außergerichtlichen Konfliktbeilegung
- deutsches Mediationsgesetz -[903]

903 Abrufbar unter https://www.gesetze-im-internet.de/mediationsg/MediationsG.pdf; zuletzt abgerufen am 3. Juli 2018.

Mediationsgesetz (MediationsG)

MediationsG

Ausfertigungsdatum: 21.07.2012

Vollzitat:

"Mediationsgesetz vom 21. Juli 2012 (BGBl. I S. 1577), das durch Artikel 135 der Verordnung vom 31. August 2015 (BGBl. I S. 1474) geändert worden ist"

Hinweis: Geändert durch Art. 135 V v. 31.8.2015 I 1474

Fußnote

```
(+++ Textnachweis ab: 26.7.2012 +++)

Das G wurde als Artikel 1 des G v. 21.7.2012 I 1577 vom Bundestag beschlossen.
Es ist gem. Art. 9 dieses G am 26.7.2012 in Kraft getreten.
```

§ 1 Begriffsbestimmungen

(1) Mediation ist ein vertrauliches und strukturiertes Verfahren, bei dem Parteien mithilfe eines oder mehrerer Mediatoren freiwillig und eigenverantwortlich eine einvernehmliche Beilegung ihres Konflikts anstreben.

(2) Ein Mediator ist eine unabhängige und neutrale Person ohne Entscheidungsbefugnis, die die Parteien durch die Mediation führt.

§ 2 Verfahren; Aufgaben des Mediators

(1) Die Parteien wählen den Mediator aus.

(2) Der Mediator vergewissert sich, dass die Parteien die Grundsätze und den Ablauf des Mediationsverfahrens verstanden haben und freiwillig an der Mediation teilnehmen.

(3) Der Mediator ist allen Parteien gleichermaßen verpflichtet. Er fördert die Kommunikation der Parteien und gewährleistet, dass die Parteien in angemessener und fairer Weise in die Mediation eingebunden sind. Er kann im allseitigen Einverständnis getrennte Gespräche mit den Parteien führen.

(4) Dritte können nur mit Zustimmung aller Parteien in die Mediation einbezogen werden.

(5) Die Parteien können die Mediation jederzeit beenden. Der Mediator kann die Mediation beenden, insbesondere wenn er der Auffassung ist, dass eine eigenverantwortliche Kommunikation oder eine Einigung der Parteien nicht zu erwarten ist.

(6) Der Mediator wirkt im Falle einer Einigung darauf hin, dass die Parteien die Vereinbarung in Kenntnis der Sachlage treffen und ihren Inhalt verstehen. Er hat die Parteien, die ohne fachliche Beratung an der Mediation teilnehmen, auf die Möglichkeit hinzuweisen, die Vereinbarung bei Bedarf durch externe Berater überprüfen zu lassen. Mit Zustimmung der Parteien kann die erzielte Einigung in einer Abschlussvereinbarung dokumentiert werden.

§ 3 Offenbarungspflichten; Tätigkeitsbeschränkungen

(1) Der Mediator hat den Parteien alle Umstände offenzulegen, die seine Unabhängigkeit und Neutralität beeinträchtigen können. Er darf bei Vorliegen solcher Umstände nur als Mediator tätig werden, wenn die Parteien dem ausdrücklich zustimmen.

(2) Als Mediator darf nicht tätig werden, wer vor der Mediation in derselben Sache für eine Partei tätig gewesen ist. Der Mediator darf auch nicht während oder nach der Mediation für eine Partei in derselben Sache tätig werden.

(3) Eine Person darf nicht als Mediator tätig werden, wenn eine mit ihr in derselben Berufsausübungs- oder Bürogemeinschaft verbundene andere Person vor der Mediation in derselben Sache für eine Partei tätig gewesen ist. Eine solche andere Person darf auch nicht während oder nach der Mediation für eine Partei in derselben Sache tätig werden.

(4) Die Beschränkungen des Absatzes 3 gelten nicht, wenn sich die betroffenen Parteien im Einzelfall nach umfassender Information damit einverstanden erklärt haben und Belange der Rechtspflege dem nicht entgegenstehen.

(5) Der Mediator ist verpflichtet, die Parteien auf deren Verlangen über seinen fachlichen Hintergrund, seine Ausbildung und seine Erfahrung auf dem Gebiet der Mediation zu informieren.

§ 4 Verschwiegenheitspflicht

Der Mediator und die in die Durchführung des Mediationsverfahrens eingebundenen Personen sind zur Verschwiegenheit verpflichtet, soweit gesetzlich nichts anderes geregelt ist. Diese Pflicht bezieht sich auf alles, was ihnen in Ausübung ihrer Tätigkeit bekannt geworden ist. Ungeachtet anderer gesetzlicher Regelungen über die Verschwiegenheitspflicht gilt sie nicht, soweit

1. die Offenlegung des Inhalts der im Mediationsverfahren erzielten Vereinbarung zur Umsetzung oder Vollstreckung dieser Vereinbarung erforderlich ist,
2. die Offenlegung aus vorrangigen Gründen der öffentlichen Ordnung (ordre public) geboten ist, insbesondere um eine Gefährdung des Wohles eines Kindes oder eine schwerwiegende Beeinträchtigung der physischen oder psychischen Integrität einer Person abzuwenden, oder
3. es sich um Tatsachen handelt, die offenkundig sind oder ihrer Bedeutung nach keiner Geheimhaltung bedürfen.

Der Mediator hat die Parteien über den Umfang seiner Verschwiegenheitspflicht zu informieren.

§ 5 Aus- und Fortbildung des Mediators; zertifizierter Mediator

(1) Der Mediator stellt in eigener Verantwortung durch eine geeignete Ausbildung und eine regelmäßige Fortbildung sicher, dass er über theoretische Kenntnisse sowie praktische Erfahrungen verfügt, um die Parteien in sachkundiger Weise durch die Mediation führen zu können. Eine geeignete Ausbildung soll insbesondere vermitteln:

1. Kenntnisse über Grundlagen der Mediation sowie deren Ablauf und Rahmenbedingungen,
2. Verhandlungs- und Kommunikationstechniken,
3. Konfliktkompetenz,
4. Kenntnisse über das Recht der Mediation sowie über die Rolle des Rechts in der Mediation sowie
5. praktische Übungen, Rollenspiele und Supervision.

(2) Als zertifizierter Mediator darf sich bezeichnen, wer eine Ausbildung zum Mediator abgeschlossen hat, die den Anforderungen der Rechtsverordnung nach § 6 entspricht.

(3) Der zertifizierte Mediator hat sich entsprechend den Anforderungen der Rechtsverordnung nach § 6 fortzubilden.

§ 6 Verordnungsermächtigung

Das Bundesministerium der Justiz und für Verbraucherschutz wird ermächtigt, durch Rechtsverordnung ohne Zustimmung des Bundesrates nähere Bestimmungen über die Ausbildung zum zertifizierten Mediator und über die Fortbildung des zertifizierten Mediators sowie Anforderungen an Aus- und Fortbildungseinrichtungen zu erlassen. In der Rechtsverordnung nach Satz 1 können insbesondere festgelegt werden:

1. nähere Bestimmungen über die Inhalte der Ausbildung, wobei eine Ausbildung zum zertifizierten Mediator die in § 5 Absatz 1 Satz 2 aufgeführten Ausbildungsinhalte zu vermitteln hat, und über die erforderliche Praxiserfahrung;
2. nähere Bestimmungen über die Inhalte der Fortbildung;
3. Mindeststundenzahlen für die Aus- und Fortbildung;

4. zeitliche Abstände, in denen eine Fortbildung zu erfolgen hat;
5. Anforderungen an die in den Aus- und Fortbildungseinrichtungen eingesetzten Lehrkräfte;
6. Bestimmungen darüber, dass und in welcher Weise eine Aus- und Fortbildungseinrichtung die Teilnahme an einer Aus- und Fortbildungsveranstaltung zu zertifizieren hat;
7. Regelungen über den Abschluss der Ausbildung;
8. Übergangsbestimmungen für Personen, die bereits vor Inkrafttreten dieses Gesetzes als Mediatoren tätig sind.

§ 7 Wissenschaftliche Forschungsvorhaben; finanzielle Förderung der Mediation

(1) Bund und Länder können wissenschaftliche Forschungsvorhaben vereinbaren, um die Folgen einer finanziellen Förderung der Mediation für die Länder zu ermitteln.

(2) Die Förderung kann im Rahmen der Forschungsvorhaben auf Antrag einer rechtsuchenden Person bewilligt werden, wenn diese nach ihren persönlichen und wirtschaftlichen Verhältnissen die Kosten einer Mediation nicht, nur zum Teil oder nur in Raten aufbringen kann und die beabsichtigte Rechtsverfolgung oder Rechtsverteidigung nicht mutwillig erscheint. Über den Antrag entscheidet das für das Verfahren zuständige Gericht, sofern an diesem Gericht ein Forschungsvorhaben durchgeführt wird. Die Entscheidung ist unanfechtbar. Die Einzelheiten regeln die nach Absatz 1 zustande gekommenen Vereinbarungen zwischen Bund und Ländern.

(3) Die Bundesregierung unterrichtet den Deutschen Bundestag nach Abschluss der wissenschaftlichen Forschungsvorhaben über die gesammelten Erfahrungen und die gewonnenen Erkenntnisse.

§ 8 Evaluierung

(1) Die Bundesregierung berichtet dem Deutschen Bundestag bis zum 26. Juli 2017, auch unter Berücksichtigung der kostenrechtlichen Länderöffnungsklauseln, über die Auswirkungen dieses Gesetzes auf die Entwicklung der Mediation in Deutschland und über die Situation der Aus- und Fortbildung der Mediatoren. In dem Bericht ist insbesondere zu untersuchen und zu bewerten, ob aus Gründen der Qualitätssicherung und des Verbraucherschutzes weitere gesetzgeberische Maßnahmen auf dem Gebiet der Aus- und Fortbildung von Mediatoren notwendig sind.

(2) Sofern sich aus dem Bericht die Notwendigkeit gesetzgeberischer Maßnahmen ergibt, soll die Bundesregierung diese vorschlagen.

§ 9 Übergangsbestimmung

(1) Die Mediation in Zivilsachen durch einen nicht entscheidungsbefugten Richter während eines Gerichtsverfahrens, die vor dem 26. Juli 2012 an einem Gericht angeboten wird, kann unter Fortführung der bisher verwendeten Bezeichnung (gerichtlicher Mediator) bis zum 1. August 2013 weiterhin durchgeführt werden.

(2) Absatz 1 gilt entsprechend für die Mediation in der Verwaltungsgerichtsbarkeit, der Sozialgerichtsbarkeit, der Finanzgerichtsbarkeit und der Arbeitsgerichtsbarkeit.

Dr. Maria von Gyldenfeldt studierte Rechtswissenschaften an der Christian-Albrechts-Universität zu Kiel und der LUISS in Rom. Nach Abschluss des ersten juristischen Staatsexamens absolvierte sie ihr Referendariat in Schleswig-Holstein, Hamburg und Brüssel.

Im direkten Anschluss begann Dr. Maria von Gyldenfeldt ihre Rechtsanwaltstätigkeit bei der mittelständisch ausgerichteten Wirtschaftskanzlei ROSE & PARTNER LLP. in Hamburg und erwarb zeitgleich den Titel der vereidigten Übersetzerin für die italienische Sprache. Neben ihrer Tätigkeit im italienischen Wirtschaftsrecht leitete sie dort das arbeitsrechtliche Dezernat. Nach mehrjähriger Tätigkeit wechselte sie zu rugekrömer Fachanwälte für Arbeitsrecht und berät dort insbesondere Arbeitgeber sowie Geschäftsführer und leitende Angestellte in allen Fragen des Individual- und Kollektivarbeitsrechts. Zudem referiert sie zu arbeitsrechtlichen Themen und führt Inhouse-Schulungen durch.

www.ingramcontent.com/pod-product-compliance
Ingram Content Group UK Ltd.
Pitfield, Milton Keynes, MK11 3LW, UK
UKHW021928290926
8980IPUK00016B/1515

9 783631 763063